中原学术文库·文集

任崇岳学术文集

任崇岳 著

中原出版传媒集团
大地传媒

大象出版社
·郑州·

图书在版编目(CIP)数据

任崇岳学术文集 / 任崇岳著.— 郑州 ：大象出版社, 2017. 5
(中原学术文库. 文集)
ISBN 978-7-5347-8488-0

Ⅰ. ①任… Ⅱ. ①任… Ⅲ. ①史学—中国—文集
Ⅳ. ①K207-53

中国版本图书馆 CIP 数据核字(2016)第 318933 号

中原学术文库·文集
任崇岳学术文集
任崇岳 著

出版人 王刘纯
责任编辑 石更新
责任校对 裴红燕 毛 路 张迎娟
装帧设计 王晶晶

出版发行 大象出版社(郑州市开元路 16 号 邮政编码 450044)
发行科 0371-63863551 总编室 0371-65597936
网 址 www.daxiang.cn
印 刷 洛阳和众印刷有限公司
经 销 各地新华书店经销
开 本 787mm×1092mm 1/16
印 张 26.25
字 数 428 千字
版 次 2017 年 5 月第 1 版 2017 年 5 月第 1 次印刷
定 价 120.00 元

若发现印、装质量问题,影响阅读,请与承印厂联系调换。
印厂地址 洛阳市高新区丰华路三号
邮政编码 471003 电话 0379-64606268

自　序

岁月不居，时光如流，弹指间已届耄耋之年，屈指算来，从事科研已有四十个春秋，而今已视茫茫、发苍苍、齿牙动摇矣。回眸平生，无限感喟。虽有十数本论著梓行，但尚未入史家藩篱，更遑论登堂入室！对于前贤空怀仰慕，徒增效颦之恨。所幸如今政通人和，海宴河清，不才如我才得以经营菟裘、读书自娱。清人赵翼《廿二史札记》“小引”有云：“遭时承平，得优游林下，寝馈于文史以送老，书生之幸多矣。”信哉斯言！

流年似水，往事如烟。四十年前余忝列元史大师翁独健教授门墙。先生哈佛大学博士，著作等身，饮誉海内外。解放前代理过燕京大学校长，新中国成立后任北京市教育局局长、中国社科院民族所副所长、全国政协常委、中国蒙古史学会会长、中国民族史学会会长。虽政务丛脞，仍耳提面命，诲人不倦，使人如坐春风，如饮醇醪。前尘往事，恍如昨日，而先生魂归道山已三十年矣。清人戴震执教杏坛，后学名家甚众，而最能光大其业者，莫如著《说文解字注》之段玉裁、著《广雅疏证》之王念孙及其子王引之。余不能光大先生之业，清夜扪心，徒增惭怍。每念及兹，不禁泫然！

习近平总书记 2016 年 5 月 17 日《在哲学社会科学工作座谈会上的讲话》中说：“广大哲学社会科学工作者要树立良好学术道德，自觉遵守学术规范，讲究博学、审问、慎思、明辨、笃行，崇尚‘士以弘道’的价值追求，真正把做人、做事、做学问统一起来。要有‘板凳要坐十年冷，文章不写一句空’的执着坚守，耐得住寂寞，经得起诱惑，守得住底线，立志做大学问、做真学问。”殷殷之情，溢于言表。社科院领导顺天应人，醵资出书，功崇德巨，泽被后世。余不揣谫陋，检索旧作，遴选一过，裒为一帙，付诸梨枣。计论文四十余篇，皆《民族研究》《学术月刊》《史学月刊》《中州学刊》等刊物已刊出者，内容大致分为宋史、元史、地方史及考证四类。戴震论学有云，学有三难：淹博难、识断难、精审难。本书所收论文距这三点悬远，不过一得之愚而已。倘有恺悌君子、新朋旧雨读罢一篇，则余愿足矣！

丙申年桂月上浣　于郑州

目　录

001　论汉族形成于中原地区
016　汉代和亲政策的几个问题
023　中原移民史研究中的几个问题
034　试谈民族战争与少数民族历史人物的评价问题
041　关于民族英雄评价的几个问题
051　略论冯道
060　契丹与五代山西割据政权
068　试论五代十国时期中原地区的民族融合及其措施
080　论辽金关系
087　论辽代契丹族对汉族文化的吸收和继承
095　从民族关系看赵匡胤统一全国的策略
104　关于抗辽名将杨业的几个问题
111　杨业新论
120　论宋金海上之盟
129　略论宋金关系的几个问题
139　南宋初年政局与绍兴和议
149　论金末政局及其灭亡原因
159　试论金代的廉政建设
169　宋元鼎革之际的知识分子

179 南宋初年的经济与政治形势
——绍兴和议研究之二
188 略谈河南省的西夏遗民
196 略论元代儒士社会地位演变的历史过程
205 元顺帝与宋恭帝关系考辨
214 元《浚州达鲁花赤追封魏郡伯墓碑》考释
220 从两通元代碑文看海都之乱的性质
230 河南省内黄县、清丰县的蒙古族后裔是豫王子孙吗？
240 王鹗与《汝南遗事》
249 从历史因素探索元杂剧繁荣的原因
257 论元代的廉政措施
270 张士诚评价刍议
276 朱元璋评价的几个问题
——与陈高华同志商榷
286 论朱元璋对待儒士的态度
295 朱元璋用人思想研究
304 朱元璋削平群雄统一全国的原因
312 元史专家翁独健教授的治学道路
320 台北知府陈星聚治台功绩
341 寒山、拾得身世杂考
350 郑姓的来源与迁徙
359 源出姜姓的中华姓氏
369 石壁客家移民与大槐树移民比较研究
379 邓姓的来源与迁徙
386 葛天氏与葛姓源流
393 卢姓的来源与迁徙
398 校姓的来源与迁徙
404 漫话茹姓
408 漫话孛姓

论汉族形成于中原地区

一、汉族、汉人

中华民族是指现在中国疆域里具有民族认同的13亿人民，“它所包括的五十多个民族单位是多元，中华民族是一体”[1]。在中华民族所包含的56个民族中，汉族是主体民族。汉族形成于何时？费孝通教授认为：“汉作为一个族名是汉代和其后中原的人和四围外族人接触中产生的。”[1]吕振羽先生说：“华族自前汉的武帝、宣帝以后，便开始叫汉族。”[2]史学家吕思勉说：“汉族之名，起于刘邦称帝之后。昔时民族国家，混而为一，人因以一朝之号，为我全族之名，自兹以还，虽朝屡改，而族名无改。”[3]范文澜也认为：“汉族自秦汉以下，既不是国家分裂时期的部族，也不是资本主义时代的资产阶级民族，而是在独特的社会条件下形成的独特民族。”[4]1957年3月，三联书店出版的《汉民族形成问题讨论集》一书中，多数学者认为，汉民族在秦汉时期已经形成。也有少数学者认为，列宁在《卡尔·马克思》一文中曾经说过：“民族是社会发展到资产阶级时代的必然产物和必然形式。”因而民族是资本主义上升时期的产物，中国在1840年鸦片战争之后才产生资本主义，汉族应形成于鸦片战争之后。还有一种观点认为，汉民族的形成应与资本主义萌芽的历史相一致，也就是说，中国的资本主义萌芽之日，即是汉民族的形成之时。而资本主义何时萌芽，有说明末清初者，也有说唐宋者，这意味着汉族形成于唐宋之际或明末清初。后几种说法胶柱鼓瑟，拘泥于经典作家的片言只语或历史上的某一重大事件而置实际情况于不顾，因而同意者寥寥。如今汉族形成于汉代，已是学术界的共识。

与汉族相联系的还有汉人问题，二者有相同之处，但并非同一概念。汉族指的是汉民族,汉人则指的是汉朝之人,南北朝时称中原人为汉人。秦朝吞并六国、统一天下后,声威远被,秦朝之人遂被称为“秦人”。秦朝国祚甚短,不久,便被汉朝取代,于是“秦人”的称呼便改成了汉人。如《后汉书·耿恭传》记载,耿恭曾领兵与匈奴在西域作战,原来臣服汉朝的车师(原名姑师,汉代西域三十六国之一)又叛归匈奴,“与匈奴共攻恭,恭厉士众击走之,[车师]后王夫人先世汉人,常私以虏情告恭”[5]。这里的“汉人”指的是汉朝之人。同书《西域传》称,汉代西域三十六国之一的于阗一度受另一国家莎车控制,“莎车将君得在于阗暴虐,百姓患之。明帝永平三年(60),其大人都末出城见野豕,欲射之,豕乃言曰:无射我,我乃为汝杀君得,都末因此即与兄弟共杀君得,而大人休莫霸复与汉人韩融等杀都末兄弟,自立为于阗王”[5]。同书《南匈奴传》记载:汉朝与南匈奴交战,匈奴“单于见[汉朝]诸军并进,大恐怖,顾让韩琮曰:汝言汉人死尽,今是何等人也?”[5]匈奴单于责备韩琮说,你说汉朝军人已死尽,这里冒出来的人又是什么人呢?这里的汉人指的是汉朝军人。《资治通鉴》卷65“汉纪57”记述建安十一年(206),“乌桓乘天下乱,略有汉民十余万户,袁绍皆立其酋豪为单于,以家人子为己女妻焉”[6]。这里的“汉民”指的也是汉朝之人。汉族虽在汉代已形成为民族,但史乘中仍以汉人称之,这一称呼一直延续到中华民国时期。

到了南北朝时期,“汉民”已不是指“汉朝之民”,而是指汉族之人了。把持东魏朝政的高欢是鲜卑化的汉人,他的儿子高洋废东魏而建立了北齐政权。高欢曾对鲜卑人说:“汉民是汝奴,夫为汝耕,妇为汝织,输汝粟帛,令汝温饱,汝何为陵之?”又对汉人说:“鲜卑是汝作客,得汝一斛粟、一匹绢,为汝击贼,令汝安宁,汝何为疾之?”[6]高欢说此话时为大同三年(537),距东汉灭亡已300余年,此处说的“汉民”显然不是指汉朝之人,而是指汉族人了。清末光绪年间任过山西道监察御史的大学者李慈铭在《越缦堂日记》一书中对高欢善于调和夷夏关系作了精辟透彻的解释:

> 中国人别称汉人起魏末。北齐以高氏,虽云渤海蓨(今河北景县)人,而[高]欢之祖徙居怀朔镇(今内蒙古固阳县西南),已同胡俗。故《北齐书·神武纪》云:“神武既累世北边,故习其俗,遂同鲜卑。”及执魏政,其姻戚同起者,如娄昭、厍狄、刘贵等,皆中国种族,遂目中原人曰汉人。[7]

高欢的祖先本是河北景县一带的汉人,到他祖父时徙居今内蒙古固阳县,这里古代是鲜卑人聚居之区,高氏祖孙三代生活于鲜卑人中,已融入鲜卑族,高欢于是成了鲜卑人。他当了东魏的丞相，独揽朝政后，提携汉人姻亲娄昭、尉景、刘贵等人。文中“皆中国种族，遂目中原人曰汉人”一句颇可玩味。在高欢看来，娄昭等人皆是中国种族（指的是中原地区的汉人），与居住在塞北的鲜卑人相对应，于是中原人便成为汉人了。明朝人汤显祖的《牡丹亭》第四十五出《寇间》一折中，有“禀大王，拿的个南朝汉子在此”[8]。所谓“南朝汉子”云云，也指的是南朝的男姓汉族人。清人王士禛《池北偶谈》“汉军汉人”条称：“本朝制，以八旗辽东人号为汉军，以直隶省人为汉人。”[9]辛亥革命后，中华民国取代了清朝，明确汉、满、蒙古、回、藏为五大民族，号称“五族共和”，“大概也只是在‘五族共和’之说倡导以后，汉人才正式改称汉族”[10]。汉族之名始于中华民国时期，但汉族这一名称是由“他称”改转为“自称”的，正如费孝通所说：“汉作为一个族名是汉代和其后中原的人和四围外族人接触中产生的。民族名称的一般规律是从‘他称’转为‘自称’。”[1]

二、在中原地区形成的华夏族是汉族的前身

20世纪30年代，以顾颉刚先生为代表的“古史辨”派提出了“层累地造成的中国古史观”，曾在史学界引起了一场轩然大波。此说容或有可商兑之处，但对于汉民族形成于中原地区来说，“层累地造成”的观点是惬当的。

考古资料表明，中原地区是华夏文明的摇篮和发祥地，数十万年以前，已有原始人类栖息生活在这块土地上。20世纪70年代，豫南南召县杏花山及淅川县境内便发现了旧石器文化早期的人类牙齿，学术界称之为“南召猿人”。“南召猿人”和“北京猿人”的时代大致相当，都是现代黄色人种的祖先。除“南召猿人”外，灵宝的朱阳，陕县的侯家坡、赵家湾、张家湾，三门峡的水磨沟以及渑池、伊川、巩义、荥阳、汝州、西峡、卢氏等地，都发现有旧石器时代的晚期遗址。这些遗址表明，我们的先民很早就在中原大地上胼手胝足，披荆斩棘，认识自然，改造自然了。

考古学家苏秉琦认为，黄河中下游存在两大文化，即黄河中下游的仰韶文化和黄河下游的龙山文化。龙山文化的前身是大汶口文化，黄河流域与龙山文化同一时代的还有中原龙山文化和齐家文化，中原龙山文化的前身是仰韶文

化。这些文化所处的时代统统被称为龙山时代。“河南的龙山文化正是在仰韶文化的基础上吸收了山东的龙山文化而兴起的。所以可以说华夏文化就是以黄河中下游不同文化的结合而开始的。”[1]费孝通先生这个见解得到了学者们的认同。佟柱臣先生认为，仰韶文化与龙山文化互相渗透、互相融合，就产生了华夏文化。“仰韶文化就是华夏族的前身文化的早期”，“龙山文化是华夏族前身文化的晚期”[11]。陈连开先生认为：“河南龙山文化与陕西龙山文化等与山东龙山文化可以互相区分为另一种地区性新石器文化，然而河南与陕西龙山文化与山东龙山文化大体平行发展而又互相渗透，却是一个相当典型的文化汇聚与交融的现象。这种文化汇聚与交融，反映着创造文化的两大氏族部落集团的交往、斗争、融合过程。许多事实表明最早发达于黄河中下游的国家制度、文字制度、青铜文化，其主要来源，应从黄河中下游东西相对两个文化区汇聚交融当中去追溯。”[12]可以说，河南龙山文化与陕西龙山文化、山东龙山文化的交汇融合，就是华夏文化的源头。

人类的进化是由原始群进入氏族，然后有部落及部落联盟组织，进而有部落的成立。炎、黄二帝与颛顼时代已进入部落及部落联盟时期，从这时起才有比较可靠的历史传说。徐旭生先生认为，上古时期有三大部落集团，即华夏、东夷、苗蛮：“伏羲和女娲传说来自南方的苗蛮，太皞和少皞传说来自东方的夷，同来自西北方的华夏的传说来源非一，所以即使说有氏族或个人，而相对的世次的先后也无法知道。”[13]这三大部落集团由相争而演变为和平共处，最终互相融合，才形成了而今的汉族。司马迁在《史记·五帝本纪》中说：“三苗在江淮、荆州数为乱。于是舜归而言于帝，请流共工于幽陵，以变北狄；放驩兜于崇山，以变南蛮；迁三苗于三危，以变西戎；殛鲧于羽山，以变东夷：四罪而天下咸服。”[13]这是一种以华夏为核心的正统观，强调了中原地区在中华文化起源及发展中的独断性，但也客观描述了以中原地区为核心，华夏及“四夷”相互融合的历史事实。应当指出的是，东夷、苗蛮的活动区域虽然超出了中原地区，但他们与华夏集团的相互融合过程却是在中原地区进行的。

在华夏族的发展历史中，炎帝、黄帝作为神化了的人物而彪炳史册。从先秦时代起，华夏族就尊奉炎、黄二帝为先祖。《世本》与《大戴礼记》明确归纳出以黄帝为始祖的统一谱系和以黄帝为首的五帝世系，司马迁据以作《五帝本纪》，第一次形成了华夏有同一来源的古史系统，使我们对华夏族的发展脉络有了一个初步的认识。黄帝与炎帝曾经有过三次激烈的战争，炎帝败北，向黄帝称臣，归顺于黄帝，至此，两个集团融合为炎黄集团。“炎、黄二帝率众融合成炎黄集团在中华民族的历史上具有重要意义。中原地区完全被炎黄集团所控制，炎黄集团的先民们深深地植根于华夏大地。炎黄集团被视为汉民族的族源，炎、黄二帝被汉族尊为祖先，至今海内外的华人都认为自己是炎黄子孙。炎、黄二帝已成为一种文化纽带，把汉民族紧紧凝聚在一起。”[14]黄帝与蚩尤之战，尧、舜、禹与三苗之战，也都是围绕着中原地区的争夺与开发而进行的。争夺战争的结果，加速了中原文化与四方文化的交汇融合，进而加速了文明国家在中原诞生的进程。

汉族的前身是华夏族，华夏族是历经夏、商、周三个朝代在中原地区形成的，中原地区是夏、商、周三代政治、经济、文化的中心，因此司马迁才说：“昔三代之居，皆在河洛之间，故嵩岳为中岳，而四岳各如其方。”[13]嵩山因居天下中心，故称中岳。中岳在中原地区。

夏部族是黄帝后裔，居住在中原地区河洛一带，公元前2100年前后建立了夏王朝，这标志着我国历史已进入文明时代，华夏族的名称也随之产生。许慎《说文解字》在解释“夏”字时说：“夏，中国之人也。”夏朝所居的中国在何地？20世纪70年代出土于陕西宝鸡贾村塬的何尊铭文，记述周成王营建成周时说：“惟王初壅宅于成周，复禀武王礼。”又说：“惟武王既克大邑商，则廷告于天下曰：余其宅兹中国，自之乂民。”[15]很显然，铭文中的中国即成周，成周即洛阳，在今河南洛阳市东郊汉魏故城一带。夏族作为夏朝的主体民族，自认为居天下之中，当然也就有四方，即东西南北的概念。夏王朝对四方不同于夏的民族称为夷，因此也会有四方夷人的概念，也就是“四夷”。从现存的文献资料来看，夏代已有东夷、北狄、西戎、南蛮的观念和称谓，夏朝与东夷、南蛮关系密切。“帝禹立而举皋陶荐之，且授政焉，而皋陶卒。封皋陶之后于英（今安徽金寨县东南）、六（今安徽六安县北），或在许（今河南许昌）。而后举益，任之政。”[13]皋陶，偃姓，东夷族首领。益即伯益，也称大费，东夷族嬴姓各族祖先。皋陶和益是东夷族少昊的后裔。禹为天下之君而推举皋陶与益当继承人，反映了夏族与东夷族相友善的一面。禹死于会稽（今浙江绍兴），死之前，“以天下授益。三年之丧毕，益让帝禹之子启，而辟居箕山（今河南登封市东南）之阳。禹子启贤，天下属意焉。及禹崩，虽授益，益之佐禹日浅，天下未洽。故诸侯皆去益而朝启，曰：吾君帝禹之子也”[13]。益不但让位，干脆居住在中原地区的箕山之阳，这支东夷人后来就融入夏人中了。其实，皋陶和益仅是东夷族中比较显赫的一支，并非东夷的全部。据《后汉书·东夷传》所说，夷有九种，即“畎夷、于夷、方夷、黄夷、白夷、赤夷、玄夷、风夷、阳夷”。这些夷族在夏代皆称九夷、诸夷，他们分布于西起豫东平原，东达东海之滨，南至淮水流域，北到济水地区等夏王朝的东方地区。[16]他们原来服从夏王朝的统治，“夏后氏太康失德，夷人始畔。自少康已后，世服王化，遂宾于王门，献其乐舞。桀为暴虐，诸夷内侵，殷商革命，伐而定之”[5]。终夏之世，东夷人时服时叛，交往既多，夏、夷之间融合之处就越多。夏王朝的南部还有生活于今河南南阳盆地与湖北江汉平原之间的三苗部族。大禹时夏部族与三苗曾有过激烈的战争，以三苗败北而告终。《墨子》卷五《非攻下》云：“昔者三苗大乱，天命殛之……禹亲把天之瑞令，以征有苗……苗师大乱，后乃遂几。”[17]三苗溃败后，一部分迁居南方，一部分居住原地的归依夏王朝，后来这些三苗族便融入华夏族中了。

继夏朝而立的是商朝。殷人是东夷族，据说是帝喾后裔契的子孙。商人因其始祖契封于商而得名，商地即今河南省商丘市。商朝的主体民族是夏族，朝代鼎革之后称商人。其他族是少数民族，在文献记载中称为“方”或“邦”，甲骨文中则称为“方”，其实“方”“邦”含义相同。商王朝与方国之间既有和平共处的一面，也有桴鼓相攻的时期。这些方国一方面承认商王的共主地位，并通过纳贡等形式表示对商王朝的臣服，另一方面又觊觎商王朝的财物而不时发动掠夺战争。商朝的北方和西北方有土方、𢀛方、鬼方等游牧民族。郭沫若认为：“𢀛方和土方居住在今陕西西北部直到内蒙古河套地区，而鬼方则活动在今陕北、内蒙古及其以北的辽阔地区。”[18]陈梦家认为：“鬼方在晋南，西周春秋时期在陕西境内。”[19]邹衡则认为土方在今山西石楼县一带，鬼方在山西南部，夏商之时或当靠北。[20]商高宗用了三年时间打败了鬼方，鬼方的一部分人被迫西移，一部分则迁入了中原内地。考古资料证明，商朝中期以后，山西境内的考古文化分为两种类型，其中分布在晋东南地区的一种与郑州、安阳等地的商文化基本相同，同属于商文化的一部分。居住在商朝北方的少数民族生存环境恶劣，那里气候冱寒，赖以生存的物资匮乏，他们需要不断迁徙以寻找新的牧场和狩猎场所，在南下过程中与商人兵戎相见，便不可避免了。

居住在商朝西方的是羌族等，总称西戎。甲骨文中有关羌的卜辞甚多。

《诗经·商颂·殷武》云:“昔有成汤,自彼氐羌,莫敢不来享,莫敢不来王,曰商是常。”“常”即长,君长也。这是说西方的氐羌都把商王当君长看待。羌族主要分布于岐周之西,即今之青海、甘肃地区。他们也是随牲畜迁徙的游牧族,有一部向东移动,与华夏族交错居住。商朝与羌人之间也有战争,武丁时伐羌用兵最多的一次达1.3万人。商人俘获的羌人多用于奴隶劳动和祭祀,生存下来的羌人后来都融入了商人中。商王还曾娶羌女为妻,表明商、羌在民族融合的道路上已开创了先河。商朝的南方有荆楚,西南方有庸、蜀、羌、髳、微、卢、彭、濮等,这些族群在不同程度上受商朝的控制。商王武丁为了展疆拓土,曾南征荆楚。《诗经·商颂·殷武》云:“挞彼殷武,奋伐荆楚,罙(深)入其阻,裒荆之旅。”诗中“挞”是迅疾的样子,“殷武”即殷王武丁,“阻”是指险要之地,“裒”是指俘获,“旅”是指士兵。这是说武丁深入荆楚的险要之地,俘获了他们的士兵。庸、蜀等八国在江汉之南,他们受商文化的影响,与商文化关系密切。商的东方是东夷集团,甲骨文称东方夷人为“尸方”“儿方”“人方”。商朝曾多次对东夷发动战争,尤其在帝乙、帝辛之世,商王对东夷发动了大规模的战争,都大获全胜。帝乙末年迁居到沬,即今河南淇县的朝歌。“其子纣继位后,继续对东夷用兵,费了很大力量,打退了东夷的扩张,俘虏了‘亿兆’夷人作自己的军队。纣对东南的经营,使中原文化逐渐发展到了东南,对我国历史有一定的贡献。”[18]纣俘虏来的数量庞大的东夷人,后来便融入华夏族中了。

周人是兴起于渭水流域的羌族,至武王时灭掉殷商,建立周朝。西周时期夏、商、周三族融合的雏形已日渐形成,三族交叉居住,彼此的族群差异逐渐减少,民族理念上也渐趋一致。他们都拥有共同的祖先观念,奉黄帝为共同始祖;在地域上,商、周两族都认为其祖先起源与兴起的地域都是大禹开拓的,周人称其兴起的西土为“区夏”。他们都有以农业为主的经济,以青铜技术与甲骨、钟鼎文字为代表的文化,都有共同的祖称——夏、中国。可以说,夏、商、周三族到西周时已具备了属于同一民族共同体的基本条件。

周平王迁都洛邑,是为东周。至此,夏、商、周的政治、经济、文化中心都在中原地区,“与此同时,边裔的戎、狄也乘机内徙,与中原诸夏杂居。当时中原内地,几乎到处都有戎狄。周襄王娶戎狄女为后”,于是戎狄或居于陆浑(今河南嵩县),东至于卫(今河南滑县一带),“侵盗暴虐”[13]。与陆浑之戎同时迁往中原的还有阴戎。《后汉书》卷87《西羌传》云:“允姓戎迁于渭汭,东及轘辕。在河南山北者,号曰阴戎。阴戎之种,遂以滋广。"[5]渭汭即今陕西渭河入黄河处,轘辕即轘辕山,在今河南偃师东南,允姓戎与阴戎所居之地大部分在今河南境内。后来陆浑戎叛晋,为晋所灭,这一部分人融入华夏族中。伊洛阴戎后来也为韩、魏两国所灭,除一小部分西迁外,其余的都融入到了华夏族中。戎蛮夷狄不仅杂居内地,就是周天子所居住的洛阳周围也遍布戎蛮夷狄。《国语》卷16《郑语》记载:"当成周者,南有荆蛮、申、吕、应、邓、陈、蔡、随、唐;北有卫、燕、狄、鲜虞、潞、洛、泉、徐、蒲;西有虞、虢、晋、隗、霍、杨、魏、芮;东有齐、鲁、曹、宋、滕、薛、邹、莒;是非王之支子母弟甥舅也,则皆蛮、荆、戎、狄之人也。"[21]其中狄、鲜虞、潞、洛、泉、徐、蒲、隗都是赤狄、白狄或其他诸狄,莒为东边之夷,荆为南边之蛮。这些少数族群在进入中原之前,社会发展比较缓慢,既无姓氏,也不知诗书礼仪为何物,进入中原后,受到华夏文化的熏陶,逐渐有了姓氏、文化和风俗,习惯上也逐渐向华夏族靠拢,与中原保持一致。同样,中原诸夏也从戎、蛮、夷、狄中学到了不少东西。经过春秋战国500余年的纷争与迁徙,进入中原地区的蛮、夷、戎、狄已大部分融入华夏族中,成为后来汉民族的重要组成部分。活动于边裔地区的各族,有的也融入了华夏族,有的虽未融入,但与中原华夏族保持着密切的联系,与华夏族共同体一起,成为中华民族多元共同体的组成部分。"经春秋战国的民族大迁徙与大融合,在战国已实现华夏的大认同,华夏已形成了稳定的民族共同体。"[22]

三、秦朝车同轨书同文等政策促进了汉民族的形成

公元前221年秦始皇统一全国,公元前207年秦朝灭亡,秦朝在历史上只存在了15年,是个短命王朝。尽管如此,秦朝所颁布的一些法令、措施,却加速了汉民族在中原地区形成的进程,可谓功莫大焉!

许慎在《说文解字·序》中说,战国时,"分为七国,田畴异亩,车涂异轨,律令异法,衣冠异制,言语异声,文字异形",严重阻碍了华夏各族的交往,迟滞了汉民族形成的过程。秦始皇二十六年(前221),秦始皇下令:"分天下以为三十六郡……收天下兵,聚之咸阳,销以为钟鐻,金人十二,重各千石,置廷宫中。一法度衡石丈尺,车同轨,书同文字……徙天下豪富于咸阳十二万户。"[13]秦始皇

采取这些措施的初衷在于加强秦朝的封建统治,使秦王朝亿万斯年地传下去,但在客观上却加速了汉民族形成的进程。

秦朝统一全国后,废除分封制,实行中央集权,分天下为三十六郡,郡设守、尉、监,实现了华夏族的统一。秦始皇三十三年(前 214),秦国夺取了岭南越地,设桂林(今广西桂平)、南海(治番禺,今广东广州)、象郡(今广西崇左),把南方的大片土地收入囊中,同时徙百姓 50 万人戍守五岭,与越杂处。在北方,派“蒙恬斥逐匈奴,收河南地(秦汉时称内蒙古河套一带为河南),为四十四县。筑长城,因地形用制险塞,起临洮,至辽东,延袤万余里”[6]。于是秦朝的疆域北至内蒙古,南至岭南,东至于海,西至甘肃,实现了政治的统一,西周以来分裂割据的局面不复存在,秦朝的政令如臂使指,通行无阻,正如汉人贾谊在《新书》中所说:“及至始皇,奋六世之余烈,振长策而驭宇内,吞二周而亡诸侯,履至尊而制六合,执敲朴而鞭笞天下,威震四海。”[23]政令的统一,增强了华夏族的凝聚力。

书同文是秦朝一件值得大书特书的举措。我国的汉字从远古的结绳记事到形成汉字,经历了漫长的过程,即使从商代后期算起,也有 3000 余年的历史。到了战国时期,由于长期的分裂割据,各诸侯国自成一体,政治、经济、文化均有差异,而百姓之间更是老死不相往来,以致再现了“言语异声、文字异形”的局面。如,“一个‘马’字,齐有三种写法,楚、燕、三晋各有两种写法。一个‘安’字,齐、燕各有两种写法,三晋竟有四种写法”[24]。文字的混乱,给诸侯国带来了不少麻烦,不但阻碍了文化的发展,而且严重影响了诸侯国文书的传播,更不利于华夏族的统一与稳定。有鉴于此,秦始皇统一天下后,采纳丞相李斯“罢其不与秦文合者”的建议,于秦始皇二十六年(前 221)、秦始皇二十八年(前 219)两次下诏,以秦国文字为基础,并吸纳参照六国文字制定小篆,作为法定的主要字体,以隶书作为日常使用文字,在全国范围内推行。同时,秦始皇命丞相李斯、中车府令赵高、太史令胡毋敬 3 人分别用小篆作《仓颉篇》《爰历篇》《博学篇》,又命程邈作隶书,作为文字范本颁布全国。这一举措结束了战国以来“文字异形”的局面。不过,小篆虽是法定字体,但隶书笔画平正,便于书写,在民间流行更广泛,到了汉代,隶书终于取代小篆成为主要文字。秦代统一文字和隶书的广泛使用,有利于统一多民族国家的形成和文化发展,更是汉民族形成的必要前提。

统一货币和度量衡是秦朝的又一重大举措。战国时各国货币的形制与轻重、大小不尽相同，不利于各地的经济交流。秦朝规定以黄金为上币，单位为镒(20 两)；以秦国过去流行过的圆形方孔铜钱为下币，文曰半两，重量也是半两。货币的统一，促进了商贸往来，使得中原地区的华夏族在经济上联系得更紧密了。度量衡制度在战国时期也不统一。比如度量长短的尺子，竟然长短不一，即使在楚国一国之内，铜尺长度就相差好几厘米。再如量制、衡制，各国也是自行其是，极不统一，甚至名称都不相同。如魏国的量制分为益、斗、斛，齐国则以升、豆、区、釜、钟为单位。衡制更是混乱，名称也不一样。比如赵国的衡制单位是釿、镒，楚国的衡制单位称铢、两、斤，周朝的则称寽、折。因为度量衡既是商品交换的必需工具，国家税收也需用度量衡，度量衡制度不统一，造成了经济混乱，给人们的日常生活带来了诸多不便。秦朝统一全国后，采用商鞅制定的度量衡标准器，把全国的度量衡统一起来。"文字、货币、度量衡的统一，为经济、文化的发展提供了便利条件，促进了统一国家的发展。"[25]秦朝时汉民族尚未形成，但秦王朝施行的许多措施为汉民族的形成作了强有力的铺垫。

四、汉族形成于中原地区

"汉承秦制"，是指汉朝在职官制度、郡县制上承袭了秦朝的做法并有所发展。职官制度保证了皇帝至高无上的权威，便于政令畅通无阻；郡县制则把编户齐民固定在一定地域的土地上，为国家缴纳贡赋。这两大措施加速了汉民族在中原地区的形成。

共同的地域是形成一个民族的首要条件。人类社会都是先由血缘关系发展为地缘关系，然后再逐步发展为部族、民族，因此，人与地域的关系，对于一个民族共同体来说，其重要性是不言而喻的。不可能设想，居住在山南海北，从未生活在一起的不同人群，会形成民族。到了汉代，汉人的基本分布区域为黄河中下游的中原地区与长江中下游地区，"以西汉元始二年(2)为例，当时诸州总户数为 12356470 户，共 57671401 口。这些都是赋税户口数字，基本上是汉人，极少数可能是编入户籍的边郡中的当地民族。在总人户数中，黄河中下游及淮河以北 6 州合计占总户数的 52.8%，占总人数的 62.54%。长江中下游荆、扬及益州三州合占总户数的 19.45%，总人数的 20.10%”[26]。既然汉人中总人数的 60%都集中在黄河中下游即中原地区，汉族形成于中原地区也就顺理成章了。特别是汉代实行的郡县制把大部分人居住的共同地域——中原地区联结为一个稳定的不可分割的整体，人们聚族而居，长期固定生活在这块土地上，不再漂泊迁移，华夏族才有可能变成后来的汉族。

共同的经济生活，是形成一个民族的第二个必要条件。传说中华夏族的祖先黄帝原属西北的游牧族，进入中原地区后该部族逐渐演变为以农业为主的部族。夏代重视农业，《论语·泰伯篇》孔子曾赞扬夏禹说：“卑宫室而尽力乎沟洫。”[27]夏禹宫室破破烂烂却致力于兴修水利，同书《宪问篇》又说：“禹、稷躬稼而有天下。”[27]所谓“躬稼”是禹和稷下地种田（稷是舜禹时的农官，周朝祖先）。夏朝的夏小正就是指导农耕的农历。商代最主要的生产部门是农业。卜辞中出现的谷物有禾、黍、稷、麦、秜（稻）等，同时也饲养牛、马、猪、羊、鸡、犬等家畜。周朝也以农立业。《诗经·周颂》中的《噫嘻》《载芟》《臣工》等篇，《小雅》中的《甫田》《采芑》《白华》等篇，有不少赞颂周朝农业发达的诗句。夏、商、周三代的主要农业区都在华夏族聚居的中原地区。影响所及，连春秋战国时期进入中原地区杂居的蛮、夷、戎、狄也逐步接受农耕生活方式，转为与华夏族无异的农耕民族。秦朝称百姓为“黔首”，推行“使黔首自实田”的政策，承认私人对土地的占有权，因而造成了广大的自耕农民，“于是男耕女织的小农经济定型化，成为整个社会的基本经济成分”[22]。这种生产方式，有利于华夏族凝聚融合为汉族。

生产力水平在汉代有很大发展。战国时铁器已开始推广，西汉时冶铁业有了长足发展。据《汉书》卷 28《地理志上》记载，弘农郡的宜阳、渑池，河内郡的隆虑（今河南林州市），河南郡的河南（今洛阳），河东郡的耿乡（今登封市东南），汝南郡的西平，南阳郡的宛县（今南阳市宛城区）等地均设铁官管理冶铁，一直到东汉相沿不替。两汉时期今河南境内的冶铁遗址竟有 14 处之多，郑州古荥镇冶铁遗址已有鼓风设备，“已经用煤作为工业燃料，已能生产脱碳钢板”；巩义铁生沟冶铁遗址已能生产球墨铸造铁，“它比西方人用现代生产技术制造的球墨铸铁要早 1000 多年”[28]。当时中原地区已普遍使用牛耕，铁制农具也已普遍推广，今鹤壁、巩义、南阳等地发现有西汉的铁犁镜，南阳还发现有播种用的耧足范，济源发现有西汉的陶风车模型。当中原地区使用先进的铁器农具时，江南大部分地区仍处在“伐木而树谷，燔莱而播粟，火耕而水耨”的阶段，这与中原的农业生产水平相差甚远。

农耕民族的生产与水利息息相关。汉代中原地区的水利事业有了飞跃发展，有许多享誉全国的大工程。以南阳为例。西汉时召信臣任南阳太守时，躬耕劝农，出入阡陌，考察郡中水泉，开通沟渎，灌溉良田3万顷，“民得其利，蓄积有余”[29]。百姓称他为“召父”，为其立祠祭祀。东汉光武帝时，杜诗任南阳太守，“修治陂池，广拓土田，郡内比室殷足，时人方于召信臣”，他还“造作水排（水力鼓风机），铸为农器，用力少，见功多”[5]。水排的原理是水排能把空气送入冶铁炉，以此提高铸造农具的效率和质量，这比欧洲发明的水力鼓风机要早1100年，南阳人称之为“杜母”。位于汝阳（今汝南）的鸿隙陂是占地数千顷的大型水利工程，可灌溉良田数万亩，建于西汉武帝时期，使得汝阳成为闻名遐迩的鱼米之乡，成帝时为丞相翟方进等人所毁。东汉初邓晨任汝南太守时主持修复，鸿隙陂再度造福汝南，连年五谷丰登。和帝时何敞任汝南太守，在鸿隙陂灌区修筑鲖阳旧渠（今新蔡北），灌溉良田3万多顷。汉代在酸枣（今延津）、瓠子河（今濮阳南）的治黄工程也颇有成效。汉代中原地区已普遍用水井灌溉，洛阳出土有大量的两汉陶水井模型，说明水利设施已相当完善。

随着农业和手工业的发展，商业也繁荣了起来。两汉时商业集中在长安、洛阳、宛（南阳）、临淄、邯郸、成都、番禺等地，除成都、番禺外，其余城市均在黄河中下游的中原地区，河南就占了洛阳、南阳两个。小农经济的定型化及统一的度量衡、货币，政治、经济、文化中心的出现，标志着生活在中原地区的汉人在汉代已有了相当稳定的共同经济生活，这是汉民族形成的又一基本特征。

共同的文化是形成一个民族的第三个必要条件。从夏商周至春秋战国时期，华夏族的文化是百家争鸣，诸说杂陈，这种局面虽然有利于学术繁荣，但不利于巩固中央集权专制统治，因此秦始皇统一六国后，采纳了李斯焚书坑儒的建议，以此实行“法制”，但秦始皇“禁文书而酷刑法”的暴虐行为，很快断送了秦朝的社稷。为矫正这一弊端，西汉初年道家的黄老无为思想占据了统治地位。集中阐释黄老无为思想的著作是陆贾的《新语》，他强调治天下必须无为。这种无为而治的政策，使汉初“农民生活比较安定，社会生产较易恢复，也使汉朝的统治秩序渐形巩固”[25]。但到了文帝、景帝时期，王国势力膨胀，尾大不掉，商人豪强朘削农民，百姓生活每况愈下，匈奴肆无忌惮地寇掠边境，无为而治已不适应当时形势，必须改弦更张。汉武帝时，董仲舒在贤良对策中说："当更张而不更张，虽有良工不能善调也；当更化而不更化，虽有大贤不能善治也。故汉得天下以来，常欲善治而至今不可善治者，失之于当更化而不更化也。"[29]那么，应当如何更化呢？董仲舒说："《春秋》大一统者，天地之常经，古今之通谊也。今师异道，人异论，百家殊方，指意不同，是以上亡以持一统；法制数变，下不知所守。臣愚以为诸不在六艺之科孔子之术者，皆绝其道，勿使并进。邪辟之说灭息，然后统纪可一而法度可明，民知所从矣。"[29]

汉武帝接受他的建议，"罢黜百家，独尊儒术"，以"春秋大一统"之义作为汉王朝立国的根本指导思想，儒家处于独尊地位。从此以后，儒家学说成为整个汉代乃至两千年封建社会的统治思想，儒家学说如水银泻地，无孔不入，影响到社会的各个角落，不但莘莘士子以儒学为进身之阶，而且儒家学说也成为判断是非的标准。春秋大一统思想维护了国家统一，巩固了中央集权，也成为维系华夏族长期稳定的思想纽带。正是有了人们认同的统一的文化，华夏族才能嬗变为后来的汉族。世界四大文明古国中只有中国文化薪火相传，继继绳绳，其原因就在于中国文化具有独特的魅力。儒家学说的独尊地位是在中原地区形成的。

共同的心理素质是形成一个民族的第四个必要条件。中原地区的汉人尊奉的是以孔子为代表的儒家学说，这一学说的核心是"仁"，《论语》一书中孔子109次提到"仁"，"仁"是孔子所立的道德标准。孔子说："人而不仁，如礼何？人而不仁，如乐何？"[27]做了人而不仁，便无法对待礼仪制度，无法对待音乐。千百年来，汉人无不奉"仁"为圭臬，作为处世的指南。由"仁"而延伸出的"三纲五常"（君为臣纲、父为子纲、夫为妻纲称三纲，君臣、父子、兄弟、夫妇、朋友之间的关系称五常）、礼、义、廉、耻等封建道德规范，潜移默化地成为中原汉人一致认同的价值取向，对汉民族共同心理素质的构建起了至关重要的作用。可以说"三纲五常"、礼、义、廉、耻（古代称礼、义、廉、耻为国之四维，四维不张，国乃灭亡）"既为中央集权的封建国家提供了理论基础，也为华夏族向汉民族发展转化的统一和稳定的民族共同体奠定了思想基础"[26]。

中原地区汉人宗教观念的核心是崇天敬祖。祭天祀祖是从上古至秦汉时期最重大的宗教礼仪活动。佛教在东汉从西域传入中原地区，道教也创建于东汉，汉人对宗教采取兼容并蓄的态度，佛、道成为中原汉人信奉的两大宗教，与祭天敬祖、相信善恶有报等都纳入自己的信仰之中。这一信仰对汉民族心理素质的形成和发展产生了深远影响。

在民族观念上,伴随着汉代政治、经济、文化的统一,各地区之间联系的紧密,华夏族与其他少数民族之间的畛域日益削弱,特别是"大一统"观念的确立,不再强调华夷之别,而是宣扬"普天之下,莫非王土;率土之滨,莫非王臣""四海之内皆兄弟"。因此,司马迁在《史记》中既描述了华夏族的历史,也客观地胪列出了少数民族发展的历史轨迹;既写出了华夏族与少数民族各自的特点,又突出了四方夷族与华夏族同出一源的亲如手足的关系。华夏族与四方夷族的融合更是屡见不鲜。"汉族的壮大并不是单纯靠人口的自然增长,更重要的是靠吸收进入农业地区的非汉人,所以说是像滚雪球那样越滚越大。"[1]

综上所述,中原地区的汉人在汉代已经有了共同的地域、共同的经济生活、共同的文化和共同的心理素质,已经形成了事实上的汉民族,"汉人"作为族称广泛使用,是在汉朝以后。用"汉"取代"华夏",并非这一人群共同体的改变,更不是新民族的形成,只不过是民族名称的变化而已。"汉人"自称和他称的出现是汉民族民族意识增强的表现,也是汉民族形成在形式上得到的认同。

参考文献

[1]费孝通.中华民族多元一体格局[M].北京:中央民族学院出版社,1989.

[2]吕振羽.中国民族简史[M].北京:三联书店,1950.

[3]吕思勉.先秦史[M].上海:上海古籍出版社,1982.

[4]范文澜.试论中国自秦汉时期成为统一国家的原因[J].历史研究,1954(3).

[5]范晔.后汉书[M].上海:上海古籍出版社,上海书店.1987.

[6]司马光.资治通鉴[M].上海:上海古籍出版社,1987.

[7]李慈铭.越缦堂日记(59)[M].扬州:广陵书社,2004:51-52.

[8]汤显祖.中国四大名剧　牡丹亭[M].郑州:中州古籍出版社,1994.

[9]王士禛.池北偶谈[M].北京:中华书局,1982.

[10]贾敬颜.汉人考[J].中国社会科学,1985(6).

[11]佟柱臣.从考古学上看中华民族的融合与统一[M]//费孝通.中华民族研究新探索.北京:中国社会科学出版社,1991.

[12]陈连开.中华新石器文化的多元区域性发展及其汇聚与辐射[J].北方民族,1988(1).

[13]司马迁.史记(国学备览第4册上)[M].北京:首都师范大学出版社,2008.

[14]王冠英,等.中国文化通史·先秦卷[M].北京:中共中央党校出版社,2000.

[15]转引自李学勤为河洛文化研究丛书写的序,见《中原移民简史》[M].郑州:河南人民出版社,2006.

[16]郑杰祥.夏史初探[M].郑州:中州古籍出版社,1988.

[17]墨翟.墨子(国学备览第8册)[M].北京:首都师范大学出版社,2008.

[18]郭沫若.中国史稿(第一册)[M].北京:人民出版社,1976.

[19]陈梦家.殷虚卜辞综述[M].北京:科学出版社,1956.

[20]邹衡.夏商周考古学论文集[M].北京:文物出版社,1980.

[21]左丘明.国语[M].北京:华龄出版社,2002.

[22]陈连开.论华夏、汉民族的形成[J].烟台大学学报,1991(2).

[23]贾谊.新书(国学备览第8册)[M].北京:首都师范大学出版社,2008.

[24]白寿彝.中国通史(第四卷上册)[M].上海:上海人民出版社,2004.

[25]孙毓棠.秦汉史[M].北京:中国大百科全书出版社,1986.

[26]任崇岳,白翠琴.中原地区历史上的民族融合[M].呼和浩特:内蒙古人民出版社,2004.

[27]杨伯峻.论语译注[M].北京:中华书局,1980.

[28]张文彬,程有为.简明河南史[M].郑州:中州古籍出版社,1996.

[29]班固.汉书[M].喀什:喀什维吾尔文出版社,2002.

(原载《中原文化研究》2016年第5期)

汉代和亲政策的几个问题

历史剧《王昭君》的发表和上演，引起了人们浓厚的兴趣，也很自然地使人联想到汉代的和亲政策。在汉代，有九位公主远嫁匈奴、乌孙，昭君只是其中的一个，而且时间较晚；她之所以独擅盛名，那是历代墨客骚人宣传的结果。如何看待汉代的和亲现在还是个聚讼未决的问题。我想就这个问题谈几点粗浅的看法，以就正于对这一问题有兴趣的同志们。

一、和亲是汉族和少数民族统治者互相利用的外交工具

关于汉代和亲的性质，向来有友好说和屈辱说两种。前者如郭沫若、翦伯赞同志，后者如范文澜、王桐龄先生①。但是，只要我们不胶柱鼓瑟，拘泥于字面解释，便可以得出结论：和亲政策是汉朝和少数民族统治者互相利用的一种外交工具，“是一种政治的行为”[1]。汉朝的和亲政策始于刘邦。公元前 198 年，刘邦被匈奴的三十万大军困于平城，靠着贿赂单于的阏氏（匈奴皇后），才得以逃出重围。由于当时匈奴势力方炽，刘邦无力退敌，才听从刘敬的建议，采取了这样一种权宜措施。因为和亲是在强敌压境的情况下进行的，说成是屈辱，似无不可；但是，如果把汉武帝、汉元帝时的和亲也看作是屈辱，那就不符合历史事实了。因为那时并不存在匈奴的威胁，和亲完全是汉朝统治者自愿采取的行动。这里，还应该指出，和亲本身并不是屈辱，不能一看到汉族女子嫁给少数民族便大惊小怪。我们所说的屈辱，是指屈服于强敌的压力，以和亲作为缓和矛

① 郭说见《中国史稿》第二册，翦说见《历史问题论丛》第 395 页，范说见《中国通史简编》第二编，王桐龄说见《史学年报》1929 年创刊号之《汉唐之和亲政策》。

盾的手段。和亲究竟是平等的抑或是屈辱的，那要看具体情况，不能一概而论。

那么，匈奴统治者为什么愿意和汉朝和亲呢？我认为不外乎要达到两个目的：一是在强盛时借此获得汉朝的馈赠，无戎马之劳，唾手可得大量财物；二是在衰弱时需要借助汉朝的声威，来巩固自己的内部统治。匈奴是汉朝北方的一个游牧民族，“逐水草迁徙，毋城郭常处耕田之业”[2]。在冒顿单于时，乘着“汉兵与项羽相距，中国罢于兵革”的机会，东灭东胡，西击走月氏，“尽服从北夷，而南与中国为敌国”[2]。至少在这时，匈奴已进入奴隶社会。他们“宽则随畜，因射猎禽兽为生业，急则人习战功以侵伐”，“明以战功为事”[2]，“行盗侵驱，所以为业”[3]。由于匈奴地处边陲，气候寒冷，物产贫瘠，除了畜牧业外，其他均须仰给于人。而“邻人的财富刺激了各部族的贪欲，获得财富已成为他们最重要的目的之一了”[1]。事实证明，匈奴对汉朝的进攻，不单是因为对汉朝财富的觊觎，还为着掠夺奴隶。因为“战争提供了新的劳动力：俘虏变成了奴隶”[1]。这种野蛮的掠夺，给汉朝生产力带来了极大破坏。刘邦不仅被迫“奉宗室女公主为单于阏氏”，而且“岁奉匈奴絮、缯、酒、米、食物各有数”，“约为昆弟以和亲”[2]。以后便成了定例，每年都得给匈奴送去大量财物。惠帝三年（前192）、文帝六年（前174）、景帝五年（前152），汉朝先后遣公主嫁给匈奴单于，并馈遗大量秫蘖、金帛、丝絮等物。为了求得安宁，文帝两次致书匈奴单于，希望寝兵休卒、各守疆界，直到武帝即位，还“明和亲约束厚遇，通关市，饶给之”[2]。但是，一纸空文对于贪婪成性的奴隶主贵族来说，并没有多少约束力，只要有机会，他们就乘虚而入。因此，“汉与匈奴和亲，率不过数岁即背约”[3]。汉武帝曾对他的臣下说：“朕饰子女以配单于，金币文绣赂之甚厚，单于待命加嫚，侵盗亡已。边境被害，朕甚闵之。”[3]从平城之役到武帝元光二年（前133）马邑事件的60多年时间里，“匈奴日已骄，岁入边，杀略人民畜产甚多”[2]，甚至烽火通于甘泉、长安。文帝十四年（前166），匈奴一次就出兵十四万进攻汉朝。所有这些，都是为着一个目的：掠夺财物和奴隶。文帝时投降匈奴的中行说就要挟汉朝的使者说：“汉使无多言，顾汉所输匈奴缯絮、米蘖，令其量中，必善美而已矣，何以为言乎？且所给备善则已；不备，苦恶，则候秋孰以骑驰蹂而稼穑耳。”[2]甚至在卫青、霍去病于公元前127年、公元前121年、公元前119年三次大败匈奴，出现“幕南无王庭”的局面之后，匈奴仍念念不忘得到汉朝的财富。武帝征和四年（前89），狐鹿姑单于还派人给汉朝送信说：“南有大汉，北有强胡。胡者，天之骄子也，不为小礼以自烦。今欲与汉闿（开）大关，取汉女为妻，岁给遗我糵酒万石、稷米五千斛、杂缯万匹，它如故约，则边不相盗矣。”[3]当匈奴要求和亲，汉朝提出以太子为质时，乌维单于对汉朝的使臣说：“故约，汉常遣翁主，给缯絮、食物有品，以和亲，而匈奴亦不复扰边。今乃欲反古，令吾太子为质，无几矣（和亲没有希望了）。”[3]这些话清楚地表明：匈奴接受和亲只不过是为了获得汉朝财物而采取的一个外交手腕而已。有的同志认为，在这“六十多年中，汉匈双方都以和亲作为彼此关系中的主导政策”，“经过双方协商，仍然维持了和亲的友好关系”，因而“减少了匈奴对汉朝的骚扰抄掠”，“加强了汉朝先进文化对匈奴文化的影响”[4]。这些结论，显然不符合史实。因为匈奴并未把和亲作为主导政策，而是把抄掠作为主导政策。他们年年寇掠，殆无宁岁，丝毫不因和亲而有所收敛。而所谓通过协商来维持友好关系云云，不过是汉朝的愿望，匈奴从未认真对待，哪里有什么协商？至于把中行说投降后，“教单于左右疏记，以计识其人众畜牧”也算作汉朝先进文化对匈奴文化的影响，就更难使人信服了。且不说中行说教匈奴计算一下牲畜数目算是什么样的文化，如果这也值得称道，投降匈奴的人岂不都成了汉匈和好的功臣？

在势力衰微时，借助汉朝的声威来巩固自己的统治，这是匈奴统治者和亲的又一目的。在遭到汉军的沉重打击之后，“汉兵深入穷追二十余年，匈奴孕重惰殰，罢极苦之。自单于以下，常有欲和亲计”[3]。呼韩邪的和亲是一个很好的例子。当汉朝诛杀了他的对手郅支单于（他的哥哥）时，他“且喜且惧”，“愿婿汉氏以自亲”。显然，他喜的是汉朝帮助他翦灭了对手，可以稳坐单于宝座，惧的是重蹈郅支单于的覆辙。他之所以要求和亲，完全是为了取得汉朝的庇护和扶植，从而巩固自己的地位。东汉光武帝二十二年（46），“匈奴中连年蝗旱，赤地数千里，草木尽枯，人畜饥疫，死耗太半。单于畏汉乘其敝，乃遣使诣渔阳求和亲”[5]。公元48年，匈奴分裂为二，南匈奴内附降汉，北匈奴却地千里。南匈奴为求得汉朝庇护，北匈奴怕南匈奴与汉合兵进攻，双方都要求和亲。公元51年、52年、53年、63年、104年，北匈奴多次遣使要求和亲。但是由于汉强匈弱之势已定，特别是在公元89年窦宪、耿秉大破北匈奴之后，匈奴更加衰弱，汉朝力量足以制服匈奴，用不着像刘邦那样，以和亲作为缓和矛盾的手段，因此，和亲一次也未成功。

汉朝借着和亲要达到什么目的呢？我们认为可以归结为以下三点：

（一）在兵力不足拒敌时用和亲作为缓和矛盾的手段。高祖、惠帝、文帝、景帝时的和亲，便是这一类。

（二）争取与别国联合，打击匈奴。武帝与乌孙的和亲便属于这一类。西域三十六国本是匈奴的属国，“匈奴西边日逐王置僮仆都尉，使领西域，常居焉耆、危须、尉黎间，赋税诸国，取富给焉”[3]。“匈奴使持单于一信，则国国传送食，不敢留苦”[2]。匈奴虽败于汉朝，但有西域这块进可攻、退可守的根据地，不久便卷土重来。为了制服匈奴，武帝采纳了张骞的建议：“诚以此时厚赂乌孙，招以东居故地，汉遣公主为夫人，结昆弟，其势宜听，则是断匈奴右臂也。既连乌孙，自其西大夏之属，皆可招来而为外臣。”[3]张骞曾两度出使西域，细君、解忧也就是在这种情况下远嫁乌孙的。公元前105年，细君到乌孙后，因为昆莫（国王）猎骄靡年老，“欲使其孙岑陬尚公主”，细君不从，武帝致书安慰她说：“从其国俗，欲与乌孙共灭胡。”[3]这句话表明：武帝是把细君当作纵横捭阖的外交工具而利用的。既然一切都纳入了对付匈奴的轨道，细君也就只好流着眼泪接受乌孙的习俗了。

（三）安抚羁縻少数民族的一种手段。元帝时的昭君出塞，就属于这一类。当时，呼韩邪声穷力蹙，不受汉朝的庇护便不能立国；而汉朝经过武帝、昭帝、宣帝几十年的征伐，“赂遗赠送，万里相奉，师旅之费，不可胜计。至于用度不足，乃榷酒酤、管盐铁、铸白金、造皮币，算至车船，租及六畜，民力屈，财力竭，因之以凶年，寇盗并起，道路不通”[3]。面对这种危机四伏的局面，元帝知道，如果不休养生息，而是继续穷兵黩武，刘氏江山就可能毁于一旦，更何况汉朝已经无力发动战争，既然双方都需要和平环境，以和亲来重申盟好，也就成了顺理成章的事情。

二、和亲成就之大小取决于汉朝的强弱

汉朝嫁给匈奴、乌孙的女性，共达九人之多，但有姓名可考者只有王昭君、刘细君、刘解忧、冯嫽、陆逮任五人。除王莽庶女陆逮任嫁给昭君的外孙后安公奢，旋因王莽被诛，奢死于长安，和亲未发生任何效果外，武帝时细君、解忧、冯嫽嫁给乌孙，元帝时昭君嫁给匈奴，恰恰都在汉朝国力鼎盛之时。解忧、昭君之

所以能取得较大成就，虽然不应该低估她们的才能，但是如果没有汉朝的武力作后盾，恐怕也要和其他和亲者一样湮没无闻。过分强调解忧、昭君的个人才能，而忽略了武帝、元帝的作用，显然是不公允的。如果不是力量对比发生了有利于汉朝的变化，特别是公元前 72 年汉和乌孙联军大破匈奴，解忧、冯嫽未必会得到乌孙和西域其他各国如此重视；同样，如果呼韩邪不是为了报答元帝的“知遇之隆”，昭君也不会得到“宁胡阏氏”的殊遇。武帝作为雄才大略的帝王，以平等的态度和乌孙联姻，其作用自应肯定；而元帝虽昏庸无能，但在和亲这件事情上，却处理得十分得体，成绩也不能抹煞。为了纪念和亲，在公元前 33 年，元帝改元竟宁，这在我国历史上是绝无仅有的事例。他不乘人之危，在匈奴困难时，“诏汉中、五原郡转谷二万斛”[3]，以济困乏，“其后，呼韩邪竟北归庭，人众稍稍归之，国中遂定”[3]。直到成帝时，呼韩邪的儿子、王昭君的后夫复株累单于来朝，“加赐锦绣缯帛二万匹，絮二万斤，它如竟宁时”[3]。正是在这种特定的历史环境之下，才出现了“北边自宣帝以来，数世不见烟火之警，人民炽盛，牛马布野”[3]的繁荣景象，怎能把这一切都归功于昭君一人之力呢？有的同志赞扬昭君“挺身而出，慷慨应召……去肩负巩固和加强汉匈两族友好关系的重大使命”[6]，似乎汉朝的安危系于昭君一身，只有她才能挽狂澜于既倒，显然这是不切实际的溢美之辞。有的同志赞扬解忧，说“汉乌联军东西合击的计划，也是她提出的……她是这次战争的重要组织者之一”[7]，“不光是为乌孙，而是为整个西域、为推动历史前进作出了不可磨灭的贡献”[8]。事实上，解忧是个纤弱女子，不是巾帼英雄，说她组织了公元前 72 年的汉乌对匈奴之战，于史无征。我们承认解忧在使乌孙和西域其他各国摆脱匈奴奴隶主的羁绊、沟通西域与汉朝的联系方面起了重要作用，但说她对整个历史的前进作出了不可磨灭的贡献，也未免过于夸张了。这正印证了列宁的一句话：“只要稍微一夸大，就是印证了一条真理：从伟大到可笑只有一步之差。”[9]

三、和亲者的贡献不应抹煞，但个人的遭遇是悲剧

我们说汉朝和亲成就的大小取决于国势的盛衰，丝毫也不意味着可以抹煞和亲者在沟通汉族与少数民族经济文化交流上的功绩。匈奴为了割断乌孙和

汉朝的联系，竟出兵乌孙，并威胁说"趣持公主来"，是意识到了解忧的作用的。乌孙原来不善于冶炼，"兵刃朴钝，弓弩不利"，后来"颇得汉巧"[3]，而有所改进。解忧的女儿嫁给龟兹王绛宾，在宣帝时夫妻双双来汉朝贺，"乐汉衣服制度，归其国，治宫室，作徼道周卫，出入传呼，撞钟鼓，如汉家仪"[3]，也是汉族先进文化熏陶浸润的结果。昭君出塞更为人们所津津乐道而历久弥衰。1954 年在包头附近汉墓中出土的"单于和亲""千秋万岁""长乐未央"瓦当残片，几乎成了妇孺皆知的事情，这一切充分说明了汉朝和亲政策所产生的深远影响。不言而喻，这里边也渗透着和亲者个人的心血。但是，就和亲者个人的遭遇来说，她们是上演了一出悲剧。关于这一点，郭沫若、翦伯赞、王季思诸先生都持这个见解，不是没有道理的①。首先，汉朝皇帝没有派遣过一个亲生女儿和亲。如果是一件欢乐的事情，不消说轮不到宗室女，更轮不到蚩蚩小民、"掖庭待诏"王昭君。当刘邦要以亲生女儿和亲时，吕后就哭着说："妾唯太子、一女，奈何弃之匈奴！"刘邦只好"取家人子名为长公主，妻单于"[2]。其次，这种联姻"起决定作用的是家世的利益，而决不是个人的意愿。在这种条件下，关于婚姻问题的最后决定权怎能属于爱情呢"[1]？王昭君虽然是自愿请行，但那是"积悲怨"而反抗的一种方式。呼韩邪比她年龄大一倍还多，两人不大可能萍水相逢就一见钟情，何况昭君只嫁过去三年，呼韩邪就一病不起？细君一开始就嫁给一个行将就木的乌孙昆莫猎骄靡，然后嫁给他的孙子军须靡，只五年细君就悒郁死去。解忧先后嫁给军须靡、翁归靡、泥靡三人，而泥靡又与她没有感情。她们和少数民族之间，语言不通、习俗迥异，连交流思想都不可能，又哪里会产生爱情？因此，她们怀念故国也是很自然的。昭君曾"上书求归"，细君曾作歌来抒发惆怅之情，解忧"年老土思，愿得归骸骨，葬汉地"[3]，都是可以理解的。我们不能以今天的标准来要求古人，批判细君"愁眉苦脸、唉声叹气的情绪和表现"，更不必从她的家庭出身上来找根源，说她因为"出身于贵族的家庭，习惯于剥削生活"[6]，才有这样的表现。若果真如此，那么出身于"良家子"的王昭君也上书求归，又当作何解释呢？至于让"满脸含笑、风姿绰约的王昭君着胡装，跨骏马，

① 郭沫若："她(指昭君)的一生诚然是个悲剧。"(《王昭君·附录》)翦伯赞："从王昭君的个人遭遇来说，她的确是一个悲剧人物。"(《历史问题论丛》，第 402 页)王季思、肖德明二同志在《从〈昭君怨〉到〈汉宫秋〉》一文中说："封建时代不考虑个人愿望的强迫婚姻以及妇女的低贱地位，给昭君带来的痛苦，也是一个事实，不容抹煞。"(《社会科学战线》1979 年第 1 期)

愉快地奔向了通往匈奴的和亲之路"[10],作为文学作品,我们不反对这样写,但是当作史实来对待,恐怕就欠妥当了。

参考文献

[1]恩格斯.家庭、私有制和国家的起源[M]//马克思,恩格斯.马克思恩格斯全集:第2卷.北京:人民出版社,2005.

[2]司马迁.史记[M].北京:首都师范大学出版社,2008.

[3]班固.汉书[M].北京:中华书局,1999.

[4]刘先照,韦世明.论汉朝与匈奴的和亲政策[J].中央民族学院学报,1978(1).

[5]刘晔.后汉书[M].上海:上海古籍出版社,1987.

[6]林干.论昭君出塞[N].内蒙古日报,1963-02-07.

[7]黎虎.解忧公主出塞的历史贡献[J].北京师范大学学报,1979(4).

[8]周乐溢.解忧的创作及其它——访老作家刘肖芜同志[N].新疆日报,1979-04-01.

[9]列宁.论统一的经济计划[M].中共中央马克思恩格斯列宁斯大林著作编译局.列宁选集:第四卷.北京:人民出版社,1996.

[10]刘先照,韦世明.昭君自有千秋在[J].社会科学战线,1978(1).

(原载《历史教学》1980年第5期)

中原移民史研究中的几个问题

中原移民是河南历史乃至中国历史上的一个重大事件。中原汉人多次南迁，形成了一个特殊民系，即客家民系。历史上中原地区的移民从传说中的炎黄二帝时期以迄明清，时间之久，规模之大，移民情况之复杂多样，均非其他地区所能比拟。由移民问题而形成的客家文化、河洛文化、姓氏文化近几年来成为学者们探讨的热门话题。但是有些问题还需要继续深入讨论，比如，为什么移民多发生在中原地区？中原汉人南迁形成了客家民系，北迁的汉人情况如何？北方少数民族进入中原后，与汉族是如何融合的？这些问题都需要研究者持续地关注和研究。

一、为何移民多发生在中原地区

西晋末年中原百姓因战乱南迁，是我国移民史上规模较大的一次迁徙。在此之后，唐代安史之乱、陈元光开发闽漳、黄巢起义、金灭北宋、蒙古人灭金、朱元璋灭元，都曾引起中原汉人大规模南迁，聚居于粤、湘、闽、赣等省，形成了客家民系。上海辞书出版社出版的《辞海》(1979 年版)“客家条”说：“汉末建安至西晋永嘉间，中原战乱频繁，居民南徙，宋末又大批南移，定居于粤、湘、赣、闽等省交界地区，尤以粤省为多，本地居民称之为客家。”

为什么移民多发生在中原地区？这是因为：

第一，中原地区既是全国地理位置的中心，又是政治、经济、文化的中心。《史记·封禅书》就说：“昔三代之居，皆在河、洛之间。”《史记·货殖列传》又说：“昔唐人都河东，殷人都河内，周人都河南。夫三河在天下之中，若鼎足，王者所更居也，建国各数百千岁。”汉代班固则说：“崤、函有帝王之宅，河、洛为王者之里。”中原地区既居天下之中，交通便利，土地肥沃，气候湿润，物产丰饶，人烟辐辏，经济繁荣，使得许多王朝在中原定都，建功立业，黄河流域很自然地成为全国的政治中心，所谓得中原者得天下是也。我国八大古都中中原占有安阳、洛阳、郑州、开封 4 个。洛阳先后有东周、东汉、曹魏、西晋、北魏、隋、唐、后梁和后唐等朝代在此建都，历时 880 余年，是中国治乱兴衰的晴雨表。宋人司马光说：“若问古今兴废事，请君只看洛阳城。”另一位宋人李格非说：“洛阳之盛衰，天下治乱之候也。”开封则是战国魏，五代后梁、后晋、后汉、后周，北宋和金朝的都城。安阳从盘庚迁殷到纣亡国，历十二王。郑州曾经是商的都城。除此之外，夏二里头遗址、夏禹建都的阳城、夏启建都的阳翟、太康与桀建都的斟鄩、偃师商城、帝乙末年迁都沬（今河南淇县）、新郑的郑韩故城、金朝末年迁都的蔡州（今河南汝南县），均在今河南境内。有这么多朝代在中原建都，这里又是全国经济、文化的中心，四方之人纷至沓来，或欲问鼎中原，或懋迁有无，或文化交流，中原成了他们的聚散地。因各种原因从中原外迁的汉人也不在少数，这是造成移民频繁的第一个原因。

第二，战乱。中原自古便是兵家必争之地，且不说中原王朝的更迭靠的是战争，就是北方的游牧民族入主中原，靠的也是战争。兵燹连绵，生灵涂炭，百姓只得辗转流离，迁徙他乡，于是便有了大批移民。如东汉末年董卓挟持汉献帝西迁长安时为避袁绍等人兵锋，胁迫洛阳一带百姓随行，“于是尽徙洛阳人数百万口于长安，步骑驱蹙，更相蹈藉，饥饿寇掠，积尸盈路。卓自屯留毕圭苑中，悉烧宫庙、官府、居家，二百里内无复孑遗”。西晋末年的永嘉之乱造成了中原士家大族及流离失所的百姓播迁，“时海内大乱，独江东差安，中国士民避乱者多南渡江”。《晋书·王导传》则说：“洛京倾覆，中州士女避难江左者十六七。”谭其骧先生认为，当时西晋有人口 700 余万，“南渡人口九十万，占其八分之一强”[1]。翦伯赞先生则说：“南迁人民到达长江流域的，总数至少有七十万人，还有约二十万南迁人民没有到达长江，聚居在今山东境内。”[2]一些族谱也可证明这一点，如广东梅州《谢氏族谱》记载，谢衡（按：东晋名相谢安祖父）“西晋太康七年（286）任国子监祭酒，当晋八王之乱，继五胡十六国乱华之初，衡从阳夏（今河南太康）迁居于浙江绍兴始宁东山，为东山会稽派始祖”。福建邵武《何氏族谱》说：“其先光州固始人，西晋末，五胡战乱之扰，避乱入闽。”类似的族谱还有不少。

唐代的安史之乱，河南是主战场之一，锋镝所及之处，饿殍遍野，颓垣断壁，百姓挈妇将雏，纷纷逃难。这次战争在文献中多有记载，如“自东都（今河南洛阳）至淮泗，缘汴河州县，自经寇难，百姓凋残，地阔人稀，多有盗贼”，“又缘顷经逆乱，中夏不宁，士子之流，多投江外，或扶老携幼，久寓他乡”。百姓生活无着，逃难他乡，社会秩序大乱，中原地区便成了盗贼的渊薮。而从中原南下的士子、百姓多流寓到了今湖北、湖南一带。据《旧唐书·地理志》之“荆州江陵府”记载：“自至德后，中原多故，襄、邓百姓、两京衣冠，尽投江、湘，故荆南井邑，十倍其初，乃置荆南节度使。”诗人元结本中州鲁山县人，为避寇乱，“召集邻里二百余家，南逃襄阳”[3]。唐高宗总章年间（668—670），福建九龙江流域发生“蛮獠啸乱”，陈政、陈元光父子奉命率军入闽平叛，这是一次具有移民性质的进军，对闽南地区的开发产生了深刻影响。唐朝末年的黄巢起义先后波及大半个中国，中原是遭受灾难最深重的地方之一，引发了大规模的移民浪潮。如福建惠安东园上仓《谢氏族谱》称：“肇基祖十八公，于唐僖宗乾符六年（879）值黄巢乱，从朱皋镇（今河南固始北）避乱入闽。兄弟四人，一居福州闽县，一居晋江，一居惠安，一居永春坂头。”《崇正同人系谱》卷二“氏族·李氏”条称：“南来之祖，则始溯于唐之末年。有宗室李孟，因避黄巢之乱，由长安迁于汴梁，继则迁福建宁化石壁乡。”同书“蔡氏”条云：“蔡氏本周姬姓之后，文王子叔度封于蔡……唐末避黄巢之乱，迁于闽南。”据《三朝北盟会编》所引之《汴都记》载，金人灭亡北宋，进入中原后，“虏骑所至，唯务杀戮生灵，劫掠财物，驱虏妇人，焚毁庐舍、产业”。经过金兵的蹂躏，中原大地已是满目疮痍了。宋朝人庄绰说：“建炎元年（1127）秋，余自穰下由许昌以趋宋城，几千里无复鸡犬，井皆积尸，莫可饮。佛寺俱空，塑像尽破胸背以取心腹中物。殡无完柩，大逵已蔽于蓬蒿，菽粟梨枣，亦无人采刈。”北宋灭亡之后，金人掳掠“工匠人口、医官、乐工、妓女、内侍以至后苑八作、文思院及民工悉取之，约十万口。父子、夫妇生相别离，及提老携幼，系累而去，哭声动天地”。宋高宗即位后，金人仍步步进逼。高宗急急如丧家之犬，忙忙似漏网之鱼，向南方逃亡，“高宗南渡，民之从者如归市”。朱熹就说：“靖康之乱，中原涂炭，衣冠人物，萃于东南。”蒙古人灭金、朱元璋灭元，中原地区均是主要战场，引起百姓大量流亡也是很自然的。战乱是中原移民频繁的另一主要原因。

二、西迁、北迁的中原汉人

学者们研究中原移民时,往往只关注南迁的汉人,而忽略了西迁、北迁的中原汉人。是什么原因造成中原汉人西迁、北迁?这些人的结局如何?这也是移民史学者应该研究的问题。

中原汉人最早西迁是在西汉初年。刘邦听从刘敬徙关东六国贵族于关中以备匈奴的建议,“乃使刘敬徙所言关中十余万口”。刘敬所说六国中的韩、魏都城都在今河南境内,韩国都城在今河南新郑,魏国都城大梁在今河南开封西北,由此可见徙往关中的十余万人中,河南人占有一定比例。“这是西汉第一次大规模的移民,也是人数最多的移民之一,对关中的开发影响也最大。”[4]东汉末军阀董卓挟持汉献帝西迁长安时,“尽徙洛阳人数百万口于长安”,前文已经说过。《后汉书·刘焉传》载,他统治四川时,“南阳、三辅民数万户流入益州,焉悉收以为众,名曰东州兵”。在流入益州的数万户中,如南阳流民有1.5万户,每户以5人计,这支流民队伍便有7.5万人,其中的丁壮都被刘焉招募为士兵。这些西迁的百姓卜居不归,后来都成了当地土著。

除了向西移民,也有向北移民者。五胡十六国时,北凉的统治者张轨曾被晋朝封为镇西将军、都督陇右诸军事,王弥等攻打洛阳时,张轨曾派人拱卫京师,“及京都陷……中州避难来者,日月相继,分武威置武兴郡以居之”。北凉的都城为凉州,即今之甘肃武威,将京城一分为二,以安置中州难民,可见难民人数之多。中州百姓避难之所以选择凉州,是因为那里僻处边陲,生活安定,没有干戈之扰。那些逃难到此的中州人,为“河西胡族的汉化与经济文化的发展,都起了重要的作用”[5]。汉人李暠建立的西凉定都酒泉,拥有今甘肃西部,他曾分南人五千户置会稽郡,中州人五千户置广夏郡。以每户5人计,李暠迁往西凉的河南人便有2.5万人,这在当时已是很可观的数目了。东晋初年,曾被晋元帝拜为散骑常侍的鲜卑人慕容廆,奉命都督辽左杂夷流人诸军事,“时二京倾覆,幽冀沦陷,廆刑政修明,虚怀引纳,流亡士庶多襁负归之。廆乃立郡以统流人,冀州人为冀阳郡,豫州人为成周郡,青州人为营丘郡,并州人为唐国郡”。这4州中豫州在今河南境内,可知流亡东北的百姓中,河南人占有一定比例。

向北移民规模最大的当推北宋灭亡后被金人掳往北方的10万中原人。据《三朝北盟会编》所载,迁往金国的宋朝俘虏是10万人。而《靖康稗史》的记载则是20万,“天会时,掠致宋国男妇,不下二十万”。据《宋俘记》一书所说,仅跟随徽、钦二帝北上且有案可稽的王子、公主、宗室、戚畹贵族、教坊人等就在1.4万左右。其实,被金人驱往北方的20万中原汉人并非移民,而是俘虏。他们凄凄惶惶,被驱赶如牛羊,流离辗转,衣食无着,大半客死异乡,幸存者大部分也融入女真社会。

西迁、北迁的中原汉人之所以未引起学者们的重视,是因为规模小,人数不多,不能与永嘉之乱、安史之乱、黄巢起义南迁的中原汉人相比。南迁的中原汉人最后形成客家民系,有自己的聚居区,有客家方言;而北迁、西迁的汉人则是散居各处,不成体系,没有方言。他们或融入当地少数民族之中,或成为当地汉人的一分子。

三、外来移民与民族融合

中原地区自古以来就是民族融合的大熔炉,融合民族之多、融合时间之长,都远在其他地区之上。据《国语·郑语》记载,在成周洛邑周围,“南有荆蛮、申、吕、应、邓、陈、蔡、随、唐;北有卫、燕、狄、鲜虞、潞、洛、泉、徐、蒲;西有虞、虢、晋、隗、霍、杨、魏、芮;东有齐、鲁、曹、宋、滕、薛、邹、莒。是非王之支子母弟甥舅也,则皆蛮、荆、戎、狄之人也”。其中狄、鲜虞、潞、洛、泉、徐、蒲、隗都是赤狄、白狄或其他诸狄,莒为东边之夷,荆为南方之蛮。迁入洛邑周围的蛮夷戎狄有多少,不见于记载,但人数不会太多。这些少数民族进入中原后,受到华夏文化的熏陶,逐渐有了姓氏,在经济、文化上也很自然地与中原保持一致。后来,他们都融合到华夏族中,成为汉民族的重要组成部分。

十六国时期,前赵皇帝刘聪死后,大将靳准杀刘聪子刘粲于平阳,石勒率军攻讨,“平阳大尹周置等率杂户六千降于勒,巴帅及诸羌、羯降者十余万落,徙之司州诸县”。据《汉书·沟洫志》“稍筑室宅,遂成聚落”的记载,“落”就是一家一户之意,以一户5口计,10余万落便有60余万人。他们所迁入的司州,其治所在今洛阳市东北,这就意味着洛阳周围凭空增添了羌、羯等60余万少数民族人口。石勒灭前赵后,即位称帝,史称后赵。其侄石季龙袭位后,攻打辽西鲜卑段辽,段辽战败求和,“季龙纳之,乃迁其户二万余于雍、司、兖、豫四州之地”。这4州中司、豫二州均在今河南境内。就算迁入这两州的鲜卑人有1万余户,以每户5口计,也有5万余人。有学者认为,这些迁入中原的鲜卑人因是强制迁移,一有机会便会重返故土,“这些人在迁入地居留至多是三十来年,少的只几年,而能够回到家乡的只有十之二三”[4]。两次迁徙进入中原的鲜卑人将近70万,返回家乡的约20万,死于迁徙途中的约20万,剩下的约30万人留居中原,久而久之便融入汉人社会了。

鲜卑人大规模迁入中原是在北魏孝文帝时期。北魏都城一直都在平城(今山西大同市东北),这里气候沍寒,风沙又多,不利于稼穑,粮食供应不足,加上农民暴动频繁,周边的柔然族又多次侵袭,魏孝文帝不得不改弦更张,离开平城,到别的地方谋求发展,于是便有了迁都洛阳之举。从太和十七年(493)至十九年(495)共用了3年时间,迁移大致完成。这次有多少鲜卑人迁往中原?学者们见解大致相同,即100万人左右。葛剑雄在《简明中国移民史》一书中说:“由平城迁入洛阳的人口约108万,由其他地区迁入洛阳的约15万。”[4]这就是说,洛阳实际上是迁入了123万人口。任崇岳、白翠琴则认为:“前后迁洛的贵族、官僚、军队及民众总数在100万左右。”[6]按谭其骧先生根据《晋书·地理志》所辖地区的统计,西晋共有700万人,鲜卑人口比西晋少得多,竟有100万人迁入洛阳,可见是倾巢迁移。除鲜卑人外,洛阳还迁入了西域的少数民族商贾。据《洛阳伽蓝记》记载:“自葱岭已西,至于大秦,百国千城,莫不款附。商胡贩客,日奔塞下,所谓尽天地之区已。乐中国土风,因而宅者,不可胜数。是以附化之民,万有余家。门巷修整,阊阖填列,青槐荫陌,绿树垂庭,天下难得之货,咸悉在焉。”“附化之民,万有余家”,以每家5口计,西域商贾也有5万余人。从“门巷修整,阊阖填列”两句来看,他们已打算定居不归,认洛阳为故乡了。

五代时期后唐、后晋、后汉三个中原王朝都是沙陀人所建。沙陀属西突厥别部。这三个王朝的创建者李克用、石敬瑭、刘知远所统率的士兵虽然多是汉人,但骨干士兵应是沙陀人,三者合在一起,至少有1.5万人,后来都融入了汉人社会之中。此外,郭威建立后周后,令回鹘人在汴京设立市肆,与当地百姓交易,他们之中有些人羡慕中原人的生活方式,便在这里定居不归,不过人数不会太多。还有一个吐谷浑将领白承福,率部族归依后唐,后晋时戍守滑州、太原,后晋将领刘知远、郭威怕白承福据太原反叛，于是“遣使发其部落千九百人，分置河阳（今河南孟州南）诸州”，说明同时进入中原的还有少数奚人。

金朝女真人迁入中原人口也在百万以上。女真人迁入中原规模较大者共有三次。第一次是在金人灭亡北宋后，考虑到中原地区土地广袤，人口众多，即使占有其地，未必人人都肯归依，需要迁入女真人以监视汉人，于是便设置了屯田军。《大金国志·屯田》载：“废刘豫后，虑中州怀二三之意，始置屯田军……自本部徙居中土，与百姓杂处……所居之处皆不在州县，筑寨处村落之间，千户、百户虽设官府，亦在其内。”这次迁徙共130余千户，每千户约400人，合计迁入中原地区的女真及契丹人、奚人约有5.2万余人。第二次是海陵王完颜亮于正隆六年（1161）从燕京迁都南京（今河南开封），随行的后妃、子女、宗室、文武百官及其家属，护驾从行的卫士、千户、谋克及大批士兵，还有工匠、医生，加起来至少有三四万人之多。几个月后，完颜亮大举进攻南宋，在瓜洲渡（今江苏扬州市瓜洲镇）被大将完颜元宜杀死，世宗完颜雍在辽阳即位，把京城又迁回到中都（今北京市）。第三次是金朝末年宣宗为躲避蒙古军的进攻，又一次迁都南京（今河南开封），这次迁移的女真人有百余万口。曾经参与迁徙的大臣高汝砺上疏给宣宗说：“今河北军户徙河南者几百万口，人日给米一升，岁率三百六十万石，半给其直犹支粟三百万石。”另一位大臣陈规说：“比者徙河北军户百万余口于河南，虽革去冗滥而所存犹四十二万有奇，岁支粟三百八十余万斛，致竭一路终岁之敛，不能赡此不耕不战之人。虽无边事，亦将坐困，况兵事方兴，未见息期耶。”这里所说的“冗滥”是指女真人中的老弱病残者，他们不能从戎打仗，消费粮食却不少，所以陈规才说“致竭一路终岁之敛，不能赡此不耕不战之人”。女真人三次南迁中原，即使最保守的估计，人数也当在150万左右。因此有的学者说：“内迁的女真人，至少要占女真人口总数的一半。这些女真人户分布在中原广大区域内，形成同汉人错杂而居的局面。”[7]无论是晋代的永嘉之乱、唐代的安史之乱与黄巢起义，还是宋代的建炎南渡，都没有金代女真人内迁的规模大、人数多。

蒙古人统一天下，建立了疆土广袤的元朝，为大批少数民族进入中原创造了条件。“蒙古军、探马赤军之镇戍内地者，都是即营以家。蒙古、色目官吏之仕于各地者也往往在那里定居下来。再加上政府的迁民、罪徙和民间的经商、流寓等原因，许多边远少数民族移往内地，形成大分散、小集中的局面，错落在汉人之间。”[8]同时由于元朝政令统一，辽、宋、西夏、金时的畛域已不复存在，尤其是四通八达的驿站，把山水迢递、素无往来的各族百姓联系到了一起，“适千里者，如在户庭；之万里者，如在邻家”，为各民族之间的迁徙提供了极大方便。那时迁入中原的少数民族有蒙古、畏兀儿、党项、回回、康里等。元代迁入中原的少数民族有多少，至今尚无精确的统计，但至少在30万人左右，其中蒙古人及从中亚来的回回占绝大多数，而回回民族就是在元代形成的。

除了以上这些少数民族移民，还有宋代迁入开封的犹太人，清朝时在河南戍守的满洲士兵和在邓州屯垦的高山族士兵，以及零星的因经商、当官卜居不归的满洲人，虽然人数不多，但加起来也有3万人左右。粗略算来，历代迁入中原的少数民族人口高达337.8万人。明朝洪武、永乐年间从山西迁入河南的移民，总数当在300万人左右。① 还有外省汉人因亡国、居官、经商、避难、疾疫、婚嫁、行医等原因留居不归者也有30万左右。这三者相加，可知历代迁入中原者近700万人。这一数目远远超过了历代从中原迁出的人口。河南土地面积只有新疆的十分之一、甘肃的三分之一，却是全国第一人口大省，除土地肥沃、气候湿润、物产丰饶这些因素外，多次进入中原的移民无疑也是一个重要原因。

进入中原的少数民族长期与汉族百姓生活在一起，无论是语言文字、风俗习惯、宗教信仰、伦理道德还是饮食、服饰，莫不潜移默化受先进的汉文化的影响，久而久之，他们之间便不分畛域，融合在一起了，这种民族融合是自然的，不是外力强加的，是值得肯定的。那么是什么原因促成了中原地区的民族大融合呢？

一是更改姓氏。最早更改姓氏的是以北魏孝文帝为代表的鲜卑人。他下令“诸功臣旧族自代来者，姓或重复，皆改之”。《魏书·官氏志》收录了118个姓氏，大多改为汉姓，如拓跋氏改为元氏、纥骨氏改为胡氏、普氏改为周氏等。改姓以后，鲜卑姓氏已与汉族姓氏完全相同，单从姓氏上看，已分辨不出孰是汉

---

① 明代从山西迁入河南的移民有多少，尚难作出精确统计，但据葛剑雄主编的《中国人口史》所说：“洪武年间迁入怀庆府的山西移民大约有9万人，占洪武二十六年（1393）总人口的40%以上，而在开封，同一时期迁入的山西移民则多达55万人，也占总人口的40%以上。”仅开封、怀庆两府洪武年间的山西移民就有64万人，而卫辉、彰德、河南、归德、南阳、汝宁等府也有不少山西移民。永乐年间又有山西移民入河南。再如，宣德三年（1428）山西遭受旱灾，逃往河南就食者10万余口；正统六年（1441），又有饥民20余万来河南就食。因此，明代从山西迁往河南的移民至少应在300万左右。

人，孰是鲜卑人了。五代时期后唐的李克用、李存勖、李嗣源三个帝王多收养义儿，赐姓为李，使他们为自己效力。那些义儿和被赐姓名的将领就都成了沙陀人，后来又都融入了汉族。《金史·国语解》说金朝统治者也大兴改姓之风，如皇族完颜改姓王、夹谷改姓仝等。更改姓氏是少数民族推进汉化过程中的常见现象。

二是通婚。通婚是消弭民族隔阂、加速民族融合的催化剂。北魏孝文帝就主张"合二姓之好，结他族之亲，上以事宗庙，下以继后世"。他不仅纳范阳卢敏、清河崔宗伯、荥阳郑曦、太原王琼四人之女充入后宫，还为诸弟聘中原汉人士族之女为妻。流风所及，这种贵族联姻又推广到百姓中，民间胡汉通婚也在逐渐增多。五代时期晋王李克用的三个妻子、后唐庄宗李存勖的后妃数十人、后唐明宗李嗣源的后妃30余人、后晋高祖石敬瑭的妃子蔡氏、后晋出帝石重贵的皇后冯氏皆是汉人。沙陀帝王的公主也多嫁给汉人。如李克用长女嫁给后蜀的创建者孟知祥，次女嫁给汉人张延钊；明宗第十三女兴平公主嫁给汉人赵延寿；石敬瑭的两个妹妹分别嫁给汉人史匡翰、杜重威，长女嫁给汉人杨承祚。此类事例不胜枚举。金人覆亡北宋后，仅宋徽宗的144名后妃中，被金朝将领强行纳为妃妾者就达81人，甚至宋高宗的生母韦贤妃也被迫嫁给女真大将为妻，8名后妃都落入了兀术手中。金朝将领宗翰、宗望攻破开封后，强行索要妇女，"上自嫔御，下及乐户，数逾五千，皆选择盛装而出。选收处女三千，余汰入城，国相（宗翰）自取数十人，诸将自谋克以上，各赐数人，谋克以下，间赐一二人"。如果说以上两例都是强迫婚姻的话，到了金章宗时期，尚书省向章宗建议："齐民（指汉人）往往与屯田户（指女真人）不睦，若令递相婚姻，实国家长久安宁之计。"这一建议被采纳，女真人与汉人结为秦晋之好的越来越多，因而加快了民族融合的过程。

三是生活习俗的汉化。北魏孝文帝下令禁止鲜卑人着胡服，不得在朝廷上讲鲜卑语，年龄在三十岁以下者须学汉语。语言改革是鲜卑人融入汉族的第一步，也是最重要的一步。五代时期沙陀人在中原建立的后唐、后晋、后汉三个王朝在风俗习惯上接受汉族的传统节日，丧葬、婚姻也因袭了中原王朝的传统。女真人在占有淮河以北的广大地区后，女真族妇女的服饰逐渐向汉人看齐，"自灭辽侵宋，渐有文饰，妇人或裹'逍遥'，或裹头巾，随其所好"，逍遥正是汉族妇女的服饰。汉人的其他风俗习惯也为女真人所接受。"自金人兴兵后……已而往来中国(指汉族地区),汴、洛之士,多至其都,四时节序,皆与中国侔矣。”[9]元世祖忽必烈于中统五年(1264)颁布圣旨规定:“若遇天寿、冬至各给假贰日;元正、寒食各叁日;七月十五日、十月一日、立春、重午、立秋、重九、每旬,各给假壹日。”这表明中原地区的生活习俗已被蒙古人认同。

四是对儒家文化的认同。这一点至关重要。中华文明绵延如贯珠,历久不衰,传承数千年,博大精深的儒家文化薪火相传之功,不可湮没。难能可贵的是,进入中原地区的少数民族也表示了对儒家文化的高度认同。魏孝文帝在迁都洛阳前,就曾祭祀唐尧、虞舜、夏禹、周文王,改谥孔子为文圣尼父。至洛阳后,幸太学,观石经,表示对儒家文化的爱慕。他“雅好读书,手不释卷,‘五经’之义,览之便讲,学不师受,探其精奥。史传百家,无不该涉。善谈《庄》《老》,尤精释义。才藻富赡,好为文章,诗赋铭颂,任兴而作。有大文笔,马上口授,及其成也,不改一字”,俨然是个汉人天子。五代时期沙陀人建立的王朝对儒家文化也有更多的认同,如尊孔,避讳,雕刻汉文经籍,在公开场合使用汉语、汉文,诏令、文诰、法律也都以汉文颁布,如此等等。女真人进入中原后,也学会了尊孔、避讳,不再施行接续婚制度。元世祖忽必烈、元文宗、元顺帝都熟悉汉文经典,刊印过“四书五经”、《资治通鉴》,元朝的《元典章》《通制条格》等法令汇编中就有儒家文化。清王朝更是全面继承了儒家文化的精华。少数民族统治者对儒家文化的认同,大大促进了民族融合的进程。

参考文献

[1]谭其骧.长水集[M].北京:人民出版社,1987.

[2]翦伯赞.中国史纲要[M].北京:人民出版社,1965.

[3]鲁山县志[M].郑州:中州古籍出版社,1994.

[4]葛剑雄.简明中国移民史[M].福州:福建人民出版社,1993.

[5]万绳楠.陈寅恪魏南北朝史讲演录[M].合肥:黄山书社出版社,1987.

[6]任崇岳,白翠琴.中原地区历史上的民族融合[M].呼和浩特:内蒙古人民出版社,2004.

[7]罗贤佑.元代民族史[M].成都:四川民族出版社,1996.
[8]周良霄.忽必烈[M].长春:吉林教育出版社,1986.
[9]李心传.建炎以来系年要录[M].台北:文海出版社,1980.

（原载《中原文化研究》2013 年第 6 期）

试谈民族战争与少数民族历史人物的评价问题

近几年来，史学界就我国历史上民族战争和少数民族历史人物评价问题，进行了有益的讨论。我们感觉有些问题仍有探讨的必要。本文想就此问题谈点粗浅的意见。

一、如何评价历史上的民族战争

周恩来总理1957年在青岛民族工作座谈会上说："民族间的互相侵犯，在我国历史上是很多的。"如何评价这些互相侵犯，仍是有待继续探讨的问题。

在民族战争问题上，解放前由于封建正统观念和大汉族主义的影响，长时期以来存在一种观点，凡是汉族统治者对少数民族发动的战争，不问性质如何均应肯定，理由是：汉族先进，少数民族落后。先进民族打落后民族，是为了使他们向风慕化；落后民族要问鼎中原，就是"借伪"，大逆不道，犯上作乱。《诗经·小雅·采芑》篇云："蠢尔蛮荆，大邦为仇。"周天子自称大邦，视楚国为"蛮"还不算，还要再加一个"蠢"字，鄙夷不屑，灼然可见。朱元璋1366年命徐达北伐时，其檄文有云："自古帝王临御天下，中国居内，以御夷狄；夷狄居外，以奉中国。未闻以夷狄而居中国、治天下者也。"[1]本来，谁当皇帝与他出身于哪个民族毫不相干，但元朝皇帝的蒙古人身份，竟成了朱元璋吊民伐罪的口实。更有甚者，徐达在《平胡表》中大骂蒙古人："惟彼元氏，始自穷荒，乘宋祚之告终，突胡群而崛起，以夷狄而干天纪，以犬羊而乱华风，崇编发而章服是遗，紊族姓而彝伦攸斁。"骂蒙古人为犬羊、夷狄，骂蒙古人不峨冠博带而穿本民族服装，用詈骂来煽动民族情绪，以配合北伐战争的进行，成了朱元璋君臣惯用的方便武器。这种观点相沿不替，一直到解放前还是如此。解放后，在一些人中又出现了另一个偏向,“好像有一个公式,只要是汉族和少数民族间的战争,总是汉族的错”。“只要是少数民族打汉族便是正义的,汉族打少数民族便是非正义的”[2]。似乎不如此便有大汉族主义之嫌,不如此便会影响到今天的民族关系。实际上,“用这样一种简单的翻案方式处理极其复杂的民族战争,是很危险的”[3]。这种维护民族团结的愿望是好的,但这种顾虑却是多余的。因为古代汉族和少数民族之间战争的是非曲直,并不要求今天的各族人民来承担责任,因而偏袒、回护任何一方,都不是历史唯物主义的态度。西汉时的匈奴,“岁入边,杀略人民畜产甚多”[4],唐初的东突厥,兵锋所至,“边州略无宁岁”[5]。毫无疑问,这些都是掠夺性的战争,因而汉对匈奴、唐对东突厥所进行的反击,便是正义的战争。自然,我们批判匈奴和东突厥对汉族人民的掠夺,决不是对现在少数民族人民的唐突和亵渎,反过来说,批判汉族统治者对少数民族人民的挞伐,也决不会使今天的汉族人民蒙受什么耻辱。

对于历史上国内的民族战争,经过多年的讨论,意见已趋于一致,即这种战争不具有侵略反侵略的性质,只有正义与非正义、进步与反动的区别。但是,这并不意味着岳飞与秦桧、袁崇焕与洪承畴可以放在一个天平上,他们的界限与不同便可以泯没。忠与奸、美与丑、善与恶还是应该区分清楚的,否则便有替民族败类开脱罪行之嫌了。

历史上最孱弱的王朝莫过于两宋。由于主昏于上,臣嬉于下,两宋先后为金、元王朝所推翻。怎样看待这些战争呢?两宋统治者荒淫腐朽,自贻伊戚,固然咎由自取,那么,金、元统治者的行径是否就值得肯定呢?事实证明,蒙古统治者进攻南宋,并不单单是对腐朽王朝的膺惩,而是大兵一至,玉石俱焚,遭受兵燹之苦最深的还是哀哀无告的老百姓。元朝统治者把人分为四等,南人位列最后一个等级,是贱民,《元典章》《元史·刑法志》中对汉人、南人歧视、侮辱性之法令,触目可见,甚至“编二十家为甲,以北人为甲长,衣服饮食唯所欲,童男童女唯所命”[6],境遇之惨,殆非笔墨所能形容。显而易见,汉族老百姓并不欢迎这样的战争。金兵南下攻打南宋时,诗人们发出了“南渡君臣轻社稷,中原父老望旌旗”“遗民泪尽胡尘里,南望王师又一年”的喟叹,这并不单纯是基于要恢复汉官威仪的民族情绪,也包含了对女真统治者掠夺侵扰的抗议和控诉。

当然,我们也不赞成用战争中杀人多少的统计数字来判断战争的性质。北宋末年,金人攻宋,在开封搜括金银,并把附近州县的子女玉帛洗劫一空,弄得民无遗类，地尽抛荒；“蒙古之法，凡敌人拒命，矢石一发，则杀之无赦”[7]，仅木华黎攻下金之北京，就“斩首八万级”[8]；清朝统治者入关后，制造了“扬州十日”“嘉定三屠”“江阴洗城”的惨案。这些例子在历史上都是很常见的。既要进行战争，就必然有人死亡，少数民族进攻汉族，固然有不少人遭到屠戮，就是汉族统治者之间发生的战争，又何尝不是争地以战，杀人盈野，争城以战，杀人盈城？建安七子之一的王粲，在其《七哀》诗中描绘汉末的战乱时说：“出门无所见，白骨蔽平原。”军阀混战，苍生罹难，这就是东汉末年老百姓的遭遇！因此，如果不去分析一下战争的性质，就像列宁所教导的那样，弄清战争“是由哪些阶级进行的，是为了什么而进行的”，统计数字本身是不能说明问题的。

还有一种意见认为，历史上的民族战争虽然手段野蛮残酷，但在客观上具有一定的进步性，应从历史的复杂性和事物的多样性这一角度来理解问题。实际上，这不过是从客观效果上夸大某些民族战争的正义性而已。须知，战争性质是一回事，客观效果又是一回事，既不应把二者等同起来，也不应互相取代。客观效果不能也不应是评价战争正义与否的根据。“我们是辩证唯物主义的动机和效果的统一论者”[9]，只有把动机与效果统一起来考察，才能得出合乎实际的结论。列宁曾经指出：“对于一个真正的革命家来说，最大的危险，甚至也许是唯一的危险，就是夸大革命性，忘记适当地和有效地运用革命方法的限度和条件。”[10]蒙古人灭了金和南宋，建立了庞大的元帝国，把一个四分五裂的中国重新统一起来，这一历史作用固然不应抹煞，但是1219年成吉思汗的西征、1236年拔都的西征、1252年旭烈兀的西征，尽管在客观上对于沟通东西方的经济、文化交流也起过有益的作用，但又怎能说那是正义的战争呢？

以民族而论，在我国历史上发生的战争不外三类：汉民族内部的战争、少数民族之间的战争、汉民族与少数民族之间的战争。

对于汉民族内部的战争，比较好处理，比如秦统一六国，魏、蜀、吴三国对峙，北宋统一江南和北汉等十国，尽管在作战过程中杀人如麻，但没有人说是谁侵略了谁，原因是这些战争的参与者都是汉人，不管谁统一中国，结局都是一样的，而这种兼并战争并无是非之分。有人说，兼并战争与侵略战争都是非正义的战争，不过名称不同而已。这要看具体情况，不能一概而论。比如：秦统一六国是非正义战争吗？魏、蜀、吴三国互相攻伐、北宋统一十国也是非正义战争吗？这些兼并战争之所以应该肯定，原因就在于它们适应了社会发展的潮流和趋势。由此可见,兼并并非侵略的同义语,把二者机械地等量齐观是不对的。

关于少数民族之间的战争,如汉代匈奴对西域各国的侵犯,隋代突厥对奚、契丹的奴役,其非正义性是显而易见的;女真人起兵攻辽、蒙古人起兵抗金,其正义性也是无须多说的。

至于汉族和少数民族之间的战争,情况比较复杂,不能一概而论。我们认为,大致可以少数民族的社会性质及战争目的作为判断战争性质的标准和尺度。如果某一少数民族处于原始社会或奴隶社会阶段,对中原王朝发动战争的目的是为了掠夺,那么,这样的战争便是应该批判的非正义战争,西汉初年匈奴对汉朝的骚扰就属于这一类。当时匈奴还处在奴隶制阶段,又生活在气候寒冷、物产贫瘠的北方边陲,对汉朝财富的觊觎,是他们发动战争的主要原因。这正如恩格斯所说:“邻人的财富激起了各民族的贪欲,在这些民族那里,获取财富已成为最重要的生活目的之一。”[11]他们的策略是:饥则寇掠,饱则远飏。汉朝曾经以和亲作为羁縻安抚的手段,但匈奴“率不过数岁即背约”[12]。因此汉朝进行的反击,完全是正义的战争。如果少数民族同汉族一样,也发展到了封建社会,他们对中原地区发动的战争不单单是着眼于掠夺财富,而是要求一统天下,那么,这样的战争应该是予以肯定的正义战争,前秦与东晋的淝水之战便属于这一类。当时苻坚治下的前秦已经封建化,他要求统一全国,是无可訾议的。从这个角度上说,我们同意淝水之战是“南北封建统治集团之间的一场兼并统一战争”[13],不应因民族畛域而有所轩轾。依此类推,蒙古人灭宋建元、满族人灭明建清,都是值得肯定的统一战争。

二、如何评价少数民族历史人物

近几年来,对民族英雄的评价议论较多,而对另一些少数民族历史人物的评价相对较少。在汉族史园地里,从远古至近现代有几百个人物得到了评价;而在少数民族史园地里,除耶律阿保机、完颜阿骨打、成吉思汗、忽必烈、俺答、努尔哈赤、皇太极、康熙、渥巴锡等领袖人物及侬智高、杜文秀、李文学等农民起义领袖受到了注意外,其余的则涉及者不多。这当然不是说对那些建立过赫赫功绩的少数民族领袖和起义英雄不该探讨,而是说对少数民族其他历史人物的

研究,也应该放在应有的位置上。这里,我们想对以下几点提出一些商讨意见:

(1)如何看待与汉族王朝互相对峙时期的少数民族历史人物?这确实是一个不好处理的棘手问题。因为如果肯定岳飞是民族英雄,当然就得否定女真族所进行的统一战争是正义战争;如果肯定文天祥是民族英雄,忽必烈自然就该受到挞伐;如果说史可法是民族英雄,多尔衮攻打南明,也就理当受到谴责。其实,在我们看来,这是矛盾的统一体、一个事物相反相成的两个方面,矛盾的双方都是本民族的英雄。这是因为:第一,当时的女真、蒙古、满族都已进入封建社会,他们所进行的是统一战争,尽管这种战争不可避免地会带来破坏和屠杀;第二,在当时阶级社会的具体历史条件下,汉族与其他少数民族之间发生战争的环境中,不可能出现既代表本民族利益,又不损害其他各族人民利益的民族英雄,而岳飞、文天祥、史可法等人的抵抗活动,"不仅有利于地主阶级,而且在客观上被提高到种族或民族的意义上"[3],因而也应该肯定。尤其是他们慷慨赴难、嵚崎磊落的情操和襟怀,足以风范后世,其意义不可低估。几千年来,人们对屈原倍加赞誉,又说秦始皇是雄才大略的皇帝。而屈原的可贵之处,就在于他忧国忧民,反对秦的侵犯;秦始皇之所以被称为千古一帝,就在于他统一全国,为中华民族的发展作出了贡献。对于这一点,大家都习以为常,不感到突兀,为什么一涉及民族关系,就感到迷惘了呢?

(2)如何看待少数民族中功过参半、瑕瑜互见的历史人物?我们认为,对待少数民族的历史人物,如同对待汉族历史人物一样,功就是功,过就是过,既无须回避,也无须溢美隐恶。近几年来,人们对左宗棠作出了公正评价,指出他一方面是镇压太平天国起义的刽子手,一方面又是抵御沙俄侵略新疆、保卫祖国领土的功臣,但是对蒙古族亲王僧格林沁则很少有人提及,这是不公平的。僧格林沁在镇压太平天国和捻军问题上是屠夫、刽子手,但在第二次鸦片战争时期保卫大沽口的战斗中,却立下了殊勋。1859 年 6 月,英法联军遭到僧格林沁的痛击,狼狈不堪地退出大沽口,他这种卫国御敌的功绩,也是应该称颂的。

(3)如何评价有过罪恶但又改邪归正的少数民族历史人物?当中华民族外患严重、寇深祸急时,有些民族败类觍颜事敌,认贼作父,如汉族的汪精卫、满族的溥仪、蒙古族的德穆楚克栋鲁普便是。汪精卫遗臭万年,已经盖棺论定。溥仪、德王的情况便不尽相同。当年,他们打着民族的旗号背叛祖国建立伪政权,以后又成了人民的阶下囚。后来他们觉悟了,人民也就宽恕了他们。对于这类人物,虽然不应再追究以前的罪恶,但在叙述伪满洲国、“德王自治”这段历史时,却不能因为他们后来的变化而将以前的罪恶也一笔勾销。

(4)如何评价在汉族王朝中做过官吏的少数民族历史人物?在我国历史上,汉人建立的王朝中,有少数民族参加了政权建设,在少数民族建立的王朝中,同样也有汉人参加。这些人对中华民族的发展在不同方面作出了自己的贡献,因而是值得肯定的历史人物。自然,张弘范、洪承畴、吴三桂等人又当别论。

以上是我们对几个有关问题的看法,提出来供大家讨论。总之,只要我们坚持历史唯物主义的原则,就一定能对少数民族历史人物作出恰如其分的评价。

参考文献

[1]高岱.鸿猷录:第5卷[M].丛书集成初编本.

[2]吴晗.历史教材和历史研究中的几个问题[J].人民教育,1961(9).

[3]翦伯赞.关于处理中国史上的民族关系问题[J].中央民族学院学报,1979(1-2).

[4]司马迁.史记[M].北京:首都师范大学出版社,2008.

[5]刘昫,等.旧唐书[M].北京:中华书局,1977.

[6]徐大焯.烬余录[M].丛书集成初编本.

[7]耶律楚材.湛然居士文集[M].北京:中华书局,1986.

[8]宋濂,等.元史[M].北京:中华书局,1976.

[9]中共中央毛泽东选集出版委员会.毛泽东选集:第三卷[M].北京:人民出版社,1969.

[10]列宁.论黄金在目前和在社会主义完全胜利后的作用[M].中共中央马克思恩格斯列宁斯大林著作编译局.列宁选集:第四卷.北京:人民出版社,1996.

[11]恩格斯.家庭、私有制和国家的起源[M]//马克思,恩格斯.马克思恩格斯全集:第2卷.北京:人民出版社,2005.

[12]班固.汉书[M].北京:中华书局,1999.

[13]徐扬杰.淝水之战的性质和前秦失败的原因[J].华中师范学报,1980(1).

(原载《历史教学》1983 年第 6 期,《新华文摘》1983 年第 9 期转录)

关于民族英雄评价的几个问题

新中国成立以来,史学界曾就民族英雄问题展开过饶有趣味的争论,著名史学家范文澜、翦伯赞、吕振羽、翁独健、白寿彝、邓广铭、岑家梧、何兹全等教授,都曾就这个问题发表过意见,迄今为止,这场争论仍未结束。史学大师们的议论,自然精辟独到,妙语连珠,但也决非题无剩义,没有可以商兑之处。兹就管见所及,谈点粗浅认识。

一、评价民族英雄的标准是什么

民族英雄的标准是什么?马克思、恩格斯、列宁、斯大林在他们的经典著作中没有论述,毛泽东同志在《中国革命和中国共产党》一文中写道:"中华民族的各族人民都反对外来民族的压迫,都要用反抗的手段解除这种压迫。他们赞成平等的联合,而不赞成互相压迫。在中华民族的几千年的历史中,产生了很多的民族英雄和革命领袖。"[1] 1940 年 1 月,毛泽东又在《新民主主义论》中论及鲁迅时写道:"鲁迅的骨头是最硬的,他没有丝毫的奴颜和媚骨,这是殖民地半殖民地人民最可宝贵的性格。鲁迅是在文化战线上,代表全民族的大多数,向着敌人冲锋陷阵的最正确、最勇敢、最坚决、最忠实、最热忱的空前的民族英雄。"[1]综括这两段话,可以归结为两点:第一,肯定了中华民族在几千年的历史中,产生过许多民族英雄;第二,鲁迅是空前的民族英雄。但是,究竟什么样的人才能称为民族英雄,也就是说,民族英雄的标准是什么,毛泽东同志并未作出具体解释,而学者们对民族英雄的理解,也各有歧异。

一种意见认为,民族英雄分广义的、狭义的两种,"所谓广义的民族英雄,鲁迅即是其中最杰出的代表。但是这种民族英雄实际上所指的就是一种富有民族正义感和斗争精神的优秀的民族代表人物,它的范围是非常广泛的"[2]。所谓狭义的民族英雄,则指的是文天祥、史可法、完颜阿骨打、努尔哈赤等人。狭义的民族英雄暂且姑置勿论,所谓广义的民族英雄的提法是不妥当的。把鲁迅定为民族英雄,显然是因袭了毛泽东同志关于鲁迅是民族英雄的成说,然而毛泽东同志的话,也只是一家之言,并非没有讨论的余地。他自己曾说,对于"学术问题和任何领导人有不同意见,也不应加以禁止,如果企图禁止,那是完全错误的"[3]。正如他曾经说过中国的"封建制度,自周秦以来一直延续了三千年左右"[1]而史学界仍然争论不休一样,在探讨真理的过程中,人们有权利提出和领袖截然不同的见解。鲁迅的高风亮节,的确使人高山仰止,肃然起敬,他是伟大的思想家、文学家,是用笔作武器同反动派战斗的革命家,但是把他说成是民族英雄,就未必贴切惬当。况且,如果"有民族正义感和斗争精神"的人都可作为民族英雄,那么,南宋的陆秀夫、张世杰、胡三省、郑所南,解放前的朱自清、闻一多、杨杏佛、史量才岂不也是民族英雄?这样的历史人物,在朝代递嬗之际所在多有,不啻成千上万,岂能一一都奉送一顶廉价的民族英雄的桂冠?

另一种意见认为:"所谓'民族英雄',通常不是泛指为自己民族及其所生存的地区的发展、进步而作出贡献的人物,也不是泛指反对国内统治者的阶级压迫和民族压迫的革命领袖和爱国志士,而是专指反对'外来民族'压迫的杰出代表人物。"[4]持这种观点的同志认为,中国古代各民族之间的战争,只是"同室操戈""兄弟阋墙",并无侵略、被侵略之分,因而不能产生民族英雄。岳飞、文天祥等人,"不必勉强冠以民族英雄的称号"[4]。这样一来,"中华民族英雄只有在明代以后反对外国侵略、维护中华民族尊严的斗争中,才有可能出现"[5]。这就是说,只有戚继光、俞大猷、郑成功、林则徐、关天培、邓世昌等人才算是民族英雄。这种看法也是值得商兑的。且不说我们这个有几千年悠久历史与灿烂文化的泱泱大国,只有屈指可数的民族英雄,不利于激励今天各民族人民昂扬向上,建设社会主义祖国的豪情壮志,单就这种分析问题的方法而论,也是使人难以苟同的。我国古代各民族之间的战争是否具有侵略、被侵略的性质,关键问题在于如何看待汉族王朝与少数民族王朝之间的关系。翁独健教授说得好:"如果原来是在一个统一王朝的统辖之下,后来某个时期分裂出去,这种政权我们可以称之为割据政权;如果原来与中原王朝并无政治上的隶属关系,那大可不必加上'地方'二字,应该实事求是地承认历史上少数民族建立的国家是与中原王朝并立的国家，譬如说，金朝就是与宋朝并立的国家。”[6]既然有些少数民族政权与汉族政权并无隶属关系，自然是互相独立的国家（至于他们后来融入了中华民族这个大家庭，那又当别论），他们之间的战争，当然有侵略、被侵略之分。毛泽东同志1939年1月在致何干之的信里，明确提出了我国古代民族之间的战争有侵略、被侵略之分，他说：“对于那些‘兼弱攻昧’好大喜功的侵略政策（这在中国历史上是有过的）应采取不赞同态度，不使和积极抵抗政策混同起来。为抵抗而进攻，不在侵略范围之内，如东汉班超的事业等。”周恩来同志在一次民族工作座谈会上说：“我们的国家在历史上就是一个多民族的国家，但在古代又是不完全统一的，甚至各民族彼此作战，不是你侵犯我，就是我侵犯你。民族间的互相侵犯，在我国的历史上是很多的。”[7]这里虽未直接提出“侵略”二字，但是“侵犯”与“侵略”的实质是一样的，只是语气轻重不同而已。翁独健教授也指出，现在“有一种倾向，不敢用侵略一词，似乎一用了侵略，国内民族问题，似乎就成了国外问题，其实是多虑。而且在古代，民族政权之间的关系本来就是国与国的关系嘛！侵，即是侵犯；略，即是掠夺。历史本来面貌就是如此”[8]。我们之所以不厌其烦地引证，目的在于说明，古代的民族战争既然有侵略与被侵略之分，当然也就会产生反抗侵略的民族英雄。退一步说，即使我国古代的民族战争不存在侵略与反侵略，但只要有正义与非正义之分，也就会产生站在正义战争一边的民族英雄，这个道理是显而易见的。

第三种意见以翁独健、白寿彝两位教授为代表。翁教授说：“民族英雄的范围应该扩大，凡是在历史上对中华民族、对其本民族作出杰出贡献的人，都可以列入民族英雄之林。因此在我国历史上，值得褒扬于史册的民族英雄有如繁星满天，汉族有，少数民族也有。”[8]白教授也说：“许多少数民族人物，在各自的民族中立下很大的功劳，把本民族的历史推向前进，也应该看作是英雄，并不是非要在抵抗什么牺牲的才算英雄。我们把民族英雄的含义放宽一些，意义就更大了。”[9]翁、白二教授唯恐我国历史上一大批优秀人物湮没不彰，因而提出了扩大民族英雄范围的动议，这一用心自然无可厚非，但这种提法却是不妥当的。试想，如果凡是对中华民族或者本民族作出杰出贡献的人物都可称作民族英雄，岂非所有的政治家、军事家、思想家、科学家、艺术家、文学家、史学家都可以挂上民族英雄的桂冠？如果司马迁、李白、杜甫、曹雪芹、张衡、华佗、张仲景、吴道子等人不称作史学家、文学家、科学家、医学家、艺术家而一律称作民族英雄，岂不是把许多本来非常清楚明白的概念，弄得扑朔迷离、混沌不分了？

我们认为，凡是称作民族英雄的，应该有两个前提：第一，必须与民族斗争有关；第二，必须是在反抗民族压迫中矢忠矢勇为维护本民族利益而斗争的英雄人物。依据这个标准，岳飞、文天祥、史可法是民族英雄；阿骨打抗辽、成吉思汗反金是民族英雄；戚继光、郑成功、林则徐、邓世昌抵御外侮，更是民族英雄。陈胜、吴广、张角、樊崇、方腊、刘福通、李自成、张献忠、洪秀全只能是农民起义领袖，不是民族英雄；诸葛亮六出祁山，赵匡胤平定江南和北汉，朱元璋进攻陈友谅、张士诚，战争虽然进行得很激烈，但都是汉族内部的斗争，与民族斗争无关，因而也不能叫民族英雄。如果民族英雄的内涵和外延无限扩大，将历史上的一切优秀人物都兼容并蓄进去，就泯没了民族英雄和其他优秀人物的界限；如果把民族英雄的含义理解得过窄，也不利于调动各族人民建设社会主义的积极性，因而给民族英雄下个比较妥帖的定义是完全必要的。林甘泉同志提出了一个建议，他说："那些和反抗民族压迫无关而只是对本民族乃至整个中华民族历史发展作出重大贡献的人物，我们尽可以给予充分的肯定，却不必把他们称作民族英雄，以免把杰出的历史人物和民族英雄混为一谈。"[10]这个意见是非常中肯的。

二、有没有各民族人民共同承认的民族英雄

既然民族英雄只能产生于相互敌对的两个民族之间，那么，这样的英雄人物究竟代表哪个民族的利益呢？是仅仅代表正义战争的一方呢，还是代表了双方的利益呢？换言之，有没有各族人民共同承认的民族英雄呢？对于这个问题，也有各式各样的回答。

最流行的一种看法是，我国历史上的民族英雄有两种：一种是中华民族的英雄，即在反对封建主义、殖民主义和帝国主义的斗争中涌现出的英雄人物，如戚继光、郑成功、林则徐等人，因为他们代表了中华民族各民族的利益，因而受到全国各民族人民的尊敬；另一种是各个民族的英雄，这种英雄只能被一个民族所承认，而不被另一个民族所承认，比如岳飞、文天祥是汉族的英雄而不是女真族的英雄，完颜阿骨打是女真族的英雄而不是汉民族的英雄。在封建社会里

不可能出现既代表本民族广大人民的利益，又不损害其他民族利益的民族英雄。称戚继光、郑成功、林则徐为全中华民族的英雄，这一点没有异议，他们在抵御外国封建主义、外国资本主义侵略中所表现出来的殒身不恤、毁家纾难精神，足以照耀简册、仪型百世，理应受到全国各族人民的尊敬与爱戴。至于说国内各民族战争中产生的民族英雄不会被对方承认，是不尽合乎事实的。我国自古以来就是个多民族的大家庭，每一个民族都是我们中华民族这个大家庭中的一个成员，他们休戚相关，荣辱与共，只要一个民族英雄为本民族立下了赫赫战功，也就在某种程度上为中华民族的发展繁荣作出了贡献，为什么甲民族的英雄就不能受到乙民族的承认呢？北宋的抗辽名将杨业牺牲后，在辽国境内普遍立庙祭祀，如密云县（今属北京市）之古北口即有杨令公祠，丰润县（今河北省丰润县）有杨令公村，苏辙使辽路过古北口时写诗赞他："驰驱本为中原用，尝享能令异域尊。"[11]金朝末年大将完颜陈和尚在钧州（河南禹州）三峰山抗蒙失败后慷慨捐躯，蒙古"大将义之，酹以马湩，祝曰'好男子，他日再生，当令我得之'"[12]。文天祥抗元失败，身陷囹圄，被戮柴市，临刑之日，元世祖忽必烈"叹曰：好男子，不为我用，杀之诚可惜也"[13]，并"赠公太保、中书平章政事、庐陵郡公，设坛致祭"[14]。以上三人或立庙，或被称为"好男子"，可谓备极哀荣，而这些荣誉恰恰来自他们血战多年的敌对营垒，这不正好说明他们那种惊天地、泣鬼神的民族气节得到了另一民族的承认吗？怎么能说封建社会中不会产生被另一民族承认的英雄呢？

已故的翦伯赞教授认为，既代表本民族广大人民的利益，又不损害其他民族利益的民族英雄，"在阶级社会的历史中是没有的，也是不可能有的……至于各族人民共同承认的英雄，那要在社会主义社会的历史条件下才能出现"[15]。有的同志甚至断言："一个民族的英雄是否会危害其他民族的利益，关键不在于他们的思想感情状况，而在于他们有没有这样的机会，假若有的话，恐怕是任何一个民族英雄也难以避免的吧？"[16]这里且不说作者用"有没有""假若""恐怕""难以避免"之类的游移不定之词，完全是建立在子虚乌有基础上的假设，因而不能使人信服，单就这种认识方法来说，也是值得商榷的。如果一个民族英雄从事的是正义的事业，怎么就必然会损害其他民族的利益呢？试问，岳飞抗金、阿骨打反辽、成吉思汗反金，是不是一定就损害了契丹族和女真族的利益呢？中国人民抗日、苏联红军解放柏林，是否损害了日本人民和德国人民的利益呢？假如一个民族英雄不惜损害别的民族的利益来为本民族谋利益，那还叫什么民族英雄呢？恩格斯曾经指出："主要人物是一定的阶级和倾向的代表，因而也是他们时代的一定思想的代表，他们的动机不是从琐碎的个人欲望中，而正是从他们所处的历史潮流中得来的。"[17]岳飞抗金固然代表了封建统治者的利益，但是他又是他所处的那个时代的一定思想的代表。当时南宋朝野一致要求抗金，渴望收复失去的疆土，南宋大臣范成大在公元1170年出使金国路过被金人侵占的北宋旧都汴京时有诗云："州桥南北是天街，父老年年等驾回。忍泪失声询使者，几时真有六军来？"就反映了中原父老的这种心情。陆游也有"遗民忍死望恢复，几处今宵垂泪痕""遗民泪尽胡尘里，南望王师又一年""王师北定中原日，家祭毋忘告乃翁"等表达人民心声的诗句，而岳飞的抗金活动，正是适应了那个特定历史时期的潮流。尽管他抗金的目的是为了"迎二圣，使宋朝再振"，但我们不应从他的"琐碎的个人欲望"中去寻找答案，而应当同当时的政治形势结合起来考察。不错，他曾写过"壮志饥餐胡虏肉，笑谈渴饮匈奴血"等有伤民族感情的诗句而为人诟病，说他没有把发动侵略战争的少数民族上层统治者与广大人民群众区别开来，但同样不可忽视的是，他在《送紫岩张先生北伐》这首诗里又写过"长驱渡河洛，直捣向燕幽。马蹀阏氏血，旗枭可汗头"的诗句，这里"阏氏""可汗"分明又是指一小撮发动不义战争的少数民族上层统治者。论者往往引用岳飞《满江红》中的诗句而忽略《送紫岩张先生北伐》中的诗句，这是不公允的。岳飞抗金不只是符合汉族人民的利益，而且也符合女真民族的长远利益，因为女真族人民并未在这场穷兵黩武的侵略战争中得到好处，正如列宁所说："对'异族人'的压迫，是一根有两头的棍子，这根棍子一头打击'异族人'，另一头打击俄罗斯民族。"[18]我同意范文澜同志的提法："岳飞是抵抗女真（金）侵略的民族英雄，他的行动是代表民族利益的伟大行动。"[19]也同意邓广铭同志对岳飞的评价："把他称作中华民族的英雄，他的的确确是当之无愧的。"[20]至于翦伯赞教授说社会主义社会之前不会出现各族人民共同承认的民族英雄，他没有作出更多的解释，我们无从猜测这句话的含义和底蕴，但在我看来，这个说法是不妥当的。撇开有争议的民族英雄不说，难道郑成功、林则徐也只能说是汉民族的英雄而不能说是中华民族的英雄吗？如果说只有1949年新中国成立之后才有各个民族共同承认的英雄，那就只有无产阶级的领袖人物毛泽东、周恩来才算是民族英雄了，这显然是不符合实际情况的。

基于以上认识，我们认为，在民族英雄这个问题上，应该考虑到我们的祖国是由五十多个民族组成的这一事实，完全没有必要区分民族畛域，不论是汉族的英雄人物还是少数民族的英雄人物，都是我们整个中华民族一笔弥足珍贵的历史遗产，因而都是“属于全中华民族的英雄人物”[21]。

三、怎样看待民族英雄的局限性

民族英雄有没有局限性？回答当然是肯定的。所谓局限性，是指由于受时代和阶级的限制，封建社会中的民族英雄在当时的历史条件下，不能分辨出正确与谬误的东西来。如果能够分清是非，硬要去做违背民族利益的事，那就不能叫局限，而只能叫错误了。每一个民族英雄都不能超越他所处的时代，正如鲁迅先生所说，人不能用手拔着自己的头发离开地球一样，封建社会的民族英雄，都有阶级的和时代的局限。一般论者都认为，封建社会中民族英雄的局限在于：他们往往把爱国和忠君联系在一起，同时不能正确区分侵略民族中的统治阶级和被统治阶级。范文澜同志说：“在反抗外族侵略的情况下，统治阶级和被统治阶级的爱国行动，一般都表现为爱本族的朝代和君主……当然，统治阶级中也有一部分人，坚决不投降，采取各种形式，对外族统治者作积极的或消极的反抗。这种反抗基本上是出于对旧朝旧君的忠爱，但和祖国的利益是一致的。”[19]还有的同志说，忠君“几乎是所有出身于统治阶级的民族英雄的指导思想”[22]。这种看法不能说没有道理，但并不全面。大体上说来，汉民族的英雄，如岳飞、文天祥、史可法等人，的确是把爱国和忠君结合在一起的，但有一类民族英雄并非如此，他们在社稷倾覆、国祚鼎革之际，仍然执着地抵抗异民族的侵略，只能说是忠于祖国，而不是忠君。南宋末年的李庭芝便是这类人物。

《宋史》载：“宋亡，谢太后及瀛国公为诏谕之降，庭芝登城曰：‘奉诏守城，未闻有诏谕降也。’已而两宫入朝，至瓜州，复诏庭芝曰：‘比诏卿纳款，日久未报，岂未悉吾意，尚欲固圉邪？今吾与嗣君既已臣伏，卿尚为谁守之？’庭芝不答，命发弩射使者，毙一人，余皆退去。”[23]这一段掷地有声、铿金戛玉的描写，突出了李庭芝嵚崎磊落、耿介拔俗的民族气节，表明他已突破了忠君的樊篱。当封建皇帝不再代表祖国与民族的利益时，为了保卫生于斯、长于斯的祖国，他宁可折戟沉沙，以身殉国，也决不随波逐流，听从皇帝的“诏谕”，怎能以忠君概括一切民族英雄呢？

忠君当然是一种局限，因为古代的君王并不能和人民、祖国等概念画等号，一味忠君并不可取。那么，应当怎样看待这种局限性呢？窃以为如果把忠君放在封建社会那个特定的历史条件下去考察，这种局限性是可以理解的。在封建社会里，人们奉臣忠子孝等封建伦理纲常为圭臬，是很自然的。尤其一个国家在濒临灭亡之际，皇帝便成了维护国家独立和民族尊严的象征，忠于皇帝便是忠于祖国，当忠君和保卫祖国的利益并行不悖的时候，忠君和爱国便殊途同归了。不能一看到某个民族英雄忠君，便把他说得一无是处，“人们总是很容易把我们所熟悉的东西加到古人身上去，改变了古人”。有的同志正是根据这一点，说岳飞只忠于皇帝，不忠于人民，因此对这样的人物只能批判，不能歌颂，更不能吹捧他为民族英雄。这种不顾时代局限、一味苛求古人的论点，不待说是不足为训的。

至于少数民族的英雄人物，大致上也有两类：一类是某一民族的首领起兵反抗异民族的压迫，如完颜阿骨打抗辽、成吉思汗抗金等，他们本身就是手握节钺的帝王，自然无须忠君；还有一类是领导少数民族人民反抗汉族压迫的英雄，如壮族的侬智高、回族的杜文秀等，他们也没有什么忠君思想。由此可见，以忠君来概括民族英雄的局限性，至少是很不全面的。

还有一种情况：当一个民族英雄发起的反抗压迫的正义战争转变为烧杀抢掠的侵略战争时，那便不是什么局限而是错误了，因为这种是非在当时的历史条件下是可以分辨清楚的。这种例子在历史上也是很多的。西汉武帝时的卫青、霍去病，在元朔二年（前 127）前为自卫和防御而对匈奴发动的战争是正义战争，但元狩四年（前 119）卫青、霍去病联袂出征匈奴，卫青渡过大漠北进至寘颜山赵信城（今蒙古人民共和国杭爱山南）、霍去病北进二千余里至狼居胥山（今蒙古人民共和国乌兰巴托东），捕俘匈奴将领多人、斩首七万余级的时候，这种不分良莠、玉石俱焚的屠杀政策，便是应该受到谴责的了。同样道理，耶律阿保机在建国后对汉族王朝和西北地区的突厥、吐浑、党项诸部的侵掠；完颜阿骨打在宁江州与出河店之役反辽胜利后，“杀获首虏及车马甲兵珍玩不可胜计，遍赐官属将士，燕犒弥日”；成吉思汗在抗金胜利后又转而去蹂躏屠杀别的民族，屠城的事屡有发生：这些都是应该受到批判的。我们之所以还承认这些人是民族英雄,是因为这些错误在他们一生中不占主导地位,比起他们建立的功业是次要的。“金无足赤,人无完人”,十全十美的民族英雄,在封建社会里是不存在的。

参考文献

[1]中共中央毛泽东选集出版委员会.毛泽东选集:第二卷[M].北京:人民出版社,1969.

[2]中国古代民族关系史讨论会侧记[J].民族研究,1985(3).

[3]致刘少奇、周恩来[M].毛泽东书信选集.北京:人民出版社,1983.

[4]晏金铭.也论中国古代历史上的爱国主义和民族英雄[J].湖南师大学报,1983(3).

[5]吴泰.试论宋辽金对峙时期民族关系的几个问题[J].北方论丛,1982(3).

[6]翁独健.民族关系史研究中的几个问题[J].中央民族学院学报,1984(4).

[7]中共中央文献研究室编辑委员会.周恩来选集:下卷.北京:人民出版社,1984.

[8]翁独健.再谈民族关系史研究中的几个问题[J].民族研究,1985(3).

[9]白寿彝.关于中国民族关系史上的几个问题[J].北京师范大学学报,1981(6).

[10]林甘泉.历史遗产与爱国主义教育[N].光明日报,1983-10-26.

[11]苏辙.栾城集:卷16[M].上海:上海古籍出版社,1987.

[12]脱脱,等.金史[M].北京:中华书局,1975.

[13]毕沅.续资治通鉴[M].上海:上海古籍出版社,1957.

[14]丁传靖.宋人轶事汇编[M].北京:中华书局,1981.

[15]翦伯赞.关于处理中国史上的民族关系问题[J].中央民族学院学报,1979(1-2).

[16]史苏宛.关于民族关系和民族英雄的几点认识[J].郑州大学学报,1985(4).

[17]恩格斯.致斐·拉萨尔[M].中共中央马克思恩格斯列宁斯大林著作编译局.马克思恩格斯选集:第4卷.北京:人民出版社,1972.

[18]论民族平等[M].中共中央马克思恩格斯列宁斯大林著作编译局.列宁全集:第20卷.北京:人民出版社,1986.

[19]范文澜.中国通史简编:第一编[M].北京:人民出版社,1955.

[20]邓广铭.岳飞传[M].北京:三联书店,2007.

[21]邓广铭,张希清.略论爱国主义和民族英雄[N].人民日报,1981-12-08.

[22]李树田,刁书仁.论民族气节[J].松辽学刊,1985(1).

[23]脱脱,等.宋史[M].北京:中华书局,1977.

(原载《中州学刊》1986年第3期)

略论冯道

五代的冯道(882—954)是我国历史上颇受訾议的人物,千百年来,凡是提到冯道的,大抵毁之者多,誉之者少,他的名字几乎成了贰臣的代名词。欧阳修骂他"可谓无廉耻者矣"[1],司马光骂他"乃奸臣之尤"[2],清代的王夫之说:"道之恶浮于纣、祸烈于跖矣。"[3]他们一个比一个慷慨激昂,一个比一个措辞尖刻,冯道简直成了罪恶的渊薮。这其中当然也有为冯道辩护的史学家,清代的赵翼就是其中的一个。他在论及张全义、冯道时说:"统核二人之素行,则其德望为遐迩所倾服,固亦有由。"[4]同样一个人物,评价竟如此大相径庭,是欧阳修等人出于偏见,没有全面评价冯道的功过,还是赵翼以偏概全,对冯道过多溢美?这就是本文所要讨论的问题。

一、怎样看待冯道的气节

冯道,五代时瀛州景城(今河北沧县西)人,字可道,自号长乐老。他出生于干戈扰攘的唐朝末年,"少纯厚,好学善属文,不耻恶衣食,负米奉亲之外,惟以披诵吟讽为事,虽大雪拥户,凝尘满席,湛如也"[5]。他长大以后,先仕镇守幽州的刘守光为参军,刘氏失败,遁归太原,依宦者张承业,张承业"重其文章履行,甚见待遇"[5]。不久,被后唐庄宗李存勖辟为掌书记,凡文翰之事,一以委之。后唐庄宗遇弑,后唐明宗入洛阳,拜他为宰相,从此,他"累朝不离将相、三公、三师之位"[2]。他后晋时任宰相,耶律德光灭后晋,出任契丹太傅;后汉时任太师;后周时任太师、中书令。除了没有在后梁任职外,五个朝代中他在四朝都是显宦,加上契丹,共为五朝。他历仕十君,三入中书,居相位二十余年,于后周世宗显德元年(954)死去,年七十三岁。又过了六年,赵匡胤禅代后周,五代宣告结束。这就是冯道的全部仕宦生涯。

鉴于冯道是个不倒翁式的人物，尽管五代政权更迭频繁，他依然官运亨通，不失功名富贵，因而受到了后世的猛烈抨击，正如《辞海》“冯道”条所说：“后世因其历事五姓，每加非议。”司马光说冯道在朝代递嬗之际，对他所效忠过的帝王，“若逆旅之视过客，朝为仇敌，暮为君臣，易面变辞，曾无惭怍，大节如此，虽有小善，庸足称乎”[3]！胡三省说他“位极人臣，国亡不能死，视其君如路人，何足重哉”！冯道历仕五朝十君，固然是事实，但是如果仅凭这一点就全部否定冯道，把他诋毁得一无是处，恐怕是很不惬当的。

首先，五代从公元 907 年朱温称帝到公元 960 年赵匡胤建宋，为时只有 54 年。在这短短的半个世纪中，竟经历了后梁、后唐、后晋、后汉、后周五个朝代，而且都国祚不永，最长的后梁历时 17 年而亡，最短的后汉只存续了 4 年。处于这种特殊的历史环境中，要求五代的大臣都从一而终，显然是不现实的。对冯道攻击得最彻底的欧阳修也承认：“五代始终才五十年，而更十有三君，五易国而八姓，士之不幸而出乎其时，能不污其身得全其节者鲜矣。”[6]五代中的那些著名大臣，几乎都出仕过几朝，不独冯道一人为然。后晋的郑韬光，“自襁褓迄于悬车（按：辞官家居谓之悬车），凡事十一君，越七十载，所仕无官谤，无私过，三持使节，不辱君命，士无贤不肖，皆恭己接纳”[5]。郑韬光比冯道还多事一个皇帝，按理说更应该受到口诛笔伐，但他却“无官谤，无私过”，可见当时人并不以历仕几朝为丑行。就是冯道，当时也没有人诋毁他，欧阳修承认，“当世之士无贤愚皆仰道为元老，而喜为之称誉”[1]。欧阳修、司马光是攻击冯道的始作俑者，于是，历代相沿不替，都鄙薄冯道的气节。但是北宋初年那些位居枢要、将兵阃外的文臣武将如范质、王溥、石守信、高怀德、王全斌、韩重赟、曹彬、潘美、慕容延钊等人，都是后来归依赵匡胤的，欧阳修从不曾骂过他们是逆子贰臣，唯独对冯道如此苛求，这显然是不公允的。清人王鸣盛在评论冯道时说：“五代之际，国如传舍，君如弈棋，如道之所为者甚多，只因道偏好自矜炫，又浪得美名，齿德位望兼优，反令后世笑骂不已。”[7]他没有指责冯道的气节，因为“如道之所为者甚多”，而是把冯道受后世攻讦的原因归结为“偏好自矜炫”，这指的是冯道曾写过《长乐老自叙》一事。不错，冯道在洋洋洒洒的《长乐老自叙》里，曾历数自己仕于五朝所得的阶、勋、官爵的“光荣历史”，大有过屠门而大嚼的味道，的确使人忍俊不禁。但是仅仅因为他写了这么一篇不该写的东西，便以一眚掩大德，不分功过是非，全面否定冯道，甚至把冯道的儿子冯吉会弹琵琶，也算作冯道的罪状，指责《宋史》把冯吉列入文苑传“殊为舛谬，此书无怪不慊人意”，就未免太过分了。

其次，冯道虽然历仕五朝十君，但其性质与石敬瑭称耶律德光为父迥然不同。这并非因为契丹族是少数民族而有所轩轾，而是因为契丹对五代进行的是一场非正义的掠夺战争，而冯道为之效劳的后唐、后晋、后汉、后周四代都属于封建社会，它们之间并没有落后与反动的分野，彼此之间的战争是一场封建统一战争。五代中只有后唐明宗李嗣源、后周太祖郭威、后周世宗柴荣是比较有作为的皇帝，而冯道在后唐明宗时任宰相，在后周时任太师兼中书令，朝政清明与他辅弼有方是分不开的。

当然，冯道在契丹灭后晋后，也曾一度任过太傅，表面上看是很不光彩的职务，实际上他却保全了许多生灵免遭契丹军队的野蛮屠戮，在这件事情上是有功的。原来，契丹军在颠覆后晋进入汴京后，辽太宗耶律德光“纵胡骑四出，以牧马为名，分番剽掠，谓之‘打草谷’。丁壮毙于锋刃，老弱委于沟壑，自东、西两畿（指开封、洛阳）及郑、滑、曹、濮，数百里间，财畜殆尽”[2]，河南人民受到一场空前洗劫。只是在冯道委婉劝谏后，契丹军才有所收敛。“耶律德光尝问道曰：天下百姓如何救得？道为俳语以对曰：此时佛出救不得，惟皇帝救得。人皆以为契丹不夷灭中国之人者，赖道一言之善也。”[1]这话出于极力攻讦冯道的欧阳修笔下，当是可信的。耶律德光公元 947 年正月进入汴京后，不堪压迫的河南人民到处揭竿起事，他不得不于这年三月间返程北上，冯道也奉命随军俱行。四月，耶律德光病殂于栾城（今河北栾城），冯道等人则已到了常山，永康王兀欲便在镇阳自立为帝，是为辽世宗。但他不是太宗之子，而是东丹王耶律倍之子，因而不被祖母述律太后承认，双方发生了战事，世宗匆忙北上，只留将领嘉里据守常山。这时冯道与北汉兵李荣等人一鼓作气，把契丹军赶出了常山，“道率同列，四出按抚，因事从宜，各安其所……见有中国士女为契丹所俘者，出橐装以赎之，皆寄于高尼精舍，后相次访其家以归之”[2]。这些事例说明：如果单凭冯道在契丹时任过官职而不具体分析一下他做了哪些事情，便一味指责他名节有亏，那是无助于说明问题的。

二、一个应当肯定的政治家

冯道是否值得肯定，关键不在于他侍奉过几个皇帝，而在于在五代这个动荡不安的社会中，是庸庸碌碌、尸位素餐呢，还是忧国忧民、拯物济时。只要不怀偏见，我们便可发现，冯道既不是像欧阳修所说的“前事九君，未尝谏诤”，遇事三缄其口的无聊政客，也不是司马光所说的那种只有小善、大节不可取的卑劣角色，更不是王夫之所说的“摘小过以炫直，自饰而藏奸”[3]的人物。如果冯道没有一点才能，仅凭他的圆滑便能左右逢源，使十个皇帝争相委以重任，那是说不通的。那么，冯道的才能表现在哪些方面呢？

（一）献可替否，尽心辅国

冯道首先在后唐明宗时为相。明宗本是李克用的养子，备受庄宗猜忌，历经艰难险阻，才得以于六十岁垂垂老翁的年纪登上帝位。冯道时时以庄宗覆亡的教训提醒明宗，不要再蹈覆辙。他说：“庄宗末年，不抚军民，惑于声乐，遂致人怨国乱。陛下自膺人望，岁时丰稔，亦淳化所致也。更顾居安思危。”[5]针对当时战乱频仍，百姓流离失所、生活困苦无告的情况，冯道特别对农民给予关注。他规劝明宗说：“夫国以人为本，今之亲人者，节度、刺史、令录而已，得其人则治，非其人则乱，不可不慎选。”[8]明宗天成初年，淄州等四县遭受水灾，地方官员不加抚恤，仍然按照旧额督促赋税，以致户口流散，冯道特奏明明宗加以优恤，蠲免赋税。有一次明宗问冯道：“时政何者为切？”冯道答曰：“务惜生灵为切。”[8]“上又问道：今岁虽丰，百姓赡足否？道曰：农家岁凶则死于流殍，岁丰则伤于谷贱，丰凶皆病者，惟农家为然。臣记进士聂夷中诗云：二月卖新丝，五月粜新谷，医得眼下疮，剜却心头肉。语虽鄙俚，曲尽田家之情状。农于四人之中最为勤苦，人主不可不知也。上悦，命左右录其诗，常讽诵之。”[2]据《册府元龟》记载，类似这样的谏诤不下十次之多。除此之外，冯道还时时提醒明宗，要注意节俭，不要因骄奢淫逸而亡国。有一次，“水运军将于临河县得一玉杯，有文曰‘传国宝万岁杯’，明宗甚爱之，以示道，道曰：此前世有形之宝尔，王者固有无形之宝也。明宗问之，道曰：仁义者，帝王之宝也。故曰：大宝曰位，何以守位曰仁。明宗武君，不晓其言，道已去，召侍臣讲说其义，嘉纳之”[1]。有人说明宗是比较开明的皇帝，虚怀纳谏，大臣没有直言贾祸之虞，因而冯道敢于谏诤，这种说法是不妥当的。试看庄宗、明宗时任过宰相的数人中，没有哪一个能比得上冯道的才能。豆卢革“自作相后，不以进贤劝能为务，唯事修炼，求长生之术”[5]；韦说于“政事得失，无所措言”[5]，卢程“本非重器，骤历显位，举止不恒”[5]；赵凤无所建树；李愚与另一宰相刘昫不和，“无几，两人俱罢相守本官”[5]；任圜“虽忧国如家，而切于功名，故为安重诲所忌”[5]，不得善终；郑珏在相位，“既碌碌无所为，又病聋”[1]。这些人调和鼎鼐的本领，显然是不能和冯道相提并论的。在明宗当政的八年间，政治较为清明，百姓的负担有所减轻，“故天成、长兴间，比岁丰登，中原无事，言于五代，粗为小康”[5]。这些成绩的取得，当然不能都记在冯道名下，但他的辅弼之功，却是不应该湮没的。

冯道在后汉任太师时，营救了一个因奏请释放私贩牛皮的商人而获罪的官员，正直之声大著。原来五代时战争频繁，到处需用牛皮，因而对此项物品控制极严。后梁时即下令“禁断屠宰”，后唐庄宗时重申这一禁令，“如敢故违，便即擒捉，不问职分高低，所在处斩讫奏”[9]。“唐明宗之世，有司止偿以盐，晋天福中，并盐不给。”[2]后汉刘知远在太原时规定，私贩牛皮一寸，即处以死刑，即位以后，把此苛法推行于全国，老百姓深感不便。有一次，上党二十多个老百姓因贩牛皮而被判死罪，判官张璨以为，刘知远在未即位前大聚甲兵，需牛皮甚多，严禁私贩牛皮自在情理之中，如今奄有天下，牛皮易得，不应立此苛法，便上书请求赦免那些老百姓，不料他自己也被判处死刑。“敕未下，独瀛王非时请见。汉祖出，瀛王曰：陛下在河东时，断牛皮可也，今既有天下，牛皮不合禁，陛下赤子枉杀之，亦足为陛下惜。昭义判官，以卑位食陛下禄，居陛下官，不惜躯命，敢执而奏之，可赏不可杀。臣当辅弼之任，使此敕枉害天下人性命，臣不能早奏，使陛下正之，臣罪当诛。稽首再拜，又曰：张璨不合加罪，望加敕赦之。”[10]汉高祖不得不赦免张璨之罪。如果冯道是依阿取容之辈，肯定是没有这种胆量挺身而出的。

（二）雕印经书，泽被后世

我国的印刷事业源远流长，分为雕板印刷与活字印刷两种，后者是从前者发展而来的。唐代以前，凡书籍皆是写本，读书人要读书就得辗转抄写，“学者以传录之艰，故其诵读亦精详”[11]。雕板印刷始于唐代，唐文宗时已能印刷日历，唐僖宗时已能印刷书籍，这当然大大有利于文化的普及和传播。不幸的是，唐代末年，军阀混战，天无宁日，学校废绝，文化事业停滞不前，刻书业自然也遭到了厄运。五代时,后蜀宰相毋昭裔与冯道二人在战乱中雕印九经,“虽乱极之世,而经籍之传甚广”[12]。仅此一条,就足以使他们不朽了。

如果比较一下毋昭裔和冯道的贡献,可算是各有千秋。毋昭裔身为宰相,不用国家经费,出私囊印刷书籍,自然值得称道。但四川偏处西南一隅,社会秩序较为安定,未罹兵革之苦,因而雕印比较容易,而冯道在中原地区刻书就困难多了。这不仅因为战火纷飞,朝代更迭频繁,无人留意文治,而且五代的帝王大多是行伍出身,从马背上得天下的赳赳武夫,要取得他们的支持,无疑是困难重重的。后唐长兴年间,冯道见流行坊间的板刻图书,多是民间常用的日历和一些通俗的佛教经文,而没有士大夫所需的经书,便与李愚联名奏请,让判国子监田敏校订九经①,雕印贩卖,以广流传。唐明宗批准了这个请求,于长兴三年(932)二月刻板雕印,直至后周广顺三年(953)方告竣工,历时21年之久。

冯道主持雕印经书极为认真,一丝不苟。当确定以唐代开成石经文字为准刻九经印板后,又“令国子监集博士儒徒,将西京石经本,各以所业本经句度,抄写注出,仔细看读,然后顾召能雕字匠人,各部随帙刻印板,广颁天下。如诸色人要写经书,并须依所印敕本,不得更使杂本交错。其年四月,敕差太子宾容马缟,太常丞陈观,太常博士段颙、路航,尚书屯田员外郎田敏充详勘官,兼委国子监于诸色选人中,召能书人端楷写出,旋付匠人雕刻,每日五纸”[9]。因系国子监负责雕印,故被称为“监本”。以政府的名义大规模雕印经书,使莘莘士子可以省却抄写之苦,毫不费力地读到经书,这在我国历史上还是第一次。至北宋初年,已允许民间刻印经书,但须以“监本”作为底本。由于刻印的经书审查极严,因而舛误较少,而后世称北宋所刻经籍最善,这个功劳应该记在冯道名下。连不齿于冯道为人的胡三省也说:“史言圣人之道所以不坠者,以其有方策之传也。”说冯道是保存和传播我国文化的功臣,那是一点儿也不过分的。

(三)荐贤举能,延纳后进

冯道在当宰相期间,荐贤举能,延纳后进,“凡孤寒士子抱才业,素知识者皆与引用,唐末衣冠,履行浮躁者,必抑而镇之”[5],这在动辄以门第相标榜的五代,是一件很不简单的事情。后周位兼将相的郭崇韬为抬高自己的身价,冒认

---

① 唐代以《仪礼》《周礼》《礼记》《左传》《公羊传》《穀梁传》《易经》《书经》《诗经》合称九经。

唐代名将郭子仪为四世祖,用人唯看出身,不问才能,“旧僚有干进者,崇韬谓之曰:公虽代邸之旧,然家无门阀,深知公才技,不敢骤进者,虑名流嗤余故也”[5]。宰相卢程“褊浅无他才,惟务恃门第”[5]。显然,依靠门第、不问才能的人组成的政府,只能是效率极低的官僚机构,五代各国国祚短促,与此也不无关系。冯道敢于打破门第禁区,力挽颓风,唯才是举,无疑是应当肯定的。对于和自己有点芥蒂的人,只要他有才能,便不计私怨,照旧荐举。后晋的史圭就是一个例子。冯、史二人同在后唐为官时曾有过龃龉,但石敬瑭即位后,冯道首荐史圭,“而圭素保廉守节,大著公平之誉”[5]。至此,史圭才佩服冯道的度量在己之上。判国子监田敏是另一个例子。由于田敏长于诗赋,颇受冯道敬重,“尝从容白晋祖曰:臣所为官合授于敏,臣不敢党蔽也”[8]。虽然石敬瑭并未因此而改授冯道的官职,但这种精神在五代是很少见的。

(四)为官清廉,不以富贵骄人

冯道为相20余年,“以持重镇俗为己任,未尝以片简扰于诸侯”[5]。这虽是小节,也自有可取之处。他初任李存勖的掌书记时,与后梁的战事正酣,在军中他刻苦俭约,所得俸禄,与厮仆同食。诸将中有人掠得美女相赠,冯道便归还于其父母。他丁父忧居丧在家,“遇岁饥,悉出所有以赒乡里,而退耕于野,躬自负薪。有荒其田不耕者与力不能耕者,道夜往,潜为之耕,其人后来愧谢,道殊不以为德”[1]。他备位宰相,从无受赇枉法之事,“牧宰馈遗,斗粟匹帛,无所受焉”[5]。这在贪浊污秽、苞苴公行的封建社会里,是难能可贵的。他自己的俸禄,悉以赈济乡邻,他所居住之处,环堵萧然,仅避风雨而已。而这一切都不是矫揉造作,沽名钓誉,因而明宗称赞他:“不以素贵介怀,真士大夫也。”[13]他在后晋居官时,有一次少帝石重贵赐他生辰器币,“道以幼属乱离,早丧父母,不记生日,坚让不受”[8]。事实上,冯道当然知道自己的生日,不过是对这种无聊的繁文缛节不感兴趣罢了。冯道由此声名远扬,甚至远在北方的契丹对他也颇感兴趣:“时契丹方盛,素闻道名,欲掠而取之,会边人有备,获免。”[5]后晋高祖时,冯道奉命出使契丹,“将达西楼,契丹主欲郊迎,其臣曰:天子无迎宰相之礼,因止焉。其名动远俗也如此”[5]。公元947年年初耶律德光灭后晋进入汴京,追查晋朝君臣与契丹失欢的责任,有人说冯道为宰相,该负责任,耶律德光却说:“此叟非多事者,勿妄引之。”[2]他的稳重由此可见一斑。

忮刻褊狭、恃才傲物是一般官僚的通病,而冯道却气度恢宏,胸无城府。后晋出帝时,冯道为人所谮,一度罢相出镇同州(今陕西大荔),有一个管酒务的小吏申请自己出钱修孔子庙,冯道将申请交给下属发落,那位官员素来滑稽,写了一首七绝呈上:"'荆棘森森绕杏坛,儒官高贵尽偷安。若教酒务修夫子,觉我惭惶也大难。'道览之有愧色,因出俸重创之。"冯道在后周做中书令时,有一个名叫李导("导"的繁体字作"導")的举子前来拜谒,因其名与己同音,只差一个寸字,冯道便戏责他何以不加回避,那位举子说:"相公是无寸底道字,小子是有寸底导字,何谓不可也?"公笑曰:"老夫不惟名无寸,诸事亦无寸,吾子可谓知人矣。"冯道"了无怒色"。这对于一般人来说,也是不易做到的。

三、冯道的缺陷与失误

我们肯定冯道是一个政治家,是从他大的方面着眼的,这决不意味着他一切都值得肯定,他也有许多失误。

为人诟病最甚的是他劝阻周世宗攻打北汉一事。北汉建都太原,奄有山西大部及陕西东北部,原是契丹卵翼下的一个蕞尔小国,不在五代之数,是十国中的一个。它地瘠民贫,物产不饶,但因有契丹作后盾,屡屡进犯中原。公元954年,北汉乘郭威新丧、柴荣刚立之际,联合契丹大举入寇。柴荣打算亲征,包括冯道在内的众大臣却极力阻止。"帝曰:'昔唐太宗定天下,未尝不自行,朕何敢偷安?'道曰:'未审陛下能为唐太宗否?'帝曰:'以吾兵力之强,破刘崇如山压卵耳!'道曰:'未审陛下能为山否?'帝不悦。惟王溥劝行,帝从之。"[2]结果后周军取得了高平大捷,刘崇狼狈逃回太原,契丹军不战而遁,从此不敢南下骚扰。这一仗意义重大,成为后周北伐契丹的前奏,冯道因此而受到后世的批评,是完全正确的。

鉴于五代时期握军权者飞扬跋扈,"枢密之任,重于宰相,宰相自此失职"[4],冯道在与这些人打交道时,也不得不格外小心。安重诲为后唐枢密使时,与宰相任圜不协,诬其与叛臣通谋,先杀之而后奏闻。他与明宗的养子潞王从珂有隙,几次通过冯道要求明宗加以惩治,冯道不敢不从。但明宗知道这是受了安重诲的指使,不予采纳,"道等惶恐而退。居数日,道等又以为请,明宗顾左右而言他"[1],冯道无可如何,只得作罢。还是这个李从珂,当他从凤翔率军赴阙，与后唐闵帝争夺帝位时，冯道又率领百官出迎劝进。别人反对时，他却说："凡事要务实，劝进其可已乎？"[5]他所谓的务实，就是看谁势力大，就倒向哪一边。李从珂在冯道的拥戴下，终于当上了皇帝，这就是历史上的后唐末帝。后晋出帝时，在对待契丹的态度上，朝中大臣分为两派，一派主张对契丹既称孙又称臣，景延广等人则主张对契丹实行强硬政策，称孙而不称臣，这本是稍有点儿民族气节的人都应该支持的主张，而冯道却"依违其间"[14]，不敢表态。后晋虽然在契丹进攻时打了两次胜仗，但后来杜重威倒戈降敌，引狼入室，终于导致社稷灭亡，江山为人攘夺，冯道在这个问题上是有责任的。

总起来看，冯道既有功劳，也有过错，但功多于过，因此我们的结论是：他是一个瑕不掩瑜的政治家。

参考文献

[1]欧阳修.新五代史[M].北京：中华书局，1974.
[2]司马光.资治通鉴[M].上海：上海古籍出版社，1987.
[3]王夫之.读通鉴论[M].北京：中华书局，1975.
[4]赵翼.廿二史札记[M].北京：中国书店出版社，1987.
[5]薛居正，等.旧五代史[M].北京：中华书局，1976.
[6]刘斧.青琐高议[M].上海：上海古籍出版社，1983.
[7]王鸣盛.十七史商榷[M].上海：上海书店出版社，2005.
[8]王钦若，等.册府元龟[M].北京：中华书局，1960.
[9]王溥.五代会要[M].北京：中华书局，1981.
[10]张齐贤.洛阳缙绅旧闻记：卷5[M].丛书集成初编本.
[11]叶梦得.石林燕语：卷8[M].北京：中华书局，1984.
[12]邵博.邵氏闻见后录：卷5[M].北京：中华书局，1983.
[13]孙光宪.北梦琐言[M].上海：上海古籍出版社，1991.
[14]叶隆礼.契丹国志[M].上海：上海古籍出版社，1985.

（原载《史学月刊》1985年第5期）

契丹与五代山西割据政权

山西在五代史上占有特殊的历史地位。这不仅因为五代中有后唐、后晋、后汉三个朝代以山西为根据地，进而化家为国，成就一代帝业，十国中的北汉更是盘踞山西长达二十八年之久，也不仅因为石敬瑭、刘知远、刘崇等人都和契丹结下过不解之缘，从而引起了人们探讨的兴趣；更重要的是山西地理位置重要，不占领山西，就无法奄有全国。为此，柴荣、赵匡胤、赵光义等人多次进军山西。因此，探讨一下山西几个封建割据政权同契丹的关系，对五代史的研究，是有裨益的。

一、后梁

山西在五代时期地理位置之所以变得那样重要，是契丹族牧马南寇造成的。唐代末年，军阀混战，民无宁日，风雨飘摇中的唐王朝无暇北顾，契丹族奴隶主耶律阿保机遂“乘间入塞，攻陷城邑，俘其人民，依唐州县置城以居之”[1]。这时，挟唐天子以令诸侯的朱温和割据山西的河东节度使李克用正为争夺帝位而势同水火。二人势均力敌，打得难解难分，都想结好契丹以为后援，以便击败对手。唐哀帝天祐二年(905)，李克用遣人聘于契丹，阿保机“领部族三十万至云州(今大同)，与武皇(李克用)会于云州之东，握手甚欢，结为兄弟，旬日而去，留马千匹、牛羊万计”[2]。“克用赠以金帛甚厚，期共举兵击梁。”[1]第二年，“汴州朱全忠遣人浮海奉书币、衣带、珍玩来聘”[2]。双方竞相拉拢，给踌躇满志的耶律阿保机提供了染指中原的绝好机会。他知道，他这只筹码放在天平的任何一方，都会给另一方带来严重后果。只是鉴于他当时羽毛未丰，室韦、奚、霫、女真等少数民族尚未完全降附，他对朱、李双方都加以敷衍，以便左右逢源，待价而沽。907 年朱温称帝后，耶律阿保机向梁奉表称臣，并求册封，朱温趁机“约共举兵灭晋”。李克用大为怨恨，临死之前还念念不忘讨伐契丹，他一再叮嘱其子庄宗李存勖：“阿保机与吾把臂而盟，结为兄弟，誓复唐家社稷，今背约附贼，汝必伐之。”[2]终唐之世，双方交恶，战端屡开，烽燧频举于幽燕之南，鸣镝常响于大河之北。由于契丹在经济、军事上毕竟还稍逊一筹，而碰到的对手又是像后唐明宗这样励精图治的皇帝，因而战争并不顺手，往往以挑衅开始，而以失败告终，“自是契丹沮气，不敢轻犯塞”[4]，“于是时，中国之威几于大震，而契丹少衰伏矣”[1]。为了防止契丹南下骚扰，后唐对北方防务特别重视。庄宗末年，赵德钧镇幽州，于盐沟置良乡县，并于幽州东五十里筑城，派兵戍守，以后又陆续建了潞、三河两县。五代时契丹牧马南寇不外两条道路：东路从幽燕南下，西路则以雁门关、代县等地为跳板。现在北边既无隙可乘，遂转而“出寇云朔之间”[1]。后唐明宗为了加强山西防务，特命爱婿石敬瑭为侍中、太原尹、北京留守、河东节度使，兼大同、振武、彰国、威塞等军蕃汉马步军总管，镇守河东。如果石敬瑭不负明宗所托，戮力守御河东，本不难将契丹奴隶主贵族遏制于长城之外，但是随着明宗崩逝，局势突然急转直下，明宗苦心孤诣经营起来的防线，很快便坍塌殆尽了。

二、后晋

长兴四年(933)，才当了 8 年皇帝的明宗便一病不起，终年 67 岁。他的儿子闵帝李从厚暗弱无能，为潞王李从珂所杀，李从珂自立为帝。李从珂系明宗养子，石敬瑭是明宗之婿，地位不相上下，现在李从珂南面称孤，却要石敬瑭俯首称臣，不仅如此，为防止石敬瑭拥兵自重，尾大不掉，又徙他为天平节度使，移镇郓州。石敬瑭自恃“太原地险而粟多”[1]，亦抗疏言潞王系明宗养子，不当立，应传位许王。实际上是他自己觊觎帝位，不过不便启口而已。李从珂自知群情不附，曾打算“与契丹通和，如汉故事，岁给金帛，妻之以女”[1]，但大臣薛文遇强烈反对，不果。他派张敬达围石敬瑭于晋阳，石敬瑭则“令掌书记桑维翰草表称臣于契丹帝，且请以父礼事之，约事捷之日，割卢龙一道及雁门关以北诸州为献”[5]。辽太宗耶律德光大喜过望，他故弄玄虚，声称救援石敬瑭是受神人指使，“非为石郎兴师，乃奉天帝敕使也”[5]。936年九月，耶律德光“率众自雁门而南，旌旗不绝五十里余”[2]，后唐代州、忻州守将不敢应战，婴城固守，辽军越而不攻，直抵太原城下，在汾水之北大败张敬达军。本来，唐军如在雁门关险要处设伏，以逸待劳，胜败尚难预卜，但张敬达见不及此，竟至一败涂地。李从珂亲率三万骑兵屯驻河阳督战，并派赵德钧、赵延寿父子赴援，赵氏父子竟屯兵团柏谷，坐视不救。赵德钧并派使者以金贿赂契丹，只要立他为帝，即调转兵锋荡平洛阳，与契丹结为兄弟之国，仍许石敬瑭常镇河东。当时，“契丹主自以深入敌境，晋安未下，德钧兵尚强，范延光在其东，又恐山北诸州邀其归路，欲许德钧之请”。石敬瑭赶紧再派桑维翰至耶律德光大营，作出更大的许诺：“且使晋得天下，将竭中国之财以奉大国，岂此小利之比乎？”桑维翰甚至不顾廉耻，“跪于帐前，自旦至暮，涕泣争之”[4]。耶律德光权衡得失，决定舍赵德钧而立石敬瑭为傀儡，这年十一月，契丹“册敬瑭为大晋皇帝”[3]，“永与为父子之邦，保山河之誓”[2]，而赵德钧则成了契丹的阶下囚。耶律德光亲送石敬瑭至潞州方北返。临行时，耶律德光告诉他：“我若南向，河南之人必大惊骇，汝宜自引汉兵南下，我令大相温将五千骑卫送汝至河梁，余且留此俟汝音问，有急则下山救汝，若洛阳既定，吾即北返矣。”[5]对于契丹的援立之恩，石敬瑭感激涕零，他不但称比自己小十一岁的辽太宗为父，而且在即位那天便“割幽、蓟、瀛、莫、涿、檀、顺、新、妫、儒、武、云、应、寰、朔、蔚十六州以与契丹，仍许岁输帛三十万匹”[4]。这十六州中云、应、寰、朔四州在今山西境内，其余十二州在河北、北京、天津。至此，契丹牧马南下的东西两条道路均已洞开无阻，特别是东边一路，自“赵魏之北，幽蓟之南，千里之间，地平如砥”[2]，要将契丹骑兵遏制于塞外，无疑是困难多了。

燕云十六州归属契丹，虽然酿成了严重后果，但这决不意味着中原地区几百年的动荡离乱都应归咎于石敬瑭一人。胡三省就说：“人皆以石晋割十六州为北方自撤藩篱之始，余谓雁门以北诸州，弃之犹有关隘可守。汉建安丧乱，弃陉北之地，不害为魏、晋之强是也。若割燕、蓟、顺等州，则为失地险。然卢龙之险在营、平二州界，自刘守光僭窃，周德威攻取，契丹乘间遂据营、平。自同光以来，契丹南牧直抵涿、易，其失险也久矣。”[4]石敬瑭之所以应当受到挞伐，并不在于他割幽燕之地与契丹，因为“宋辽两国比较，燕云十六州统治下的人民，并不比宋朝统治下的中原人民遭受更多更大的苦难，更不是处在水深火热之中”[6]，没有人有理由要求一定把燕云十六州置于宋朝的管辖之下。应该受到谴责的是石敬瑭的气节。他用称父、纳土、献币的巨大代价，换来的只是做一个傀儡天子。“每辽使至，即于别殿拜受诏敕。每岁输金帛三十万之外，吉凶庆吊，岁时赠遗，相继于道，乃至太后、元帅、太子、诸王、大臣，皆有赂遗。”[5]而“晋使者至契丹，契丹骄倨，多不逊语。使者还，以闻，朝野咸以为耻，而帝事之曾无倦意”[4]。尽管如此，辽方仍不时谴责，石敬瑭则“鞠躬俯首，受责愈谨，多为好辞以自解”[1]。他甚至连任免一个节度使都不能自主，最终在辽的挟制中忧郁而死。毛泽东同志早在1939年就指出，应把“南北朝、南宋、明末、清末一班民族投降主义者痛斥一番，把那些民族抵抗主义者赞扬一番”[7]。显然，石敬瑭也是一个民族投降主义者。而近来居然有人替他翻案[8]，实在是不恰当的。

947年正月，辽太宗耶律德光进军汴梁，颠覆了后晋。由于契丹军队行为暴虐，激起了河南人民的激烈反抗，耶律德光在汴梁只停留了三个月便退回草原。就在这时，蛰居太原的刘知远又乘机而起，取后晋而代之，建立了后汉。

三、后汉

刘知远原是世居太原的沙陀人，和石敬瑭俱事后唐明宗为偏将，石敬瑭在太原发难夺取后唐天下，“知远与桑维翰密为高祖谋画，赞成之。高祖即位于太原，以知远为侍卫亲军都虞候，领保义军节度使。契丹耶律德光送高祖至潞州，临决，指知远曰：‘此都军甚操剌（徐无党注：世俗谓勇猛为操剌），无大故勿弃之。’”[1]由于契丹的赏识，石敬瑭对刘知远甚为倚重，天福六年拜他为河东节度使、北京留守；出帝石重贵嗣位后，封他为中书令、太原王、幽州道行营招讨使、北面行营都统，开运二年四月他被封为北平王，三年加守太尉，可谓位极人臣。契丹兵南下颠覆后晋，刘知远先后败之于山西忻口、阳武谷。946年十一月，耶律德光率军抵镇州，后晋大将杜重威、李守贞等投降，947年正月，耶律德光进入汴梁，后晋出帝被俘北迁；二月，耶律德光改国号为大辽。刘知远见时局不利，马上扯篷转舵，“遣牙将王峻奉表于契丹，契丹主赐诏褒美，呼帝为儿，又赐木拐一。蕃法，贵重大臣方得此赐，亦犹汉仪赐几仗之比也。王峻持拐而归，契丹望之皆避路”[2]。当他得知河南民心不附契丹时，马上又乘机在混乱中即位于太原，国号汉，改晋开运四年为天福十二年。三月，耶律德光自汴京北还，由黎阳渡过黄河，趋相州，不久，崩逝于栾城。辽东丹王耶律倍之子永康王兀欲矫诏嗣位于镇阳，是为世宗，述律太后遣皇太弟李胡发兵攻讨。趁着契丹族自相火并、不及他顾之机，刘知远于五月从太原出发，经阴地关到达汴京，夺取了天下。当时世宗因"荒于酒色，侮诸宰执，由是国人不附，诸部数叛，兴兵追讨，故数年不暇南征"[5]，刘知远得以从容收拾残局。《旧五代史》的作者薛居正在评论刘知远时说："汉高祖肇起并、汾，遄临汴洛，乘虚而取神器，因乱而有帝图，虽曰人谋，谅由天启。然帝昔莅戎藩，素亏物望，洎登宸极，未厌人心，徒矜拯溺之功，莫契来苏之望。"[2]这个评价大抵合乎事实。正因为刘知远父子才干平庸，毫无治绩可言，因而在五代中国祚最短，前后只不过四年光景，便被郭威取代了。

四、北汉

951年，郭威代汉自立，同年刘崇亦自立于太原，改名旻，史称北汉。刘崇为刘知远从弟，"少无赖，好陆博意钱之戏"。他在隐帝时即图谋不轨，"招募亡命，缮完兵甲，为自全之计，朝廷命令，多不禀行，征敛一方，略无虚日，人甚苦之"[2]。北汉国土狭小，只辖有并、汾、忻、代、岚、宪、隆、蔚、沁、辽、麟、石十二州之地，除蔚、麟二州外，余皆不出山西，与后周相比，"土地兵甲，不足以当中国之十一"[1]。刘崇自知不敌，便袭石敬瑭、刘知远故技，"赍重币结契丹，愿如晋祖故事，约为父子"[9]，被辽世宗册为大汉神武皇帝。为求得契丹的卵翼和庇护，刘崇不惜牺牲主权，纳币朝贡，堕落为契丹的一个附庸。"北汉土瘠民贫，内供军国，外奉契丹，赋繁役重，民不聊生，逃入周境者甚众。"[4]而辽方的处境也不很美妙，"睡王"穆宗登极后的第二年(952)，"辽瀛、莫、幽州大水，流民入塞者四十万口，本国亦不之禁，周诏所在赈给存处之，中国民被掠得归者什五六"[5]。粗看起来，这些状况非常有利于后周的统一，更何况郭威、柴荣都是精明干练的帝王，但是，北汉从951年立国，直到979年才被宋太宗讨平，国祚竟延续了二十八年之久，超过了五代中的任何一朝，究其原因，在于"太原兵少而悍，加以契丹为援，未易取也"[9]。

刘崇于951年正月即位，二月即攻后周晋、隰二州，均不克。十月，刘崇率兵二万，会合辽将萧禹厥率领的五万之众大举入寇晋州，后周派王峻迎战。时值大雪，边民坚壁清野，刘崇军粮秣不继，士有饥色，闻周师至，烧营夜遁，“比至太原，十亡三四”[2]。后周大将药元福建议乘胜追击，但“诸将畏懦，遂止”[9]。次年，刘崇“又攻府州，为折德扆所败，德扆因取岢岚军”[1]。由于后周防守严密，刘崇一无所获。

954年正月，柴荣继位。二月，“北汉主闻周太祖崩，喜甚，遣使诣辽请兵，辽遣武定节度使杨衮将万骑如晋阳，北汉主自将兵三万会辽师趣潞州”[5]，兵锋所至，焚略荡尽。三月，柴荣不顾大臣冯道等的阻挠，毅然亲征，大败刘崇于高平，“降贼军数千人，所获辎重、兵器、驼马、伪乘舆器服等不可胜纪”[2]。刘崇只剩下残兵败将百余人狼狈遁归太原，“宵迷，俘村民为导，误之晋州，行百余里，乃觉之，杀导者；昼夜北走，所至，得食未举箸，或传周兵至，辄苍黄而去”[4]。柴荣从高平北上，于潞州整军，斩临阵脱逃的大将何徽、樊爱能等七十余人，“由是骄将惰兵，无不知惧”[2]。符彦卿等乘胜北上，打算耀兵太原城下，“及周师入境，汾、晋吏民望风款接，皆以久罹虐政，愿输军须以资兵力”[9]。而北汉所辖的宪、代、沁、岚、忻等州也相率纳款输诚，柴荣遂于五月亲抵太原城下，打算一举灭掉北汉。可惜的是周师竟功亏一篑，未能克奏肤功。一是因为辽师来援，顿于忻、代之间，符彦卿败于忻口，大将史彦超战殁，士气受到挫折；二是周师进军太快，馈运不继，“诸军数十万聚于太原城下，军士不免剽掠，北汉民失望，稍稍保山谷自固”[4]；三是时值夏季，大雨连绵，军士劳苦，疾疫流行，周师从四月至六月，围城三月而不克，柴荣不得不忍痛班师。然“指麾之间，颇伤匆遽，部伍纷乱，无复严整，不逞之徒，讹言相恐，随军资用，颇有遗失者，贼城之下，粮草数十万，悉焚弃之”[2]。所得州县，又悉数为北汉夺去。鉴于北汉不可轻图，柴荣不得不整顿内部，以积蓄力量，徐图后举。

就在这一年，刘崇病死，其子刘承钧继立（即位后改名刘钧），遣使告哀于契丹，自称男，辽穆宗“答之以诏，呼承钧为儿，许其嗣位”[1]。刘钧才干似乎略胜乃父一筹，“既嗣位，勤于为政，爱民礼士，境内粗安”[4]。显德四年（957），北汉趁柴荣南下攻伐南唐，无暇旁骛之机，与辽兵合势再寇潞州，无所得而还。显德六年（959），柴荣北上伐辽，连下瀛、莫、易三州及瓦桥、淤口、益津三关，辽方急“遣使者日驰七百里诣晋阳，命北汉主发兵挠周边”[4]，北汉尚未出师，柴荣已婴疾班师。这年冬，刘钧再结契丹寇边，960年正月，后周恭帝命赵匡胤北上御敌，至陈桥发生兵变，赵匡胤即位，钧与契丹兵皆退去。同年四月，李筠据上党叛宋,向北汉称臣求援,刘钧"以蜡书结筠共举兵",并"率兵与契丹数千来援"[9]。宋太祖赵匡胤亦于五月亲征。六月,李筠自尽于泽州,叛乱很快就被平定了,刘钧亦为宋兵所败。

继位之后,刘钧时时想摆脱附庸地位而独立,而契丹却控制愈严,双方因此而有了裂痕。后周显德四年,北汉与辽兵在潞州城下无功而还,"北汉主知辽不足恃,而不敢遽与之绝"[5],但在一些问题上又一反刘崇所为,不禀命而行。于是"契丹遣使者责承钧改元,援李筠、杀段常不以告。承钧惶恐谢罪,使者至契丹辄见留,承钧奉之愈谨,而契丹待承钧益薄。承钧自李筠败而失契丹之援,无复南侵之意"[1]。赵匡胤亦因南方战事正殷,主张"且存继元,为我屏翰,俟我完实,取之未晚"[10]。这样,一个阻碍中国统一的落后政权,又得以存在了好多年。

综上所述,我们可以得出两点结论:

第一,李存勖、石敬瑭、刘知远、刘崇等人都从山西发迹建国,其中的奥妙就在于地理环境。由于山西离当时的政治中心河南稍远,而北边又扼着契丹进入中原的孔道,五代的统治者往往把最强的将领部署在那里,从而给了这些将领以坐大之机。在那个"天子宁有种乎?兵强马壮者为之尔"[1]的时代,势力一大便存问鼎天下之心,是很自然的。

第二,由于山西密迩契丹,这里的军阀虽然实力强大,但仅凭自身之力要夺取天下还是不可能的,因此都毫无例外地勾结契丹,不惜降尊纡贵,匍匐在契丹奴隶主脚下,甘当儿皇帝。石敬瑭、刘知远、刘崇、刘钧、刘继元等人均是山西军阀,也就不是奇怪的事了。

参考文献

[1]欧阳修.新五代史[M].北京:中华书局,1974.

[2]薛居正,等.旧五代史[M].北京:中华书局,1976.

[3]脱脱,等.辽史[M].北京:中华书局,1971.

[4]司马光.资治通鉴[M].上海:上海古籍出版社,1987.
[5]叶隆礼.契丹国志[M].上海:上海古籍出版社,1985.
[6]顾全芳.评北宋雍熙北代[J].中州学刊,1984(2).
[7]中共中央文献研究室.毛泽东书信选集[M].北京:人民出版社,1983.
[8]郑学檬.关于石敬瑭评价的几个问题[J].厦门大学学报,1983(1).
[9]脱脱,等.宋史[M].北京:中华书局,1977.
[10]江少虞.宋朝事实类苑[M].北京:中华书局,1983.

(原载《晋阳学刊》1984 年第 5 期)

试论五代十国时期中原地区的民族融合及其措施

一、进入中原地区的少数民族

(一)沙陀人

五代十国时期,后唐、后晋、后汉、北汉是沙陀人在中原建立的王朝。

沙陀也写作沙陁,是中国古代的一个部落,属西突厥别部,居金娑山(今新疆尼赤金山)之阳、蒲类海(今新疆东北部巴里坤湖)之东,"盖北庭有碛曰沙陀,故因以为名焉"[1]。沙陀本号朱邪,后改称沙陀,而以朱邪为姓。唐德宗贞元年间,有个叫朱邪尽忠的沙陀人任沙陀府都督,居住在北庭的金满州(今新疆吉木萨尔县北破城子),他所辖之地被吐蕃攻破,吐蕃徙沙陀部7000帐于甘州(今甘肃张掖市西北)。后来吐蕃赞普被回鹘战败,朱邪尽忠与儿子执宜乘机东走,打算俟机投奔唐朝。吐蕃赞普大怒,发兵追赶,双方激战于石门关(今宁夏固原西北),尽忠战死,执宜于混战中逃脱,归依唐朝,被安置在盐州(今陕西定边),隶属于河西节度使范希朝。范希朝移镇太原,执宜也跟随前往,居住在定襄神武川之新城(今山西山阴县东北一带),"其部落万骑,皆骁勇善骑射,号'沙陀军'"[2]。从此,这支沙陀人从西域边陲一步步地来到中原。

执宜死后,"沙陀军"由其子赤心率领。唐懿宗时,因其镇压过庞勋农民起义而被封为单于大都护、振武军节度使,赐姓名为李国昌。这一支沙陀人被赐皇姓,可说是莫大的荣耀。李国昌自恃有功,骄横跋扈,懿宗改任他为云州(今山西大同)刺史、大同军防御使,但李国昌拒不应命。李国昌之子李克用杀死大同防御使段文楚,占领云州,自称留后。唐朝派兵镇压,不料中途溃散,从此沙陀多次侵扰代北,遂成为边患。

唐僖宗即位后，又多次派兵讨伐李国昌、李克用父子。他们二人逃往塞外的鞑靼部。黄巢起义军攻破长安，唐僖宗逃往蜀中，派人授李克用官职，命他攻打黄巢。李克用迅速出击，打败黄巢，进居长安。“是时，武皇既收长安，军势甚雄，诸侯之师皆畏之。”唐朝封他为河东节度使，他便趁机发展势力，太原至上党（今山西长治）一带遂成为他的势力范围，并以此为根据地向四方开拓。不过，终唐之世，沙陀人的势力还局促在山西一隅，在和朱温争夺天下的过程中，胜少败多。除了太原，这支沙陀人活动的区域还有代（今山西代县）、朔（今山西朔州）、云、蔚（今河北蔚县）、振武（今内蒙古和林格尔）、鄜延（今陕西延安）等地。迨至李存勖建立后唐，其疆域大致是今河北（东部一小部分除外）、山西、山东、河南、陕西的大部分地区及甘肃、湖北、江苏的一部分地区，定都洛阳，政治重心在中原。清泰三年（936 年），后唐为后晋的石敬瑭所灭。

后晋的创立者石敬瑭的父亲臬捩鸡本出于西夷，也即沙陀族，后来归依唐朝，居住在阴山（今内蒙古阴山）一带。“晋王李克用起于云、朔之间，臬捩鸡以善骑射，常从晋王征伐有功，官至洺州（今河北永年）刺史。”[2]这支沙陀人不知何时改姓石氏，石敬瑭称帝，认春秋时卫国大夫石碏为始祖，完全没有根据。后晋建都汴京，国祚只延续了 11 年，便被契丹所灭。

后汉的建立者刘知远，“其先沙陀部人也，其后世居于太原”[2]。刘知远冒刘姓，即位以后自称是东汉皇族子孙，这当然也是无稽之谈。他仍以汴京为国都，除将晋、冀北部割给契丹外，疆域大体与后唐相同，在历史上只存在了 4 年。

北汉属于十国之一，创建者刘崇是刘知远的从弟，也是沙陀族人。其国都太原，辖有今山西大部及陕西东北部，太平兴国四年（979）为北宋所灭，立国 28 年。

（二）其他少数民族

五代时期除了沙陀人，进入中原的还有其他少数民族。

契丹　905 年，李克用派人至契丹行聘，耶律阿保机以兵 30 万与李克用相会于云州东城，共约举兵击梁，后来契丹却背盟向后梁称臣，后唐多次与契丹发生战争。后晋高祖石敬瑭为契丹所立，石敬瑭割幽、蓟等十六州之地给契丹。辽太宗耶律德光灭后晋，进入汴京。“冠通天冠、绛纱袍，执大圭视朝”[3]，这已是汉族天子的冠服了。后晋的官员皆摒而不用，“遣其部族酋豪及其通事为诸州镇刺史、节度使”[2]。他又改国号为大辽，改年号为大同，表示他是中原的皇帝。他从汴京北上回国时,“晋文武诸司、诸军吏卒从者皆数千人,宫女、宦者数百人,尽载府库之实以行”[3]。这些北迁的中原人后来都融入契丹人之中,因而上京“有绫锦诸工作、宦者、翰林、伎术、教坊、角觝、秀才、僧、尼、道士等,皆中国人,而并、汾、幽、蓟之人尤多”[2]。契丹人制造鞍辔、服装的技术也传入了中原,后汉高祖刘知远才下诏“禁造契丹样鞍辔、器械、服装”[1]。

回鹘　回鹘即回纥,维吾尔族的古称。五代时期,回鹘与后梁、后唐、后晋、后汉、后周均有往来,但多是朝贡,同时也进行贸易活动,大约在后晋、后汉时期,贸易规模有所扩大。最初只在宫廷中交易,郭威建立后周后,令回鹘人与汴京百姓在市肆交易,这一举措大大促进了汉民族与回鹘人的经济文化交流。

吐浑　吐浑也称吐谷浑、退浑,原为鲜卑的一支。唐代吐浑酋长赫连铎助唐平定徐方(即徐戎,中国古代民族名)有功,授振武节度使,又据云中,五代时期散居蔚州。后唐庄宗以吐浑首领白承福为节度使,赐姓名为李绍鲁。这支吐浑人常驱赶羊、马至中原贸易,以换取必需的生活用品。后唐天成年间,李绍鲁一次就贡马120匹。石敬瑭割雁门以北及幽州之地给契丹,吐浑部隶属契丹,后又苦于契丹苛政,白承福又率部返回后晋。石敬瑭“命供奉官张澄等率兵搜索并(今山西太原一带)、镇(今河北正定)、忻、代四州山谷吐浑,还其旧地”[4]。可见五代时吐浑人已居住于今山西北部与河北西北部一带。后晋出帝为对付契丹,刻意拢络白承福。白承福曾随出帝与契丹人战于澶州(今河南濮阳),又跟随大将张从思戍守滑州(今河南滑县)。因此地天气炎热,吐浑人很不习惯,出帝“遣其部落还太原,畜牧于岚(今山西岚县北岚城)、石(今山西离石)之境”[5]。因白承福反复无常,出帝“遣使发其部落千九百人,分置河阳(今河南孟州南)及诸州”[5]。刘知远则将白承福等诱入太原城中,“以兵环其部族,擒承福与其族白铁匮、赫连海龙等五家,凡四百余人,伏诛。籍其牛马,命别部长王义宗统其余属”[4]。刘知远一次就杀死吐浑族四百余人,对这支人数不多的少数民族来说确实是沉重的打击。但刘知远所杀的仅是白承福等5家之人,不可能把太原城中的吐浑人赶尽杀绝,而迁入河阳及附近州县的吐浑人因对后晋不构成威胁,得以安然无恙。这些吐浑人后来都融入了汉族。

奚　辽朝初年奚人曾为契丹人守边,因受到虐待,其首领去诸率一部分奚人西徙妫州(今河北怀来),称为西奚。去诸死,其子扫剌代立,后唐庄宗李存勖破幽州,扫剌归降,庄宗赐姓名为李绍威。天祐十五年(918),庄宗在魏州阅兵,就有奚兵参加[1]。石敬瑭割燕云十六州之地给契丹，奚部又归于契丹。“开运三年(946)十二月，契丹犯阙，其王伊喇以所部兵屯于洛阳，及虏主(按：指辽太宗耶律德光)死，随众北遁。”[4]大部分奚人北去，由于各种原因而留居中原的少数奚人后来也融入了汉族中。

党项羌　党项羌在后唐同光年间始与中原王朝接触，河西党项羌一次就贡马40匹。明宗争夺中原，常苦于马匹不足，下令在沿边地区设置市场购马，并支付贩马人的道路费、驿馆费，因此来中原贩马的党项人越来越多。“其每至京师(今河南洛阳)，明宗为御殿见之，劳以酒食，既醉，连袂歌呼，道其土风以为乐，去又厚以赐赍，岁耗百万计。”[1]后唐大臣以为花费太多，得不偿失，应该停止这种贸易，但明宗不听，“自此番部羊马，不绝于路”。经济上的交流，无疑有助于民族融合。

于阗、渤海、黑水靺鞨、南诏蛮、牂牁蛮等都曾遣使至中原王朝入贡方物。后唐、后晋、后汉统治者也往往以官羁縻之，使得中原与边陲少数民族有了更多的接触。

二、沙陀上层人物的汉化及婚姻

(一)汉化

沙陀人在唐末就已入居中原，长期与汉人杂处，受汉文化的影响颇深，特别是上层人物已与中原汉人无异。

后唐庄宗李存勖之父李克用只是一介武夫，不解诗书为何物，而庄宗却恂恂然如儒者。他“十三习《春秋》，手自缮写，略通大义”[1]，“尤喜音声歌舞俳优之戏”[2]。庄宗喜欢演戏，常在戏剧中扮演角色，人称“李天下”。“宫中暇日，自负蓍囊药箧，令继岌破帽相随，似后父刘叟以医卜为业也。后方昼眠，岌造其卧内，自称刘衙推访女。后大恚，笞继岌。”[6]原来李存勖之妻刘氏出身贫寒，她的父亲刘叟以医人为业。刘氏成为皇后，对这段历史讳莫如深，她的父亲来找她，她不但不认，还打了她父亲一顿。李存勖自然知道事情的原委，便领着儿子继岌演了一出刘衙推访女的故事，无怪乎刘皇后发怒了。

后唐明宗李亶一生戎马倥偬，未暇读书，但却留心经史。他曾对儿子从荣说："吾少钟丧乱，马上取功名，不暇留心经籍。在藩邸时，见判官论说经义，虽不深达其旨，大约令人开悟。"又说："吾老矣，不能勉强于此，唯书义尚欲耳里频闻。"[6]从荣出镇邺都（今河北临漳），明宗特别遴选儒生跟随，帮助出谋划策，并对大臣安重诲说："今此皇子方幼，出临大藩，故选儒雅赖其裨佐。"[6]宰相冯道以聂夷中《田家诗》进谏，"其言近而易晓，明宗顾左右录其诗，常以自诵"[2]。这些都表现出明宗对儒家文化的浓厚兴趣。胡三省说，"唐明宗虽出于胡人"，但言谈有"君人"风度[5]。

明宗第三子李从厚即后唐闵帝（按：欧阳修《新五代史》说他是明宗第五子，误），他"髫龀好读《春秋》，略通大义"[1]。从厚的哥哥秦王从荣温文儒雅，喜欢写诗，"与从事高辇等更相唱和，自谓章句独步于一时，有诗千余首，号曰《紫府集》"[1]。《五代史补》则说，秦王从荣"好为诗，判河南府，辟高辇为推官。辇尤能为诗，宾主相遇甚欢。自是出入门下者，当时名士有若张杭、高文蔚、何仲举之徒，莫不分庭抗礼，更唱迭和"。从荣后因篡位谋反被杀，如果他不卷入争权夺利的旋涡中，肯定会成为一个出色的诗人。

后晋高祖石敬瑭"性沈澹，寡言笑，读兵法，重李牧、周亚夫行事"[1]。李牧是战国时期赵国大将，周亚夫则是汉代大将，两人都是汉人。石敬瑭还喜欢老子的《道德经》，召张荐明讲解大义，"寻令荐明以《道》《德》二经雕上印版，命学士和凝别撰新序，冠于卷首，俾颁行天下"[1]。有时还自拟诏书[1]。天福五年（940）十一月，吴越国王派人"进《冬日观仗诗》一首，帝览之称善，赐服马器币"[1]。出帝石重贵幼时，石敬瑭命博士王震以《礼记》教重贵[1]。石敬瑭的第三子重乂，"幼岐嶷，好儒书，亦通兵法"[1]。这在尚武成风的沙陀人中是很难得的。

北汉的创建者刘崇"少无赖，嗜酒好博"，不留意经史。他的次子刘钧（即北汉的睿宗）"颇好学，工书"[7]，对汉文化情有独钟。刘崇死后，由他嗣位，他认为"服丧，以日易月，非礼也。始行三年丧礼"[7]。丧礼也是儒家文化的组成部分，一个沙陀帝王如此重视孝道，是很难得的。北汉的最后一位皇帝是英武帝刘继元，他"美风仪，善谈论，颇通禅学"[7]。

沙陀上层人士的汉化，加速了民族融合的进程。

（二）婚姻

五代时沙陀帝王的后妃多是汉人。

晋王李克用的正妻刘氏，代北人，汉族。“自太祖起兵代北，刘氏常从征伐。刘氏为人明敏多智略，颇习兵机，常教其侍妾骑射，以佐太祖。”[2]次妃曹氏是太原人，庄宗生母，她“以良家子嫔于武皇”[1]，出身于平民之家。第三位夫人陈氏是襄州（今湖北襄阳）人，原是唐昭宗的宫嫔，后来赏赐给李克用，汉人。“陈氏素知书，有才貌，武皇深加宠重。”[1]李克用在唐昭宗乾宁年间领兵平定燕蓟，夺取李匡俦之妻张氏为妾，张氏也是汉人。这样，李克用的4个妻妾全是汉人。

后唐庄宗李存勖即位后，“后宫之数尤多，有昭容、昭仪、昭媛、出使、御正、侍真、懿才、咸一、瑶芳、懿德、宣一等，其余名号，不可胜纪”[2]。除了皇后刘氏、淑妃韩氏、德妃伊氏，还有“昭仪侯氏、昭容夏氏、昭媛白氏、出使美宣邓氏、御正楚真张氏、司簿德美周氏、侍真吴氏、懿才王氏、咸一韩氏、瑶芳张氏、懿德王氏、宣一马氏”[4]。皇后刘氏为魏州成安（今河北成安）人，其父刘叟以医人为业，汉族。其他后妃籍贯不详，但从姓氏看，多为中原常见姓氏。

后唐明宗李亶有3位皇后和多位妃子。夏皇后生秦王从荣及闵帝，籍贯不详。曹皇后籍贯也不详。魏皇后为镇州平山（今河北平山）人，初嫁平山百姓王氏为妻，已生子十岁，明宗掠魏氏母子以归，魏氏不久病故，那个十岁的孩子就是唐末帝李从珂。淑妃王氏是邠州（今陕西彬县）人，其家以卖炊饼为业，曾给刘姓当婢女，后归明宗。除了以上4人，《五代会要》还载有德妃王氏、昭仪王氏、昭容葛氏等28人，皆汉人。

后唐闵帝李从厚娶横海军节度使孔循之女为皇后。末帝李从珂实际上是汉族血统，皇后刘氏是应州（今山西应县）人。两位皇后均为汉人。

李克用之弟克宁娶妻孟氏，汉人。李克用的第六子存乂“娶郭崇韬女”[2]，郭崇韬是代北雁门（今山西代县）人，汉族。庄宗长子继岌娶中山陉邑（今河北定州东南）人王都之女为妻[1]。

后唐帝王的公主也多嫁给汉人。李克用之长女琼华公主（按：《十国春秋》认为琼华公主是李克用弟克让之女）嫁后蜀的创建者孟知祥，次女瑶英公主嫁张延钊，亦汉人。庄宗之女义宁公主下嫁宋廷浩，宋廷浩后晋初年任汜水关使，张从宾叛乱时战死。明宗长女永宁公主嫁给石敬瑭，这是沙陀人嫁沙陀人。第十三女兴平公主嫁给相州（今河南安阳）人赵延寿，延寿之父赵德钧任唐朝卢龙节度使，父子俱降契丹。延寿妻死，辽太宗耶律德光又为他娶从益（明宗子）之妹为妻，是为永安公主[2]。从益与永安公主皆系宫嫔所生，与兴平公主同父不同母。

后晋高祖除了李皇后是后唐明宗之女，还有一个安太妃，她是石敬瑭弟石敬儒之妻，生出帝重贵，被封为太妃。《文献通考》《新五代史》均称她是“代北人，不知其世家”。《旧五代史》卷91《安彦威传》则称：“彦威与太妃同宗，少帝事以为舅，彦威未尝以为言。及卒，太妃临哭，人始知其为国戚。”安彦威是代州崞县(今山西原平市北崞阳镇)人，原平市在今山西中部，可知安太妃也是汉人。石敬瑭还有一个妃子，即颍川郡夫人蔡氏[4]。五代时的颍川郡在今河南省许昌市一带，蔡夫人当是汉人。出帝石重贵有两个皇后：张皇后是张从川之女，回鹘人；另一皇后冯氏，定州(今河北定州)人，原为石敬瑭弟重胤之妻，重胤早卒，冯氏寡居，出帝纳以为后。此外，出帝还有李氏、张氏、吴氏等妃子38人[4]，从姓氏上看，多是汉族。契丹灭后晋，永康王兀欲(即辽世宗)掠出帝之女赐其妻兄禅奴舍利，又有述律王子强夺出帝宠姬赵氏、聂氏[1]，以上3位女子又都被迫嫁给了契丹人。

石敬瑭有两个妹妹，均嫁给汉人，一为史匡翰[2]，一为杜重威[2]。他的长女下嫁杨承祚[4]。第二子重信是后唐明宗外孙，娶昭信军节度使白奉进之女为妃，白奉进是“云州清塞军(今山西阳高)人也”[5]。第三子重乂娶汾州刺史李玘之女为妃[1]。石敬瑭之孙延煦娶大将、涿州(今属河北)人赵在礼之女为妻[2]。所婚嫁者均是汉人。

后汉高祖刘知远的皇后李氏出身于晋阳(今山西太原)农家，汉族人，生隐帝承祐。北汉的创建者刘崇娶妻何人不详。他的次子是睿宗刘钧，皇后和妃子都姓郭，籍贯不详，只知郭姬的父亲是略通医术的僧人，与一寡妇私通而生郭姬，当是汉族。少主继恩本姓薛，其父薛钊从军，刘崇妻之以女，生继恩。薛钊死，刘崇之女改嫁何氏，生继元，睿宗刘承钧养以为子。薛钊与何氏为汉人。英武帝刘继元有两位皇后，段皇后出身不详。另一位皇后马氏是大臣马峰之女，“马峰，太原人”[7]。驸马都尉卢俊，“尚□□公主”[7]，不知是哪位皇帝之女。卢俊后奔契丹，辽景宗以公主淑哥妻之，不久离异。宋太宗平北汉，“令康仁宝护刘氏亲属百余人赴汴，所过给食，赐京城甲第一区，岁时优赉有加”[7]。这一批沙陀人后来都在汴京融入汉族之中。

三、沙陀王朝促进民族融合的措施

（一）用人不分民族畛域

后唐、后晋、后汉、北汉几个王朝中，虽然沙陀皇帝及其宗室控制着实权，但所有的军政部门均吸收了大量汉族和其他少数民族人员参加，准确地说，是沙陀统治者与汉族上层人物一起治理中原。据统计，在《新五代史》的《唐臣传》中，“载后唐军政大臣凡三十六人，其中汉族出身三十三人，少数民族出身三人”[8]。

《旧五代史》所载后晋的123名大臣中，汉人113人，少数民族出身的有10人，其中沙陀人3人：后唐明宗侄子李从璋、李从温，杨光远；突厥族3人：张万进、郭金海、张彦泽；回鹘族2人：张从训、何建；吐谷浑族1人：李金全；契丹族1人：萧翰。这些大臣中最有权势的是一人之下、万人之上的宰相，洛阳人桑维翰、定州人冯玉两个宰相均是汉人。

再看后汉。《旧五代史》共列后汉大臣32人，只有白再荣一人为“蕃部人”，其余皆为汉人。

北汉的情况与以上三朝相似。

（二）收养义儿

所谓义儿，是指取他人所生之子为己子，并改称己姓者，义儿也称义子、义男。《旧唐书》卷55《高开道传》载：“时开道亲兵数百人，皆勇敢士也，号为义儿。”五代时养义儿之风大盛，始作俑者是后唐的李克用。“唐自号沙陀，起代北，其所与俱皆一时雄杰虓武之士，往往养以为儿，号‘义儿军’。至其有天下，多用以成功业，及其亡也亦由焉。”[2]李克用在与朱温争天下的过程中，收养了一批义儿为心腹，攻打天下，这批义儿有汉族，也有少数民族。

据《新五代史》所说，李克用共收义儿9人：第一个，明宗李亶，“本夷狄，无姓氏”[2]；李嗣昭，本姓韩，汾州太谷（今属山西）农家之子，汉族；李嗣本姓张，雁门人，汉族；李嗣恩本姓骆，吐谷浑部人；李存孝本名安敬思，代州飞狐（今河北涞源）人，汉族；李存信本姓张，回鹘人；李存进原名孙重进，振武（今内蒙古和林格尔）人，汉族；李存璋字德璜，云中（今山西大同）人，汉族；李存贤原名王贤，许州(今河南许昌)人,汉族。其实李克用收养的义儿不止9人,如许州人李建及,本姓王,因作战有功,李克用命他“典义儿军,及赐姓名”[1]。符存审字德详,陈州宛邱(今河南淮阳)人,克用“令典义儿军,赐姓名”[1]。李克用之弟存乂也以郭从谦为养子[2]。后唐庄宗李存勖大有乃父之风,也收养义儿:“庄宗军中阑得一男子,爱之,使冒姓李,名继陶,养于宫中以为子。”[2]又如:“李继宣,汴将孟审澄之子,亡命归庄宗,刘皇后蓄为子。”[6]

没有义儿名分但赐姓名者也不在少数。如:“李存儒本姓杨,名婆儿,以俳优得幸于晋王(指李克用),颇有膂力,晋王赐姓名,以为刺史,专事掊敛。”[5]据《旧五代史》载,庄宗赐姓名的大臣有:朱友谦赐名李继麟、康延寿赐名李绍琛、袁象先赐名李绍安、温韬赐名李绍冲、霍彦威赐名李绍真、元行钦赐名李绍荣、房知温赐名李绍英、苌从简赐名李绍琼。庄宗还赐吐浑首领白承福名为李绍鲁,赐奚族首领扫剌名为李绍威。辽太祖耶律阿保机长子耶律倍逃奔后唐,“明宗赐姓东丹,名慕华”,后来“更赐东丹慕华姓名曰李赞华”[3]。收养义儿与赐姓名的目的只有一个:笼络这些人,使他们为自己效力。那些人先是成了沙陀人,后来又都融进了汉族。

(三)在官制上因袭唐朝

唐庄宗李存勖初即位,即宣布“前王之令典,为历代之通规。必按旧章,以令多士”[1]。后唐所设的官职完全仿照唐朝。石敬瑭建立后晋,一切制度均依照后唐,他下令:“应明宗朝所行敕命法制,仰所在遵行,不得改易”;“御文明殿受朝贺,用唐礼乐”;“诏国朝文物制度、起居入阁,宜依唐明宗朝事例施行”[1]。后汉亦然。但在执行过程中,有一些小的变化。如枢密使一职,后梁改枢密院为崇政院,后唐、后晋恢复枢密院之名。设长官称枢密使,后唐以宰相郭崇韬兼枢密使,后晋以宰相桑维翰兼枢密使,这是五代特有的现象。又如唐朝只设元帅副元帅、行军元帅,只有哥舒翰、李光弼、郭子仪、房琯等人被封为元帅或副元帅。而在后唐却有天下兵马大元帅之职。“后唐长兴四年,以秦王从荣为天下兵马大元帅”[4]。设盐铁、户部、度支三司也是从后唐开始的。明宗“长兴元年八月,以许州节度使张延朗行工部尚书,充三司使,班在宣徽使之下。三司置使,自延朗始也”[1]。总起来看,沙陀几个王朝在官制上变化不大。

(四)对汉文化的认同

对汉文化的认同是民族融合的一项重要内容。后唐长兴年间恢复唐代举子至京到国子监谒拜先圣先师的礼仪[4]，并举行释奠之礼。唐代旧例是每年春秋两季仲月上旬祭祀孔子，颜渊、闵子骞等10人配座，四壁绘有72贤像，面前皆有祭礼。但自五代丧乱以来，虽有祭祀，而72贤已不再祭祀。唐明宗下令："其文宣王四壁英贤，自此每释奠，宜准《郊祀录》，各陈脯、醢等诸物以祭。"[4]明宗又"以文宣王四十三代孙曲阜县主簿孔仁玉为兖州龚邱令，袭文宣公"[1]。由此可以看出沙陀帝王对儒家文化的重视。

沙陀王朝的统治者也讲究避讳。"避讳为中国特有之风俗，其俗起于周，成于秦，盛于唐宋，其历史垂二千年。"[9]古代有二名不偏讳之例，如孔子的母亲叫"征在"，言"在"不称"征"，言"征"不称"在"。明宗下诏，对于他的名字，"但不连称，并不得回避"。大臣、百姓的名字如不想与君王同字，可自行更改。天成三年(928)，明宗又规定："此后凡庙讳，但避正文，其偏旁文字，不必减少点画。""凡有姓犯庙讳者，改以本望为姓。"末帝李从珂也规定，人臣诸王如与天子同名，"合避相连字，改从单名"。石敬瑭建后晋后规定："所为二名及嫌名事，依唐礼施行。"[4]沙陀人在未进入中原之前，肯定是不讲究避讳的。

沙陀王朝也注意刻印经籍，这是对儒家文化的一大贡献。明宗曾下令集中国子监中的博士儒徒，各人把读过的西京(今河南洛阳)石经本经句抄写出来，仔细校对。"然后顾召能雕字匠人，各部随帙刻印板，广颁天下。如诸色人要写经书，并须依所印敕本，不得更使杂本交错。"[4]集中学者订正九经中的讹误，然后雕版印刷，广颁天下，这当然是功德无量的善举。刘知远建立后汉不久，国子监上奏："见在雕印板九经，内有《周礼》《仪礼》《公羊》《穀梁》四经未有印本，今欲集学官校勘四经文字镂板。从之。"[4]这是对后唐雕印九经的补充和完善。

沙陀王朝统治者在正式场合都使用汉语、汉文，诏令、文诰、法律也都以汉文颁布，后唐庄宗、明宗，后晋高祖石敬瑭等对汉文典籍甚为娴熟，动辄引用。突厥语只在非正式场合或私下交谈时使用。后唐时磁州刺史康福"善胡语，上(指明宗)退朝，多召入便殿，访以时事，福以胡语对，安重诲恶之"。胡三省注云："恶其以胡语奏事，在左右者莫之晓也。"[5]当然，少数民族统治者也需要翻译人才，他们在沟通汉文化与少数民族文化的过程中，起着不可替代的作用。

在风俗习惯上，沙陀人也接受了汉族的传统节日。皇帝生日也是节日，如唐玄宗李隆基生于八月五日，先是以这一天为千秋节，后改为天长节。后唐明宗时"以九月九日皇帝降诞日为应圣节"[1]。后晋出帝石重贵生于六月二十七日，中书门下上奏："请以六月二十七日降诞日为启圣节。"[1]其他节日如后唐庄宗同光三年(925)"寒食节，帝与皇后出近郊，遥飨代州亲庙"[4]。"汉乾祐三年三月寒食，隐帝秦皇后幸南御园家祭，枢密使、三司使从之。"[4]正月十五日是上元节，照例要燃放灯火，纵市民观看，隋唐之前即有此俗，后晋高祖天福三年正月十五日，"是夜以上元张灯于京城，纵都人游乐，帝御大宁宫门楼观之"[1]。天福七年(942)正月十五日，"是日上元节，六街诸寺燃灯，御乾明门观之，夜半还宫"[1]。见于《五代会要》及《旧五代史》的节日还有冬至、端午、七夕、重阳等。还有一些很细小的礼仪，也被沙陀统治者所效法，如后唐明宗天成四年(929)"五月己巳，朝群臣，贺朔"。朔为农历每月初一日，五月初一日并非节日，明宗要庆祝也是承袭了唐朝的做法。徐无党为《新五代史》作注时说："五月贺朔，出于道家之说，自唐以来用之，书之，见乱世举非礼之不急者。此礼其后屡行。"[2]

由天子下诏旌表累世同居者，是儒家文化的一项重要内容，目的在于教人知孝悌。后晋石敬瑭曾下诏旌表义居七世的李自伦家和六代同居的王仲昭家[1]。后唐人郑余庆采用唐代士庶婚丧礼仪，杂以当时风俗，写成《书仪》两卷。明宗认为其中有些地方论述不妥当，命刘岳等删定其书。刘岳与太常博士段颙等发现书中竟有"女坐婿鞍合髻之说，尤为不经"[2]。合髻是唐宋时期的婚俗，男女交拜毕，进入洞房，坐于床上，"男左女右，留少头发，二家出匹段、钗子、木梳、头须之类，谓之合髻"[10]。合髻之礼本应在洞房内举行，沙陀人却将其移到了马上，这正反映了少数民族承袭儒家文化却又稍加改造，使之适应本民族风俗的现实。

沙陀人还承袭了唐代朝会时的礼乐制度。"自唐之乱，礼乐制度亡失已久。"[2]后晋天福年间，石敬瑭命太常寺卿崔棁、御史中丞窦贞固等人"草定之"。天福五年(940)，石敬瑭在崇元殿集会，宫廷乐队除了演奏只有汉族天子才能用的八佾舞及《玄同》《昭德》《文同》《成功》等曲外，"又继以龟兹部《霓裳法曲》"[2]。显然，龟兹部《霓裳法曲》是与沙陀人有关的西域少数民族乐曲。这正反映出沙陀人入主中原后，在亦步亦趋地认同汉文化的同时，还想竭力保持自己的民族特色。

在历法、漏刻、刑法、婚姻、丧葬等方面沙陀人也因袭了中原王朝的传统。只经过半个世纪多一点的时间，进入中原的沙陀、契丹、吐谷浑、回鹘、奚等少数民族，就和汉族融合在一起了。

参考文献

[1]薛居正,等.旧五代史[M].北京:中华书局,1976.

[2]欧阳修.新五代史[M].北京:中华书局,1974.

[3]叶隆礼.契丹国志[M].上海:上海古籍出版社,1985.

[4]王溥.五代会要[M].上海:上海古籍出版社,1978.

[5]司马光,等.资治通鉴[M].北京:中华书局,1956.

[6]孙光宪.北梦琐言[M].上海:上海古籍出版社,1981.

[7]吴任臣.十国春秋[M].北京:中华书局,1983.

[8]林荣贵,陈连升.五代十国时期契丹、沙陀、汉族的政治、经济、文化交流[G]//陈述.辽金史论集:第三辑.北京:书目文献出版社,1987.

[9]陈垣.史讳举例序[M].上海:上海书店出版社,1997.

[10]孟元老.东京梦华录[M].北京:中国商业出版社,1982.

(原载《郑州大学学报》2006年第1期)

论辽金关系

辽朝末年，生活于白山黑水间的女真族倏然兴起，其首领阿骨打于 1114 年举兵攻辽，翌年称帝，仅仅过了 10 年，辽国覆亡，天祚帝成为金人的阶下囚；又过了两年，北宋也社稷丘墟，失去了北国半壁河山。宋金关系是一个复杂的问题，容当别论；而辽金关系尚未见专文论及，本文试就这一问题略陈管见。

一、辽朝亡于自身的腐败

相当时期以来，人们一直认为“辽以释废，金以儒亡”[1]，其实这种说法并不正确。辽朝佞佛之风大盛是在道宗时期，《辽史·天祚帝本纪》里只有两处提到僧尼，文字也极为简略，《契丹国志》用三卷篇幅记述天祚，竟无一语提及佛教，可见辽之灭亡与佞佛了不相干。事实上，辽朝灭亡是其统治集团自身腐败造成的。辽朝共历 9 个帝王，太祖、太宗创业立国，自不必说；圣宗耶律隆绪信赏必罚，还算守成之君；除此 3 人外，其余诸帝多为平庸无能之辈。迨到天祚帝即位，本来就千疮百孔的辽帝国，此时已是内外交困，不可收拾了。

天祚帝的游猎活动比任何帝王都要频繁，以至于玩物丧志，把朝政丢在了脑后。甚至于阿骨打攻宁江州时，他仍“在庆州射鹿，闻之略不介意”[2]。天庆五年(1115)，渤海反叛，辽军连战皆北之际，他仍“猎于岭东”，直至八月，辽军在白马泺败陈，他才匆匆“罢猎，趋军中”[2]。

廊庙蠹朽，奸邪满朝，是辽末政治的一大特色。天祚帝身边的大臣，公忠体国者少，儇薄无行者多，间或有一二忠悫谋国之人，亦屏而不用。阿骨打攻辽之前，大将萧兀纳上奏：“臣治与女直接境，观其所为，其志非小。宜先其未发，举兵图之。”[2]天祚帝不纳。萧陶苏斡也建议：“为今之计，莫若大发诸道兵以威压之，庶可服也。”[2]天祚帝亦不用其计，致使女真坐大。萧胡笃“见天祚帝好游畋，每言从禽之乐，以逢其意，天祚悦而从之”[2]。北院枢密使萧得里底无领兵之才，弄得“将校怨怒，人无斗志”，而天祚帝“宠任弥笃”[2]。枢密使萧奉先“缘恩宫掖，专尚谄谀，朋结中人，互为党羽”[2]。宰相李处温“执政十余年，善逢迎取媚”，与萧奉先朋比为奸，“以固权位，而贪污尤甚，凡所接引，类皆小人”[2]。另一个宰相李俨，“在天祚朝秉国钧十五年，女真连年之乱，俨与奉先蒙蔽为欺，以至于亡，天祚不悟也”[3]。尤为可笑的是，女真进攻之初，天祚委政于耶律大悲奴、萧查剌、吴庸、马人望、柴谊等5人，而他们年事已高，没有精力处理军国大政，当时国人谚曰：“五个翁翁四百岁，南面北面顿瞌睡。自己精神管不得，有甚心情杀女直。”远近传为笑柄[3]。天祚帝处在一群宵小包围之中，把一个好端端的国家弄得无法继续统治下去了。

内部纷争，自戕国本，是辽国覆亡的又一原因。天祚帝在历经劫难即位之后，曾大戮奸臣耶律乙辛、张孝杰之党，凡为奸党“所诬陷者，复其官爵，籍没者出之，流放者还之”[2]。天祚之所以清除奸党，只不过是为了报祖母、父亲之仇。辽自金人侵犯以来，国土沦丧，天下郡县所失几半，朝野上下本应团结对敌，但统治阶级内部倾轧，给了金人以可乘之机。天祚有4子，即赵王、晋王、秦王、鲁王。其中以晋王敖卢斡最贤，其母文妃工文墨，擅诗词。她目睹女真侵逼，国事日非，而天祚却畋猎不辍，便写了两首诗进行讽谏，从而遭到一些达官显宦的忌恨。文妃妹嫁大臣耶律余睹，姊嫁耶律挞葛里。天祚元妃之兄萧奉先为立其甥秦王为嗣，派人上书告变，说驸马萧昱与耶律余睹勾结，天祚不察究竟，赐死文妃，杀死萧昱和耶律挞葛里。保大二年（1122），余睹引金兵来攻，天祚又听信萧奉先谗言，赐晋王死。“王素有人望，诸军闻其死，无不流涕，由是人心解体。”[2]

燕王耶律淳叛天祚而自立，是辽国内部倾轧的又一严重事件。天祚连连败北，逃入夹山，已失去了号令全国的能力。其叔父、镇守燕京的耶律淳在权臣李处温父子的挟持下，黄袍加身，降天祚为湘阴王，自称天锡皇帝，辖有燕、云、平等州与上京、辽西六路，天祚势力范围只有沙漠以北及西南、西北两路边境的游牧部族而已。耶律淳自度其力不足与宋金抗衡，也不敢与天祚比肩，转而与宋结好，宋不纳。天祚会诸路蕃兵5万，打算进攻燕京，耶律淳闻讯，忧惧而死。他的遗孀萧氏向金请降，又为金所拒，只得逃归天祚，为天祚所诛。

除此之外，还有耶律张家奴叛逃、渤海古欲自称大王，以及渤海人商永昌、奚王回离保僭号称帝等事件，至于小规模的易辽帜为金帜，以一州一城降金者，更是举不胜举。处于土崩瓦解中的辽国政局，除了覆亡，已是无术可医了。

二、阿骨打起兵并非反抗民族压迫

阿骨打为何反辽？史学界几乎都认为其性质是“反抗辽朝的民族压迫和剥削”，如翦伯赞主编的《中国史纲要》、张博泉的《金史简编》，以及近几年发表的充分肯定阿骨打功绩的论文中都持这种观点。其根据不外乎是辽朝强迫女真缴纳海东青等贡品和辽金贸易不平等几条记载材料。但是，仔细推敲这几条记载，竟有许多扞格抵牾之处，后人不察，相沿成讹，当成了信史。

第一，关于海东青问题。海东青产于五国部。五国部是个大部落，分布在松花江中游到黑龙江下游地区，辽朝官吏征收海东青所过之处，史称“鹰路”。鹰路是否畅通，关系着整个黑龙江流域是在谁的控制之下的重大问题，如果畅通则是无可争辩的辽国的领土。从这个意义上来说，每当鹰路不通时，辽国命女真人抚定叛乱，打通鹰路，无疑是应当肯定的正义行动。[4]从《金史》卷1《世纪》及卷67《石显传》有关记述看，女真人有好几代首领都尽心竭力维护鹰路的畅通，不见有强迫女真人以武力向五国部索取海东青，女真人不胜其扰的记载。

第二，关于打女真问题。据《契丹国志》载，辽人市女真之物低其值且拘辱之，谓之打女真。《松漠纪闻》记载与此不同，“宁江州……每春冰始泮，辽王必至其地凿冰钓鱼，放弋为乐。女真率来献方物，若貂鼠之属，各以所产量轻重而打博，谓之打女真。后多强取，女真始怨。暨阿骨打起兵，首破此州，驯至亡国”[5]。按照这一记载解释，辽与女真双方在贸易时按货物价值高低各定其值，这才叫打女真，揆诸情理，这一解释比较确切。事实上，女真人在对外经济联系中，辽朝是他们的主要贸易市场，“来易于辽者，道路繦属”[2]。这种贸易虽然对双方都有利，但辽朝的最大贸易伙伴是宋朝，因而在辽金交易中，主要受益者是金而不是辽。如果辽一开始就压价强买女真人的货物，怎么会出现“来易于辽者，道路繦属”的盛况？凌虐欺压女真人无疑是天祚即位后才加剧的，而阿骨打在即位之前就已“力农积粟，练兵牧马，多市金玉以赂契丹权贵，如此十余年”[6]，汲汲以灭辽为务了。阿骨打故意扩大事态，不过是要煽动民族仇恨，好让他的臣民为他火中取栗而已。

第三,阿骨打反辽是早有预谋的行动。他所进行的,不过是他祖先未竟之业而已。《大金国志》卷一云,阿骨打既立,“承杨割富庶之余,兵强马壮,加以辽主天祚掊剥是嗜,上下荒淫,其相李俨、萧奉先辈庸琐贪婪,阿骨打益有异志”。一方面是女真奴隶主集团势力急遽膨胀,另一方面是辽朝封建统治者日趋腐化,阿骨打化家为国,取而代之,便是很自然的了。《金史》也说:“辽主荒于游畋,政事怠废,太祖知辽可伐,遂起兵。”[7]可见阿骨打是知辽有隙可乘才起兵的,与反抗民族压迫无涉。

三、辽朝的覆灭

阿骨打既是娴于韬略的军事家,又是纵横捭阖的政治家,浅薄滞拙的天祚帝根本不能望其项背。但是,辽国是个立国二百余年的大国,女真刚刚勃兴,要灭掉辽国,并非易事。那么,阿骨打是怎样最终灭辽的呢?

第一,做周密的准备。阿骨打起兵之初,仅有士卒2500人,辽国却有几十万兵马,悬殊极大,因此阿骨打出兵非常慎重,不敢轻举妄动。伐辽之前,他先征求迪古乃的意见,说:“辽名为大国,其实空虚,主骄而士怯,战阵无勇,可取也。吾欲举兵,仗义而西,君以为如何?”迪古乃曰:“以主公英断,士众乐为用。……明年,太祖伐辽。”[7]为了探听辽国虚实,他以索取叛臣阿疏为借口,派习古乃、银术可相继使辽。“银术可等还,具以辽政事人情告太祖,且言辽国可伐之状。”[7]太祖遂决意伐辽,并召集百官备冲要,连城堡,修器械,秣马厉兵,枕戈以待。等到探知宁江州防务空虚时,便决定起兵。

第二,团结女真奴隶主集团,任用将帅良才。在阿骨打麾下,文臣武将,济济一堂。以粘罕、骨舍、兀室为谋主,以银术可、娄室、阇母、宗雄等为将帅,于收国元年(1115)十二月与辽军大战于护步答冈,一举大败辽军。金军之所以获胜,除将帅智勇外,女真军队的士兵都受过良好的训练,是故“将勇而志一,兵精而力齐,一旦奋起,变弱为强,以寡制众”[7]。特别是女真人的骑兵剽悍勇猛,来若狂飙,去如疾风。“每遇敌,必有一二人跃马而出,先观瞄之虚实,或向其左右前后结队而驰击之。”“其分合出入,应变若神。”[8]相比之下,辽兵多是临时聚集、未经战阵的乌合之众,故而一触即溃。

第三,收买人心,瓦解敌人。阿骨打深知,要打垮辽国,除了自己的力量,还须化敌为友,瓦解对方,方能达到目的。进军宁江前,阿骨打即下令军中:"同心尽力,有功者奴婢部曲为良,庶人官之,先有官者叙进,轻重视功。"攻克宁江后,又遣人招抚熟女真及渤海人:"女直、渤海本同一家,我兴师而伐罪,不滥及无辜也。"当数败辽兵四方来降者络绎不绝时,阿骨打下诏凡契丹、奚、汉、室韦、达鲁古等民族或部落,"已降或为军所俘获,逃遁而还者,勿以为罪,其酋长仍官之,且使从宜居处"。天辅二年(1118),辽国通州、辽州等地800余户来归,"命分置诸部,择膏腴之地处之"。又规定,凡降附之民,善为存抚,给以官粮,不得骚扰;还废除辽法,省税赋,使降民得到苏息之机。这一系列羁縻怀柔政策,对瓦解辽朝统治起了重要作用。

对于辽国官员,只要幡然来降,阿骨打不记前愆,一律委以重任,如卢彦伦初授夏州观察使,后封为郇国公;毛子廉来降,"令就领其众,佩银牌,招未降军民"[7];李三锡初摄临海军节度副使,后改知严州[7];左企弓等人在金兵入燕京时归依,阿骨打命这些人复归职,皆受金牌,"企弓守太傅、中书令"[7]。后来阿骨打拟把燕云之地让给北宋,企弓献诗"君王莫听捐燕议,一寸山河一寸金",表明他为报金国的知遇之恩,而不惜脑肝涂地了。

第四,施展外交手段。阿骨打于1115年称帝后,虽然很快占领了辽国渤海、辽阳等54个州,但能否一鼓而下全辽之地尚无把握,需要与邻国敦睦邦交,或联袂图辽,或使他们中立。天辅三年(1119)宋徽宗派马政等使金,相约图辽,阿骨打马上派人与之会谈,几经交涉,宋人将缴纳辽朝的50万匹绢悉数交给金人,金人则答应归还五代时陷入契丹的幽燕之地。但是,金方出尔反尔,"既得志,复叛盟取之"[8]。西夏与辽朝有甥舅之谊,因而发兵援救天祚帝,阿骨打为笼络西夏,命宗望"以便宜与夏国议和"[7],西夏遂不再援辽。金与高丽方面亦保持默契,使辽处于孤立无援之境,这不能不说是阿骨打外交上的精明之处。辽朝在以上四个方面,均不能与金人抗衡,社稷倾覆也就很自然了。

四、金人由掠夺到注意文治

同历史上一切嗜好掠夺的奴隶主统治集团一样,女真族统治者也是靠掠夺起家的，正如恩格斯所说："进行掠夺在他们看来是比进行创造性的劳动更容易甚至更荣誉的事情。"[9]女真族所受辽朝的剥削压迫并不严重，所谓反抗民族压迫云云，是被后世史学家过分夸大了的渲染之词。阿骨打奴隶主集团一开始进行的就是掠夺战争，因而烧杀抢掠之事不绝如缕，给生产力造成了极大的破坏。如攻破宁江州，"杀戮无噍类"[8]，"括宁江州一路，金银粟帛尽数以往，民间有隐者斩"[6]，出河店之役，"诛杀不可胜计，丁壮即加斩截，婴孺贯槊上，盘舞为戏，所过赤地无余"[8]；陷渤海、辽阳等54州时，"杀戮汉民计数百万"[8]。宋金"海上之盟"原定把燕京交还宋方，等到宋人接收时，"燕之金帛子女、职官民户，悉为金人席卷而东"[10]。金兵入玉田县，"尽屠军民，一火而去"，营州之民被金兵"屠戮殆尽，存者贫民十数家"[6]。女真统治者一方面收买人心，一方面又大肆屠掠，正反映了他们在从奴隶制社会过渡到封建社会时的矛盾心情。

女真人在与宋辽发达的封建社会接触中，向风慕化，逐渐摒弃了原来落后的习俗，完成了由奴隶制向封建社会的转化，尽管这种转化是在不自觉中进行的。这表现在：

（1）正君臣之礼。女真兴起之初，荡无礼法，兴兵之后，浸染华风，"天辅后，始正君臣之礼焉"[7]。女真人原来没有城郭宫室，其俗依山谷而居，"联木为栅"，上面覆以茅草或树皮，太宗天会年间始建宫殿，"营大屋数千间，日役万人，规模亦宏侈矣"[6]。后来女真人也学会了避讳，而庙讳尤严，不许人犯，有一武弁"误斥其讳，杖背流递"[5]。这已俨然是封建社会的君臣关系了。

（2）建尚书省制。金人进入燕云后，无法再用本国制度进行统治，便沿用辽朝的南北面官制度。天辅六年（1122），辽朝大臣来降，授为刺史，这是采用汉官之始。进军燕京时，"诏谕燕京军民，王师所至，降者赦其罪，官皆仍旧"[7]。天会年间，完颜杲、完颜宗干二人建议改革女真旧制，采用汉官制度。天会四年，仿唐制建尚书、中书、门下三省，表明其封建化程度已进一步加深了。

（3）制订文字。女真人原无文字，"刻木为契，谓之刻字，赋敛调度皆刻箭为号"，后来袭用契丹字。完颜希尹"仿汉人楷字，因契丹字制度，合本国语，制女直字"[7]。天辅五年，金兵攻辽中京时，阿骨打下令："若克中京，所得礼乐仪仗图书文籍，并先次津发赴阙。"[7]把礼乐图书放在首位，表明女真统治者对文化建设的重视。

（4）其他方面。除上述三点外，其他方面也有许多辽宋先进文化浸润的痕迹。如在舆服上，“金初得辽之仪物，既而克宋，于是乎有车辂之制”[7]；在选举上，“金承辽后，凡事欲轶辽世，故进士科目兼采唐宋之法，而增损之”[7]；在刑法上，“太宗虽承太祖无变旧风之训，亦稍用辽宋法”[7]；在食货上，“初用辽宋旧钱，虽刘豫所铸，豫废，亦兼用之”[7]。金统治者在灭北宋后已彻底汉化，“金源一代文物，上掩辽而下轶元”[11]，不过这已不是本文所要论述的范围了。

参考文献

[1]宋濂，等.元史[M].北京：中华书局，1976.

[2]脱脱，等.辽史[M].北京：中华书局，1974.

[3]叶隆礼.契丹国志[M].上海：上海古籍出版社，1985.

[4]景爱.辽代的鹰路和五国部[J].延边大学学报，1983(1).

[5]洪皓.松漠纪闻[M].丛书集成初编本.

[6]宇文懋昭.大金国志[M].北京：中华书局，1986.

[7]脱脱，等.金史[M].北京：中华书局，1975.

[8]徐梦莘.三朝北盟会编[M].上海：上海古籍出版社，1987.

[9]恩格斯.家庭、私有制和国家的起源[M]//马克思，恩格斯.马克思恩格斯全集：第2卷.北京：人民出版社，2005.

[10]李埴.皇宋十朝纲要[M].台北：文海出版社，1980.

[11]赵翼.廿二史札记[M].北京：中国书店出版社，1987.

(原载《中央民族学院学报》1988年第4期)

论辽代契丹族对汉族文化的吸收和继承

契丹族作为我国北方古代民族之一,从南北朝时期便和汉族有所接触,受到了汉族先进文化的浸润和熏陶。迨至辽代,契丹族对汉族先进文化的吸收和继承,也臻于鼎盛时期,从而使得契丹族在政治、经济、文化各方面都有了长足的发展,诚如有的同志所说:"契丹社会逐渐封建化的过程,也就是不断吸收汉族先进影响的过程。"[1]马克思在论述落后民族总是归依于先进民族的文明时曾说:"依据历史的永恒规律,野蛮的征服者自己总是被那些受他们征服的民族的较高的文明所征服的。"虽然各落后民族都不能摆脱这一永恒规律的制约,但是归依先进文明的程度却不尽相同。就辽、金、元三朝而论,金与辽可以颉颃媲美,但辽在金之先;辽若与元相比,则辽"虽在元代前而远出元代之上"。契丹族崛起于塞北,造邦本借于干戈,致治不资以黼黻,为什么在短时期内竟能取得这样大的成就?这就是本文所要探讨的问题。

一、契丹族接受汉族文明的几个阶段

辽代契丹族对汉族文化的吸收和继承,可以分为太祖、太宗、圣宗三个时期。

契丹族在未接受汉族的先进文明之前,本是幕天席地的游牧民族,"生生之资,仰给畜牧",不知稼穑为何物。唐代中叶的藩镇叛乱,给契丹族的发展提供了一个契机,一方面是唐王朝无力经营东北,使契丹族得以坐大,另一方面是那些不堪战乱骚扰的内地汉人纷纷离乡背井,越过长城,进入契丹族世世代代居住的辽河流域。由于汉人先进生产方式的浸润和影响,契丹族开始由游牧走向定居,并且有了农业,其社会性质也由原始社会一跃而变为奴隶社会。阿保机成为夷离堇后，出于对唐王朝财富的垂涎和觊觎，乘唐室内乱之际，盘马弯弓，频频南寇，对于他来说，“获取财富已成为最重要的生活目的之一”[2]。他把掳掠来的汉人，以长绳连头系之于木，悉数驱往漠北充当奴隶。但是这些不甘于俯首帖耳做奴隶的汉人不是反抗，便是逃亡，迫使契丹统治者不得不改弦更张，寻找新的统治办法。阿保机懂得，如果墨守成规，不改变这种随畜游牧的生活方式，契丹族便不可能有大的发展，而要改变这种状况，就必须向风慕化，学习汉族的先进文明，这是关系到契丹国祚兴衰的重大问题。有鉴于此，阿保机于907年即位后，便大刀阔斧地进行了一系列改革。第一，宣布成立汉儿司，以韩知古总知汉儿司事，“筑城郭立市里以处汉人，使各有配偶，垦艺荒田”[3]，不再用处置奴隶的办法对待汉人。第二，改变契丹族惯有的统治方式，“为城郭宫室之制于漠北”[4]，并且正君臣，定名分，设置州县，一如幽州制度，甚至采用汉姓，“太祖慕汉高皇帝，故耶律兼称刘氏，以乙室、拔里比萧相国，遂为萧氏”[5]，效法中原的统治方式。第三，大兴儒教，接受中原的伦理道德。神册三年(918)，阿保机诏建孔子庙，“时太祖问侍臣曰：受命之君，当事天敬神。有大功德者，朕欲祀之，何先？皆以佛对。太祖曰：佛非中国教。倍(阿保机长子耶律倍)曰：孔子大圣，万世所尊，宜先。太祖大悦，即建孔子庙，诏皇太子春秋释奠”[5]。对于一个逐水草而居的游牧民族来说，能做到这一点，无疑是一个了不起的进步。这一办法，也为以后的金、元统治者所师承。第四，延揽汉人知识分子。契丹族本无文字，历史上治乱兴衰、成败得失的经验自然无从借鉴，要吸收汉人的先进文明，自非汉人知识分子莫属，因此辽太祖对韩延徽、韩知古、康默记等汉人甚为倚重。韩延徽曾亡归后唐，阿保机如失左右手，及其归来，“上大悦，赐名曰‘匣列’，‘匣列’，辽言复来也，即令为守政事令、崇文馆大学士，中外事悉令参决”[5]。康默记为太祖处理“一切蕃汉相涉事……悉合上意”[5]。对韩知古“信任益笃，总知汉儿司事，兼主诸国礼仪”[5]。又在汉人的帮助下创制契丹文，“辽太祖多用汉人教，以隶书之半增损之，制契丹字数千，以代刻木之约”[6]。经过阿保机的惨淡经营，契丹族由奴隶制跃入了封建制的门槛，已经初具封建制国家的规模了。

936年，后唐大将石敬瑭匍匐于契丹贵族脚下，以割让幽燕十六州、自称儿皇帝的代价，在太原被辽太宗耶律德光册为后晋皇帝。如何评价这一事件，不是本文所要论述的范围，但是河北、山西一带的大片土地归入辽朝版图，无疑给契丹族更多地吸收汉人的先进文化倾注了新的血液。辽太宗为此调整了统治机构:“既得燕代十有六州,乃用唐制,复设南面三省、六部、台、院、寺、监、诸卫、东宫之官”[5],正式袭用汉人官制。辽太宗并于会同三年(940)宣布:“契丹人授汉官者,从汉仪,听与汉人婚姻。”[5]因此,两族人民中不少人得以打破民族畛域而结为秦晋之好。契丹族有一首民谣形象地描绘了两族之间融洽亲密的关系:“垂杨寄语山丹,你到江南艰难,你那里讨个南婆,我这里嫁个契丹。”942年出帝石重贵继石敬瑭称帝后,以景延广为代表的有点气节的大臣坚持向契丹称孙而不称臣,耶律德光便大兴问罪之师。经过几年的交量,契丹军队终于947年攻占汴梁,颠覆了后晋政权。耶律德光峨冠博带,“服靴袍,御崇元殿。百官入阁,德光大悦,顾其左右曰:汉家仪物,其盛如此,我得于此殿坐,岂非真天子耶?”[4]踌躇满志的耶律德光,此时已俨然是汉家天子了。灭后晋后,耶律德光下令,凡后晋“诸司僚吏、嫔御、宦寺、方技、百工、图籍、历象、石经、铜人、明堂刻漏、太常乐谱、诸宫县、卤簿、法物及铠仗,悉送上京”[5]。就这样,耶律德光一方面大肆屠戮抢掠,一方面又念念不忘学习汉族的先进文明。灭后晋的同年,耶律德光改契丹国号为大辽,公卿百官皆仿中国,参用中国人,“以国制治契丹,以汉制待汉人”。辽太宗的这些措施,受到了汉人的赞许,他们已各安生涯,不再作归乡之举了,正如苏辙所说:“北朝之政,宽契丹,虐燕人,盖已旧矣。”[7]《新五代史》记述辽上京(今内蒙古巴林左旗林东镇)情况亦云:“有邑屋市肆,交易无钱而用布。有绫锦诸工作、宦者、翰林、伎术、教坊、角觝、秀才、僧尼、道士等,皆中国人,而并、汾、幽、蓟之人尤多。”[3]这已与内地市廛无异了。

辽太宗溘然长逝于从汴梁返回草地的途中。契丹贵族之间围绕着立谁为帝这一问题而剑拔弩张,展开了一场激烈斗争。表面上看,这是历史上司空见惯的权力之争,实际上却“反映着倾向汉化主张改革的耶律倍一派势力同主张维护契丹奴隶制的述律后一派保守势力之间的斗争”[8]。斗争结果,倾向汉化的一派获得了胜利,跟随辽太宗南侵的东丹王耶律倍之子兀欲在回军途中即位于镇阳,史称辽世宗。这就保证了契丹族汉化的步伐不致中途辍止。但是,加速这一进程的却是辽圣宗耶律隆绪,其契机则是1004年的“澶渊之盟”。本来,宋辽并无芥蒂,为了燕云十六州的归属问题,双方发生龃龉,战端遂开。宋太宗979年伐辽败北于高梁河,986年又失利于岐沟关。辽方以为宋软弱可欺,辽圣宗于1004年偕其母举倾国之兵南下,宋真宗在寇准等人的辅佐下,亦北上拒敌,双方对峙于澶州(今河南濮阳)城下。由于双方旗鼓相当,谁也不能彻底击败对方,于是,“澶渊之盟”的签订也就成了顺理成章的事情。从此,双方弭兵敦好,偃武修文,化干戈为玉帛,铸刀剑为犁锄,桴鼓不鸣几二百年,宋辽关系进入了一个崭新的历史时期。饶有趣味的是,在这之前,圣宗就作出了“契丹人犯十恶者依汉律”的规定,并“诏所部所俘宋人有官吏儒生抱器能者……具名以闻”[5],拔擢任用汉人知识分子于缧绁之中。在这之后,辽圣宗及以后诸帝“讲和日久,颇窃中国典章礼义”[9],加快了汉化进程,“赶唐超宋成了他们前进的目标”[9],因而在文学艺术、医药卫生等方面都取得了辉煌的成就。

二、契丹族在吸收汉文化方面取得的成就

辽代契丹族对汉族文化的吸收和继承,可以归纳为以下几个方面:

(1)文学。辽代统治者上自帝王后妃,下至诸王大臣,能诗善赋者不乏其人,这是金、元统治者所不能比拟的。阿保机的长子耶律倍“有文才,博古今,习举子,每通名刺云:乡贡进士黄居难,字乐地,以拟自居易字乐天也”[10]。他因与辽太宗争夺帝位失败愤而浮海投后唐时所写“小山压大山,大山全无力。羞见故乡人,从此投外国”的诗句,每每为人称引。同时他还通阴阳、知音律、精医药、擅绘画,风流蕴藉,多才多艺。其子隆先亦“博学能诗,有《阆苑集》行于世”。但在“澶渊之盟”前如此汉化的尚不多见。“澶渊之盟”以后,四海承平,遐迩一家,“国家(指宋)与辽欢盟,文禁甚宽,辂客者往来,率以谈谑诗文相娱乐”[11],因而契丹族朝野上下留心翰墨,成为一时风尚。圣宗“幼喜书翰,十岁能诗”[5]。他“好读唐贞观事要……又亲以契丹字译白居易讽谏集,召番臣等读之……又喜吟诗,出题诏宰相以下赋诗,诗成进御,一一读之,优者赐金带。又制御曲百余首”[12]。兴宗“好儒术”,曾作诗云“乐天诗集是吾师”[13],又有绝句一首:“为避绮吟不肯吟,既吟何必昧真心?吾师如此过形外,弟子争能识浅深?”[13]虽不无鄙俚之嫌,却也文从字顺。其孙耶律淳亦“笃好文学”。道宗诗文甚多,以致“监修国史耶律白请编次御制诗赋”。陆游《老学庵笔记》有一则记载云:“辽相李俨作《黄菊赋》,献其主耶律弘基(即道宗)。弘基作诗题其后以赐之云:昨日得卿黄菊赋,碎剪金英填作句。袖中犹觉有余香,冷落西风吹不

去。”[14]这首诗清新流丽，已深得诗家三昧了。后妃中道宗宣懿皇后萧氏“工诗，善谈论，自制歌词，尤善琵琶”[5]。《辽史》本传记载疏略，王鼎《焚椒录》则载有其《怀古》《回心院》等十几首，其《怀古》诗云：“宫中只数赵家妆，败云残雨误汉王。唯有知情一片月，曾窥飞燕入昭阳。”嵌典用事，全用汉文史实。徐釚《词苑丛谈》曾说：“辽萧后《回心院》词怨而不怒，深得词家含蓄之意，斯时柳七之调尚未行于北国，故萧词大有唐人遗风也。”柳永为北宋词坛巨子，以萧后方柳永，可见其词影响之大。天祚帝文妃萧氏亦“善诗歌”。天祚帝疏斥忠臣，沉湎酒色，文妃曾有诗讽谏云：“勿嗟塞上兮暗红尘，勿伤多难兮畏夷人。不如塞奸邪之路兮，选取贤臣。直须卧薪尝胆兮，激壮士之捐身，可以朝清漠北兮，夕枕燕云。”[5]一唱三叹，婉转浏亮，毫无铅华之气，可谓上乘之作。耶律常哥甚至能写回文诗，文学造诣很高。大臣中如萧朴，耶律资忠，耶律庶成、庶箴兄弟，蒲鲁，耶律留韩，耶律良，耶律敌烈，耶律俨，萧韩家奴，耶律孟简，耶律谷欲等人皆有诗名，著述甚富，惜皆不传。其中萧朴之父劳古、萧韩家奴、耶律谷欲等是圣宗“诗友”，君臣之间诗文酬答，怡然相得。一旦有名家词章传入辽境，他们便爱不释手，竞相刊刻流布，如：“张芸叟奉使大辽，宿幽州馆中，有题子瞻《老人行》于壁者，闻范阳书肆亦刻子瞻诗数十篇，谓大苏小集。子瞻才名重当代，外至夷虏，亦爱服如此。”[15]甚至出现了“逢见胡人问大苏”的盛况。苏辙写过一篇《服茯苓赋》，出使契丹时，“引接殿侍元辛传语臣辙云：‘令兄内翰《眉山集》已到此多时，内翰何不印行文集，亦使流传至此？’及至中京（今内蒙古宁城），度支使郑颛押宴，为臣辙言：先臣洵所为文字中，事迹颇能尽其委曲。及至帐前，馆伴王师儒谓臣辙，闻常服茯苓，欲乞其方。”[7]可见契丹人对三苏均知之甚稔。契丹族小儿启蒙，也多以汉人的诗词为教材：“契丹小儿初读书，先以俗语颠倒其文句而习之，至有一字用两三字者……如‘鸟宿池边树，僧敲月下门’两句，其读时则曰：月明里和尚门子打，水底里树上老鸦坐。大率如此。”[16]如此潜心学习汉族文化，在少数民族中还不多见。

（2）科举和文化教育。辽代自圣宗时始开科取士，统和六年（988）开贡举，仅取进士二至三人，为数甚微。“澶渊之盟”以后，宋辽双方往来频繁，辽方“为了在出使、报聘、接伴、送伴等一系列活动中，避免鄙陋无文，他们需要一批知识分子，其它方面需要文化人才的机会也加多了，这些人才主要来自科举的选拔，因而扩大了科举的范围”[17]。“澶渊之盟”后两年，即增为二十三人，道宗时便猛增为百余人,不愿参加应试的,“州县必根刷遣之”,强迫应试。起初考试词赋、法律,最后定为诗赋、经义两科,录取、授官办法,均仿唐制,许多汉人由此跻身显宦行列。辽圣宗、兴宗、道宗都曾亲自出题试进士,道宗还下令“诏求乾文阁所缺经籍,命儒臣校雠”[5],并“诏有司颁行《史记》《汉书》”,在学校颁“五经传疏”[5],俾便士子阅读。道宗本人也常请人讲解“四书五经”,他自认为汉化彻底,已无须避夷、狄等字之讳了。洪皓《松漠纪闻》有一则有趣的记载:“大辽道宗朝,有汉人讲《论语》至‘北辰居其所而众星拱之’,道宗曰:‘吾闻北极之下为中国,此岂其地耶?’至‘夷狄之有君’,疾读不敢讲,则又曰:‘上世獯鬻猃狁,荡无礼法,故谓之夷,吾修文物,彬彬不异中华,何嫌之有?’卒令讲之。”可以说,道宗是辽代诸帝中汉化程度最深的一个。另外,从圣宗迄于天祚,都在涿州云居寺(今北京市房山石经山)镌刻石经;他们木版雕印的“辽藏”,数量之多,内容之丰富,均超过了“宋藏”。

(3)生活习俗。契丹族对汉族文化的吸收和继承,渗透到了他们生活习俗的各个方面。比如在服饰上,“国母与番官皆番服,国主与汉官则汉服”[12]。迨至“乾亨以后,大礼虽北面三品以上亦用汉服,重熙以后,大礼并汉服矣”[5]。重阳节登高饮菊花酒本为汉人习俗,有唐人王维“独在异乡为异客,每逢佳节倍思亲。遥知兄弟登高处,遍插茱萸少一人”的诗句可证。契丹人后来也有了这一习俗,辽圣宗曾多次重九登高,“赐群臣菊花酒”,以后相沿不替。其他如人日(正月初七)、端午节亦仿汉俗。太宗灭后晋后,秦汉以来帝王文物尽入于辽,在玺印、卤簿、仪仗方面皆仿汉族帝王。穆宗应历年间,又诏“朝会依嗣圣皇帝故事,用汉礼”[5]。皇后也称“朕”,并且学会了避讳,如光禄寺改为崇禄寺,以避太宗讳;女真改为女直,以避兴宗讳;天祚名延禧,便追改兴宗年号重熙为重和;等等。甚至为北宋皇帝避讳,如圣宗就曾下令:“国中应内外文武百僚、僧道、军人、百姓等犯真宗讳者,悉令改之。”[12]

(4)音乐、戏剧。辽代音乐分大乐、雅乐、散乐、国乐、铙歌、横吹乐等,其中大乐、雅乐、散乐吸收的是汉族音乐,是辽太宗耶律德光从后晋学来的。辽代册封皇后时,“呈百戏、角抵、戏马以为乐”。戏马是契丹族固有的风俗,百戏、角抵则来自汉族。《汉书·武帝纪》就有“元封三年春,作角抵戏”的记载。这种角抵与摔跤相似。辽太宗曾多次“观俳优角抵戏”,演戏多敷衍汉族故事。如宋仁宗时孔道辅出使契丹,“有优人以文宣为戏,道辅艴然径出,契丹主使主客者邀道辅还坐且令谢。道辅曰:‘中国与北朝通好,以礼文相接。今俳优之徒侮慢先圣而不之禁,北朝之过也。道辅何谢?’契丹君臣默然。”[12]汉族演戏,从未出现过孔子形象,倒是契丹族开了风气之先,把孔子的形象搬上了舞台,这是值得称道的。

(5)医药。辽代颇重视医药,中央设有太医局,南面官则设汤药局。景宗“雅好音乐,喜医术,伶伦针灸之辈授以节钺使相者三十余人”[12]。兴宗时曾命耶律庶成译《方脉书》,“初契丹人鲜知切脉审药……自是人皆通习,虽诸部族亦知医事”[5]。阿保机族弟迭里特曾用针灸为其治病,吐谷浑人直鲁古“专事针灸,太宗时以太医给侍,尝撰《脉诀》《针灸书》行于世”[5]。耶律敌鲁“精于医,察形色即知病原”[5],这即中医的望、闻、问、切。辽道宗时赵挺之奉使辽国,因天寒冻坏了耳朵,道宗命人调治完毕,陪他的契丹人说:“大使耳若用药迟,且拆裂缺落,甚则全耳皆坠而无血。扣其玉合中药为何物,乃不肯言,但云此药市中亦有之,价甚贵,方匕值钱数千。”[14]这种治疗冻伤的药方,也和辽太宗破后晋时从开封掠去的医书、医官有关。1954年在一座辽墓中曾发现两把牙刷,表明契丹人很早就已注意口腔卫生了。

(6)绘画。辽代绘画成就颇高,可惜不为人重视。契丹人最早以画著称的乃是东丹王耶律倍。他入后唐后改名李赞华,他画的游猎图,酋长们牵黄臂苍,袖弓挟弹,栩栩如生。特别是他的《千角鹿图》,被人誉为“所画诚妙笔也”[10]。辽圣宗亦“好绘画”。宋仁宗时,辽兴宗曾“以五幅缣画《千角鹿图》为献,旁题年月日御画”[10]。由此推测,兴宗也是丹青妙手。契丹贵族萧融“尤善丹青,慕唐裴宽、边鸾之迹,凡奉使入宋者必命购求,有名迹不惜重价。装潢既就,而后携归本国,临摹咸有法则”[10]。对汉人绘画的倾慕,已到了颠之倒之的地步。耶律题子“善射,工画”,“初,题子破令图(宋朝大将贺令图),宋将有因伤而仆,题子绘其状以示宋人,咸嗟神妙”[5]。耶律褭履使宋,“宋主赐宴,瓶花隔面,未得其真。陛辞仅一视,及境,以像示饯者,骇其神妙”[5]。内蒙古林西辽陵的壁画,亦多绘人物山水,据日人鸟居龙藏断定:“以上人物山水等绘画,为五代及北宋时代之作品,所谓北宋画者是也。”[18]它如辽宁阜新萧德温墓、北京南郊赵德钧妻种氏墓、河北平泉辽墓中均有不少有价值的壁画,兹不具引。

自然,限于篇幅,这里只能作粗线条式的勾勒,还有雕塑、建筑、冶炼等,成就也是很高的,只好另作别论了。

参考文献

[1]岑家梧.辽代契丹族和汉族及其他民族的经济文化联系[J].历史研究,1981(1).

[2]恩格斯.家庭、私有制和国家的起源[M]//马克思,恩格斯.马克思恩格斯全集:第2卷.北京:人民出版社,2005.

[3]欧阳修.新五代史[M].北京:中华书局,1974.

[4]薛居正,等.旧五代史[M].北京:中华书局,1976.

[5]脱脱,等.辽史[M].北京:中华书局,1971.

[6]陶宗仪.书史会要[M].上海:上海书店出版社,1984.

[7]苏辙.栾城集[M].上海:上海古籍出版社,1987.

[8]蔡美彪.中国通史:第六册[M].北京:人民出版社,1979.

[9]脱脱,等.宋史[M].北京:中华书局,1977.

[10]厉鹗.辽史拾遗[M].北京:中华书局,1985.

[11]岳珂.程史[M].北京:中华书局,1981.

[12]叶隆礼.契丹国志[M].上海:上海古籍出版社,1985.

[13]陈述.辽文汇[M].北京:中国科学院,1953.

[14]陆游.老学庵全记[M].西安:三秦出版社,2004.

[15]王辟之.渑水燕谈录[M].北京:中华书局,1981.

[16]洪迈.夷坚志[M].北京:中华书局,1981.

[17]陈述.辽代史话[M].郑州:河南人民出版社,1981.

[18]金毓黻.辽陵石刻集录[M].沈阳:奉天图书馆,1934.

(原载《中州学刊》1983年第3期)

从民族关系看赵匡胤统一全国的策略

960年正月赵匡胤黄袍加身后，摆在他面前的是一个四分五裂的混乱局面：北方有辽及其卵翼下的北汉，南方有吴越、南唐、后蜀、南汉、荆南、湖南、泉漳等封建割据政权，如何统一中国，把它们置于宋朝的有效控制之下，是一件十分棘手的事情。为此，赵匡胤定出了“先南后北”的统一策略，即先敉平南方各国，而后再挥师北上，平定北汉，夺回石敬瑭时割给契丹的燕云十六州之地。但终太祖之世，只平定了荆南、湖南、后蜀、南汉、南唐，吴越和泉漳虽已表示归依，奉宋正朔，但并未纳土献地，北方的北汉既未归命，燕云故地也仍在辽国的控制之下，因此，这一策略从南宋以来便受到不少人的訾议。陆游认为：“中国（指北宋）先取蜀、南粤、江南、吴越、太原，最后取幽州，则兵已弊于四方，而幽州之功卒不成。”清初学者王船山也说：“向令宋祖乘立国之初……能捐疑忌，委腹心于虎臣，以致死于契丹，燕云可图也。”这种观点也影响了后世学者。范文澜同志说赵匡胤“对辽专取守势，甘心作弱国”。吕振羽同志则指责说：“宋朝政府完全不顾燕云十六州人民的要求、不断遭受军事威胁与掠夺的内地人民的要求，而仍是画疆自守。”最近才有人提出：“宋太祖‘先南后北’的方针，应该是切合实际的，无可非议的。”如何评价这一策略，自可仁者见仁，智者见智，不必强求一致。个人认为，陆游说宋太祖先取江南，致使兵疲师老，无力收复幽燕，王夫之说宋太祖未能收复幽燕是因为任将不专、疑忌太重的指责并不当，范、吕二老说宋太祖甘心作弱国、画疆自守，也不尽然合乎事实。如果我们剖析一下宋与辽国的关系便可知道，在当时形势下，赵匡胤只能采取“先南后北”的策略，而不可能有别的抉择。

一、赵匡胤即位前辽与中原王朝的关系

要评价赵匡胤“先南后北”的策略是否允当，便不能不对五代时期辽与中原地区的关系作一番考察。辽是与五代的后梁同时建国、几乎与北宋同时灭亡的国家。它在唐代还是一个席地幕天的游牧民族，唐末藩镇叛乱，无暇北顾，遂给了契丹族坐大之机，“阿保机乘间入塞，攻陷城邑，俘其人民”。辽朝与后梁本不接壤，但却车辂相接，聘问不绝，并多次向梁奉表称臣，请求册封。阿保机又与后唐的李克用会于云州（今山西大同），“易袍马，约为兄弟”。李克用馈赠甚厚，投桃报李，阿保机亦以马千匹相赠。后来辽与后唐虽时而兵戎相见，但互有胜负，并不构成中原地区的巨大威胁。在阿保机建元神册（916）的前一年，相距万里之遥的吴越王钱镠遣使来贡，说明辽的声威已远被江浙了。辽天显十一年（936），石敬瑭为夺取后唐天下，竟拱手把燕云十六州之地割给辽太宗耶律德光，尊其为“父皇帝”，以求得辽的支持。燕云地区本系膏腴之地，一旦归入辽朝版图，便给辽国的政治、经济带来了深远的影响。幽州之南，莽莽平原，坦荡如砥，极利于骑兵驰骋，因此辽兵得以盘马弯弓，频频南寇。天显十二年（937），“太原刘知远、南唐李昪各遣使来贡”，闽、楚、南平诸国也竞相附款，辽国俨然成了当时诸国的盟主。946年，辽太宗率军进入大梁，颠覆后晋，其游骑甚至逼近淮河，威震华夏，诸国莫敢撄其锋。翌年，刘知远建立后汉，向辽俯首称臣，“契丹主赐诏褒美，呼帝为儿，又赐木拐一”。951年，郭威代汉自立，刘崇亦同时立于太原，“赍重币结契丹，自言与周有隙，愿如晋祖故事，约为父子”，辽世宗策之为大汉神武皇帝。于是，中国历史上就形成了这样一个有趣的格局：江南诸国或奉辽正朔，或与辽通好。北方除周外，也都在辽朝的控制之下。

郭威与辽穆宗同年即位。郭威励精图治，锐意振作，而穆宗则“畋猎好饮酒。每酣饮，自夜至旦，昼则常睡，国人谓之‘睡王’”，形成了鲜明的对照。尽管如此，“契丹自太祖、太宗初兴战争四十余年，吞并诸蕃，割据燕云，南北开疆五千里，东西四千里，共二百余州”。穆宗虽然昏聩，但国势并未马上衰落，仍然有能力频频入寇后周。穆宗应历元年（951，后周广顺元年）十月，辽将萧禹厥率奚、辽之兵五万人会北汉兵二万入寇晋州（今山西临汾），为后周所败，辽军烧营

夜遁，“比至晋阳，士马什丧三四”，“北汉主始息意于进取”。应历二年、三年辽又出兵骚扰后周之冀（今河北冀县）、定（今河北定州）二州，均被周兵击退。后周官员李涛之弟李浣仕于辽，他劝说世宗妻弟萧海真降周，并通过李涛上书郭威，说穆宗“专事宴游，无远志，非前人之比，朝廷若能用兵，必克；不然与和，必得”。但郭威自知力量不逮，不肯冒这个风险，相反他下了一道命令：“敕北边吏民毋得入契丹境俘掠”，不轻启边衅，对辽取慎重态度。

954年正月，柴荣继位。二月，蛰伏了三年之久的北汉主刘崇乘郭威之丧，轻柴荣新立，又与辽兵合势攻周，为柴荣大败于高平，刘崇狼狈遁回太原。柴荣乘胜遣符彦卿等耀兵于晋阳城下，北汉宪、代、岚、沁、忻等州相率归附。五月，柴荣亲抵太原城下，旗帜环城四十里，志在必克，辽亦遣数千骑屯于忻、代之间支援北汉。但忻口一战，周兵大败输亏，符彦卿几至溃不成军。时值夏季，淫雨连绵，士卒疲病，柴荣不得不下令班师。北汉军邀击，周军仓皇撤退，“然军还匆遽，刍粮数十万在城下，悉焚弃之。军中讹言相惊，或相剽掠，军须失亡不可胜计。所得北汉州县，周所置刺史等皆弃城走”。只有代州一地婴城固守，又为北汉攻取。至此，柴荣宵衣旰食，半年辛劳，竟落了个失败的结局！

北汉本是一蕞尔小国，领土不过只并、汾、忻、代、宪、岚、隆、蔚、沁、辽、麟、石十二州之地，除了麟州在陕西、蔚州在河北外，余皆不出山西，而且“土瘠民贫，内供军国，外奉辽币，赋役繁重，民不聊生，逃入周境者众”，但后周竟至败衄，究其原因，并非人谋不臧，而是因为北汉背后有强大的辽国作为后盾。事实上，柴荣进攻北汉，只是收复燕云失地的前奏，他以狮子搏兔之力尚不能克北汉，更遑论击败辽国！柴荣知北汉与辽不可图，转而采取守势。为了防止契丹南下骚扰，显德二年（955）正月，他派王彦超、韩通疏浚深、冀（今河北深县、冀县）二州之间的胡卢河，筑城于李宴口，并留兵戍守，“及垒成，颇扼要害，自是敌骑虽至，不敢涉河，边民稍得耕牧焉”。同年三月，他下令众大臣各献《为君难为臣不易论》及《平边策》各一道，比部郎中王朴条分缕析，首献“先南后北”之策，他认为应当先拿与周毗邻而又软弱的南唐开刀，以轻兵探其虚实，诱彼倾巢出援，迨到其兵疲财竭之后，袭取江南。“得江南则岭南、巴蜀可传檄而定。南方既定，则燕地必望风内附；若其不至，移兵攻之，席卷可平矣。惟河东之寇，不可以恩信诱，当以强兵制之，然彼自高平之败，力竭气沮，必未能为边患，宜且以为后图，俟天下既平，然后伺间，一举可擒也。”这个建议既切中肯綮，又妥善可行，正中柴荣下怀，北方既不易得手，便须改弦更张，先图南方。为此，柴荣一面裁汰冗兵、更换边将、废除佛寺、以铜佛铸钱，一面向后蜀用兵，取其秦、凤、成、阶四州。从显德二年(955)至显德五年(958)，柴荣三次亲征南唐，取其江北、淮南十四州之地，并得“犒军银十万两、绢十万匹、钱十万贯、茶五十万斤、米麦二十万石”，南唐稽首臣服，奉周正朔，马箠所及，“诸国皆惧”。但柴荣并未乘胜进击，却于显德五年四月返师北还。柴荣的初衷当然是统一江南，但由于辽国乘虚袭其后背，打乱了他的既定部署，不得不转而抗击辽的入寇。就在世宗返旆北还的当月，辽“南京留守萧思温攻下沿边州县”，《辽史·萧思温传》亦云：“初，周人攻扬州，上(穆宗)遣思温蹑其后，惮暑不敢进，拔缘边数城而还。”柴荣于四月中旬匆忙返回大梁，马上“命张永德将兵备御北边”，四月二十三日，“澶州节度使张永德准诏赴北边，以契丹犯境故也”。五月，成德节度使郭崇攻拔契丹束城县(今河北束鹿)，“斩首数百级，俘人口牛羊三万余”。辽将萧思温恐惧，请求穆宗益兵，并请车驾幸燕。而穆宗却在七月猎于拽剌山，直至九月还未视朝，周辽双方均未进攻，战事暂时告一段落。

柴荣仍念念不忘统一江南。北边粗安之后，他又决定伐蜀，并于水陆两路做了部署，但计划不密，为后蜀侦知而做了准备，柴荣因无隙可乘，只得作罢。他知道南方诸国虽然未入版图，但已震慑于后周的威力，暂时不会轻举妄动，于是转而集中兵力，大举伐辽。显德六年(959)三月，柴荣从大梁出发北上收复燕云，只用四十二天，就占领瀛、莫、易三州及瓦桥、淤口、益津三关，除易州稍事战斗外，其他皆兵不血刃。“关南平，凡得州三、县十七、户一万八千三百六十。是役也，王师数万，不亡一矢，边界城邑皆望风而下。”当瀛、莫失守，幽州告急时，辽穆宗却说：“三关本汉地，今以还汉，何失之有？”他对付后周的办法是敌来则战，敌去则止，同时“遣使者日驰七百里诣晋阳，命北汉发兵挠周边”，以收围魏救赵之效。柴荣本拟进军幽州，旋因婴病班师，不久便赍志以殁，年仅 39 岁。对于这次北伐，历来有两种截然不同的评价。欧阳修认为柴荣是不幸遇疾，“功志不就”。有的同志说：“根据当时的情势，周世宗是很有可能乘胜收复燕云、统一中国的。”另一种意见则认为：“周能取三关，就能取幽州的说法，完全是不问具体地点、条件的臆说。”我是赞同后一种看法的。这是因为：第一，柴荣虽然是“乘其胜威，击其昏殆”，但未遭遇辽军主力，当时“虏骑皆聚幽州之北”，而瀛、莫二州及三关守将虽然释甲来降，但都是兵权甚微的汉人，没有契丹将领。第二，北汉主已准备发兵，旋因后周退师，北汉军亦引归，如二者合势，柴荣不易奏捷。第三，南唐虽然在压力下表示归依，但非出本心，一旦有隙可乘，难免不卷土重来。因此，郭威的女婿、当时任澶州节度使的张永德对他说："天下未定，根本空虚，四方诸侯惟幸京师之有变。今澶、汴相去甚迩，不速归以安人情，顾惮旦夕之劳，而迟回于此，如有不可讳，奈宗庙何！"柴荣听后，马上抱病趣驾，返回京师。

综如上述，我们可以大致给宋太祖登基前辽与中原王朝的关系描绘出如下一个轮廓：辽太祖、太宗时是辽国兴旺时期，孱弱的中原诸国皆非其敌手，虽然世宗、穆宗时期国力有所下降，但仍骎骎乎在中原诸国之上。尽管郭威、柴荣惨淡经营，仍不能改变这一态势。这就是赵匡胤即位前所面临的形势。

二、赵匡胤无力击败辽国，只能采取"先南后北"的统一策略

柴荣于959年六月驾崩，十一月，镇、定二州便传来了"北汉会契丹兵入寇"的消息。迟至翌年一月，年仅七岁的恭帝柴宗训才派当时任殿前都点检、检校太尉、归德军节度使的赵匡胤率兵御敌，赵匡胤接着便在陈桥驿发动兵变，禅代了后周。就当时的情况而论，北宋的经济力量和军事力量都不足以和辽抗衡。

首先，内部的动乱使赵匡胤无暇旁骛。建隆元年(960)四月，后周昭义节度使李筠据泽、潞反宋，北汉主刘钧不仅"以蜡书结筠共举兵"，甚至"率兵与契丹数千众来援"，赵匡胤不得不于五月亲征。七月初，赵匡胤风尘仆仆刚从潞州返回京师，郭威的外甥、淮南节度使李重进又叛于扬州。李重进系北周重臣，他北连李筠，南结南唐，虽然"唐主不敢受"，李筠亦未与之结成联盟，赵匡胤仍然不敢懈怠，不顾鞍马劳顿，于十月再度亲征。稽迟至年底，李重进之乱才告平定。因此，他无力染指幽燕。

其次，无论从经济力量还是军事力量来看，辽都比宋占有明显的优势。

(1)从经济力量看。辽朝版图"东至于海，西至金山(今阿尔泰山)，暨于流沙，北至胪朐河(今克鲁伦河)，南至白沟，幅员万里"。在这片广袤的土地上，"冀北宜马，海滨宜盐"，无论是畜牧、稼穑，皆能因地制宜。燕云十六州割隶契丹后，给辽国的经济发展注入了新的血液。仅以幽州一地而论，辽太宗以幽州

为南京，“户口三十万。大内壮丽，城北有市，陆海百货，聚于其中；僧居佛寺，冠于北方。锦绣组绮，精绝天下。膏腴蔬蓏、果实、稻粱之类，靡不毕出，而桑柘麻麦、羊豕雉兔，不问可知。水甘土厚，人多技艺”。虽然“辽地半砂碛，三时多寒”，物产不丰，但南方却物产丰饶，因此，“辽自初年，农谷充羡，振饥恤难，用不少靳，旁及邻国，沛然有余”。景宗保宁七年(975)，“汉有宋兵，使来乞粮，诏赐粟二十万斛助之，非经费有余，孰能若是？”辽国不但自给有余，还能一次拿出二十万斛赈济北汉，足见其经济力量之雄厚。宋初则完全不能与辽相比。中原地区从907年朱温建梁以迄赵匡胤建国的54年中，兵燹频仍，田园丘墟，灾荒洊臻，饿殍载道，呈现出一片凋敝萧条的景象。赵匡胤禅代后周之初，“有州百一十一、县六百三十八、户九十六万七千三百五十三”，二者人口不相上下，面积和辽相比却相去悬远。宋太祖初年的经济情况，虽然史籍阙如，无从查知，但太宗至道二年(996)，太常博士、直史馆陈靖所上的奏折颇能说明问题。他说：“按天下田土，除江淮、湖湘、两浙、陇蜀、河东诸路地里夐远，虽加劝督，未遽获利。今京畿周环二十三州，幅员数千里，地之垦者十才二三，税之入者又十无五六。复有匿里舍而称逃亡，弃耕农而事游惰，赋额岁减，国用不充。”这时距赵匡胤代周已三十余年，情况尚且如此，太祖初年财政窘迫拮据之状，可以想见。宋的经济力量既不能与辽相比，要攻取幽燕也就失去了物质基础。

(2)从军事力量看。据《辽史·兵卫志》所载，辽兵“合骑五十万”，此说容或有夸大之处，宋人李攸则谓“大约计之，未必满三十万”，似又估计偏低。事实上，辽朝用于南寇之众即已达三十万之多。《辽史》云：“太祖会李克用于云中，以兵三十万。”《契丹国志》卷1、《新五代史》卷72所记相同。辽太宗灭后晋要求犒赏时说：“契丹兵三十万，既平晋国，应有优赐，速宜营办。”澶渊之战时，辽圣宗“自瀛州率众三十万复欲乘虚抵贝、冀、天雄”。三十万南侵之军加上戍守的部队，至少应在四十万左右。而宋朝之兵，据《宋史》记载：“开宝之籍总三十七万八千，而禁军马步十九万三千。”朱弁的《曲洧旧闻》卷9则说：“艺祖养兵二十万，京师十万，余诸道十万余。”宋太祖曾三次改元，开宝是最后一个年号，既然开宝年间军队总数才只三十七万，那么，建隆、乾德年间大概只二十多万，朱弁的估计与实际数目当相去不远。两相比较，辽的兵力是宋的二倍。就军队的素质来看，辽方多是骑兵，“未遇大敌，不乘战马，俟近敌师，乘新羁马，蹄有余力。成列不战，退则乘之……善战，能寒”。辽国不但从太祖到兴宗，“群牧之盛如一日”,而且在对外战争中又不断掠夺马匹,如阿保机“伐河东,下代北郡县,获牛、羊、驼、马十余万。枢密使耶律斜轸讨女直,复获马二十余万”。辽太宗灭晋,“驱战马二万归其国”。在通常情况下,辽国就“常选南征马数万匹,牧于雄、霸、清、沧间,以备燕云缓急”。而宋从五代以来就缺乏战马,“五代时,募民盗戎人马,官给其值,籍数以补战骑之阙”。靠偷马来武装军队,数目自然不会太多,因此,宋军多是步兵。以步兵对骑兵,显然是处于劣势。同时,辽方大将耶律休哥、耶律斜轸、耶律沙等人,其智谋韬略皆在宋将曹彬、潘美、王全斌、石守信、王审琦等人之上,因此,赵匡胤在立国之初,要在军事上打败辽国,是根本不可能的。

三、赵匡胤统一南方并未忘记幽燕

鉴于当时力量对比的情况对宋不利,赵匡胤和他的大臣们权衡利弊,不敢贸然挥兵燕云,只能先统一孱弱而又富庶的南方诸国,而后挥师北上,才是万全之策。如果去和辽作毫无胜利希望的拚搏,宋朝的国祚能否继续尚在不可知之列,更不必说统一全国了。他曾对其弟太宗说:“中国自五代以来,兵连祸结,帑藏虚竭,必先取西川,次及荆、江南,则国用富饶矣。今之勍敌,正在契丹,自开运已后,益轻中国。河东正扼西番,若遂取河东,便与西番接境,莫若且存继元,为我屏翰,俟我完实,取之未晚。”雪夜访普时,赵普说:“太原当西北二面,太原既下,则我独当之,不如姑俟削平诸国,则弹丸黑子之地,将安逃乎?帝笑曰:吾意正如此。”大将张永德也献策说:“太原兵少而悍,加以契丹为援,未易取也。臣以每岁多设游兵扰其农事,仍发间使以谍契丹,绝其援,然后可下也。”应该说,这些见解都是切合实际的,和王朴的《平边策》也是一致的。赵匡胤所进行的正是柴荣的未竟之业。

自然,赵匡胤这样做,并不意味着只经营南方放弃北方,不过是在用兵次第上有轻重缓急之分而已。乾德元年(963),“龙捷军王明诣阙献阵图,请讨幽州,上嘉之,赐以锦袍、银带、钱十万”。当时军书旁午,南方战事正殷,他只能对献策人厚加赏赍。开宝九年(976),曹彬平南唐后,群臣上尊号曰应天广运一统太平圣文神武明道至德仁孝皇帝,赵匡胤回答说:“今汾晋未平,幽蓟未复,谓之一统，无乃过谈。”却而不受。讨平江南，财力稍有余裕后，他曾建立封桩库，打算用金帛赎回幽燕之地。他说：“石晋割幽燕诸郡以归契丹，朕悯八州之民久陷夷虏，俟取蓄满五百万缗，遣使北虏，以赎山后诸郡，如不我从，即散府财募战士，以图攻取。”他甚至表示：“苟财用丰盈，必能集事，朕虽减后宫之数，极于俭约，以备边费，亦无所惜也。”凡此种种，都说明赵匡胤先统一南方的目的，正是为了日后收复幽燕。

为了稳扎稳打，赵匡胤在用兵南方的同时，对北方边防也作了周密部署，分别派人防御西夏、辽国和北汉。“自此，累年无西北之虞，得以尽力东南取荆、湖、川、广、吴、楚之地。”他对于辽国的态度，一是采取睦邻政策，不挑起事端；二是对入侵的辽军坚决还击，但适可而止，不扩大事态。建隆元年四月，即他登基后三个月，辽军发动了试探性的进攻，“棣州刺史何继筠追破北戎于固安，获马四百匹”。建隆二年十月，赵匡胤打算“敦信保境，戊戌，敕沿边诸州禁民无得出塞侵盗，前所盗马，尽令还之”。乾德三年(965)，辽军入侵易州，大掠而去，赵匡胤也“令监军李谦升率兵入其境，俘生口如所掠之数，俟契丹放还所略易州之民，然后纵之”。乾德四年，辽军再侵易州，被宋军击退后，赵匡胤“令关南兵马都监及雄、霸、瀛、鄚等州刺史勒所部兵校猎于幽州境上，以耀威武”。为了保证统一南方的战争能够顺利进行，防止形成南北夹击之势，宋军始终没有主动向辽发动过进攻，只是进行有节制的、在对等原则上的还击。而辽方在景宗时也因“十余年间征伐未已，而盗贼未弭，年谷虽登而疮痍未复”，未及大规模入寇，双方只有一些零星的战斗。

宋兵于乾德元年灭荆、湖，乾德三年灭后蜀，共得州64、县281、户773727，“及取荆、湖，下西蜀，储积充羡”，从而使得捉襟见肘的北宋财政大为改观。开宝元年(968)，“江南饥，以麦十万斛赐之”，一次赈济能拿出十万斛小麦，这是五代以来所不曾有过的。正是在这个基础上，赵匡胤才于开宝二年二月亲征北汉，三月抵达太原城下。辽军分两路来援，一路为宋将何继筠败于阳曲(今太原北)，一路为韩重赟败于定州。但这次进军并未成功，因为“大军顿甘草地中，会暑雨，多破腹病，而契丹亦复遣兵来援”，宋兵不得不忍痛班师。事实证明，北宋这时仍然没有足够的力量攻取北汉。绛州人薛化光认为“河东外有契丹之援，内有人户供输，窃恐岁月间未能下”，应该在太原之北建城寨以遏契丹援兵，再迁北汉之民于宋境，给田令其耕种，赵匡胤均一一照办。北汉既不可图，赵匡胤转而挥戈南下，于开宝三年(970)命潘美等征南汉，开宝七年(974)命曹彬等伐南唐。这年十一月，辽涿州刺史耶律琮以书遗知雄州孙全兴，表示："今兹两朝，本无纤隙，若或交驰一介之使，显布二君之心，用息疲民，重修旧好，长为与国，不亦休哉。"宋方也慨然应允。从此直至太平兴国四年(979)，两国弭兵修好，桴鼓不鸣，为"澶渊之盟"以后宋辽和好树立了范例。有些同志考证和议是倡自于辽或者是宋，在我看来，这些都无须深究，应该说，这是双方的共同愿望。宋辽虽然通好，但是，赵匡胤并未因此而放弃统一北方的大业。南汉、南唐相继归命后，开宝九年(976)九月，他命令党进、潘美等分五道进攻太原，派郭进等分攻忻、代、沁、汾、辽、石等州。诸将所向克捷，"北汉主急求救于契丹，契丹主遣其相耶律沙救之，师还"。事实上，宋兵是打了败仗，《辽史·耶律沙传》谓："保宁间，宋攻河东，沙将兵救之，有功。"这年十月，赵匡胤病殂，终太祖之世，宋军始终未能攻克北汉。

基于以上分析，我们可以看出，赵匡胤从来就没有放弃过统一北方的愿望，指责他放弃幽燕是没有根据的。我们既不能把辽国未灭看作是赵匡胤的失策，也不能让他承担宋朝积贫积弱的责任。应该说，他的"先南后北"策略是根据实际情况制定出来的，只有久历戎行，对敌我形势洞若观火的赵匡胤，才懂得其中的奥妙和真谛。

(原载《中州学刊》1984年第1期)

关于抗辽名将杨业的几个问题

杨业是妇孺皆知的北宋抗辽名将，千百年来，他的事迹蜚声史简、脍炙人口，一直被人们传颂而历久弥新。这不仅是文艺作品宣传浸润的结果，更重要的是，杨业以身殉国的高风亮节，赢得了后人的无限敬重和同情。对于这样一个历史人物，作出切中肯綮的评价是必要的。本文无意对杨业作出全面的评价，只想在别人研究的基础上，就杨业是否向辽乞降过、他归宋之前同宋作战是否应该受到责难、杨业之死究竟是谁造成的等三个问题作点管窥蠡测，以就正于方家。

有同志在《关于杨业晚节的一个疑点》（以下简称《疑点》）中提出，杨业被俘后，曾经向辽国乞降，因而“这不能不是杨业历史上的一个污点”[1]。鉴于这一问题是评价杨业的关键所在，自不能不辩论清楚。因为倘若杨业果真有乞降之举，便是晚节有亏，不足为训，又岂止是污点而已！说杨业乞降的根据何在呢？仅仅是《辽史·耶律斜轸传》上有这样一段话：“继业为流矢所中，被擒。斜轸责曰：汝与我国角胜三十余年，今日何面目相见？业但称死罪而已。”作者据此推断：“从杨业一生的活动和言行，全面考察，杨业被俘乞饶也是可能的。”“另一方面，受制于人，心怀积愤，不免产生离心动摇的念头，到兵败被俘走投无路之际，他就很可能（着重号是引者所加）像当年弃城降宋一样，再投奔契丹。”[1]这里且不说“也是可能的”“很可能”之类的字眼完全是建立在臆测基础上的，因而不是严肃的、科学的态度，单就一条孤证而下这样的定谳，也是使人难以苟同的。

首先，杨业乞降之说，仅见于《辽史》，而记载这一战役的基本史料如《续资治通鉴长编》（以下简称《长编》）、《隆平集》、《东都事略》、《契丹国志》、《太平治迹统类》、《宋史纪事本末》、《辽史纪事本末》、《续资治通鉴》、《宋会要辑稿》、《宋史》等书，均众口一词，谓杨业“不食三日而死”，壮烈殉国。我们不否认宋人的记载有褒贬任情、曲意回护之处，但对这一问题的记载却未必失真；《辽史》虽是根据旧实录整理而成的，亦不能肯定句句翔实，字字可信。杨业于太平兴国四年(979)归宋，在这之前，一直在北汉任职，而北汉与辽是唇齿之邦，两国从未兵戎相见过，杨业根本不可能抗辽。他从归宋到雍熙三年(986)被俘身亡，为时只有七年，而《辽史·耶律斜轸传》却说“汝与我国角胜三十余年”，凭空多出了二十多年，其荒诞无稽是显而易见的。《辽史》之所以这样记载，并非出于疏忽，而是因为杨业是抗辽名将，“契丹畏之，每望见业旗即引去”[2]，一旦捉到了杨业，便得意忘形，大书特书，张扬其事，即使扞格抵牾，也在所不惜了。宋辽战争中，宋将阵亡者甚多，不见有函首示众的记载，独于杨业，“遂函其首以献”[3]于辽帝，这从另一个侧面证明了契丹对杨业的重视和畏惧，因此，《辽史》对杨业被俘一事的夸大和渲染，完全是在情理之中的。

其次，《疑点》一文认为《宋史·杨业传》所载杨业死前说的“上遇我厚，期讨贼捍边以报，而反为奸臣所迫，致王师败绩，何面目求活耶”几句话不足凭信，理由是：“杨业所率宋军其时已全部覆没，杨业被俘后的一通愤慨，宋方有谁能聆知，谁由传闻呢？”须知当时殉难的不止杨业一人，尚有其子延玉及淄州刺史王贵。杨业不乞降于四面楚歌之时，而乞降于爱子延玉及部将王贵战殁之后，是不近情理的。更何况辽方曾下令“须生擒继业”[3]，以便罗致幕下，倘杨业愿降，不唯自身可立致富贵，其麾下百余人也决不会全部罹难。因此，即使杨业生前没有这一段慷慨激昂的演说，他视死如归的壮举也是无须怀疑的。

再次，杨业不曾乞降的最有力的佐证，是宋人刘敞、苏辙二人歌颂杨业气节的诗。刘敞《公是集·杨无敌庙》诗云：“西流不返日滔滔，陇上犹歌七尺刀。恸哭应知贾谊意，世人生死两鸿毛。”吊遗踪而泫然，吟诗歌以寄怀，表达了对杨业战死的无限惋惜。苏辙诗云：“行祠寂寞寄关门，野草犹知避血痕。一败可怜非战罪，太刚嗟独畏人言。驰驱本为中原用，尝享能令异域尊。我欲比君周子隐，诛彤聊足慰忠魂。”[4]杨业本为宋死，却受到辽方立庙祭祀、血食一方的殊遇，可谓备极哀荣。值得注意的是，刘敞、苏辙在北宋时都曾奉使契丹，在辽国境内凭吊过杨业庙，因此，这些诗篇的史料价值，决不在其他史籍之下。辽国之所以如此褒美杨业，显然是为了激励自己的臣子也要像杨业尽忠于宋一样，为辽国尽节。倘若杨业是一个朝秦暮楚、摇尾乞降的软骨头，辽国岂肯为之立庙祭祀？

综如上述，我们有理由断定，《宋史》所载杨业不曾乞降而壮烈殉国的说法是可信的，所谓杨业"但称死罪而已"的记载是幽渺无凭的。

杨业在宋太宗太平兴国四年归宋以前，一直是北汉的大将。他"弱冠事太原刘崇，至节度使"，历仕刘崇、刘钧、刘继元三朝。有同志在谈到杨业这一段历史时说："北宋企图统一北汉，是具有进步意义的军事行动，北汉的负隅顽抗，则是不可取的。不幸的是，杨业在此期间，正是北汉抵抗宋军的主要将领之一。由于双方军事力量悬殊，北汉军往往以失败而告终。杨业的失败，是不光彩的事。"[5]这一见解无疑是不惬当的。

我们在分析历史事件的时候，应该按照马克思主义的原则，把问题放在一定的历史条件下来考察，"因为只有这样的观点，才能使历史科学不致变成偶然现象的糊涂账，不致变成一堆荒谬绝伦的错误"。就五代末年的形势而论，统一固然是大势所趋，但是由谁统一天下，完全取决于当时的力量对比。

就杨业个人的际遇而论，他是并州太原人(《隆平集》认为杨业是麟州——即现在的陕西神木县人，今从《宋史》)，太原又是北汉的都城，因此，杨业弱冠便事北汉，那是很自然的事。更何况杨业在北汉任职时，赵匡胤还是后周柴荣麾下的供奉官，杨业不可能未卜先知，预料到赵匡胤能够君临天下，马上弃刘崇而事赵匡胤。赵匡胤自己就曾说："若尘埃中可识天子、宰相，则人皆物色之矣。"[6]北宋于975年灭南唐后，赵匡胤曾声色俱厉地谴责李煜的大臣张洎不该"劝煜勿降"，洎顿首请罪曰："'实臣所为也，犬吠非其主，此其一尔，他尚多有。今得死，臣之分也。'辞色不变。上奇之，贷其死。"[6]因此，在刘继元降宋之前，杨业率兵抗宋，既不是什么"不幸"，更不是什么"不光彩的事"，不过是桀犬吠尧、各为其主而已。事实上，刘继元降宋后，宋太后曾"令中使谕继元俾招继业。继元遣所亲信往，继业乃北面再拜，大恸，释甲来见"[2]。这表明杨业并非冥顽不化之徒，一旦他认识到了北宋统一全国是大势所趋时，便不再恋栈，主动归依了。一切以时间、地点和条件为转移。对一千年前的杨业，是不应作什么谴责的。因为当时由谁统一中国，并无是非之分。以某种人为的标准去苛求古人，是很难得出正确的结论的。

宋太宗雍熙三年(986)，杨业在抗辽过程中，殉难于山西朔县南三十里之陈家谷口。杨业之死，究竟是谁造成的？一直到现在仍然是个众口纷纭、聚讼不决的问题。一种意见认为："杨业之死，王侁、刘文裕固然罪责难逃，但主要责任则在潘美"，"一个重要原因就是他嫉功忌能"[7]。另一种意见则认为："导致杨业兵败陷敌的罪责在监军王侁及刘文裕，而不能归咎于潘美。”[8]在我看来，这两种说法都未切中腠理，因而不能使人信服。潘美及王侁、刘文裕固然应对杨业之死负一定责任，但这种尴尬局面是由宋太宗一手造成的，因而主要责任理应由他担负。我这样说并非故意标新立异，而是从现有史料中引申出的必然结论。

就潘美、王侁、刘文裕同杨业的关系来看，他们三人与杨业并无龃龉，虽然史籍上说“主将戍边者多忌之，有潜上谤书，斥言其短”[6]的记载，但不能坐实上谤书的就是潘美、王侁等人。杨业于太平兴国四年八月归宋后，即被授为郑州防御使，潘美同时被授为河东三交口都部署以御契丹。是年十一月，“上以郑州防御使杨业老于边事，洞晓敌情，癸巳，命业知代州兼三交驻泊兵马部署”[2]，始隶潘美麾下。从这时起直至雍熙三年七月杨业兵败身亡，二人共事长达 7 年之久，配合还是默契的。太平兴国五年(980)，契丹十万大军寇雁门，潘美“令杨业领麾下数百骑自西陉出，由小陉至雁门北口南向与美合击之，敌众大败”[2]。他于大捷后上疏，并未掠美，埋没杨业的功劳。就潘美的一生来看，他并不是巧言令色、嫉贤妒能之徒，而是老成持重、屡建战功的骁将，在辅佐宋太祖敉平李重进、攻南汉、讨南唐、灭北汉、御契丹的过程中，都立下过汗马功劳。杨业是他的副手，即使立功擢升，也不会威胁到他的地位，他没有理由陷害杨业。《宋史》在评论他时说：“潘美素厚太祖，信任于得位之初，遂受征讨之托。刘𬬮遣使乞降，观美所喻，辞义严正，得奉辞伐罪之体。则其威名之重，岂待平岭表、定江南、征太原、镇北门而后见哉！”[6]这个评论是切合实际的。雍熙三年之役，当杨业请求潘美、王侁陈兵于陈家谷口以资策应时，“美与侁领麾下兵陈于谷口。自寅至巳，侁使人登托逻台望之，以为敌败走，侁欲争功，即领兵离谷口，美不能制，乃沿灰河西南行二十里，俄闻业败，即麾兵却走”[9]。除《辽史》外，其他史籍对此均无不同之记载，当可凭信。揆诸情理，潘美与王侁既按杨业的请求埋伏于陈家谷口，其初衷并非要置杨业于死地，而王侁率兵擅离，潘美是“不能制”，而不是没有制止，这是需要辩论清楚的——当然，这决不是说潘美可以不负任何责任。因此，宋太宗在责罚潘美时，只说他“道路非遥，军士亦众，不能申明斥候，谨设堤防，陷此生民，失吾骁将”[10]，而没有说他因嫉贤妒能而置杨业于死地，处罚也只是“削三任”(降三级)而已，而且次年即官复原职，这个处理还是比较公允的。至于王侁，他在雍熙三年前任蔚州刺史，与杨业并无交往，当然谈不上有什么芥蒂了。他在雍熙三年北伐时才被任为并州驻泊都监和云、应等州兵马都监,和杨业有了接触。他以为杨业不肯出兵是“畏懦”[11],加上他“性刚愎,以语激杨业,业因力战陷于阵”[6]。宋太宗责他“堕挠军谋,窘辱将领,无公忠之节,有狠戾之愆,违众任情,彼前我却,失吾骁将,陷此生民”[10],其措词比责潘美要严厉得多,处分是除名配于金州,也比潘美重得多。尽管如此,王侁也只是一个不合格的将领,而不是陷害杨业的巨恶元憝。虽然杨业说他被俘是为奸臣所迫,那不过是一时的激愤,不能据此便断定王侁就是奸臣。王侁的错误在于判断失误,因争功而擅离谷口,这与曲意陷害是性质不同的两回事,不能混为一谈。《辞海》“杨业”条谓:“在主帅潘美和监军王侁的错误指挥下,他孤军陷于陈家谷口,重伤被俘,绝食而死。”[12]这个看法还是比较恰当的。

王侁对杨业之死要负重大责任,固然情无可逭,但要把全部责任都推在他身上,也还是不公允的,因为宋太宗比他负有更为重大的责任。乍看起来,让宋太宗为杨业之死承担责任,似乎难以使人理解。因为他既未亲征,又颇信赖杨业,多次擢升其官职,甚至当别人上书诽谤杨业时,“帝览之,皆不问,封其奏以付业”[6]。每逢出征,“上密封囊装,赐予甚厚”[2],宠遇可谓不薄。但是,这只是事情的一个方面。另一方面,他因指挥乖方而导致北伐失败,则是杨业陷敌身亡的最根本原因。

首先,此次北伐的时机并不成熟。太平兴国四年七月的高梁河之役,宋军大败输亏,太宗本人在涿州窃乘驴车逃遁,他时刻不忘湔雪旧耻,因此,当贺令图、侯莫陈利用等上言“契丹主幼,国事皆决于其母,大将韩德让宠幸用事,国人嫉之,请乘衅以取幽燕”时,宋太宗以为辽国孤儿寡妇,有隙可乘,便于雍熙三年三月草率出兵。他既暗于料敌,又没有做好认真的准备,因此,虽然宋兵初出师时兵锋甚锐,甚至“边民之骁勇者竞团结以袭敌,或夜入城垒,斩取首级来归”[2],但这一优势并未保持多久,迨至五月,被辽军“设伏林莽,绝其粮道”[3],曹彬因粮尽退师,“还至岐沟,契丹蹑战,王师遂败”[13]。曹彬是这次北伐的主帅,他既败北,其他两路也就跟着溃退,所克城池又悉数被辽军夺去。在这种情况下,太宗令杨业引兵掩护云、应、寰、朔四州吏民内徙,杨业以疲惫之卒,迎战辽方锐气方张之师,失败便是必然的了。

其次,宋太宗刚愎自用,既委任曹彬等将兵阃外,又任将不专,事事从中掣肘,这在历史上是不多见的。早在大军出发前,太宗便自作聪明地赐予诸将阵图,要诸将“各遵成算”,按图行兵布阵,不得稍有更改,而这个阵图,又是他同个别人向壁虚构出来的。“初议兴兵,上独与枢密院计议,一日至六召,中书不预闻。”[2]不但曹彬等不得与闻,甚至连身为宰相的赵普、李昉也不得而知,战场形势又瞬息万变,“依从则有未合,专断则是违上旨”[14],致使被誉为“宋良将第一”[6]的曹彬进退维谷,无所适从,处处被动,又怎能不败?太宗责曹彬等“不遵成算……为辽人所袭,此责在主将也”[6],完全是为自己开脱罪责的遁词。王船山在谈到宋太宗用人问题时说:“夫宋岂无果毅跅弛之材,大可分阃而小堪奋击者乎?疑忌深而士不敢以才自见,恂恂秩秩,苟免弹射之风气已成,舍此一二宿将而固无人矣。”[15]这一批评可算一语中的。同时,此次宋军出师,太宗也未作统一部署,划分职权范围,三路将帅各行其是,没有互相配合,又安得不败?宋人曾巩认为,此次杨业战殁,是“起于争功之故,美不能制王侁,侁亦不能制诸将,何也?一念之私,遂贻国家无穷之祸。盖三路出兵,事权不一,而又以屡胜而骄故也。使如太祖时有所专责而授之以制,当不至一败至此”[16]。这个看法也是很有见地的。如果宋太宗能付曹彬以全权,此次战役便不会一败涂地,杨业也不至于重伤被俘,这个道理是显而易见的。

再次,宋太宗急于事功,只命令军队进攻,而没有调集足够的粮秣,致使曹彬等瞻前顾后,不得不回师以援供馈,兵疲师老,致为辽军所乘。太宗自己也承认:“十七州生聚,困于馈运之劳;二十万师徒,翻作迁延之役。”[10]结果是“飞刍挽粟,千里而遥,丁壮毙于转输,膏血涂于原野”[2]。几十万大军枵腹作战,而辽军则兵精粮足,以逸待劳,不待蓍龟,便可知其必败了。因此,宋军的失利完全是宋太宗指挥失误造成的。如果说潘美、王侁甚至曹彬要对杨业之死负一定责任的话,主要责任则应由宋太宗承担,也许并不冤枉他。多少年来,人们只在潘美、王侁身上探究杨业的死因,而置宋太宗于不顾,那是很难阐释事情的真相的。

参考文献

[1]降大任.关于杨业晚节的一个疑点[J].山西师院学报,1979(3).

[2]李焘.续资治通鉴长编[M].上海:上海古籍出版社,1987.
[3]脱脱,等.辽史[M].北京:中华书局,1971.
[4]苏辙.栾城集[M].四库全书本.
[5]顾全芳.杨家将研究质疑[J].山西师院学报,1980(1).
[6]脱脱,等.宋史[M].北京:中华书局,1977.
[7]邓广铭,张希清.评杨业兼论潘杨关系[N].文汇报,1981-04-04.
[8]闻立鼎.潘美陷害杨业考辨[J].江苏师院学报,1981(1).
[9]彭百川.太平治迹统类[M].丛书集成初编本.
[10]宋大诏令集[M].北京:中华书局,1958.
[11]陈邦瞻.宋史纪事本末[M].北京:中华书局,1977.
[12]辞海[M].上海:上海辞书出版社,1979.
[13]李攸.宋朝事实[M].北京:中华书局,1958.
[14]田锡.咸平集[M].四库全书本.
[15]王夫之.宋论[M].北京:中华书局,1958.
[16]曾巩.隆平集[M].台北:文海出版社,1980.

(原载《社会科学辑刊》1983年第2期)

杨业新论

杨业是我国历史上著名的抗辽将领。千百年来,他的事迹流传遐迩,“至今天下之士至于里儿野竖,皆能道之”[1]。从宋元以来,以杨家将为题材的小说、戏剧,百花纷呈,争奇斗妍,仅据清代的《昭代箫韶》一书记载,有关杨家将的戏就有三百六十出之多。史学界对杨业的研究专著和论文也不少。但除考证文章和杨业的死因讨论稍多之外,全面评价杨业的文章尚不多见。现仅就管见所及,略陈俚见于后。

一、杨业的身世及其他

杨业在降宋前本名杨重贵,北汉开国皇帝刘崇改其名为刘继业,曾巩的《隆平集》又作杨邺、杨继邺。“继邺本名重贵,姓杨氏,重勋之兄,幼事北汉世祖(刘崇),遂更赐以今名”[2]。太平兴国四年(979)宋太宗灭北汉,刘继业势穷力蹙来降,“上喜,慰抚之甚厚,复姓杨氏,止名业”[2]。刘崇与宋太宗对杨业的姓名如此感兴趣,显然因为他是勇冠三军的骁将,因此借改名作为笼络的一种手段。

杨业的籍贯有河曲、太原、麟州三说。常征《杨家将史事考》判定杨业为山西河曲县人,但所引事实皆不足征信,故同意者寥寥。《宋史》本传、王称《东都事略》、《宋学士全集·杨氏家传》皆云为太原人,而《隆平集·杨邺传》《宋朝事实类苑》《欧阳文忠集·杨琪墓志铭》《资治通鉴》等书则说是麟州人。由于杨琪是杨业的侄孙,欧阳修写墓志铭绝不会弄错籍贯,因此麟州说可以凭信。余嘉锡先生的《杨家将故事考信录》、聂崇岐教授的《麟州杨氏遗闻六记》皆主此说。由于杨业的大部生涯都是在北汉度过的,他入宋后七年便殒命死节,因而《宋史》与《东都事略》说他是太原人,也并非凿空妄说。余嘉锡认为:“崇(即刘崇)赐业姓名为刘继业,盖养为诸孙,由此移家太原,故《东都事略》及《宋史》,遂以业为并州太原人。”[3]这个解释也可聊备一说。

关于杨业的年龄,诸书均未记载,因此只能根据有关史料作点管窥蠡测。聂崇岐说杨业生于后唐同光二年(924),“则雍熙三年(986)应为六十三岁”[4]。余嘉锡则说:“史不载业年寿,但言弱冠事刘崇,若如余所推测,事在汉隐帝以前崇未即位时,则至雍熙三年,已阅三十六载,业死时年当五十余”[3]。一说63岁,一说50余岁,二者大相径庭,其实都不精确。杨业于雍熙三年壮烈殉国,这一点已无疑问,需要考察的是他的生年。《续资治通鉴长编》谓杨业“幼事北汉世祖”,幼到什么程度,无从捉摸。《隆平集·杨邺传》云“弱冠事太原刘崇,至节度使”。据此可以断定,他在20岁左右始隶刘崇麾下。《旧五代史·刘崇传》云:“高祖(后汉高祖刘知远,刘崇为其族弟——笔者)镇并、汾,奏(刘崇)为河东步军都指挥。逾年,授麟州刺史。”《旧五代史·汉高祖本纪》则说刘知远于后晋天福六年(941)“七月授北京留守、河东节度使”。由此推测,刘崇当在天福七年(942)被授为麟州刺史,杨业归依刘崇,大约也就在此时。倘此说不诬,由此上溯二十年,可知杨业当生于922年(后梁末帝龙德二年)。雍熙三年(986)七月,杨业兵败被俘于山西朔县之陈家谷口,旋即为国捐躯,终年应为65岁。

杨业究竟有几子,诸书记载不同,但皆云陈家谷之役,其子延玉亦殁于阵。《长编》谓杨业殁后,太宗“录其子供奉官延朗等五人”[2],加上延玉,共为六人。《宋史·杨业传》则云杨业及其子延玉牺牲后,尚有子延朗(即杨延昭)、延浦、延训、延环、延贵、延彬六人。太宗以业殁于王事,其子皆封赠了官职,看来七子之说较为可靠。但《宋史》并未标明他们弟兄七人的行第,只是说“业既殁,朝廷录其子供奉官延朗为崇仪副使,次子殿直延浦、延训并为供奉官,延环、延贵、延彬并为殿直”[5]。由于杨延昭在杨业北伐时曾任先锋官,因此首先提到了他,以下诸人既称为次子,说明杨延昭为其他诸人之兄。但《宋史》在叙述杨业战死时也说“其子延玉亦殁焉”,延玉、延昭孰为老大、孰为老二,使人无所适从,但他在亲弟兄七人中不排行老六,是可以肯定的。徐大焯《烬余录》则云,契丹“犯寰,业出战,死之,长子渊平随殉,次子延浦、三子延训(字供奉)、四子延环(初名延朗)、五子延贵,并官殿直,六子延昭,从征朔州功,加保州刺史。真宗时,与七子延彬,初名延嗣者,屡有功,并授团训使”。余嘉锡的《杨家将故事考信录》在引了这一段文字后说:“所载诸子次第,乃颇有据。史称延浦为次子,则延玉必是长子，延昭为六郎，则其排行必第六，故其次序如此。民间之流传亦有不诬者，此类是也。”[3]徐大焯把延朗、延昭说成是二人，延玉改为渊平，并未标明材料的来源，而以治学谨严著称的余嘉锡先生竟笃信不疑，殊使人不解。《隆平集》《东都事略》《长编》《宋史》等书都说杨延昭被契丹人称为杨六郎，这大概是和其叔父杨重勋之子一起排行为六的缘故。

目前流行的小说、戏剧，都说杨延昭之子名宗保，宗保之子为文广，这与正史不同。《宋史》《隆平集》等书只说延昭之子即是文广，没有杨宗保其人。《隆平集》又说“诏录其子传永、德政、文广有差”，表明杨文广是杨延昭的第三子。而明初人宋濂的《宋学士全集》卷10《杨氏家传》则说延朗（即延昭）之子名充广，充广之子名贵迁，贵迁有三子，曰光震、光荣、光明。光震有子五人，曰文广、文真、文锡、文贵、文宣。按此说文广为延昭的玄孙，当中错了好几代。宋濂写此文时，《隆平集》传世已久，《宋史》也已梓行，不知他何以未提此二书？既写家传，当有所本，现在已经弄不清楚，只好存疑了。但文广和其曾祖充广同用一“广”字，是不太可能的，宋濂必定把其中的一个弄错了。

据《长编》《宋史》所说，杨业殁后，宋太宗赠他为太尉、大同军节度使，而欧阳修的《杨琪墓志铭》和宋濂的《杨氏家传》则说宋朝曾赠他为太师中书令；余嘉锡又说“观元人称为杨令公，则业必曾领节钺，以五代方镇，率兼中书令故也”。余说纯系推测，似未可为据。而欧阳修、宋濂所说，也未说明杨业是何时被封为太师中书令的，不能证明是当时所封。但后人既称他为老令公，则空谷来风，必有所自。我认为杨业中书令之衔并非当时所封，而是由于其子延昭、其孙文广屡建奇功，朝廷为奖掖他满门忠烈，才泽及枯骨，累至中书令的。

杨业之妻佘太君不见于正史，但常征、余嘉锡、聂崇岐等人根据大量的地方志资料考证，佘太君即折太君，佘、折一音之转，容易致误。她是府州（今陕西府谷县）永安军节度使折德扆之女。《宋史》有折德扆传，但不载嫁女与杨业事，因而有的同志对此说表示怀疑，但大多数学者还是赞成此说的。《辞海》“潘美”条云：“雍熙三年（公元986年）攻辽，指挥失当，致名将杨业陷敌战死。旋因业妻折太君控诉，削秩三等。”这个说法大体合乎历史事实。

二、宋太宗为什么重用杨业

杨业于太平兴国四年(979)58岁时归宋,65岁时殒命沙场,为国捐躯,为时只七年之久。在这短暂的七年时间里,他威震边庭,屡败辽师,成为抗辽的擎天一柱,其业绩足以彪炳千秋,光照后人。现在需要探讨的是,应当如何评价杨业入宋前的历史?宋太宗为什么要重用杨业?

关于第一个问题,有两种意见:一种认为杨业抗宋是桀犬吠尧,各为其主,无须深责;另一种则认为北宋统一北汉是具有进步意义的军事行动,杨业抗宋是很不光彩的事。北宋从960年赵匡胤建国算起,一直到979年才敉平北汉,差不多用了二十年时间,这意味着杨业进行了二十年的抗宋战争,这是事实,用不着回护。由于宋朝进行的是兼并统一战争,并无是非可分,因而杨业进行二十年的抗宋战争,不为史学家重视;而他进行的抗辽战争,虽然只有七年,由于是反抗民族压迫、民族奴役的正义战争,因而被人称为"爱国民族英雄"[6]。我们探讨杨业的抗宋战争,目的不在于论述这段历史是否光彩,而是想说明宋太宗为什么那样赏识这个负隅顽抗的北汉大将,一定要把他罗致麾下?这就是我们所要论述的第二个问题。

宋太宗之所以要招降杨业,有两个原因。首先,他需要杨业这样允文允武、智勇双全的大将来捍边御敌。宋太宗麾下的战将虽然不少,但多是赳赳武夫,临阵杀敌有余,运筹帷幄不足,能和杨业匹敌者甚少。其次,宋太宗最赏识的是杨业赤胆忠君的品质,杨业抗宋愈是激烈,他招降杨业的心情就愈是迫切。历史上有点作为的睿智明君,最喜欢那些在风云变幻之际守节不移的仁人志士,最鄙薄那些见风转舵、见利忘义的庸夫俗子。欧阳修痛斥五代时的冯道"可谓无廉耻者矣"[7],司马光说冯道"乃奸臣之尤",不过是因为冯道曾事五朝八姓,大节有亏;元世祖忽必烈在下令杀掉文天祥后,还不无惋惜地说"好男子,不为吾用,杀之诚可惜也"[8],也是尊敬文天祥威武不能屈、富贵不能淫的高风亮节;赵匡胤的大将荆罕儒在进攻北汉时牺牲,北汉主刘钧"素畏罕儒之勇,常欲生致,及闻其死,求杀罕儒者戮之"[5]。历史上这样的例子是不少的。宋太宗是历史上留心经史、熟悉掌故的帝王,《太平御览》《太平广记》《文苑英华》等书就是在他提议下编成的,他每日"阅御览三卷,因事有阙,暇日追补之,尝曰:开卷有益,朕不以为劳也"。多读书则见识广,历史上有作为的帝王的嘉言懿行,他必定是稔熟的,因此对人才问题有着不同于流俗的见解。如赵普死后,他亲撰神道碑,悲恸地说:"天不慭遗,予何自律,乃迹其景行,勒之鼎彝,昭臣范于将来,庶令名之不朽。"[9]钱若水为同州推官时,办事干练,远近翕然称之,宋太宗听说后,骤加晋擢,自幕僚晋升到枢密副使,只用了两年时间。他得到寇准,高兴地说"朕得寇准,犹唐文皇之得魏郑公也",把寇准比作魏征。这些都反映出了宋太宗求贤若渴的心情。在宋兵围太原时,北汉宰相郭无为几次劝刘继元投降,不久被杀;已经致仕的左仆射马峰,"以病卧家,舁入见北汉主,流涕以兴亡喻之,北汉主乃夜漏上十刻,遣客省使李勋上表纳款"[10]。但宋太宗在灭北汉后,从未提及过郭无为,也没有褒扬过马峰,显然是鄙薄他们的为人。而对杨业则不同。据《长编》和《宋史》统计,杨业与宋兵进行过九次大的战斗,是北汉将领中抵抗得最激烈的一个。甚至在刘继元投降后,"业犹据城苦战",他对北汉政权可谓披肝沥胆,一片悃诚。正是由于这个原因,宋太宗才不惜一切,必"欲生致之,令中使谕继元,俾招继业。继元遣所亲信往,继业乃北面再拜,大恸,释甲来见。上喜,抚慰之甚厚,复姓杨氏,止名业,寻授左领军卫大将军。丁巳,以业为郑州防御使"[2]。仅仅过了三个月,他便因"老于边事,洞晓敌情",被任命为"知代州兼三交驻泊兵马部署,上密封橐装,赐予甚厚"[2]。杨业从此才开始了他真正的抗辽生涯。太平兴国五年(980)十二月,他又被擢升为云州观察使,仍遥领郑州防御使、知代州事。"主将戍边者多嫉之,或潜上谤书,斥言其短,上皆不问,封其奏以付业。"[2]宋太宗一生的活动应当如何评价容当别论,但他在坦然不疑地任用降将、始终如一地信赖杨业这一点上,可谓知人善任,慧眼独具。杨业必定因此而受了感动,才临难不苟,以死来报答他的知遇之隆。一个吐哺握发,一个见危授命,这在封建社会的君臣关系史上,的确是一段不可多得的佳话。

三、叱咤风云的抗辽名将

以现在的观点看,契丹族是我国境内已经消亡的少数民族,他们牧马南下并非异族入侵,但他们进行的是不正义的掠夺战争,因而遭到了中原地区汉族人民理所当然的抵抗。从后梁以来,契丹奴隶主贵族就频频南下,杀无辜,劫财物,致使中原地区庐舍荡为丘墟,良田鞠为茂草。尤其是947年正月辽太宗耶律德光颠覆后晋,进入大梁后,“乃纵胡骑四出,以牧马为名,分番剽掠,谓之‘打草谷’。丁壮毙于锋刃,老弱委于沟壑。自东西两畿(大梁、洛阳)及郑、滑、曹、濮,数百里间,财蓄殆尽”。同年四月,耶律德光在北上返国途中攻破相州,“悉杀城中男子,驱其妇女而北,胡人掷婴孩于空中,举刃接之以为乐”[8]。迨至宋代,此风相沿不改,且骎骎有加剧之势。因此杨业的抗辽活动不只是为了保卫北宋的疆土不被侵犯,还是为了保护中原地区民众的生命不被屠戮、财产不被劫掠,中原地区先进的经济、文化不受到摧残和蹂躏。从客观上说,杨业的抗辽活动也符合契丹族人民的长远利益。既然这种抵抗已突破民族的局限,升华到代表整个中华民族利益的高度,说杨业是古代的爱国主义者,大概是不会有溢美之嫌的。

杨业在抗辽战场上表现出了非凡的军事才能。太平兴国五年(980)三月,契丹大军十万寇雁门,他临危不惧,仅“领麾下数百骑自西径出,至雁门北门,南向击之,契丹兵大败,杀其驸马侍中萧咄李”。他以数百骑便大破了辽师十万,因而威震塞外,“时以业善战,号杨无敌”。“业自雁门之捷,契丹畏之,每望见业旗即引去。”[2]此说容或有夸张之处,但契丹对杨业的敬畏,于此可见一斑。在他七年的抵抗生涯中,必定打过不少胜仗,才使得契丹望而生畏,可惜史籍阙如,我们已无从得知了。

雍熙三年(986)的北伐之役,对于宋朝来说,完全是一次毫无胜利希望的冒险行动。由于宋朝准备并不充分、宋太宗事事掣肘等原因,作为西路军统帅潘美副手的杨业,虽然斩将搴旗,迭挫强敌,但已无法扭转败局,再加上潘美、王侁等人的指挥失误,遂使一代抗辽名将兵败被俘,扮演了一个悲剧角色。由于杨业是抗辽的干城,因而他的牺牲,也就给宋朝带来了严重后果。在他临敌身亡四个月之后,辽兵攻占瀛州(今河北河间),宋朝大将刘廷让全军覆没,他本人仅以身免;接着平州团练使贺令图、高阳关(今河北高阳东)部署杨重进又殒命沙场。“士卒前后死者数万人,沿边诸郡创夷之卒不满万计,皆无斗志,河朔震恐。悉科乡民为兵以守城,皆白徒,未尝习战斗,但坚壁自固,不敢御敌,虏势益振,长驱而入,连陷深、祁、德等数州,杀官吏,俘虏士民,所过郡县,坚壁不下者,悉俘取村中士女，大掠纵火，所在辇金帛而去，魏（今河北大名）、博（今山东聊城）之北，民甚苦焉。”[11] 自是之后，宋兵一蹶不振，辽兵则频频南寇，如入无人之境。这种局面愈演愈烈，终至酿成了景德元年（1004）的澶渊之战。如果杨业没有受到权贵们的妒忌和排挤，如果宋太宗、潘美等人的军事指挥不失误，凭着杨业的才干和声望，本来是可以卓有成效地阻挡住辽军的入寇的，但这一切都随着杨业的死亡而烟消云散了。

杨业的声望之隆，我们可以从辽方的记载中得到印证。《辽史》于杨业被俘之后，大书特书，从本纪到有关诸将的传记不厌其烦地一再描述，于其他死节的宋将或轻描淡写，或略而不书，正反映了辽方朝野因杨业被俘而按捺不住的得意心情。《辽史》卷 11《圣宗本纪》云：“（统和四年）秋七月丙子，枢密使斜轸遣侍御涅里底、斡勤哥奏复朔州，擒宋将杨继业，及上所获将校印绶、诰敕……辛卯，斜轸奏：大军至蔚州，营于州左。得谍报，敌兵且至，乃设伏以待。敌至，纵兵逆击，追奔逐北，至飞狐口。遂乘胜鼓行而西，入寰州，杀守城吏卒千余人。宋将杨继业初以骁勇自负，号杨无敌，北据云、朔数州。至是，引兵南出朔州三十里，至狼牙村，恶其名，不进，左右固请，乃行。遇斜轸，伏四起，中流矢，堕马被擒。疮发不食，三日死。遂函其首以献。诏详稳辖麦室传其首于越休哥，以示诸军，仍以朔州之捷宣谕南京、平州将吏。自是宋守云、应诸州者，闻继业死，皆弃城遁。”

杨业不过是北伐三路军中的偏师西路军的副统帅，辽方竟然在本纪中写他的骁勇以及他行至狼牙村时的矛盾心情，在他死后又是传首辽方军队，又是以朔州之捷宣谕辽方将吏，而对职位比杨业高得多的曹彬、潘美诸人则惜墨如金，没有这样绘声绘色的描述。《辽史》卷 83《耶律斜轸传》《耶律奚低传》，卷 85《萧挞凛传》《耶律题子传》《耶律谐理传》《耶律奴瓜传》中亦有详细记载。这种不寻常的做法表明，辽方是把杨业当作主要对手的，只要擒获杨业，就可先声夺人，稳操胜券。宋军主帅曹彬在辽方眼里不过是才干平庸的将领，至于其他宋将必则自郐而下，更无须提及了。

自然，最能表明辽方对杨业敬慕的，还是古北口的杨业庙。这个庙建于何时虽不可考，但此地久已属辽，当系辽国所修。宋仁宗时的刘敞、神宗时的苏颂、哲宗时的苏辙等人奉使契丹路过古北口时，都曾凭吊过杨业庙并有诗篇传世。刘敞《公是集》卷 28《杨无敌庙》诗云：“西流不返日滔滔，陇上犹歌七尺刀。

恸哭应知贾谊意，世人生死两鸿毛。”苏颂《魏公集》卷13《和仲巽过古北口杨无敌庙》诗云：“汉家飞将领熊罴，死战燕山护我师。威信仇方名不灭，至今遗俗奉遗祠。”苏辙《栾城集》卷16《奉使契丹二十八首》云：“行祠寂寞寄关门，野草犹知避血痕。一败可怜非战罪，太刚嗟独畏人言。驰驱本为中原用，尝享能令异域尊。我欲比君周子隐，诛彤聊足慰忠魂。”诗中一片惋惜之情，可谓溢于言表。从文学角度看，这些诗虽然算不得上乘之作，但如从史学角度看，由于他们是把所见所闻写入诗篇的，因而其史料价值决不在其他史籍之下。

事情并没有到此结束。杨业牺牲于山西朔州，何以庙却建在北京密云之古北口？顾炎武曾批评《大明一统志》说：“一统志，杨令公祠在密云县古北口，祀宋杨业。……业生平未尝至燕，况古北口又在燕东北二百余里，地属契丹久矣，业安得而至此！且史明言雁门之北口，而以为密云之古北口，是作志者东西尚不辨，何论史传哉！”[12]顾氏此说只是否认密云县古北口杨业庙的真实性，并未怀疑杨业为国捐躯的气节。有的同志则推断说，由于杨业已经向辽乞降，辽方为表彰自己的降臣，因此才将庙建于密云县之古北口，而不是山西朔县之北口。其文云：“在苏辙奉使北上途中，距朔州战场颇远。其史料价值并非‘不在其他史籍之下’，而是远在其他史籍之下。宋人表彰自己的忠臣，辽人表彰自己的降臣，均是各有所需，不为可怪的。”[13]这一论点新则新矣，奈经不起推敲何！且不说杨业乞降一说是子虚乌有，即使真有乞降之事，《辽史》也说他被俘后三日不食，加上箭伤严重，终致殒命，他一天也没有为辽方效过力，辽方便为之立庙祭祀，这难道是可能的吗？辽方有那么多谋臣武将如耶律隆运、耶律斜轸等人，为什么弃而不顾，偏要为这位降将军立庙？是因为他投降有方？或是气节可风？还有，既是宋方的忠臣，怎么又是辽方的降臣？敌对的双方怎么会同时表彰同一个人物？这些疑窦都不是主张投降说者所能解释清楚的。唯一合理的解释就是杨业为国尽节，殒身不恤，因而宋辽双方都认为有必要激励自己的臣子像杨业那样鞠躬尽瘁，公忠体国。因而宋方又是处分潘美、王侁等人，又是封杨业的儿子为官，辽方则在自己境内为杨业立庙。宋太宗和辽圣宗均非昏君，在这一点上倒是灵犀相通的。

行文至此，似乎还未解释清楚为什么杨业的庙宇不立在他殒身之地的山西朔州，而立在密云县的古北口。余嘉锡说：“吾尝综合诸书而观之，业但战败于陈家谷，非死于陈家谷也。辽人曾下令军中，必欲生擒继业，盖爱其忠勇，欲俟其屈服而后重用之，如后来康保裔、王继忠之比。既已阵擒其人，自必遣兵押送，致之燕京，使面其虏主。业求死不得，乃绝食自戕，经三日之饿，遂死于古北口耳。”这种推论虽能自圆其说，但仍给人以附会之嫌。厉鹗《辽史拾遗》卷14云，刘敞、苏辙之诗是在奉使时作的，“则祠刱（同“创”）自辽日可知，无敌忠义感动敌境，又何论古北口之非陈家谷也”。这才算道出了事情的真谛。

自然，人们之所以怀念杨业，不仅因为他是位声誉卓著的抗辽名将，还因为他是个狷介耿直的官吏。“邺勇而有谋，与下同甘苦。代北苦寒，未尝独设炭。为政简易，郡民爱之，天下闻其死，皆为之愤叹。”[14]武将而兼循吏，公忠体国而又驭下有方，无论从哪方面说，杨业都是封建社会一个值得肯定的人物。

参考文献

[1]欧阳修.欧阳文忠集[M].四库全书本.

[2]李焘.续资治通鉴长编[M].上海：上海古籍出版社，1987.

[3]余嘉锡.余嘉锡论学杂著[M].北京：中华书局，1977.

[4]聂崇岐.宋史丛考[M].北京：中华书局，1980.

[5]脱脱，等.宋史[M].北京：中华书局，1977.

[6]顾全芳.谈北宋杨家将的爱国主义精神[N].光明日报，1984-08-01.

[7]欧阳修.新五代史[M].北京：中华书局，1974.

[8]司马光.资治通鉴[M].上海：上海古籍出版社，1987.

[9]李攸.宋朝事实[M].北京：中华书局，1958.

[10]彭百川.太平治迹统类[M].丛书集成初编本.

[11]徐松.宋会要辑稿[M].北京：中华书局，1957.

[12]顾炎武.京东考古录[M].北京：北京古籍出版社，1982.

[13]降大任.再谈杨业晚节的疑点[J].山西大学学报，1983(4).

[14]曾巩.隆平集[M].台北：文海出版社，1980.

（原载《河南大学学报》1986年第4期）

论宋金海上之盟

北宋末年，长期受辽朝统治的女真族崛起于白山黑水之间，接着便以摧枯拉朽之势向辽国展开了进攻。已经和辽国弭兵修好一百余年的北宋统治集团，为了从辽朝手中夺回燕云十六州之地，于重和元年（1118）“遣武义大夫马政由海道使女真，约夹攻辽”。这就是历史上的宋金“海上之盟”。具有讽刺意味的是，1125 年辽天祚帝被金人俘获，辽国宣告覆亡，而在这之后两年，即靖康二年（1127），徽、钦二帝也成了金人的阶下囚。一个世世代代居住在边陲荒徼的弱小民族，何以能在短短十几年时间里纵横捭阖，连灭两个大国？清初思想家王船山认为，辽国是以就尽之运，抗金国锐气方张之师，即使宋朝以倾国之力援助辽国，也不能挽狂澜于既倒，延续辽朝国祚，更不能阻遏金人南下，不向宋朝发动进攻。因此，宋朝“通女直之与不通，等也；援辽之与夹攻，等也”。“夹攻也，援辽也，静镇也，三者俱无以自全。”这个看法不能说没有道理，问题在于：王船山是看到了辽宋覆亡的结局，才得出这个结论的。从宋辽两国的情况来看，灭亡并不是必然结局，与其说宋辽是亡于金国的强大，毋宁说是亡于自己的腐败。假如宋辽统治集团能够勠力同心，整军经武，励精图治，金朝能否立国还在未定之天，更不必说奄有天下了。

一

北宋图辽之议，始于徽宗政和年间。政和元年（1111）童贯使辽，燕人马植（即赵良嗣）献灭辽之策说：“本朝若自登、莱涉海，结好女真，与之相约攻辽，其国可图也。”徽宗“固欲交女真图契丹”，亲自召见，赐姓赵氏，并授以秘书丞之职。但是宋、辽两国并无龃龉，宋徽宗虽有图辽之心，却无隙可乘，只好隐忍不发。迨到政和七年(1117),渤海汉人高药师因女真人进攻辽国,避乱浮海来到登州,“言女真建国,屡破辽师”,再次勾起了徽宗恢复燕云的兴趣。原来宋朝与女真之间有一条海上贸易通道,宋太祖建隆年间,女真人多次自苏州(今辽宁金州)泛海至登州售马,宋太宗两次伐辽,几次遣人乘槎浮海至女真市马,也是走的这条道路。以后虽然双方贸易中辍,海路不通,但故道犹存。宋徽宗惊喜之余,马上于重和元年(1118)遣马政随同高药师以买马为名,由海道使女真,相约伐辽。就这样,宋朝不顾信义,背盟毁约,挑起了对辽国的战争。

其时,女真族的首领完颜阿骨打虽已建国称帝,并占据了辽朝渤海、辽阳等五十四州之地,但辽国毕竟是立国两世纪之久的大国,无论是经济力量还是军事力量,都相当雄厚,阿骨打能否一鼓而下占据全辽之地,尚无十分把握,正需要与宋朝结为犄角,联袂图辽,因此他对宋使表现了异乎寻常的热情,遣人“赍图书并北珠、生金、貂革、人参、松子为贽”。宣和二年(1120)八月,赵良嗣使金,提出收复燕云一事,并许金方金帛三十万两匹,经过一番讨价还价,宋方同意将缴纳辽国的五十万两匹银绢悉数交给金人,宋兵攻夺燕京析津府(今北京),金兵攻取中京大定府(今内蒙古宁城西大名城)。九月,宋徽宗再派马政使金,商定起兵日期,同时送去一封国书,正式提出:“所有五代以后陷没幽蓟等州旧汉地及汉民,并居庸、古北、松亭、榆关,已议收复,所有兵马彼此不得过关外,据诸色人及贵朝举兵之后背散到彼余处人户,不在收留之数。银绢依与契丹数目岁交,仍置榷场。计议之后,契丹请和听命,各无允从。”然而金方只答应归还山前之地,对于山后之地,西京(即云州,今山西大同)可以考虑,其他几州则态度暧昧,不置可否。尽管这只是一纸虚无缥缈、未必能够兑现的协议,宋徽宗君臣却兴高采烈,以为唾手可得燕云十六州之地。谁能料得到,就在他们弹冠相庆之时,社稷倾覆的厄运,已经悄悄地降临。

二

北宋与金人缔结盟约共同图辽,无论从哪个角度说,都是北宋统治集团的一个重大失误。

第一,从历史上看,燕云十六州之地是五代时后晋石敬瑭割让给契丹的,从未隶属过宋朝，这十六州是山前的幽、蓟、瀛、莫、涿、檀、顺七州，山后的新、妫、儒、武、云、应、寰、朔、蔚九州，范围不出今天的北京市与河北、山西两省。另有营、平二州是辽朝以武力夺取的，不在十六州之数。周世宗柴荣北伐，夺回瀛、莫二州，余下的十四州加上营、平二州，仍为十六州。宋太祖赵匡胤建国之初，曾有过山河一统的雄心壮志，但以疲羸之卒、拮据之财，自料不能稳操胜券。曾想以财帛赎取，可惜的是，他的打算还未及实现便赍志以殁；宋太宗两次北伐，都铩羽而归，辽圣宗牧马南寇，宋真宗起倾国之兵迎战，也只是旗鼓相当，不得不以每年向辽国缴纳银绢三十万两匹的代价，订立"澶渊之盟"。从太祖至真宗三朝，战将如云，谋臣如雨，可谓人才济济，尚不能从辽国讨到一点儿便宜，昏庸贪婪的宋徽宗却想兵不血刃就夺回燕云十六州，这无疑是痴人说梦！

第二，从经济观点来看，宋朝虽然每年向辽方缴纳银绢五十万两匹（原为三十万两匹，辽兴宗乘宋夏交兵之际，又强迫宋朝增纳银绢二十万两匹），但在宋朝庞大的经费开支中，这只不过是微不足道的数字。蔡京罢官复职，一次就向徽宗献纳"数十万缗"，与宋纳于辽的币帛数目相埒；欧阳修在做河北都转运使时，给宰相上书说，河北军民为了防止辽邦入侵，"岁支粮钱帛二千四百四十五万（缗），而非常之用不与焉"。仅仅是弹丸之地的宋辽边境，戍守费用已是向辽国输纳金帛的四十多倍，全国的财政支出不知要高出五十万的多少倍！可见区区五十万两匹的银绢，不会给宋朝的财政带来任何压力。方腊在控诉宋朝的弊政时说，朝廷岁赂北二虏（指辽、西夏）银绢以百万计，"二虏得此益轻中国，岁岁侵扰不已"，这只是号召农民参加起义的激愤之言，并非当时的实际情况。就是这五十万两匹银绢，宋方又通过双方边境的榷场贸易得到了补偿，"议者谓：祖宗虽徇契丹岁捐银绢五十万两匹之数，盖榷场与之为市，以我所不急，易彼所珍，岁相乘除，所失无几"。宋祁则认为，宋朝从榷场贸易中赚到的钱，约等于岁币的十分之六。岁币对于宋朝来说虽无足轻重，但对出产贫瘠的辽朝来说，却是一笔至关重要的收入。到辽兴宗之世，"南北无事，岁受南朝馈遗百四五十年，内府之储珍异，固山积也"。辽兴宗用宋朝增加的二十万岁币中的十分之二减燕云地区的租赋，老百姓已是感戴无涯，及至道宗时，"遂尽用银绢二十万之数，减燕云租赋。故其后虏政虽乱，而人心不离"。宋朝既未受到经济损失，燕云地区的百姓也未生活在水深火热之中，无须宋军救焚拯溺，宋朝完全没有必要大动干戈去占领自己从未管辖过的燕云十六州之地。

第三，从宋辽关系看，自1004年的“澶渊之盟”后，桴鼓不鸣，刀枪入库，双方未再以兵戎相见。邈邈边塞，士卒无征戍之苦；抱布贸丝，宋辽有兄弟之谊，从而开创了民族关系史上史无前例的新篇章。辽道宗求真宗、仁宗画像，按照“烧饭”之俗加以祭祀，而这种礼节只有在祭天与祖宗时方才举行，“北狄自黄帝以来为诸夏患，未有事中国之君如事天与祖宗者”。在溘逝之前，他还念念不忘告诫其孙天祚帝耶律延禧：“南朝通好岁久，汝性刚，切勿生事。”又嘱咐左右大臣，倘嗣君轻举妄动，损害宋辽关系，应当谏止。与宋结欢的一片悃诚，灼然可见。当时宋辽双方弭兵修好，划疆而治，是处理宋辽关系唯一可行的方案。宋朝不去珍惜这一友谊，反而与掠夺成性的女真奴隶主集团结盟图辽，这无疑是与虎谋皮。

第四，从宋朝本身的情况看，徽宗时期，“朝廷之上，荡无纲纪，蔡京、蔡攸、童贯之徒，纵恣于上，高俅、杨戬、朱勔之党，朋邪于下，徽宗悉由诸奸播弄”，成为中国历史上最黑暗的王朝之一。自蔡京父子倡“丰亨豫大”之说后，朝廷先后设立了“造作局”“应奉局”，搜刮东南各郡居民花石竹木与珍异物品，许多百姓因此倾家荡产。为了掠夺农民土地，设置了“西城括田所”，把百姓的膏腴良田当作无主荒田收归国有，然后再租佃给农民，“一邑率于常赋外增租钱至十余万缗，水旱蠲税，此不得免”。由于北宋统治集团挥霍无度，致使财政拮据，入不敷出，徽宗即位后，一年的财政收入只够几个月的开支。为了弥补亏空，徽宗一伙不惜杀鸡取卵，竭泽而渔，蔡京、童贯、王黼等人竟然公开卖官鬻爵，这些钱财大都装入了私囊，他们都成了腰缠万贯、富可埒国的大地主。为了筹集进攻燕山的经费，王黼等人别出心裁，令百姓出钱代役，谓之“免夫钱”。宣和四年(1122)，天下所入凡六千二百余万缗，但到宣和七年春天，已被王黼等人挥霍殆尽，只余六百万缗，其中有二千二百余万缗竟然查不出下落！朝政之黑暗，由此可见一斑。

与此形成鲜明对照的是，蚩蚩小民呻吟于苛政之下，颠沛流离，辗转沟壑，求一日温饱而不可得。有压迫就有反抗，蓄之既久，其发必速。于是，方腊登高一呼，万众响应；“宋江以三十六人横行河朔，转掠十郡，官军莫敢撄其锋”。方腊、宋江不过是农民起义中较大的两支，其他小股义军，遍及南方各郡。西夏也屡屡寇边，仅宣和元年(1119)的一次交锋，宋方就“士卒陷没者十万”。后来西夏虽被宋兵打退，但宋朝已经是元气大伤，财匮民穷了。农民起义的熊熊烈火已烧得宋朝统治集团焦头烂额，自顾尚且不暇，还要出兵进攻辽国，可谓不识时务。

第五，就全国的情况看，女真人还是辽国的附庸时，就已“阴怀异志，吞并旁近部族，或诬以诱纳叛亡，或诈云盗藏牛马，好则结亲以和取之，怒则加兵以强掠之，力农积粟，练兵牧马”，准备取辽而代之了。史学家们一向把女真人起兵归因于辽国强迫女真人缴纳海东青，使者贪纵、征索无度和辽使每至女真必索美女荐枕两事，这自然是阿骨打起兵的契机，其实，即使没有这些事件，阿骨打也会寻找别的借口，向辽国发动进攻的。金人进行的战争，可分作三个阶段：起兵初期是反抗民族压迫的正义战争；从 1114 年攻破辽之宁江州（今吉林扶余城东南石头城子）到 1125 年天祚帝被俘，进行的是掠夺战争；从 1125 年到 1127 年灭亡北宋，才是封建统一战争。宋朝联金图辽是在第二个时期。当时金国“地狭产薄，无事苦耕可给衣食，有事苦战可致俘获”，掠夺别人财富成了他们的特殊嗜好。正如恩格斯所说：“邻人的财富刺激了各民族的贪欲，在这些民族那里，获取财富已成为最重要的生活目的之一。”金兵所到之处，杀人越货，“丁壮斩戮无遗，婴孺贯之槊上，盘舞为戏，所过赤地无余”。攻破宁江州，无少长皆杀之；出河店之役，“杀获首虏及车马甲兵珍玩不可胜计，遍赐官属将士，燕犒弥日”；攻陷苏州（今辽宁金州）、渤海、辽阳等地，“杀戮汉民计数百万”，财物洗劫一空。在宋金交往中，金使每至汴京，宋朝都“张宴其居，辄陈尚方锦绣、金玉、瑰宝以夸富盛。由是女真益生心”。宋朝挹彼注此，把给辽的岁币转赠给金人，想以此换取燕云之地，与金国划疆而治，这自然是不切实际的幻想。

围绕是否应该图辽这一问题，宋朝统治集团内部展开了激烈的争论。与女真长期为邻的高丽国，借求医为名向宋朝建议，应存契丹，为中国捍边，徽宗摒而不纳。太宰郑居中剀切上言，宋辽自“澶渊之盟”以来，几二百年，兵不识刃，农不加役，牛马布野，天下宴然，一旦与辽开衅，“苟或必胜，则府库乏于犒赏，编户困于供役，蠹国害民，莫过此也。脱或不胜，则患害不测”。大臣安尧臣认为，宋辽之间辅车相依，唇亡齿寒，应该“杜塞边隙，务守旧好，无使外夷乘间窥中国，上以安宗庙，下以慰生灵”。中书舍人宇文虚中也慷慨陈词：用兵之道，必须知彼知己，才能百战不殆。如今沿边州郡帑藏空虚，武备刓缺，即使孙武、吴起复生，也无万全之策。金如灭辽，必贪心不止，越逸疆圉，牧马南寇，臣恐边患频仍，永无宁期，万不可操切行事。但是言者谆谆，听者藐藐，徽宗一概置之不理。

宰相王黼提出:“兼弱攻昧,武之善经也。今弗取,女真必强,中原故地将不复为我有。”徽宗本有意图辽,王黼的话正合其意,当即作出了愚蠢的联金图辽的决定。这个重大失误,终于把北宋王朝拖入了万劫不复的境地!

三

宣和四年(1122)徽宗应金人之约攻辽,命童贯为河北、河东路宣抚使,蔡攸为副使,屯兵十五万于宋辽边境,待时而动。童贯、蔡攸两人,一以阉进,一以幸进,都是不谙韬略的纨绔子弟,以为燕京指日可下,功业唾手可得。童贯尚未与辽兵交锋,即到处张贴榜文,表示如有人以燕京来献,即授以节度使之职,摆出睥睨一切,胜利在握的架势。而辽兵虽屡败于金人,但对付宋军却绰有余裕。这年五月,童贯麾下大将种师道、辛兴宗在宋辽边境望城县的兰沟甸和范村大败而归,“自雄州之南、莫州之北,塘泊之间及雄州之西保州、真定一带,死尸枕藉,不可胜计”。辽兵追至雄州城下,遣使相责说:南朝因一时之小利,弃百年之旧好,实在不足取。救灾恤邻,古今通谊,伏望三思。种师道认为此说有理,劝童贯议和,童贯却和王黼勾结,诬种师道通贼,强迫他交出军权致仕。宋军败绩,徽宗本欲班师,忽然收到了辽国天祚帝播迁、耶律淳病死的消息,认为有隙可乘,再增兵二十万,命刘延庆为都统制以取代种师道,再次伐燕。辽国高凤、常胜军将领郭药师分别以易、涿二州来降,耶律淳的遗孀萧妃惊慌失措,遣使向宋称臣,童贯借口称臣而未纳土,拒而不受,命刘延庆率师五十万由雄州渡过白沟(今河北臣马河)向燕京进发,“鼓鼙振天,自出师之盛,未有甚于此者”。但在燕京城下又被辽兵所败,刘延庆烧营而遁,士卒蹂践死者百余里,奔堕崖涧者莫知其数,“军中辎重金帛,凡朝廷竭国力经营北事者,所备悉为虏得”。辽国在金人打击下,已是爝火余烬,行将澌灭,而宋军竟然屡为所败,说明宋朝是比辽国更为腐朽的王朝。这年年底,金人兵不血刃地占领燕京,在这之前已先后占领东京、上京、中京、西京,至此,辽朝五京悉为金人所有。金人起初还认为宋是大国,未可小觑,但是宋军自出师以来,一败涂地,毫无建树,金人知宋朝软弱可欺,因此不但不想履行“海上之盟”的协议,而且秣马厉兵,跃跃欲试,准备乘战胜余威,去吞并宋朝了。这样,宋朝收复燕云的谈判,便陷入了泥淖之中。

还在金人未下燕京之前，宋金双方便使轺相接，就燕云的归属问题讨价还价了。金人恐宋人捷足先登，占领燕京，岁币不可得，况且当时辽将郭药师降宋，刘延庆也在向燕京进军途中，因此答应归还燕云之地。这本来是权宜之计，宋使赵良嗣却信以为真，以为和约可恃，但是等到金人占领燕京，态度马上变得强硬起来。宣和五年(1123)正月，赵良嗣使金，请求归还燕京、西京(今山西大同)之地，同时要求一并归还平、营、滦三州。金人责宋朝未如约出兵，只许交还燕京及涿、易、顺、景、檀、蓟六州，而燕京租税归金人收取。土地归宋、租税归金，这分明是存心讹诈，拒人于门外，同时涿、易二州本为宋军夺取，金人实际归还的只有燕京及顺、景、檀、蓟四州弹丸之地，比宋朝原来的设想小了许多。

这年三月，赵良嗣再次使金，提出归还营、平、滦三州，金人答以营、平二州乃五代时刘仁恭赂辽之地，滦州则系辽人从营、平二州析出之州，不在十六州之数，与宋朝了无干系。宋人不熟悉这一段掌故，无话可说。宋使又提出云州，金人亦靳而不与。宋使"欲得燕山，且掩挫败之丑，以塞中外之议，因割燕山府、涿、易、檀、顺、蓟、景为一路，而归其代税钱一百万缗"。金人又提出，一百万缗须折合成宋朝货物交纳，于是又折"绢三十万匹，丝棉等称是。虏人每喜南货，故虽木棉亦二万段，香犀、玳瑁、碗碟、匙箸皆折阅倍偿之，至于龙脑每两但折八贯"。由于货物折价甚低，事实上宋人付出的代价，已大大超过了一百万缗。金人知道宋方索燕心切，邀索不已，一塔一屋也要宋方用钱赎取。临撤退时，拆毁了燕京城内的防守工具，直到把燕京洗劫一空后，才带着燕京城中的职官、民户、技术、嫔嫱、倡优、黄冠、金帛、子女等席卷而东。宋朝劳民伤财，损失岁币几百万缗，在四月份进入燕京时，得到的仅是一座凋敝不堪的空城！燕京背靠燕山，南面地势坦荡如砥，只有东西两侧五个险关雄隘可以戍守，即易州西北之紫荆关、昌平西北之居庸关、顺义北之古北口、景州东北之松亭关、平州东之榆关(山海关)。这五关地势险要，一夫当关，万夫莫开，欲扼守燕京，必须牢牢控制这五座关口。金人既据有平州，则榆关之险已为彼所有，可随时移师南下攘夺燕京。金人占据平州，就是为了把它当作攻宋的桥头堡，而宋朝竟浑浑噩噩，毫无觉察！

由于燕京残破，士庶流离，来宋军就食者络绎不绝。宋朝无粮可调，只得将这些嗷嗷待哺的饥民安置到附近州县赡养，大县数千口，小县也不下五七百口。但邻近州县也因干戈扰攘而满目疮痍，没有余财供养这些饥民，因此托钵告货、行乞街头者比比皆是，一些曾经在燕京做过官吏的流民，甚至揭榜通衢，写上旧日官衔，以求行人施舍，燕京社会秩序的混乱，达到了无以复加的地步。不宁唯是，宋朝在收复燕京后，命降将郭药师接管。他本是一个无赖宵小，见辽国将亡，转而降宋，宋徽宗倚畀甚殷，给以不次之赏，将燕京交给他戍守。郭药师部荡无纪律，肆意占人邸舍，抢人财帛；他又命部下经商牟利，舟车遍及诸路，还聚集工匠打造玉器宝玩，赂送宋朝的权贵，甚至无权无势的小宦官也有馈遗。燕京居民原来生活安定，与金、宋两国的掳掠劫夺形成了鲜明的对照，他们的失望与不满，自然不难想象。蔡京在贺表中，吹嘘燕京"遗民戴白垂髫，欢呼而解衽；壶浆箪食，充塞而载途"，完全是不切实际的胡诌！

为了供给燕京驻军，宋朝从河北、河东、山东三路调运粮秣，由于路远程赊，往往十数石之粮，运到燕京时只剩了一石。这三路本来积粟不多，经不起频频调发，只一年光景府库存粮便已告罄。宋朝政府下令江、淮、湖、广、闽、浙、川等地居民交纳"免夫钱"，每丁三十贯，违者军法从事。"寻又诏宗室、戚里、宰执之家及宫观、寺院一例均敷，于是遍率天下，所得才二千万缗，而结怨四海矣。"宋朝本欲收复燕山，大展国威，却弄巧成拙，搞得天怒人怨，成了蠹国害民的一项弊政！尽管如此，宋徽宗却认为大业已定，夙志已酬，歌舞升平，论功行赏，擢升王黼为太傅、童贯为徐豫国公、蔡攸为少师、赵良嗣为学士，又命王安中作《复燕云碑》。这一伙昏君佞臣醉生梦死，全不以国事为意，而金国君臣却秣马厉兵，磨刀霍霍，伺机向宋朝进攻了。

为了进行兼并战争，统一天下，金人在窥测方向，寻找时机，以求一逞。他们在燕京撤退之时，就拆毁了防守工事，以为卷土重来之举，"时便有语谓：使中国修理，二三年间却取之"。由于双方使者往还频繁，金人对宋朝道路险易、朝政得失、府库虚实均已了若指掌，宋朝却未采取任何防范措施。宣和五年（1123）五月发生的张觉叛金事件，给宋金关系蒙上了一层阴影。张觉原为辽国平州守将，燕京陷没时降金，金人改平州为南京，命张觉为留守，不久他便据城叛降于宋。他依违于宋金之间，都非诚心归依，"盖欲乘时以徼利耳"。宋徽宗不察究竟，下诏褒奖，授以节度使之职。金将宗望（斡离不）攻破平州，张觉逃入燕京，金人多次移檄索取，宋朝不得已，缢杀之，送其首于金人，"自是，降将率皆解体"。宋朝这一举动，不但授金人以柄，使他们找到了南下的借口，而且为丛驱雀，把郭药师等辽国降将推向了金人一边。

金人本欲大举伐宋，旋因金太祖阿骨打于这年八月病殂，太宋吴乞买新立，天祚帝尚未俘获，不暇分兵旁骛，为了迷惑宋朝，又主动归还武、朔二州之地。马扩向童贯建议速营边备，移陕右之兵入燕京，以防金人入寇。童贯则认为，金国人心未附，不敢擅生边隙，不必小题大作。宋徽宗更是厌闻边事，下诏“敢妄言边事者，流三千里，罚钱三千贯，不以赦荫减，由是无敢言者”。金人得以从容准备。

宣和七年(1125)二月，辽天祚帝为金人俘获，耶律大石西逃，金人既已无后顾之忧，侵宋的准备工作也已就绪，便在这年十月以宋人渝盟纳叛、不肯借粮为口实，分两路大举攻宋。一路由宗翰率领，自云中趋太原；一路由宗望率领，由平州入燕山。金军纵横驰骋，如入无人之境，宋军稍一接触，便望风溃逃，宗翰连陷朔、代二州，进围太原；宗望也大败宋军，“郭药师降，燕山州县悉平”。宋朝惨淡经营了两年的燕云地区，又落入了金人手中。在这之后，局势急转直下，又过了两年，即靖康二年(1127)，徽、钦二帝为金人所俘，这样，北宋以联金开始，以覆亡告终，终于吞下了自己酿造的苦酒。

(原载《中州学刊》1987 年第 4 期)

略论宋金关系的几个问题

纵观金国一百二十年的历史,宋金之间桴鼓相攻之时多,朗月霁风之时少,远不如宋辽关系融洽和谐。1234 年,宋蒙联军灭金于蔡州,从此,这个女真族建立的国家便销声匿迹于史乘之上。全面论述宋金关系,不是一篇短文所能说清楚的,本文只就宋金关系中争论较多的几个问题略陈己见,以期得出比较合理的结论。

一、如何评价宋金“海上之盟”

所谓“海上之盟”,是指宋徽宗年间,宋人由登州乘槎浮海赴金相约攻辽一事。宋朝从政和七年(1117)至宣和五年(1123)七年之间,十次遣使赴金,就燕云十六州的归属及善后问题进行了反复的争论,1123 年四月宋兵进入燕京。但是,宋人席不暇暖,金人便于宣和七年(1125)败盟,大举侵宋,靖康二年(1127)徽、钦二帝被金人俘获,北宋沦亡。以联金开始,以覆亡告终,这个结局是宋人始料不及的。

如何评价“海上之盟”及宋朝收复燕云失地的活动,史学界看法并不一致。一种意见认为:“由于辽朝危亡已在旦夕,势必威胁到北宋的安全,北宋为把女真族的进军局限在原契丹人地区,并想乘机收回被辽占去的土地,便在宋金间发生燕云地区的交涉。”[1]这个结论未免下得武断了些。宋人想收复燕云十六州是实,但辽的覆亡并不意味着北宋的安全一定受到威胁,宋徽宗君臣也不可能未卜先知,预料到女真人亡辽之后,便马上挥戈南下,事先未雨绸缪,把女真人进攻的矛头局限在原契丹人统治地区,因为历史上划疆而治、互不侵扰的事例并不少见。清人王夫之认为:“辽之既灭,女直之志已得,未尝有全举中国之成心也。”至于金人在灭辽后不久即牧马南寇,那是因为“宋人召之挑之,自撤其防以进之,于是而欲逞志于宋,乃且无定情焉”。应该说,这个见解还是比较中肯的。

另一种意见认为:“北宋联金复燕的策略在当时的条件下是可行的。”[2]何以见得呢?作者列举了四条理由,其中最主要的是,宋辽关系不平等,宋人要缴纳岁币五十万,燕云之地未复,因而联金攻辽,远交近攻,策略可行。宋朝“虽然花费了岁币五十万的代价,宋金和好也是不平等的,但与辽的和好关系相比,毕竟是前进了一步,那就是收复了燕京及其六州土地,为北宋争得了领土,这对于北宋来说是有好处的”。这一见解也难以使人苟同。既然宋人向辽缴纳岁币五十万是不可取的,为何向金缴纳岁币就“前进了一步”呢?首先,宋人设想的是归还燕云全部失地,而金人只归还了燕京及涿、易、檀、顺、蓟、景六州之地,离宋人要求甚远。其次,收复燕京等地是付出了巨大代价的,宋人交出一百万缗代税钱,金人又提出折中国货物以补其阙,于是折“绢三十万匹,丝棉等称是。虏人每喜南货,故虽木棉亦二万段,香犀、玳瑁、碗碟、匙箸皆折阅倍偿之,至于龙脑每两但折八贯”[3]。由于折价甚低,宋方付出的代价已远远超过了一百万缗。尽管如此,等到童贯、蔡攸等人于1123年四月进入燕京时,“燕之职官、富民、金帛、子女皆为金人尽掠而去,惟存空城而已”。金人在撤退之前,又“大毁诸州及燕山城壁楼橹,要害皆平之”,并放风说:“中国修理三二年间,却取之。”[4]这分明是为以后毁约败盟留下伏笔,由此可见金人居心叵测,并无归还燕京的诚意。宣和七年(1125)十月,金将宗翰(粘罕)、宗望(斡离不)分两路入寇,燕京又沦入敌手,距宋朝收复只有两年半之久!再次,燕京等地经过金人的洗劫,生产凋敝、士庶流离,辗转沟壑、嗷嗷待哺的饥民比比皆是,给宋朝造成了巨大负担。为了养活这些人口及燕京驻军,宋朝不得不从全国各地调运粮食,而河北、山东又首当其冲。《续资治通鉴》说:“时河北、山东转粮以给燕山,民力疲困,重以监额科敛,加之连岁凶荒,于是饥兵并起为盗。”山东张万仙有众十万,张迪有众五万,河北高托山有众三十万,其余二三万者不可胜数。收复燕云而带来的严重后果,已使宋朝到了焦头烂额的地步。本文无意强调宋朝收复燕云所带来的恶果,但是如果细加考察便可发现,无论从哪个角度说,宋朝收复燕云都不是一项明智之举。

首先从军事上看,燕云十六州之地是五代时后晋石敬瑭割让给契丹的,从未隶属过宋朝管辖。以赵匡胤之强，尚不能稳操胜券，曾打算以金帛赎取；宋太宗两次伐辽，都铩羽而归；真宗不得不与辽朝签订每年缴纳三十万两匹银绢的“澶渊之盟”。虽然辽朝在天祚时朝政混乱，廊庙蠹朽，但燕云之地归辽已久，居民乐业，生活安定，“故其后虏政虽败，而人心不离”。以现在的观点看，辽朝统治的地区也是古代中国的一个组成部分，没有理由要求燕云地区一定置于宋朝的管辖之下，宋朝更没必要兴师动众，去收回根本不属于自己的土地。更何况宋徽宗“溺信虚无，崇饰游观，困竭民力，君臣逸豫”[5]，弄得民怨沸腾，国势阽危，自顾尚且不暇，却想借金之力收复燕云之地，这无疑是引狼入室，作茧自缚。

其次，从经济上看，宋朝虽然每年向辽输纳银绢五十万两匹（原为三十万，辽兴宗时增为五十万），乍看起来，数目不小，但在宋朝庞大的经费开支中，这只不过是个微不足道的数字，不会给宋朝的财政带来任何压力。蔡京罢官复职，一次就向徽宗献纳“数十万缗”，几乎与宋给辽的币帛数目相等。河北军民为了防止辽朝入侵，“岁支粮钱帛二千四百四十五万（缗），而非常之用不与焉”，这已是宋朝向辽输纳金帛的四十余倍！更何况宋朝在与辽朝的榷场贸易中获利不少，用赚来的钱支付岁币，宋朝并未受到多大损失。“议者谓：祖宗虽徇契丹岁捐银绢五十万两匹之数，盖榷场与之为市，以我所不急，易彼所珍，岁相乘除，所失无几”[3]。宋朝与辽交恶后，关闭边境榷场，再从并不充裕的国库中拿出五十万来付给金人，孰得孰失，那是不言自明的。

再次，从宋辽关系看，自 1004 年的“澶渊之盟”后，双方没有发生过大的冲突，正如岳珂《桯史》所说：“中国（指宋朝）与契丹讲和，今逾百年，间有贪吝，不过欲得关南十县而止耳；间有傲慢，不过对中国使人稍亏礼节而止耳。”小有龃龉，并不损害两国关系，辽人从未萌生过颠覆宋朝社稷的企图。辽圣宗称真宗为兄皇，闻真宗崩逝而泣，见官员犯真宗之讳而怒[6]；兴宗“以其画像献宋，求易真宗御容以代相见，笃兄弟之情”[6]；道宗临逝之前，谆谆告诫天祚帝耶律延禧“南朝通好岁久，汝性刚，切勿生事”[6]，结欢宋朝的一片悃诚，灼然可见。以阿骨打为首的女真族统治集团，唯掠夺是务，他们还没有把握倾覆辽朝时，便与宋结为犄角，联袂图辽；一旦见宋朝软弱可欺，又背信弃义，毁约败盟。这种翻云覆雨、唯利是图的行径，正是奴隶主集团的本色。宋朝对此不察，弃辽而联金，实在是不足取的一着败棋。

二、怎样看待绍兴九年金人归还陕西、河南事件

金人于1125年十月两道进攻北宋，1127年四月徽、钦北狩，金人饱掠而去，“凡法驾、卤簿，皇后以下车辂、卤簿，冠服、礼器、法物，大乐、教坊乐器，祭器、八宝、九鼎、圭璧，浑天仪、铜人、刻漏，古器、景灵宫供器，太清楼秘阁三馆书、天下州府图及官吏、内人、内侍、技艺、工匠、娼优，府库畜积，为之一空”[5]。这么快就覆亡了北宋，实在使金国奴隶主统治集团感到意外，如何统治这偌大的一片疆土，是金国统治者面临的新课题。他们知道，如果把草原地区的统治方式搬到以农业为主的中原地区来，肯定不会获得成功；同时鉴于辽太宗耶律德光入寇汴京，最后不得不返旆北归，于途中殂逝的惨痛历史教训，金人不敢贸然进行直接统治，因而立傀儡以收遥控之效，就成了金人的当务之急。正如王夫之所说：“汴京破而立张邦昌、刘豫者，修石晋之故事也。”1127年立张邦昌为楚帝、1130年立刘豫为齐帝，都出于这种考虑。金太宗就说：“俟平宋，当立藩辅如张邦昌者。”[7]绍兴七年(1137)，刘豫在度过了八年傀儡生涯后，被金朝统治者废黜。绍兴九年(1139)，金人将陕西、河南之地归还南宋。如何评价金人这一举动，目前意见纷纭，尚无定评。有人根据《南迁录》与《建炎以来系年要录》中的记载，认为金人是“故意把河南、陕西这两个地区暂时放弃给南宋，把南宋军队从山崎路险的蜀口及江河纵横的江淮水乡，引诱到金国女真族骑兵便于驰骋，能够发挥出骑兵优势的陕西和河南地带”[8]，一举全歼，然后入川，再深入江南灭宋。这种意见近于猜测，未可凭信。南宋的政治和经济中心均在江南，自然不会愚蠢到倾巢而出，把主力都摆在陕西、河南平原之地，听凭金人宰割而无所作为。后来的事实证明，归地协议的墨迹未干，金人便又挥戈南寇，宋军还未来得及在陕西、河南全部布防，可见“引诱”说不能成立。

另一种意见认为，金人之所以归还陕西、河南，是因为这两处兵燹之余，荒凉残破，无油水可刮，反要增兵屯戍，加重负担，如果以此两处土地与宋换取岁币，等到生产恢复了再来夺取，才对金国有利。[8]这也是一种似是而非的见解。陕西、河南经过连年战争，固然是元气大伤，凋敝不堪，但是否严重到像宋朝官员王庶说的那样，是“兵火之余，白骨未敛，几无人迹”，却是大可怀疑的。鉴于

金人从来不讲信用,与宋讲和往往是“信使方至,兵辄随之”,尤其是金强宋弱,金人却无端割地,难保不是一场骗局,因而王庶竭力反对议和,故意夸大其辞,把局势说得严重一些,自是在情理之中的。事实上,陕西、河南虽然残破,但决不如是之甚,绍兴九年陕西宣谕使周聿自陕西归来,就说:“陕西既归,得地数千里,得兵十三万,得马二万,有四塞之固,居天下上游,可谓盛强。”[9]绍兴七年一位不知姓名的官员上书高宗说:“河南乃国家之根本,虽曰残破,尚兹富饶。”[4]绍兴九年,宋朝官员程克俊说:“河南新复之地,虽未尽获其用,亦可假以为藩篱,苟有立志焉,事何患其不济。”[9]这年五月,“河南诸州进天申节银帛,上曰:新复州郡,财用无余,此宁免于扰民,其勿受,取于民者令散还之”[9]。能够向天子进贡银帛,可见河南决非到了室如悬磬的地步。宋高宗力排众议,主张收回陕西、河南之地,在刘豫被废之时,他便通过王伦对金人说:“河南之地,上国既不自有,与其封刘豫,曷若归之赵氏。”[7]这件事本身并不错。金方为了卸掉包袱,竟将经过血战方始得来的陕西、河南之地拱手送人,显然不近情理。所谓卸包袱之说,当不是金国统治者的初衷。

那么,金人为什么要归还陕西、河南之地呢?

第一,傀儡刘豫成了金国统治者的累赘。金人立刘豫,本想收以汉制汉之效,但刘豫的作为却使金人觖望。在他统治的八年中,头会箕敛,民不聊生,“赋敛及于絮缕,割剥至于果蔬”[5],陕西、河南之民恨之入于骨髓。在军事上,刘豫则是屡战屡败。刘豫自立至废,宋与金、齐间的战争不下百次,较著名的有三次:1131 年的和尚原之战,1134 年的仙人关、大仪之战,1136 年的藕塘之战,皆以金、齐失败而告终,金人指望刘豫辟疆保境的愿望成了泡影,正如金将宗磐所说:“先帝(指金太宗)立豫者,欲豫辟疆保境,我得按兵息民也。今豫进不能取,退不能守,兵连祸结,休息无期。”[5]与其存刘豫而劳师靡粮,自己统治又力不从心,还不如以其地与宋。

第二,金军在连年征战中,虽然攻势猛烈,连连奏捷,迫使高宗四处播迁,走建康,逃杭州,奔越州,窜明州,再由海上入温州,凄凄惶惶,如丧家之犬、漏网之鱼,金军兵锋所至,无复完垒,以至高宗发出了“今以守则无人,奔则无地”的哀叹。但是南宋军队也在抵御战争中经受了锻炼,张浚、韩世忠、岳飞和吴玠、吴璘兄弟等优秀将领脱颖而出,给金军以重创。金军千里袭人,粮秣不继,“馈道不通,野无所掠,杀马而食,藩汉军皆怨”[10]。挞懒所部“人马疲弊”,“锐气沮丧”,多传南兵来袭,“军中每夜无故而惊”[11],挞懒不敢恋战,于1131年率兵北归;兀术自1129年南征,百战之余,损兵折将,“其徒销折,十存三四”,也不得不于1131年返回燕山。他“自江南回,初至江北,每遇亲识,必相持泣下,诉以过江艰危,几不免”[11]。在蜀口方面,自绍兴四年(1134)吴玠败兀术于仙人关(今甘肃徽县东南),金人“本谓蜀可图,既不得志,度玠终不可犯,乃还屯凤翔,授甲士田,为久留计,自是不敢妄动矣”[10]。既然金人不能以武力迫使南宋屈服,暂时放弃陕西、河南而徐图后举,不失为较好的办法。

第三,金人以“和议佐攻战,以僭逆诱叛党”的策略没有获得成功。如果说金人在江北还有张邦昌、刘豫之流为虎作伥,甘心作金人的鹰犬,在江南连这样的傀儡也不易找到。金人在进军江南之初,攻势不可谓不猛,降将亦复不少,如兀术破庐州,淮西安抚使李会降;攻和州,守臣李俦降;破洪州,知州事李积中降;破越州,知州李邺降;破建康,沿江都制置使陈邦光降;破余姚,知县事曾恩降。但是这些人官衔太低,不能号令一方,显然不具备做傀儡皇帝的资格。1130年兀术许诺防守长江的宋朝大臣杜充“若降,当封以中原,如张邦昌故事”[5],当时已官居尚书右仆射(宰相)的杜充,不顾廉耻,觍颜降敌。金人起初以为奇货可居,但很快就发现,杜充不仅品质恶劣,而且阘茸无能,只好命他作相州知州,立傀儡的事告吹。同时,由于金军嗜杀成癖,“将兵所向,族其强壮老弱,略其妇女财实,悖天道,结民怨,穷极已甚”[4]。如1129年金人陷广德军(今安徽广德县),“焚烧罄尽”;入安吉(今浙江安吉),“纵火,悉为灰烬”;取洪州(今江西南昌),“取索金银宝货,百工技艺皆尽,是日大肆屠戮,焚掠殆尽”[4];1130年四月金军在从杭州撤退之前,“纵火三日夜,烟焰不绝……纵兵大杀掠……由秀州、平江取塘路岸行,沿途屋宇无大小,并纵火,靡有孑遗”;陷平江(今江苏苏州),“纵火三日夜乃灭,城中悉为灰烬”;入建康,“虏掠人民,劫夺财物”[4]。这些野蛮行径,无疑激起了江南人民的怨恨,除少数叛徒外,没有人肯与金人合作。后来的蒙古统治者入侵江南时,因为有刘整、吕文焕之降,宋朝很快便土崩瓦解,金人却没有这种机遇。金人“非其欲之有所厌也,非其力之不足恃也;攻有余而守不足者,无与故也。杜充之降,疑有与矣。而充不足以当有无之数,孑然自以其身降,而号令不能及众,则女直之不能凭借以有江淮,深知之矣”。金人既因没有可靠的代理人而不能站稳脚跟,江北的刘豫又是一个累赘,权衡得失,把陕西、河南之地交还给宋朝,这个方案还是可行的。

第四,经过十几年的侵宋战争,“金酋颇有厌兵之意,其军众亦甚思休息”[4]。宋朝枢密副使王庶在分析这一形势时说:“金人自破大辽及长驱中原,几十三年矣,所得土地数倍汉唐,所得珠玉子女莫知纪极,地广而无法以经理,财丰而恃势以相图。又,老师宿将死亡殆尽,主幼权分,有患失之虑,此所以讲和为上也。”又说,金人“所用之人非若昔日之勇锐,所签之军非若昔日之强悍,前出后空有覆巢之虞,率军深入不无倒戈之虑。又,淮上墟荒,地无所掠,大江浩淼,未易可渡,诸将兵势不同曩时,所以用兵为下也”[9]。既然土地已广,财帛已丰,上下都已厌战,用兵又没有必胜把握,主动与宋讲和,也就不足为怪了。

第五,金朝的内讧,使得统治者无暇分身旁骛。金太宗末年,宗磐、宗干、宗维等人曾就皇位继承问题展开过一场激烈斗争。“宗磐自以人主(太宗)之元子欲为储副,旻(即金太祖阿骨打)之子宗干言己乃武元(金太祖)长子当立,宗维言己于兄弟年长功高当继其位。”[9]金太宗虽然属意于其长子宗磐,但太祖有兄终弟及之约,未便擅改,最后才达成协议,立宗干养子完颜亶为谙班勃极烈。熙宗即位后,马上以宗磐为太师领三省事,取消其皇储资格,双方矛盾由是激化,宗磐与熙宗亲叔宗隽后来皆以“谋反”罪名被诛。功高位尊的挞懒因握有兵权,又因金太宗幼年时曾出继给挞懒之父而遭到猜忌,宗磐死后,兀术趁机落井下石,“察挞懒与宋人交通赂遗,遂以河南陕西地与宋,奏请诛挞懒,复旧疆”[7]。挞懒走投无路,便与宗磐之子鹘懒反叛,事败,“自燕京南走,追而杀之于祁州”[7]。与宗干定计杀宗磐的左丞相完颜希尹、右丞相萧庆,也以“奸状已萌,罪在无君”[7]的罪名被杀。其实,宗磐等人被杀,既非谋反,也不是与宋人有什么勾结,他们不过是统治阶级内部争权夺利的牺牲品而已。

金人自相残杀,造成了功臣宿将芟刈殆尽的局面,“自粘罕(宗翰)死,穹庐内乱,太行啸聚蜂起”[4],太行义士王忠植登高一呼,万众响应,占据石州等十一州,另一支义军破怀州(今河南沁阳)万善镇。在金人后方,张青浮海入辽东,号称宋军,出其不意攻破苏州(今辽宁金州),中原居民被掠往辽东者,纷纷起兵应之。金人内部自“昌(即挞懒)、宗磐之徒皆被诛,二帅久握重兵,植党滋众,至是悉为亡命,保聚山谷,官司不能制”。金朝统治者既惧人心不稳,又因能征惯战之将仅剩兀术、撒离喝等少数将领而无法出征,权衡利弊,只有议和一途。

三、怎样评价绍兴和议

绍兴十年(1140)五月,金兵撕毁协议,分两道南侵,撒离喝出河中(今山西永济蒲州镇)趋陕西,兀术则自黎阳(今河南浚县东)趋汴京。绍兴十一年(1141)十二月,绍兴和议正式签订,内容是:宋金东南以淮水为界,唐、邓二州割隶于金,西北以大散关为界,陕西割商、秦之半隶金;宋岁贡银二十五万两、绢二十五万匹;宋向金称臣。

金人为什么败盟南寇?原因是多方面的。熙宗当初曾同意归还宋朝陕西、河南之地,但当宗磐等人被杀后,兀术坚持割地非计,“今若不取,后恐难图”,他便一反常态,表示“非朕一人与夺有食言”,“恩威张弛之间,盖不得已”,把罪过都推在了死者身上,因此,陕西、河南之地归宋不久,金人便打算毁约了。宋朝兵部侍郎张焘就上报高宗说:“顷刘豫初废,人情汹汹,而我斥堠不明,坐失机会,又闻敌于淮阳作筏及造绳索甚多,不知安用”[9],但是未能引起高宗重视。同时,兀术之所以决心败盟,另有个人打算。据熊克《中兴小纪》载:“盖金法:罢兵则权在国主,用兵则权在元帅。自割地讲和之后,不半载间,元臣宿将,诛夷殆尽。乌珠(兀术)所以力沮和议者,亦达蔺(挞懒)临死之言,有以动其心也。”原来,挞懒在临刑前曾对兀术说:“我死之后,祸必及尔,宜速图之。”[11]这是明白告诉他,一旦失去兵柄,便有可能成为熙宗刀俎上的鱼肉,兀术恐蹈挞懒的覆辙,因而竭力主张南侵。熊克所言,虽然也是出于猜测,但以情理度之,亦非不可能之事。

侵宋之初,金人兵锋甚锐,由于河南官员多系金人袍泽故旧,因而“兀术至河南,诸郡望风奔溃”[11]。但是好景不长,在以后的战争中却连连败北,如刘锜顺昌之捷,岳飞郾城之捷,张俊、杨沂中与刘锜的柘皋之捷,吴璘的陕西固守等,宋军迭挫强敌、战绩辉煌。与此同时,太行忠义军及两河豪杰也配合宋军,截断金人的交通和归路,金军中汉、契丹将士又纷纷反金,金军呈现瓦解之势。岳家军之捷,使得“自燕山以南金号令不行,兀术欲签军以抗飞,河北无一人从者”[10]。刘锜“顺昌之捷,金人震恐丧魄,燕之重宝珍器悉徙而北,意欲捐燕以南弃之”[10]。宋金自交锋以来,战争的主动权第一次转到了宋人手里。金方大将韩常在评论这一形势时说："今之南军，其勇锐乃昔之我军；今之我军，其怯懦乃昔之南军。所幸者南方未知耳。"[9] 在这种情况下，战争再继续下去，显然是不利于金人的，兀术不得不见风转舵，再次与宋议和。

就宋方而言，高宗在战争之初，虽然也慷慨激昂，"募有能生擒乌珠者，除节度使，赐银帛五万，田千顷，第一区"，但这只是惺惺作态，骨子里仍然是要议和。秦桧正是看准了高宗的心理，才接受兀术"必杀飞，始可和"的命令，收韩世忠、张俊、岳飞三大将兵权，并迫害岳飞致死，以讨好金人，促成和议的签订。秦桧等人的无耻行径，千载之下犹使人愤恨不已！但是就当时的形势而言，高宗与金人议和，也有自己的苦衷，因为宋朝已经没有能力打一场旷日持久的战争，不得不在一连串胜利后与金人议和。

首先，从经济上看。宋朝南渡后，几经兵燹，千疮百孔，荒凉残破，陕西、河南之凋敝自不必说，而官吏又不知存恤，以致"沿汴居民苦于官役，不安其业，逃去者多"[9]，甚至"无一家可以供赋"。而江南情况，也并不美妙。绍兴元年，浙西科敛苛重，民不聊生，农夫"鬻田而偿则无受者，弃之而遁则质其妻孥，上下相蒙，民无所措手足"，迨至绍兴六年，政府因财政拮据，竟寅吃卯粮，"预借江浙来年夏税绸绢之半，尽令折米"[5]。江浙如此，其他地方也是"率多残破，人民流离，户口减少"[9]。如和州"残破，无从所出"[9]，泗州"自军兴以来，田莱多芜，民间皆以草实为食"[9]。既然米糠里榨不出油来，宋军的粮秣给养也就成了问题。而"兴师十万，日费千金"，粮秣不继，战争也就很难打下去。"岳飞之班师是为了军饷接应太不及时而主动作出的决定"[12]；绍兴三年吴璘失和尚原，致金人深入蜀口，当时"非兵力不足，止缘粮尽，遂致不能坚守"[9]；张俊在濠州，因军士乏食，不得不遣人至建康督粮；知河南府李兴，因"粮饷道梗，孤军难守"[9]，被迫退还鄂州，如此事例甚多。因粮饷不足而迫使宋人停战议和，不能不令人扼腕叹息！

其次，从军事上看。宋方固然打了一连串胜仗，但是兵力疲惫，不得休整，文武失和，将帅不协，严重削弱了部队的战斗力。"诸将韩、岳可倚；刘光世沉酣酒色，不想恢复，每退屯；张俊不受行府命，与杨沂中为腹心，以附秦桧。"柘皋之捷，刘锜出力颇多，然而张俊不上报其功，故"赏诸军，锜独不预"；而刘锜因顺昌之捷获封，"诸将亦颇嫉之"[9]。刘光世、张俊与韩世忠不协，高宗令二人前往支援韩世忠，"而光世等军权相敌，且持私隙，莫肯协心"[9]。因为意气用事，竟置国难于不顾,不肯戮力对敌。同时因为提拔军官不尽公允,“诸路兵官悉属枢密院除授,膏粱皂隶之徒,往往以请求得之,而累历行阵显立功劳者,乃以孤寒寡援多至陆沉,故所在盗贼窃发”[9]。南宋政府虽着意整顿,但收效不大。以这样的军队与金人对垒,暂时打几场胜仗是可能的,但要实现岳飞说的“直捣黄龙府,与诸君痛饮”是不现实的。有些同志不顾岳飞的处境,指责他撤军是“愚忠”,也是不公允的。更为重要的是,“绍兴和议”前夕,秦桧在高宗的默许纵容下,大肆迫害有功将士,岳飞父子含冤被杀,韩世忠被迫交出兵柄,吴玠于绍兴九年(1139)病殂,张浚也早已窜逐,刘锜罢兵柄,改知荆南府,这样,凡立志抗金的优秀将领不死即走,零落殆尽,南宋除了议和,已没有其他的选择了。由此看来,绍兴和议是宋金双方势均力敌下的产物,是当时形势下比较合理的结局。

参考文献

[1]张博泉.金史简编[M].辽宁人民出版社,1984.

[2]赵永春.北宋联金复燕的活动及其经验教训[J].历史教学,1987(10).

[3]黄以周,等.续资治通鉴长编拾补[M].上海:上海古籍出版社,1987.

[4]徐梦莘.三朝北盟会编[M].上海:上海古籍出版社,1987.

[5]脱脱,等.宋史[M].北京:中华书局,1977.

[6]叶隆礼.契丹国志[M].上海:上海古籍出版社,1985.

[7]脱脱,等.金史[M].北京:中华书局,1975.

[8]邓广铭,徐规,等.宋史研究论文集[G].杭州:浙江人民出版社,1987.

[9]李心传.建炎以来系年要录[M].台北:文海出版社,1980.

[10]陈邦瞻.宋史纪事本末[M].北京:中华书局,1977.

[11]宇文懋昭.大金国志[M].北京:中华书局,1986.

[12]邓广铭.岳飞庙志序[J].文献,1985(1).

(原载《社会科学辑刊》1990年第4期)

南宋初年政局与绍兴和议

绍兴九年(1139)初,金人将河南、陕西归还南宋,翌年五月便败盟南寇,大举攻宋。南宋奋力抵抗,很快便遏止住了金人兵锋,这年六月的顺昌之战,七月的郾城、朱仙镇之战,绍兴十一年(1141)初的柘皋之战中,金兵均大败输亏。在西部战场上,金兵也屡屡受挫,铩羽而归。就在宋军节节胜利之际,赵构却与金人签订了称臣纳币的绍兴和议,这一举动受到了后世的猛烈抨击。清人王船山在《宋论》中说“高宗忘父兄之怨,忍宗社之羞,屈膝称臣于骄虏,而无愧怍之色”;邓广铭教授说,绍兴和议的签订,“实现了赵构长期以来想望的那种政治格局:作为金国的藩属,而能直接统治东南半壁”[1];认为赵构签订和议是怕乃兄钦宗归来攘夺帝位者就更多了。单看绍兴和议的内容,自然是丧权辱国,无论怎样挞伐都不过分。笔者无意为赵构回护,但如果不把绍兴和议放在当时那个特定的历史背景下考察,而只在高宗个人品质的优劣上做文章,恐怕是无法揭示事情的真相的。全面论述绍兴和议,不是一篇短文所能说清楚的,本文只打算从军事角度做点探讨,至于政治、经济方面的因素,容当另文论述。

一、大将们玩物丧志,无心杀敌

天下安,注意相;天下危,注意将。赵构践祚后,干戈俶扰,不遑宁处,自然要倚仗张浚等武将再造金瓯、重整河山。但是这些武将们的表现,却使人失望。张浚曾出将入相,权势煊赫,高宗倚之如干城,而他却“轻锐好名,士之稍有虚名者,无不牢笼,挥金如土,视官爵如等闲,士之好功名富贵者,无不趋其门”[2],袍泽故旧,不问才干如何,便委以监司、郡守重任,以岳父为湖州太守,以舅父为成都提刑,以亲兄知镇江府,颇为人所讥。这些人“任方满,新命已下,或至兄弟数人，常占佳缺，而孤寒不为浚所知者，皆绝望于禄仕”。高宗南渡，播迁建康（今江苏南京），百废待举，“宗庙宫室，皆所未备”，而张浚不顾民力凋瘵，“私起府第，独尽壮丽”[3]，全不以国事为念。其他掊克之政，如出卖官诰、科敛扰民之事，举不胜举，只因他一生力主抗金，又有其子、与朱熹齐名的道学家张栻为之鼓吹，后世不察，誉之为中兴名将。事实上，他误国误民，功不掩过，元人揭傒斯说他：“宋之不能中兴，由张浚之逐李纲、杀曲端，引秦桧杀岳飞也。”[4]高宗深知其为人，绍兴十年金人败盟南寇时，大臣冯楫曾推荐张浚主兵，高宗表示：“朕宁至覆国，不用此人。”[5]大将张俊在南渡诸将中握兵权最早，因附和秦桧陷害岳飞而声名狼藉，为后世诟詈不已。他嗜财如命，高宗渡江之初，奉命扈卫行在，为防止士兵逃跑，自臂至足皆刺，谓之“花腿”。为牟取巨额利润，他“营第宅房廊，作酒肆名太平楼，般运花石，皆役军兵”，士兵讽刺说：“张家寨里没来由，使他花腿抬石头。二圣犹自救不得，行在盖起太平楼。”军中戏称之为“张太尉铁脸，世谓无廉耻不畏人者为铁脸也”[6]。他田产甚多，却恃势“乞复其田产税役”，并为此而公然派人凌辱瑞昌令。绍兴十年，身膺少傅、淮西宣抚使的张俊，竟乞免其家岁输和买绢，三省以为当时国家财政拮据，上自将相，下至庶民，均须和买，倘张俊得到豁免，此例一开，别人必将起而效尤，建议高宗每岁特赐张俊绢五千匹，高宗晓谕张俊说：“诸将皆无此，汝独欲开例，朕固不惜，但恐公议不可。”[5]张俊这才未敢接受赐绢。“高宗尝驾幸其第，俊所进服玩珠玉锦绣，皆值巨万，自宰相以下俱有赠遗。”[7]他交出兵权后，优游林泉，每年仅租米收入就达六十万斛，“而江浙两淮岁入租米，仅百万石”。宋朝南迁后，只有半壁河山，财赋所入，主要靠江浙两淮等路，而张俊的田租所入竟超过了这些富庶地区田租收入的一半以上，高宗对此也啧有烦言，说他“独好广邸第营土木，朕数镌谕莫能改也。”[5]他死之后，“诸子进黄金九万两”，其悭吝贪婪，可见一斑！无怪乎优人讥讽他“只见张郡王在钱眼内坐”[8]了。杨沂中历事高宗、孝宗两朝，“典兵最久，贵宠独隆”，是一个利禄熏心之徒。他任殿帅时，建府第于临安行在，“规制甚广，自居其中，旁列子舍四，皆极宏丽”，为显示豪华，竟“擅灌湖水入私第，以拟宫禁”，当台臣弹劾时，高宗百般为之辩护说：“若论平盗之功，虽尽以西湖赐之，曾不为过。”[9]绍兴年间，他为一故人在代郡置膏腴田千亩，其女生子，“因厚以金缯花果以遗其女，且拨吴门良田千亩以为粥米”[2]。一小儿粥米之资便赠田千亩，可谓出手阔绰！吴玠屡挫金军，威震遐迩，但也为酒色所累，仅活了四十七岁。他"晚节嗜色,多蓄子女,饵金石,以故得咯血疾而死"[5]。刘光世身为大将,缺乏韬略,既"湛于酒色"[5],又聚敛财富。他曾上书高宗,请以其淮东硗瘠之田易换淮西膏腴之田,给事中晏敦复言其扰民,高宗未允。"又请并封其三妾为孺人,南渡后,诸大将封妾自此始。"一次,高宗"以玩好物数种赐之,光世大喜,秉烛夜观,几至四更"[5]。后来罢除军权时,"又献所余金谷于朝",《宋史》未载具体数目,但为数肯定不少。就在他易箦之际,仍念念不忘"乞免其家科役",贪鄙之状,令人憎恶。

韩世忠是留名青史的抗金名将,他在历史上的地位与影响,绝非张浚、张俊、刘光世、杨沂中等人所能望其项背,但也未能免脱营田置产与狎妓的陋俗。他有妻妾四人,其中梁红玉、茅夫人、周夫人均系妓女,只白夫人身世未详。到了晚年,"犹嗜色,每诸将招之饮,必使妻女奉觞为寿,世忠留连酣醉而后归"[5]。为了和部下将领呼延通争夺一个名叫韩婉的妓女,竟逼通自杀。他"尝议买新淦县官田,高宗闻之,御札特以赐世忠",并说:"闻卿买新淦田为子孙计,今举以赐卿,聊旌卿之忠。"[10]一次他偶游西湖,遇见一个改秩来京的官员,该人正因失去举牒而叹息,世忠"问其姓名阶位,明日使吏填一举牒送之,乃助钱三百千"[7]。成人之美固是好事,但随便命人填举牒送人,不免有恃势干政之嫌。绍兴和议前夕,秦桧收三大将张俊、韩世忠、岳飞兵权,韩世忠"以所积军储钱百万贯、米九十万石、酒库十五归于国"[11],一次交出这么多钱粮,可知其财产不在少数。武将中只有岳飞不置产业,宦囊萧然,他身亡之后,家中只有"布绢三千余匹,粟麦五千余斛,钱十余万,书数千卷而已",而其他诸将"莫不宝玩充堂寝、田园占畿县"[9],相形之下,可谓寒酸至极!然而清廉耿直、白璧无瑕之辈,也只不过岳飞、刘锜等少数将领而已。武将们如此玩物丧志,哪有心思去和士马精强的金军对垒!

二、高宗为对付跋扈将领而收兵权,削弱了抗金力量

生活上的腐化,必然消磨将领们的斗志。曾经是宋将、后来降金的郦琼在论及南宋的将领时说:"江南诸帅,才能不及中人。每当出兵,必身居数百里外,谓之持重。或督召军旅,易置将校,仅以一介之士持虚文谕之,谓之调发。制敌

决胜委之偏裨，是以智者解体，愚者丧师。幸一小捷，则露布飞驰，增加俘级以为己功，敛怨将士。纵或亲临，亦必先遁。”[12]此说虽不无夸大之词，但大体属实。建炎末年，给事中汪藻曾上书高宗说，刘光世、韩世忠、张俊等人手握节钺，爵高位崇，锦衣玉食，席丰履厚，但“平时飞扬跋扈，不循朝廷法度。所至焚掠驱掳，甚于敌人者，陛下不得而问也；拥重兵，居闲处，邀犒设锡赉者，陛下不得而吝也”[13]。原来金人南下追赶高宗时，高宗以建康、京口、九江皆要害之地，命杜充、韩世忠、刘光世分别扼守，以王瓒归杜充指挥。但是杜充等玩寇不进，导致建康失守。张俊自明州（今浙江宁波）引军至温州，沿途骚扰，“道路鸡犬，为之一空”[13]。“世忠逗留秀州（今浙江嘉兴），放军四掠，至缚县宰以取钱粮……元夕取民间子女张灯高会，君父在难而不恤也。王瓒自信（今江西上饶）入闽，所过邀索千计”[5]。这已和盗贼没有区别了。

南宋初年，统兵大将各以姓为军号，如“张家军”“韩家军”“岳家军”“杨家军”等。他们骄蹇自恣，不能不引起有识之士的忧虑。建炎初大臣季陵就指出：“今将帅拥兵自卫，浸成跋扈……凌轹官吏，莫敢谁何。”[11]绍兴五年，知福州张守上疏说：“今大将握重兵，贵极富溢，前无利禄之望，退无诛罚之忧，故朝廷之势日削，兵将之权日盛。”[3]绍兴八年，左宣义郎王之道又指出：“今天下之权不在庙堂而在诸将，诸将拥重兵据要地，偃蹇自肆。”[5]张俊、刘光世二人尤为突出。建炎四年，金人攻楚州，张俊奉命救援，他畏敌如虎，怯懦不前，胡说此行“譬徒手搏虎，并亡无益”[5]，签书枢密院事赵鼎提出愿与偕往，他力辞而不从命。刘光世比张俊跋扈更甚。建炎三年，苗傅、刘正彦发动兵变时，他任太尉、淮南制置使，张浚驰书谕以勤王，不从。不久，拨归杜充节制，“光世言受充节制有不可者六，帝怒，诏毋入光世殿门，光世始受命”。金兵围楚州，“帝手札趣光世援楚者五，竟不行”。绍兴元年（1131），金人渡过淮河攻宋，真州（今江苏仪征）、扬州一时派不出合适的地方官，朝廷命光世兼淮南、京东路宣抚使，置司扬州，措置屯田事宜，他抗命不行。张俊攻打叛将李成，高宗命光世率兵捣其巢穴，他“以江北盗未平为辞”。绍兴二年，他奉命屯扬州，至镇江视师，“光世不奉诏”，大臣们请求宰执下命令给他，要他一定前往，他“犹以乏粮辞”。由于他多次诉说军粮不继，高宗派人“至军点校”，但刘光世做了手脚，核查多次，“终不得实”。高宗正在用人之际，不想过多追究，命漕臣“措置镇江酒税务，助其军费；又罢织御服罗，省七百万缗以助之”。绍兴六年（1136），金与伪齐联合入侵，宰相张浚“命光世屯庐州以招北军”，即招降敌人，不直接与敌人交锋。但他看到敌军势大，想舍庐州而逃往太平州（今安徽当涂）。张浚命吕祉前往督师，光世已从庐州撤退，张浚下命令说：“若有一人渡江，即斩以徇。”[11]光世不得已才挥军应战。就是这样一个贪生怕死的将领，竟然对高宗说：“愿竭力报国，他日史官书臣功第一。”简直不知羞耻为何物了。

韩世忠、岳飞是另一类人物，但其行为也有失检点之处。高宗即位于南京（今河南商丘南）之初，身为后军统制官的韩世忠御下不严，逼逐谏臣坠水身亡，高宗只罚世忠赎金，引起朝野不平。大臣滕康弹劾说，韩世忠“所部卒伍至夺御器，逼谏臣于死地，乃止罚金，何以惩后”[11]。高宗不得已，才“降世忠一官”。岳飞之所以被杀，主要原因固然是他坚决抗金遭到了投降派的忌恨，但与他性格倔强、屡抗上命，也不无关系。绍兴七年（1137），他与张浚议事不合，即上章乞解兵柄，不待批准，便径往庐山为母守丧。高宗累召敦促，仍不肯起，只得命宣抚司参议官李若虚、统制王贵前往敦请，如二人完不成使命，便以军法从事。二人至庐山，反复恳求，“凡六日，飞乃受诏，赴行在”[3]。当时南宋与金、齐之间战事正殷，高宗用人綦切，没有责罚岳飞，但内心颇为忌恨。翌年，金人欲归还河南、陕西之地，投降派弹冠相庆，岳飞独持异议说：“今岁若不出师，当纳节请闲。”[11]这无疑又逆了龙鳞。绍兴九年（1139），金人归还河南、陕西之地，高宗欣喜若狂，论功行赏，授岳飞开府仪同三司。岳飞却说：“今日之事，可危而不可安；可忧而不可贺；可训兵饬士，谨备不虞，而不可论功行赏，取笑敌人。”[11]高宗三次下诏，岳飞均拒而不受，高宗反复晓谕，才勉强接受。尽管他此举纯粹是为国家着想，高宗却恨之切齿。绍兴十一年（1141），金人有饮马长江之谋，张俊、韩世忠等均已出兵御敌，“惟岳飞驻兵淮西不肯动，上以亲札促其行者凡十有七，飞偃蹇如故，最后，又降亲札曰：‘社稷存亡，在卿此举。’飞奉诏移军三十里而止。上始有诛飞意”。这一系列的抗命举动，终于导致岳飞在功业鼎盛之际丧失了性命！

宋朝自立国以来，就有杯酒释兵权的掌故，高宗即位之初，又有苗傅、刘正彦之变，因此，不管出于什么动机，只要与朝廷稍有抵牾，便被视为对皇权的挑战与威胁。绍兴十一年初，张俊入见，“上问曾读郭子仪传否，俊对以未晓。上谕云：子仪方时多虞，虽总重兵处外而心专朝廷，有诏至即日就道，无纤介顾望，故身享厚福，子孙庆流无穷。今卿所营兵乃朝廷兵也，若知尊朝廷如子仪，则非特身飨福，子孙昌盛亦如之；若恃兵权之重而轻视朝廷，有命不即禀，非特子孙不飨福，身亦有不测之祸，卿宜戒之”[5]。这一番话显然是警告诸将要循规蹈矩，不得拥兵抗上。十年之前，高宗曾手写郭子仪传遍赐诸将，此时旧事重提，决不是像有些史学家所说，目的是保全功臣，以经纶之训易斧钺之威，恰恰相反，高宗只不过想以威胁恫吓迫使诸将服服帖帖做他的驯服工具而已。绍兴和议前夕，秦桧解除三大将兵权，张俊率先交出兵柄，韩世忠继至，独岳飞姗姗来迟，高宗下诏时旁敲侧击说：“李、郭在唐俱称名将，有大功于王室，然光弼负不释位之衅，陷于嫌隙；而子仪闻命就道，以勋名福禄自终，是则功臣去就趋舍之际，是非利害之端，岂不较然著明！”[5]他把张俊比作郭子仪，不言而喻，岳飞当然就是李光弼了。为了防止武将跋扈难制，高宗虽然明知“兵虽多，然聚则强分则弱”这一简单的道理，仍然置此于不顾，毫不手软地削弱大将兵权。绍兴八年，监察御史张戒上奏说“诸将权太重时”，他说：“朕今有术，惟抚循偏裨耳。”张戒对此心领神会，附和说：“陛下得之矣，得偏裨心则大将之势分。”高宗回答说：“一二年间自可了。”[5]恰巧在这时，湖北京西宣抚使岳飞因防御地面辽阔，兵力不敷应用而要求增兵，高宗表示：“宁与减地分，不可添兵……末大必折，尾大不掉，古人所戒。”[5]宁愿缩小防御地区，也不肯增添军队，这反映了高宗极端狭隘自私的阴暗心理。绍兴十一年四月，高宗、秦桧一伙采纳了范同的建议，封张俊、韩世忠为枢密使，岳飞为枢密副使，位在参知政事之上。高宗对他们说：“朕昔付卿等一路宣抚之权尚小，今付卿等以枢府本兵之权甚大，卿等宜各[共]为一心，勿分彼此，则兵力全而莫之能御，顾如乌珠（兀术），何足扫除乎？”[5]这几句话听起来冠冕堂皇，无懈可击，但事实上根本不是这回事。表面上看岳飞等人是升了官，实际上是被解除了兵权，因为实权都操在宰相兼枢密使的秦桧之手。不久，刘锜也被褫夺了兵柄。接着又取消了宣抚司，遇出师时临时取旨，逐司统制官以下，各带御前字入衔，如须调发，由三省枢密院取旨施行，这意味着宣抚司属下的统制官，已拨归枢密院指挥了。张、韩、岳三大帅“军中列校使各统所部，自为一军，更其衔曰统制御前军马，凡其所统，升黜赏罚得专达之”。这样，兵权虽分散于统制官，但却听命于朝廷，大将们已不得再专兵权了。集中优势兵力对敌作战尚不能稳操胜券，如今兵力分散，就只能消极防御，没有主动出击之力了。后世史学家对高宗这一处置抨击最烈，认为收兵权是屈膝投降、自毁干城，这些见解固然不错，但是，假如没有武将们的骄横跋扈，高宗又何至如此！

三、大将之间因互相猜忌而不能共同对敌

南宋初年，统兵的将领之间意气用事，互相猜忌，不肯合作，大大削弱了联合抗金的力量。高宗渡江之初，各将领之间便“各招亡命以张军势，各效小劳以报主恩。然胜不相逊，败不相救，大敌一至，人自为谋”[11]。到了绍兴年间，此风愈演愈烈，彼此“相视如仇雠，相防如盗贼，自不能奉公，惴惴然唯恐他人之奉公，而名誉贤于己也，自不能立功，惴惴然唯恐他人之立功，而官爵轧于己也”[3]。绍兴三年，韩世忠屯镇江，刘光世屯建康，以私忿欲交兵[11]，高宗不得不出面干预。刘豫联合金人入寇，“刘光世、韩世忠、张俊三大将权均势敌，又怀私隙，莫肯协心”。督军魏矼以大义责之，三大将始释隙交欢。绍兴七年，岳飞被任命为湖北京西宣抚使，与久典兵权的淮东宣抚使韩世忠、江东宣抚使张俊并驾齐驱，“飞以列将拔起，世忠、俊皆不平”，后来岳飞破杨幺，世忠始服岳飞之才，而俊“益忌之，于是飞与俊隙始深矣”。金人攻淮西，这本是张俊防区，而他畏葸不前，岳飞奋勇进军，解了庐州之围，张俊却羞而成怒。淮西之役，张俊以缺粮为由怂恿岳飞停军不进，岳飞不听，高宗赐札褒谕说，卿只管进军，勿忧粮草不给。张俊怀疑岳飞告了他的御状，等到战事结束，反而告岳飞以乏粮为借口逗留不进。张俊知韩世忠得罪秦桧，打算与岳飞分掉世忠的精锐部队——背嵬军，岳飞不肯，张俊大为不满。张俊、岳飞同行至楚州，张俊欲修城防御，岳飞以为当攻不当守，张俊变色。秦桧欲诬陷韩世忠，事为岳飞得知，驰书相告，世忠至高宗处辩白，秦桧才未敢下手，张俊借机摇唇鼓舌，向秦桧报告了岳飞与世忠通信一事，又说岳飞欲弃山阳（今江苏淮安）不守，秦桧大为恼怒。岳飞之死，与张俊的推波助澜是大有关系的。绍兴十年的顺昌之捷，刘锜立功最多，由东京副留守擢为知顺江府、沿淮制置使，谁知竟招致张俊、杨沂中等的不满，“锜以顺昌之功，骤至节钺，朝廷委任过诸大将，而朝野士民之誉又翕然，故诸将皆切齿嫉之”。他们阳示亲善，暗中却排斥刘锜，凡军旅大事，“锜皆不得预闻，又不得专进止”，金人狼狈逃窜，本应乘胜追击，但“三军相视，犹豫无决”[3]，白白贻误了战机。一次，张俊唆使士兵纵火劫掠刘锜，被刘锜捉住杀了十六人。张俊

大怒说，我是宣抚，你是判官，怎敢斩我士兵？刘锜答称只知斩劫砦贼，不知宣抚军。张俊怀恨在心，等到还朝后，反上奏说岳飞不肯赴援，刘锜作战不力，导致刘锜被解除兵柄，罢了宣抚判官之职，改为知荆南府，一直到完颜亮南侵，才再度被起用。此外，岳飞与张浚、张浚与刘光世之间也有矛盾。这种亲痛仇快的内部消耗，当然是不利于抗金战争的。

四、士兵因不能维持最低生活水准而作战不力

宋金交恶之际，南宋的财政收入绝大部分都用作了养兵经费，武将们趁机冒请军粮，中饱私囊，致使“一军之中，非战士者率三居其二，有诡名而请者，一人而挟数人之名是也；有以使臣之名而请者，一使臣之俸，实兼十人战士之费，而行伍中使臣大半，是养兵十万，而止获万兵之用也”。还有的人借补官资而混迹军中，支取禄廪，甚至一军之出，四方游手者，无不窜名军中，“岳飞军中，如此类者几数百人”[13]。绍兴初年，一个叫吴伸的低级官员上书说：“臣观今将帅征求市利，无所不为，止速私家之富，靡恤国用之殚；况国家所入，止有东南数郡，其得既少于昔时，而其用复倍于曩日，良由诸军，惟慕虚声，不求实效，广收羸弱之兵，以益请粮之数。观其一军之内，堪出战者，复有几矣？备虚名者，又复有几矣？以有限之物，而赡无用老弱之兵，则财赋之得失，不卜而可知也。”[3]汪藻说一军中有三分之二不是战士，可能言过其实，但从建炎以迄绍兴年间，冒请军粮的现象非常严重，则是可以肯定的。大臣韩肖胄曾经剀切提出：“经费之大，莫过养兵。今人亡而冒请者众，愿立诸军核实之法，重将帅冒请之罪，则兵数得实，饷给不虚。”[11]然而言者谆谆，听者藐藐，这一建议并未为诸将采纳，连军纪严明如岳飞者也在所不免。绍兴七年，户部员外郎霍蠡按视岳飞部队，发现“军中每岁统制、统领、将官、使臣三百五十余员，多请过钱十四万余缗，军兵八千余人，多请过一千三百余缗，总计一十五万余缗”。后来经过仔细核实，岳飞一军只多冒领了九万余缗，他的部队尚且有此种现象，其他大将便可想而知了。

与将领们锦衣玉食的生活形成鲜明对照的是，士兵们困顿潦倒，衣食不给，如“刘光世军中，士卒一月之粮或缺其半，里巷私语，皆曰健儿不如乞儿。各怀去心，悉有窜志”[3]。刘光世所部如此，其他将领所部士兵的境遇也不会更好。

连最低的生活需求都不能维持,要士兵们去拼命杀敌,自然是不现实的。绍兴年间士兵的月收入是"一百钱食二升半米,而赡三四口"。当时米珠薪桂,以如此微薄的收入赡养三四口人,一日三餐已是难以为继,而"一月之内,仍欲买皮条、买磁末、买弓弦,至于修理弓箭,种种费耗,不过此一百银钱而已"[3]。士兵白日操练,晚上教其妻刷甲,令其子积薪,纵使阴雨天气,也得修葺营寨,不能休息。这还是步兵之劳,而马军之劳,又有甚于此者。不少士兵因不堪忍受生活之苦,往往成群结队,潜逃入伪齐境内。奇怪的是,这种现象被上面察觉时,各军将领又说本军人马点足,本无逃亡之人。将官欺蔽统制,统制欺蔽帅臣,帅臣欺蔽宰执,宰执又去欺蔽朝廷,这样的军队还有什么战斗力可言!

究竟应该怎样评价绍兴和议,自然不应忽视当时人的意见。南宋末年的周密认为:"高宗间关兵间,察知东南地势、财力与一时人物,未可与争中原,意欲休养生聚,而后为万全之举。"[2]绍兴和议时任陕西分画地界使的南宋大臣郑刚中对金使说:"若论实情,上国于江南土地,恨不尽取而有之,今所不取者,非是留作人情,力不足也。本朝自白沟以南,皆祖宗土地,旦旦有恢复之心,今所未复者,亦不是忘了,势未可也。"[14]这才是切中腠理的分析。既然无力与金人作战,唯一可行之策,便是弭兵息民,签订绍兴和议了。

参考文献

[1]邓广铭.论秦桧是杀害岳飞的元凶[J].北京大学学报,1981(5).

[2]周密.齐东野语[M].北京:中华书局,1983.

[3]徐梦莘.三朝北盟会编[M].上海:上海古籍出版社,1987.

[4]王士禛.池北偶谈[M].北京:中华书局,1987.

[5]李心传.建炎以来系年要录[M].台北:文海出版社,1980.

[6]庄绰.鸡肋编[M].北京:中华书局,1983.

[7]赵翼.陔余丛考[M].北京:商务印书馆,1957.

[8]丁传靖.宋人轶事汇编[M].北京:中华书局,1981.

[9]潘永因.宋稗类钞[M].北京:书目文献出版社,1985.

[10]罗大经.鹤林玉露[M].北京:中华书局,1983.
[11]脱脱,等.宋史[M].北京:中华书局,1977.
[12]脱脱,等.金史[M].北京:中华书局,1975.
[13]汪藻.浮溪集[M].丛书集成初编本.
[14]郑刚中.北山文集[M].丛书集成初编本.

（原载《中州学刊》1990 年第 1 期）

论金末政局及其灭亡原因

贞祐二年(1214),金宣宗经受不住蒙古军队的打击,从中京(今北京市)播迁汴京。又过了二十年,即天兴三年(1234),宋蒙联军攻陷蔡州(今河南汝南县),金哀宗自缢身亡,从此,统治中国北方边陲一百二十年之久的金王朝,宣告覆亡。朝代的更迭,本是历史上的常见现象,问题在于:金国南迁后,疆土虽削,士马尚强,并未受到毁灭性的打击,为什么国祚不永,只存在了短短二十年?元人姚燧认为,金国是“以就尽之运,抗方兴之师”[1],社稷丘墟,情无可逭;清人赵翼则认为“金以坏和议而亡”[2]。这些分析虽然都不无道理,但毕竟失之偏颇,关键问题在于金国政治腐败,导致经济崩溃,军无斗志,从而给了蒙古人以可乘之机。如果金朝在南渡之后,“能内修政令,以恢复为志,则其国祚亦未必遽绝也”[3]。金末政治家刘祁的这个分析,应该说是很有见地的。

一

金朝末年弊端甚多,而最大的弊端莫过于政治腐败。宣宗“性本猜忌,崇信暬御(皇帝左右近亲之臣叫暬御,此指近侍局大臣而言),奖用吏胥,苛刻成风,举措失当”[4],是个懦弱无能而又刚愎自用的帝王。蒙古人勃兴于漠北后,虽然于1214年包围了中都,但当时他们还处于奴隶制阶段,攻金的目的只在于“掳掠奴隶和财物”[5],无意灭金,因此在得到美女、玉璧之后,便马上返旆北归,退出居庸关。如果金宣宗能以此为契机,临深履薄,励精图治;如果金国大臣能同仇敌忾,以社稷为重,则鹿死谁手,尚难逆料。无奈金宣宗既不是中兴之主,辅弼宰执更不是忧国之臣,主荒于上,臣嬉于下,把一个好端端的江山弄得生灵涂炭,满目疮痍。金宣宗畏敌如虎,为避蒙古人的兵锋,不顾有识之士的劝阻,决定南迁汴京，而汴京地势平坦，无险可守，不能阻遏蒙古人的铁骑。这一重大失误，涣散了士气，加速了金国的灭亡。刘祁一针见血地指出："其迁都大梁可谓失谋，向使守关中，犹可以数世。"[3]这个看法无疑是惬当的。

金国南迁之后，强敌环伺，羽檄交驰，宣宗本应宵衣旰食，勤政忧民，效越王勾践卧薪尝胆，以报会稽之耻，而他却陶醉于声色犬马、绮罗丛中，每日倚红偎翠，笙歌不绝，似乎强敌的威胁并不存在。时人有诗讥之曰："州北风光艳绮罗，南来扈从北人多。梨园法曲怀奴舞，月窟新声倩女歌。紫禁衣冠出金马，青楼阡陌瞰铜驼。"[6]尽管当时财政拮据，度日维艰，宣宗仍不惜靡费重金制作大红半身绣衣，并且告诉左右不许让谏官知道。[4]上有所好，下必甚焉，皇帝如此，"贵臣豪族、掌兵官莫不以奢侈相尚，服食车马惟事纷华"[4]。大将纥石烈牙吾塔公然"以银符佩妓，屡往州郡取赇，州将之妻皆远迎迓，号'省差行首'，厚贿之"[4]。仗着手握兵权，派妓女去州郡敲诈勒索，比之唐末五代的骄兵悍将，有过之而无不及！更有甚者，朝廷派人公干过境，纥石烈牙吾塔竟"使其妓侍寝，迟明将发，令妓征钱"[3]。堂堂领兵将帅，不去整军经武，而以妓院老鸨自居，不择手段地聚敛钱财，这种无耻行径，在封建社会中实不多见！平章政事白撒，在国事蜩螗之际，"起第于汴之西城，规模拟宫掖，婢妾百数，皆衣金缕，奴隶月廪与列将等，犹以为未足也"[4]。"在尚书省，恶堂食不适口，以其家膳供"[3]。当时饥民甚多，辗转沟壑，嗷嗷待哺，而白撒"一饭之费有数十金不能给者"[4]。宣宗君臣玩物丧志，比起奋发淬砺的成吉思汗君臣来，不啻有天渊之别！

生活上的奢靡堕落，必然导致政治上的廊庙蠹朽。在宣宗周围麇集着一批趋炎附势、儇薄无行之徒，"为宰执者往往无恢复之谋，上下同风，止以苟安目前为乐，凡有人言当改革，则必以生事抑之"[3]。每当北兵压境，群臣束手无策，相对而泣，及至敌退解严，便又故态复萌，歌舞升平了。"宰执用人，必先择无锋芒、软熟易制者，曰'恐生事'。故正人君子多不得用，虽用亦未久，遽退闲。"[3]宰相如张行信，谏官如陈规、许古，御史如程震、雷希颜等人，疾恶如仇，敢于犯颜直谏，为宣宗所不容，先后斥逐出朝。宣宗、哀宗两朝执政柄的宰相，大多是浅薄滞拙之徒，没有救焚拯溺、安邦定国之才，"平章白撒固权市恩，击丸外百无一能。丞相赛不菽麦不分，更谓乏材，亦不至此人为相。参政兼枢密副使赤盏合喜粗暴，一马军之材止矣，乃令兼将相之权。右丞颜盏世鲁居相位已七八年，碌碌无补，备员而已"[4]。朝堂之上，也多是宰执的袍泽故旧，"自非亲戚故旧，往往不得登其门"[3]。其他人即使有经天纬地之才,倘非庙堂重臣的亲旧,一概摒而不用。宣宗皇后之姊郕国夫人"不时出入宫闱,干预政事,声迹甚恶"[4]。由于她权势熏天,炙手可热,因而当权者往往纳赂以取媚,致使她家库房充溢,积资如山。更为可笑的是,那些位居枢要、调和鼎鼐的衮衮大员,竟有许多两眼漆黑、不通文墨之人。"宣宗尝责丞相仆散七斤'近来朝廷纪纲安在',七斤不能对,退谓郎官曰:'上问纪纲安在,汝等自来何尝使纪纲见我?'"[4]堂堂宰相,竟把纪纲当成了人名,真是斯文扫地!蒙古兵围汴时,司谏陈岢屡上书言事,触怒了统率军队的枢密副使赤盏合喜,赤盏合喜"呼其名责之曰:子为陈山可耶?果如子言能退大敌,我当世世与若为奴。闻者无不窃笑,盖不识岢字,至分为两耳"[4]。参知政事合周自撰括粟榜文,将"雀无翅儿不飞,蛇无头儿不行"两句中的"儿"字写成"而"字,被人讥笑为"雀儿参政"[4]。金朝南迁后,内忧外患,国土沦胥,宣宗却倚畀此辈,要指望中兴,自然是戛戛其难了。

朝中大臣如此,地方官员更是等而下之。南渡之后,吏权大盛,目不识丁的下曹小吏,升迁反而比进士迅速,不三五年,皆得要职,"故一时之人争以此进,虽士大夫家有子弟读书,往往不终辄辍,令改试台部令史"[3]。这些人一旦得志,政绩如何,也就可想而知。他们虽然阘茸无能,却偏好沽名钓誉,以此作为猎取官阶的终南捷径。他们有中夜盖纸被,朝服敝衣,令妻子汲爨,以示廉洁奉公者;有富豪与贫民争讼,不问曲直,专庇贫民,以示狷介耿直者。总之,他们想尽一切办法打通关节,夤缘干进。但对于未登仕籍的布衣,却白眼相加,不屑引以为伍:"布衣有事,或数谒见在位者,在位者相报复甚希,甚者高居台阁,旧交不得见。"[3]

金宣宗虽然知道吏治窳败,但从未采取过任何措施,他所担心的只是臣下对他是否忠诚。为了考察臣下,他大量擢用身边近侍,"用其人为耳目以伺察百官,故使其奉御辈采访民间,号行路御史"[3]。南渡之后,宣宗在宫中设立了近侍局,职虽五品,却权侔宰相,多以贵戚、世家、恩幸者居之,一般士大夫不能参与。近侍局长官之下,设奉御、奉职,其职掌是传诏旨,供使令,地位本来不高,但因为宣宗视此辈为心腹,因此大臣要员往往曲意奉承,一旦外出,帅臣郡守馈遗不绝,这就给他们以专权自恣、擅作威福的绝好机会。金末政局本来就混乱不堪,至此,就更加动荡不安了。

二

金朝南迁后碰到的第二个棘手问题是财政拮据。当时金国疆土日蹙，人口锐减，所辖只有河南、陕西两省，赋税减少，帑藏告罄。为了挹彼注此，以南宋之有余补自己之不足，便频频对南宋发动战争。这种为丛驱雀、为渊驱鱼的冒险行动，除了把南宋推向蒙古一边，无论从军事上、经济上，都未给金国带来任何好处。“宣宗南伐，士马折耗十不一存，虽攻陷淮上数州，徒使骄将悍卒饱其私欲而已。”[4]金兵掠夺所得，都被将领们装入了私囊，国家一无所得，而南宋一怒之下，既不再缴纳岁币，又关闭了榷场贸易，使金朝蒙受了巨大经济损失。原来，南宋自绍兴和议以来，每年向金国贡银、绢各二十五万两、匹，至宋孝宗时改称岁币，改为每年银、绢各十万两、匹。在金国全盛时期，百物殷阜，财政宽余，区区岁币也许不占多大比重。但在南迁后，对于财匮民穷的金朝经济，岁币却是一笔至关重要的补充，因此，金宣宗在风尘澒洞中赶到汴京之后，便马上遣使向宋方索要岁币。南宋看到金国气数已尽，听从大臣真德秀的建议，靳而不与。宋金双方在淮河到大散关（今陕西宝鸡）边界一带的唐（今河南唐河）、邓（今河南邓州）、寿（今安徽寿县）、泗（今江苏盱眙）、息（今河南息县）、秦（今甘肃天水）、凤（今陕西凤翔）等州均设有榷场，懋迁有无。仅秦州榷场，金方“岁所获以十数万计”[4]，而息州榷场每进行一次互市，金人便“获布数千匹，银数百两”[4]。这些本来非常容易到手的财物，却都在兵燹中化为乌有了。

金宣宗虽是被迫播迁，但仍然不减帝王之家的气派，仅运图书就用车三万辆，运珍珠宝玩竟用骆驼三千头。[7]同时那些戚畹贵族、达官显宦都把河南视为可以安身立命的世外桃源，携妇将雏，结驷连骑，蜂拥而至，河南凭空增添了几百万人口。河南本不富庶，几经兵燹，凋敝不堪，“今河北军户徙河南者几百万口，人日给米一升，岁率三百六十万石，半给其值，犹支粟三百万石”[4]。但是“河南租地计二十四万顷，岁租才一百五十六万”[4]，尚不及迁来人口所需之半。为了摆脱困境，金朝统治者不惜横征暴敛，竭泽而渔，“民之赋役三倍平时，飞挽运输，日不暇给”。金宣宗南迁后的第二年，御史田迥秀就上疏说：“方今军国所需，一切责之河南。有司不恤民力，征调太急，促其期限，痛其捶楚，民既罄其所有而不足，遂使奔走旁求于他境，力竭财殚，相继散亡，禁之不能止也。”河南叶县自兵兴以来，户口减少了三分之一，田地抛荒者一万七千余亩，而赋税七万石却丝毫未减。“逋赋皆抑配见户”[4]，有司又征促甚急，“有犯者，以慢军储治罪”，老百姓不待麦熟，便刈之以应限。河南如此，其他地方也不例外。亳州原有居民六万户，金朝南迁后存者不足十分之一，砀山居民竟悉数逃亡。泗州连年饥馑，老百姓仅以草根树皮充饥，还要负担戍守士兵的费用，“困鼠鸣虚壁，饥乌啄废田。似闻人语乱，县吏已催钱”[6]。鼠鸣虚壁，乌啄废田，农民已经是一贫如洗、家徒四壁了，官吏还要催索钱粮，这简直是一幅血泪斑斑的图画！

为了养活南迁来的庞大人口，宣宗下令括田，授给猛安、谋克户以荒田及牧马地。当时民庶流离，概无乐土，外困于南北争战，内困于苛征暴敛，赖以安身立命者，只是几亩薄田，如今又为政府攘夺而去，“名曰牧地荒地，其实多民地耳”。金朝统治者把土地从农民手中夺来分给军户，但这些坐縻衣食的军户并非习耕之人，结果是或与之而不受，或受之而不耕，授田之命屡颁，均未见施行，他们的口粮廪给仍不可省，农具、牲畜、种子的开支又大大增加。金宣宗本想撙节费用，不料竟成了一项蠹国害民的弊政！

金朝的财政制度本来就罅漏甚多，“及其亡也，括粟、阑籴，一切掊克之政靡不为之”[4]。为了增加收入，便加倍征赋，动辄预借数年，同时卖官鬻爵，出售空名宣敕，甚至进士及第、僧道度牒，只要不吝重金，都可如愿以偿。金朝初年，只用辽、宋旧钱，后来虽然自己铸钱，但货币屡变，百姓“往往怨嗟，聚语于市”[4]。宣宗即位之后，更造交钞，不久即改为贞祐宝券，兴定年间造贞祐通宝、兴定宝泉，元光年间又造元光重宝、元光珍宝，哀宗时又造天兴会宝，名目繁多，数不胜数。“（贞祐）宝券初行时，民甚重之，但以河北、陕西诸路所支既多，人遂轻之。”到了后来，竟至“市肆昼闭，商旅不行”。哀宗时民间拒绝使用货币，只以银市易。钞法屡更，加剧了金朝社会的动荡和经济的崩溃。金朝即使士马精强，也无力支持这场旷日持久的战争了。

三

军无斗志是金朝南迁后的第三个弊端。金宣宗不战而逃，使得人心涣散，驻守在中都以南涿州、良乡一带，以契丹人为主组成的乣军叛而降蒙，金宣宗只带着“猛安户之老稚渡河，侨置诸总管府以统之，器械既缺，粮糒不给”[4]，几乎没有什么战斗力。而当时干戈俶扰，战事正殷，需要精锐的军队去捍边御敌，但金朝没有这样训练有素的军队。“每有征伐或边衅，动辄下令签军，州县骚动。其民家有数丁男好身手，或时尽拣取无遗，号泣怨嗟，阖家以为苦。”[3]强征来的壮丁怎能打仗？由于南迁后土狭民寡，兵员不足，缙绅之家也不免签军之苦。贞祐初年，一批靠父亲恩荫入仕但尚未分配官职的官宦子弟，竟悉数被征召入伍，号为“监官军”。元光末年，因为守御潼关、黄河，宣宗再次下令签军，并派使者四出拘捕，除现任官员外，其他人不论文官武官、职位高低，都在征发之列。年近六十、已经致仕的户部郎中刘元规亦在其中。特别滑稽的是，《归潜志》的作者刘祁以终场举人获免。而他的父亲却因卸任御史被征。刘祁赴开封殿试，他的父亲不无凄楚地送他一首诗说：“老作一兵吾命也，芳联七桂汝身之。厚禄故人如见问，为言尘土困王尼。”[3]把行将就木的老人送入行伍，去和那些剽悍强劲的蒙古军队对垒，后果如何，不问可知！

金朝南迁后，领兵将帅只论门第，不问才能，门阀膏粱之子虽百无一能，却身绾组符，出身贫贱之人虽富于韬略，也摒而不用。这些将领“平居则意气自高，遇敌则首尾退缩，将帅既自畏怯，士卒夫谁肯前”[4]。无怪乎一和蒙古人交手，野战则全军俱殃、守城则阖郡被屠了。金朝末年，军官数目骤增，千户之上有万户、副统、都统、副提控，十羊九牧，号令不一，动辄互相牵制。他们的待遇也颇为优渥，平时既有俸廪，又有券粮，一人之费兼数十人之用，而士卒则啼饥号寒，衣食不给，便转而去骚扰百姓，恐逼小民，恣其求索。军纪既荡然无存，当然也就失去了老百姓的信任。金宣宗为防止将领骄横跋扈，尾大不掉，把贴身近侍派入军中，号为“监战”。这些人别无他能，每逢打仗，“辄遇敌先奔，故其军多丧败”[3]。金朝军队既已成为没有任何战斗力的乌合之众，要迎战锐气方张的蒙古劲旅和进攻以逸待劳的南宋军队，无怪乎一败涂地了。

金宣宗逃离中都后，“河朔为墟，荡然无统”[8]，“河北、河东、山东郡县尽废，兵凶相仍，寇贼充斥”[8]。而《宋史》则谓“金主窜汴，赋敛益横，遗民保岩阻思乱”[9]，仅山东、河北地区的红袄军，便有几十股之多，举其荦荦大者，山东有杨安儿、李全、刘二祖、方郭三、李旺、夏全等人，河北有周元儿等。正大四年（1227）李全降蒙，“由是郡县望风款附”[10]。陈（今河南淮阳）、蔡（今河南汝南）二州距汴京（金末亦称南京）尚不足四百里，竟有“盗贼”出没。宣宗问大臣把胡鲁：“盗贼如何可息?”答曰：“盗贼之多，以赋役多也，赋役省则盗贼息。”[4]金朝既不能停止苛征横敛，“盗贼”也就不可能止息，农民起义成了金朝统治者的肘腋之患。

四

外交政策的失败，是金国灭亡的又一重要原因。金朝南迁后，以蕞尔之土、疲惫之卒，本应联宋抗蒙，以延国祚，但金国统治者人谋不臧，见不及此。他们错误地认为，自己虽不是蒙古人的对手，但对付南宋却绰有余裕，于是一方面对蒙古人屈膝妥协，一方面又大规模地进攻南宋。但是，灭金是蒙古人的既定方针，当然不会更改，而南宋自然也不会坐以待毙。这样，金国统治者便陷入了腹背受敌、进退维谷的狼狈境地。

金宣宗到汴京后，便想把因蒙古人入侵而受的损失转嫁到南宋方面。在他们看来，南宋既有江淮巴蜀之富，其军队又软弱不堪一击，只要金军兵临城下，宋军便会拱手投降，乖乖交出金帛。“有王世安者，献取盱眙、楚州（今江苏淮安）之策，金主以为淮南招抚使，遂有南侵之谋。”[11]右丞相术虎高琪也怂恿宣宗伐宋，“以广疆土”。兴定元年（1217），宋使陈伯震来金朝贺，宣宗对他说：“闻息州（今河南息县）南境有盗，此乃彼界饥民沿淮为乱耳，宋人何故攻我?”[4]息州当时虽属金所有，但南宋饥民骚乱并未逾境，金宣宗故意将无作有，目的是制造南伐的口实。果然，在这年四月，金人以南宋岁币不至为借口，分东西两路大举侵宋。东路攻光州（今河南潢川）、樊城、枣阳、光化军（以上三地均在湖北），西路自大散关进攻西和、阶、成（三地分别为今甘肃之西和、武都、成县）三州。但是，金军已经失去了北宋末年那种摧枯拉朽、横扫一切的气势，由于南宋奋力抵御，在襄阳城下“喋血以战，金兵败走”[9]，“徐州、光化皆以捷闻”[9]，金人丝毫没有占到便宜。兴定二年（1218），金人再次东自江淮，西自四川、陕西，两路攻宋。金人在占领天水军、大散关之后，金宣宗乘战胜余威遣开封府官员吕子羽为使至宋讲和，企图以高屋建瓴之势，迫宋纳币称臣。宋方虽在西线受挫，但在东线却大获全胜，因此对于金方又打又拉的措施不予理睬，金使“吕子羽至淮，宋人不纳而还”[4]。金宣宗恼羞成怒，下诏大举伐宋，南宋则针锋相对，于兴定五年(1221)“遣苟梦玉通好于蒙古，蒙古旋遣使来报”[10]。金宣宗愚蠢到唇亡齿寒、辅车相依这样简单的道理也不懂，硬是把南宋推向了蒙古人一边。有趣的是，据《金史》完颜赛不、完颜讹可等人的传记，金人所向克捷；而据《宋史》赵方、孟宗政、扈再兴等人的传记，宋军也迭挫强敌，使人扑朔迷离，莫辨真伪。但“金自南渡之后，用兵克捷之功史不绝书，然而地不加辟，杀伤相当”[4]，因此“赛不等传所云克捷者，盖亦非事实也”[2]。

金军侵宋本是一着败棋，但权臣术虎高琪独擅朝纲，“有沮其兵者，不谓之与宋为地，则疑与之有谋，进士、宰相于他事无不言，独论南伐则一语不敢及”[12]。右司谏许古上书宣宗，指出以武力压南宋屈服是不切实际的幻想，“果通和，则大兵(指蒙古军)闻之亦将敛迹，以吾无掣肘故也”[4]，宣宗命许古起草议和牒文，但执政大臣术虎高琪等借口有哀祈之意，摒而不纳。平章政事胥鼎条分缕析，指出伐宋有六不可，但是“宰臣以为诸军既进，无复可议，遂寝”[4]。就这样，金人两次失去了与宋议和的机会。迨到金哀宗完颜守绪即位后，马上派人到滁州与宋通好，宣布不再南伐，但为时已经晚了。南宋不理睬金人的哀求，反而与蒙古人合势攻金，金哀宗终于演出了一出身死国灭的悲剧。

金人对南宋狠如猛虎，对蒙古人则驯如羔羊，但蒙古人并不因此而偃旗息鼓。公元1217年，成吉思汗以木华黎为太师，封国王，率领蒙古、乣、汉诸军，总戎南征，他自己则经略太行山以北地区。木华黎是蒙古军队中允文允武、娴于韬略的将领，他受命之后，自燕京南下，破河北，定山东，不久，又从西京(今山西大同)越过太和岭，进入河东(今山西)，占领太原、忻、代、泽、潞等州。蒙古军所到之处，金军土崩瓦解，望风逃窜，不少地区竟是传檄而定。兴定五年(1221)，“金主遣乌古孙仲端奉国书请和，称帝(指成吉思汗)为兄，不允”。翌年秋，金又遣乌古孙仲端求和，成吉思汗对他说：“我向欲汝主授我河朔地，令汝主为河南王，彼此罢兵，汝主不从。今木华黎已尽取之，乃始来请耶?”金使乞哀不已，成吉思汗冷冷说道：“念汝远来，河朔既为我有，关西数城未下者，其割付我。令汝主为河南王，勿复违也。”[13]割地尚可，退就藩封就意味着亡国，金宣宗当然不肯答应，议和也就没有任何结果。

公元1229年，元太宗窝阔台即位，金哀宗“遣阿虎带来归太祖之赗，帝曰：‘汝主久不降，使先帝老于兵间，吾岂能忘也，赗何为哉！’却之。遂议伐金”。金国自南迁之后，“尽弃河北、山东关隘，唯并力守河南，保潼关，自洛阳、三门、孟津，东至邳州（今江苏睢宁北）之雀镇，东西二千余里，立四行省，帅精兵二十万以守御之”[10]。金国把精兵良将都聚集在这一线上，想以此阻遏蒙古铁骑南下。蒙古军若从正面强攻，势必付出重大代价，因而假道南宋，从背后包抄金国，是最理想的作战方案。原来宋金边界一带，层峦叠嶂，便于戍守，因而宋方驻兵不多。精于军事的蒙古统治者早就看出宋金边界一带有隙可乘。成吉思汗溘逝之前告诫左右说：“金精兵在潼关，南据连山，北限大河，难以遽破。若假道于宋，宋金世仇，必能许我，则下兵唐、邓，直捣大梁。金急，必征兵潼关，然以数万之众，千里赴援，人马疲弊，虽至弗能战，破之必矣。”[13]金国大臣术甲脱鲁灰也提醒哀宗：“潼关险隘，兵精足用。然商、洛以南濒于宋境，大山重复，宋人不知守，国家亦不能逾宋境屯戍。大兵（指蒙古兵）若由散关入兴元（今陕西汉中），下金（今陕西安康）、房（今湖北房县），绕出襄、汉，北入邓鄙，则大事去矣。宜与宋人释怨，谕以辅车之势，唇亡齿寒，彼必见从。据其险要以备，不然必败。”[4]但金哀宗不以为意，没有采取任何防御措施。正大八年（1231），蒙古军按竺迩所部来到兴元，向南宋提出了假道的要求。宋军守将桂如渊见蒙古军压境，势不徒还，遂遣人导蒙古军由武休关（今陕西商县南）东入金州，取道房州、均州，渡过汉水，来到邓州。金人惊恐万状，以为是神兵天降。这年年底，蒙古军大败金军于钧州之三峰山，金军精锐被歼殆尽，“自是，兵不复振”[4]。是役之后，金哀宗被迫播迁蔡州。

蒙古人在完成假道任务后，又频频拉拢南宋，联袂图金。金国风雨飘摇，朝不保夕，经不起宋蒙联军的打击，天兴三年（1234）正月，蔡州陷落，哀宗自缢身死，金朝也就宣告覆亡了。

参考文献

[1]姚燧.牧庵集[M].四库全书本.

[2]赵翼.廿二史札记[M].北京：中国书店出版社，1987.

[3]刘祁.归潜志[M].北京：中华书局，1983.

[4]脱脱,等.金史[M].北京:中华书局,1975.
[5]蔡美彪.中国通史:第六册[M].北京:人民出版社,1981.
[6]元好问.中州集[M].四库全书本.
[7]宇文懋昭.大金国志[M].北京:中华书局,1986.
[8]刘因.静修先生文集[M].四库全书本.
[9]脱脱,等.宋史[M].北京:中华书局,1977.
[10]毕沅.续资治通鉴[M].北京:中华书局,1957.
[11]陈邦瞻.宋史纪事本末[M].北京:中华书局,1977.
[12]元好问.遗山先生文集[M].四库全书本.
[13]宋濂,等.元史[M].北京:中华书局,1976.

(原载《商丘师专学报》1987年第1期)

试论金代的廉政建设

一、太祖至熙宗时期的廉政

金太祖的全部生涯几乎都是在军旅中度过的，很少接触先进的中原文化，自然不知廉政为何物，但他仍然懂得，倘不能安抚人心，从马上得来的江山便有得而复失的可能，因而轻徭薄赋是完全必要的。天辅二年(1118)，他在干戈纷纭之际便“诏有司禁民凌虐典雇良人，及倍取赎直者”。对于辽国归降的百姓妥善安置，择膏腴之地处之。又规定：“凡降附新民，善为存抚，来者各令从便安居，给以官粮，毋辄动扰。”[1]凡是女真民户因犯罪而逃入辽国的，向辽方交涉索还，并查明其官称、姓氏，以便妥为安置。天辅七年(1123)，原属辽国的宜(今辽宁义县东北)、锦(今辽宁锦州)等州皆降于金，但在革故鼎新之际，民心不安，太祖下诏：“今农事将兴，可遣分谕典兵之官，无纵军士动扰人民，以废农业。”这年二月，他再次下诏说，凡因战乱而逃亡的农户，“去乡未久，岂无怀土之心？可令所在有司，深加存恤，毋辄有骚动。衣食不足者，官赈贷之”。“其间被虏及鬻身者，并许自赎为良。”[1]元人修的《金史》称赞他即位之初，就“除去了辽法，减省租税”，这个评价大体还是公允的。

金太宗完颜晟是在戎马倥偬中即位的，当时灾荒频仍，五谷不登，他下诏说：“比闻民间乏食，至有鬻其子者，其听以丁力等者赎之。”即允许以力役抵债，等到足以补偿欠款时，可把子赎归。天会二年(1124)，太宗又诏告天下：“先帝(指阿骨打)以同姓之人有自鬻及典质其身者，命官为赎。今闻尚有未复者，其悉阅赎之。”[1]以后太宗又多次重申过这一诏令。这些措施对于促进社会经济发展、安定社会秩序，起了很大作用。

天会三年(1125),辽天祚帝被俘,耶律大石西迁,辽国覆亡。第二年年底,宋钦宗赵桓在汴京降金,金国在短短两年内接连颠覆了两个王朝。金太宗并未因胜利而冲昏头脑,他对廉政给予了更多的关注。一是遣使赴诸路劝农,同时禁止内外官员私役百姓,权势之家不得买贫民为奴;二是严惩贪官,如"权南路军帅鹘实答官吏贪纵,诏鞫之"[1]。在金太宗的倡导下,地方官员也以廉洁为荣,如任侍卫亲军都指挥使的王政,"明会计,严扃鐍,金帛山积而出纳无锱铢之失";范承吉任河东北路转运使时,"民赋繁重失当,承吉乃为经画,立法简便,所入增十数万斛,官既足而民有余";李瞻知宁州时,"为政宽平,民怀其惠,相率诣京师请留者数百千人"[1]。他们在干戈纷扰之际能做到这一步,是很不容易的。

熙宗完颜亶是金朝历史上的改革家。他改革的重点是打击女真族内部因循守旧的势力,起用有识之士,淘汰那些庸碌无能的官吏。他即位之初,曾对左右说:"朕每观《贞观政要》,见其君臣议论,大可规法。"表示要学唐太宗。他为推行改革而采取了一系列措施,如废除勃极烈制,采用汉官制;设行台尚书省;施行"天眷新制",颁行"皇统制"等。金熙宗认为凡是本国臣子,应当不分民族畛域,一样对待,一方面是用人不疑,另一方面还要考察其政绩。天眷二年(1139)九月,派大臣温都思忠赴诸路廉问,这是金代考察官吏之始。翌年四月,"得廉吏杜遵晦以下百二十四人,各进一阶,贪吏张轸以下二十一人皆罢之"[1]。皇统八年(1148),又派参知政事秉德等廉察官吏,查出太原尹徒单恭与所属九县县令贪污不法,皆被罢职,交城令杨邦基廉洁为河东第一,被擢升为礼部主事。在金熙宗倡导下,一时廉吏辈出,如天眷年间庞迪任临洮尹兼熙秦路兵马都总管时,"陕右大饥,流亡四集,迪开渠溉田,流民利其食,居民藉其力,各得其所,郡人立碑纪其政绩";傅慎微任京兆尹时,"修复三白、龙首等渠以溉田,募民屯种,贷牛及种子以济之,民赖其利";皇统年间,熙宗派人廉察官吏,丁暐仁以廉任和川(今山西安泽)令,因前任县令疲软不称职,"群小越法干禁无所惮,暐仁申明法禁,皆屏息,或走入他县以避之。有董祐者最强悍,畏服暐仁,以刀断指,誓终身不复犯法";徒单合喜曾任临洮、延安尹,"是时,关陕以西,初去兵革,百姓多失业,合喜守之以静,民多归还者";武宁(今陕西武功)节度使萧仲宣"为政平易,小吏不敢为奸"[1]。金熙宗通过整顿吏治,终于出现了"风雨时,年谷丰,盗贼息,百姓安"的局面。

二、金世宗的奖廉肃贪政策

金世宗完颜雍是我国历史上有作为的帝王之一。他在位时“躬节俭,崇孝悌,信赏罚,重农桑,慎守令之选,严廉察之责……群臣守职,上下相安,家给人足,仓廪有余”[1],被后世称为“小尧舜”,他在位的二十多年成为金代最辉煌的时期。这种局面的形成,固然包含了许多因素,但他奖廉肃贪、善于用人,无疑是一个重要原因。

(一)广开言路,为国荐贤

金世宗是在政局混乱之际登上帝位的。他懂得,一个帝王不管如何宵衣旰食、励精图治,如果没有臣下的配合与相助,是难于使国家臻于至治的。为了从历史上汲取经验教训,他读了不少汉文典籍。鉴于海陵王在位时,“不辨人才优劣,惟徇己欲,多所升擢”,因而造成小人得志、正直之臣斥而不用的不正常现象,世宗即位之初,便要求大臣们为国荐贤,他说:“进贤退不肖,宰相之职也。有才能高于己者,或惧其分权,往往不肯引置同列,朕甚不取,卿等毋以此为心。”[1]当时宰执大臣,多“依违苟且,无所荐达”,世宗严厉批评说:“卿等职居辅相,曾无荐举何也?且卿等老矣,殊无可以自代者乎?惟朕尝言某人可用,然后从而言之。卿等既无所言,必待朕知而后进用,将复有几?”[1]一次,他让平章政事完颜襄荐贤,完颜襄说:“臣等苟有所知,岂敢不言,但无人耳。”世宗驳斥说:“春秋诸国分裂,土地褊小,皆称有贤,卿等不举而已。”[1]他求贤若渴,比起李世民来,丝毫也不逊色!

(二)力矫时弊,杜绝颓风

金世宗在登基之前,历仕熙宗、海陵王两朝达十余年之久,对于官场痼疾了若指掌,因此,他登基之后,便大刀阔斧加以整顿。当时不少官吏入仕,都要找靠山,以致达官显宦之家门庭若市,苞苴公行,贿赂成风。金世宗为此下诏说:“求仕官辄入权要之门,追一官,仍降除。以请求有所馈献及受之者,具状奏裁。”[1]戚畹贵族仗势欺人,一旦家属犯罪,便利用职权出面干预,下级官吏屈于权势,往往徇情枉法,受害百姓含冤莫白而无可奈何,世宗宣布:“形势之家,亲识诉讼,请属道达,官吏往往屈法徇情,宜一切禁止。”[1]大定十一年(1171),尚书省奏，汾阳军节度副使牛信昌生日接受馈献，按照法律，应当免官。其实，接受下属馈献之事屡见不鲜，尚书省官员多数都有这一问题，但处分往往因人而异，官阶高的可以没事，官阶低的就要受到惩处。世宗愤然指出："朝廷行事苟不自正，何以正天下？尚书省、枢密院生日节辰馈献不少，此而不问，小官馈献即加按劾，岂正天下之道？自今宰执枢密馈献亦宜罢去。"[1]不少心术不正的官员，一旦跻身高位，便受贿枉法，无所不为，世宗慨叹说："凡人在下位，欲冀升进，勉为公廉，贤不肖何以知之。及其通显，观其施为，方见本心。如招讨哲典，初任定州同知，继为都司，未尝少有私徇，所至皆有清名，及为招讨，不固守。人心险于山川，诚难知也。"[1]

御史台的职掌是"纠察朝仪，弹劾官邪，勘鞫官府公事"，但是御史台官员往往苛于责下，宽以待上，"达官显要多行非理，监察未尝举劾"，如大定二十一年斡睹只群牧副使仆散那也取部人球杖二根，本琐碎之事，监察官便行劾奏，而同时离京师近在咫尺的通州刺史完颜守能贪污受贿，宗州节度使阿思懑行事多不法，御史台却无一语相及。世宗对此提出批评说："今监察职事修举者与迁擢，不称者，大则降罚，小则决责，仍不许去官。"[1]考察官吏是否廉洁称职，是御史台的一项重大任务，然而其中弊端不少。如有的达官显宦，其亲朋故旧在州县任职者，在御史官员未到之先，便预为说项，致使"官刑不肃，士风颓弊"。即使御史台官员正直，地方官员也有应付之法，刁猾的专门沽名钓誉，循规守矩的反而湮没无闻。世宗发觉后，一方面遴选办事干练、秉公执法的官员到御史台任职，另一方面对触犯刑律者加以惩处，这样，御史台的官员便不敢徇情枉法了。

金世宗遴选官员不以亲疏取人。户部尚书张玄素在海陵王时曾对世宗有过微言，世宗不计旧怨，即位后仍然任用。王蔚在海陵王时名声不好，但颇有才干，世宗初年任河北东路转运使，后来廉察第一，被擢升为参知政事。但对那些尸位素餐及心术不正的官员，金世宗则不予重用。世宗元妃之兄张汝弼久为执政，"练习制度，颇能斟酌人材，而用心不正"[1]，被罢职。世宗之舅李石任御史大夫，不能劾恶举善，世宗训诫说："卿近累奏皆常事，臣下善恶邪正，无语及之。卿年老矣，不能久居此。"[1]不久，改为没有实权的太尉、尚书令。近侍局是宫廷侍御机构，每日都在皇帝身边，世宗明确表示："近侍局官须选忠直练达之人用之。朕虽不听谗言，使佞人在侧，将恐渐渍听从之矣。"[1]敬嗣晖任执政时颇有才干，但"纯实不足"，世宗不让他在朝供职，告诫他说："卿虽有才，但用心多诈，朕左右多忠实之人,故命卿补外。”“今当竭力奉职,以洗前日之咎。苟或不悛,必罚无赦。”[1]尚书省拟以宗室阿可为刺史,世宗不允所请,驳斥说:“郡守系千里休戚,安可不择人而私其亲耶?若以亲亲之恩,赐与虽厚,无害于政。使之治郡而非其才,一境何赖焉。”凡是为罪犯说情的,世宗一律不准。唐古部族节度使移剌毛得之子杀其妻而逃,世宗命人捕之,毛得请皇姑梁国公主出面说情。世宗对宰相说:“公主妇人,不识典法,罪尚可恕。毛得请托至此,岂可贷宥。”[1]没有答应。

世宗特别关注州县官吏的任用。他认为,州县官吏品阶虽低,但关系国家休戚,必须选拔有德行者任之。他说:“天子以兆民为子,不能家家而抚,在用人而已。知其不能而强授之,百姓其谓我何!”他反复晓谕宰执:“县令之职最为亲民,当得贤材用之。”[1]当时边陲荒僻,生活不便,官员视当县令为畏途,因此县令多阙。为了改变这种局面,世宗提出,录事、丞簿有清干之誉者,县尉入优等者,毕可任县令。如果有能力而又清正廉洁的,可以不拘资历升迁。他明确表示:“日月资考所以待庸常之人,若才行过人,岂可拘以常例。”世宗在位期间,拔擢了一批能干的县令,同时也汰除了一批不称职的县令,这对于澄清吏治,起了很好的作用。对于贪官,他决不姑息迁就。大定二年,“以廉平诫谕中外官吏”;三年,“诏吏犯赃罪,虽会赦不叙”;十二年,诏尚书省“赃污之官,已被廉问,若仍旧职,必复害民。其遣使诸道,即日罢之”;十八年,又说“职官始犯赃罪,容有过误,至于再犯,是无改过之心。自今再犯,不以赃数多寡,并除名”;二十六年,“定职官犯赃同职相纠察法”。他说:“若涉于赃罪,虽朕子弟亦不能恕。”凡官吏廉洁必然政治清明,金世宗之所以被后人称为“小尧舜”,和他奖廉惩贪是分不开的。

(三)制定规章,依法铨叙

金世宗在如何用人上制定了一套制度,以保证官吏遴选工作的顺利进行。

首先,是省选与部选。按照金朝制度,凡文武官吏的选拔,皆统于吏部,自从九品至从七品官员的任命,由吏部决定;正七品以上官员,由尚书省禀明皇帝后任命,“吏部选者谓之部选,尚书省选者谓之省选”。凡外任循资官谓之常调,选为朝官谓之随朝,部选分四季拟授,省选按资考升迁。大定二年规定,随季选人如在官无有过错或有功劳者,依才选注,有为官清廉或贪赃枉法者视其具体情况升降。凡资历已够的求仕官员,须于春夏秋冬四季到吏部报到,由吏部考核其政绩,然后决定其升迁。如年事已高,不适合任县令者,即使政绩突出也不任命。尽管规定完善,但执行起来也有弊端,每季选人时,吏部往往要检阅旧籍,谓之检卷,有滞留至后季犹不得去者。

吏部任命官员的规定,有许多不合理之处,这表现在吏部选人,只叙年劳,即只论年头,不管其他。有些人虽有才能,但年限不够,只能屈沉下僚。有些忠勤廉洁的官员,因无门路,依然不得升迁,甚至三四十年不离七品,而善于结交权贵的新进官员,因有人援引,很快便飞黄腾达,位居显要。“凡小官得民悦,上官多恶之,能承事上官者,必不得民悦。”[1]这种情况非常普遍。大定十年规定:如果小官政绩优异,百姓愿意挽留,允许直接赴吏部陈述,吏部遣人复核。如情况属实,可以超升,丞簿之类的小官可以升为县令。同时又派监察御史及审录官分诣诸路,再加考核,以免吏部考核出现偏差。

省选主要是管理正七品以上的官员。世宗反复交代宰执大臣,应当为官择人,不得仅仅荐引亲旧,特别是守令一职,更应当审慎。大定七年规定,外路四品以上职事官,并五品合升除官,应开列名单上奏,六品以上官员,命尚书省拟定,再报皇帝批准。有些随朝官员,自认为历一考当得某职,历两考当得某职,于是因循苟且,碌碌无为。大定十一年规定:“自今以外路官与内除者,察其公勤则升用之,但苟简于事,不须任满,便以本品出之。”这样,那些混日子的官员便无法再混下去了。

其次,是行廉察之制。所谓廉察,就是派中央官员到地方考察官员政绩,监察法纪。此制始行于金熙宗之时。世宗即位后,“凡数岁辄一遣使黜陟之,故大定之间,郡县吏皆奉法,百姓滋殖,号为小康”。大定二年十一月考察职官,把官员分为廉能、污滥、不职三种,每种又分三等,廉能者提升,污滥、不职者受罚。大定十一年又规定:凡廉能之官,四品以下委官复察,如果属实,即加提升;三品以上,由世宗直接任命。鉴于每次遣使采访,一出朝便郡县轰动,滋扰百姓,以后便派人暗察,将明访与暗察结合起来。如果暗察明访皆有政声,则马上升迁,以示赏罚必信。大定十二年尚书省奏,廉察到同知城阳军事山和尚等清强官,世宗高兴地说:“此辈暗察明访皆著政声,可第其政绩,各进官旌赏。其速议升除。”[1]

再次,是荐举。荐举是选拔人才的辅助手段。早在大定二年,世宗便命随朝六品、外路五品以上官员,一任各举廉能官员一人,如果名实相符,即议升迁;

如果被荐之人为官污滥，荐举人也要受到处罚。这个规定本意是防止有些人不负责任，盲目举荐，但不少官员怕连坐而不敢举贤。后来规定三品官可以荐贤，结果又造成小官谄媚大官的不正常现象。同时朝廷规定，只要百姓称道之官即可升迁，便有沽名钓誉之徒钻空子，雇人赴京师请求挽留。世宗虽然觉察到了这一点并采取措施纠正，但成效不大。《金史》说他“举贤之急，求言之切，不绝于训辞，而群臣偷安苟禄，不能将顺其美，以底大顺”。这个批评是很惬当的。

（四）抑制豪门大族特权

世宗时土地兼并严重，贫富悬殊，有必要对豪门大族加以限制，以缓和日益激化之阶级矛盾。世宗为此而采取了几点措施。一是限田。一般情况下，一个女真贵族只能拥有一处土地，拥有两处者，其中的一处归公。二是不使宗室聚于一处，免得拉帮结派，鱼肉百姓。三是限制戚畹贵族兼并土地。

在世宗倡导下，出现了一批敢于搏击豪强的地方官吏。如李宴“抑制豪强，潜消盗贼，人皆宴然”；赵规为地方官时，“豪宗侠族之家畏威而莫敢犯，舞文弄法之吏率皆不能欺”；长子县令马唐，“慑服豪右，矜扶贫弱，善良受赐，奸滑胆裂，俾强宗大族，敛手而无敢犯者”。

三、金章宗时期对官吏的约束

金章宗完颜璟是世宗之孙，他继承乃祖业绩，早年颇有作为，明昌年间励精图治，政治清明。他在位时廉政建设表现在以下几个方面：

第一，提倡为官清廉。

当时地方豪绅多结交官府，倚权怙势欺压百姓，章宗下令禁止豪右强族与官府交往。他曾诏谕尚书省说，宰执是天子的辅弼，位置重要，“不得受人馈遗，或遇生辰，受所献毋过万钱”[1]。又规定，凡亲王贵族之家的奴仆，恃势侵掠商贩及妄征钱财者，一律禁止。一次，东京路副使三胜献鹰，章宗申斥说，民间利害，官吏邪正，没有上奏一件，却来献鹰，这难道是你的职掌吗？

第二，注意对官吏的考察任用。

官员是否称职，吏治是否清明，是关系到政局是否稳定的大问题。明昌四年（1193），章宗下诏：“诸路职官以赃污不职被罪、以廉能获升者，令随路、京、府、州、县列其姓名,揭之公署,以示劝惩。”[1]官员是否称职,孰优孰劣,都张榜公布于署衙,这对促进廉政建设大有裨益。章宗认为,凡被人认为政绩突出的人,应该是临案断事有特别才能的人,如果只是清廉,那是官员的本分,只是因为天下官吏贪污者多,因而清廉才显得可贵了。明昌二年(1191),他一次就擢升了18名县令,原因是干练、廉洁。当宰臣上奏说,现在孝悌廉耻之道缺乏,请下诏正风气时,章宗指出,现在考察官员有一种偏颇,只看近效,不看德化,所用之人都是先才后德,刁猾之徒虽有贪污行为,一旦获用,便成为能吏,因此廉耻沦丧。如果今后察举官吏,先审查真伪,屏黜有才无德之人,弹劾以不正当手段谋取官位的人,则奔竞之俗自然可息,廉耻可兴了。为了对官员进行考察时有法度可循,他先后下令制定了长吏劝课能否赏罚格、廉能官升注格、县令以下考课法等法令,使官员在任期中知道何者应当提倡,何者应当禁止,不至于干禁违法。他认为官吏频繁调动不利于施展才干,他说:“朕欲任官,令久于其事。若今日作礼官,明日司钱谷,虽间有异材,然事能悉办者鲜矣。”[1]后来又多次重申这一思想。

章宗对宰相和监察官员颇为关注。他勉励宰臣应多接触下级官员,他说:“朕居九重,民间难以遍知,宰相不见宾客,何以得知民间利害?”[1]章宗末年,官吏多因循苟且,不思进取,他将官吏集中于尚书省训斥说,现在纪纲不立,官吏弛慢,办事苟且,积习成弊,官员都是为自己着想,国家怎能兴旺?至于徇情卖法,省部令史官员尤甚,应当改正。他在诏谕按察司官员时说,近来各路按察司官员以因循为事,不思创举,这才使得郡县以贪黩相尚,不能收敛。自今以后,若纠察得实,民无冤枉,能使一路镇静才叫称职。如果民有冤枉而不得申诉,就是失职。明昌四年(1193),诸路提刑司赴京述职,章宗诫谕说,朕特设提刑司,本来是为了安民,于今已经五年,但效果并不显著。近来山东百姓衣食艰难,曾遣使赈济,主要原因是卿等不称职造成的,应该痛改前非。在章宗干预下,监察官员的作风有所转变。

第三,提倡节俭,注意劝农。

他多次派人赴各地劝农,对县令提出了更具体的要求。对那些游手好闲的猛安、谋克户,也要求他们认真稼穑力农,规定每四十亩树桑一亩,毁树者有禁,擅自出卖土地处罚,所种之田如果荒芜,所在地的官员也要受罚。针对当时奢靡成风的状况,他下令,凡无故征敛百姓者,令提刑司究察。所有这些,对当时的社会发展都起了积极作用。《金史》称赞他“正礼乐,修刑法,定官制,典章文物粲然成一代治规”,大体是准确的。

但在章宗晚年,元妃李师儿勾结心术不正的宰相胥持国把持朝政,弄得“朝纲不正,军民胥怨”。另一宰相完颜匡当政时,“怙宠自用,官以贿成”,他曾抢占济南、真定、代州等地丰腴田地,“百姓旧业辄夺之,及限外自取”[1]。就是这样的佞臣,在朝野的一片反对声中,章宗只是让胥持国致仕,完颜匡则没有受到任何触动,廉政建设成了一纸空文。史书批评他:“惜其十年之后,极声色之娱,内外嗷嗷,机事俱废。间出视朝,不过顷暂。回宫与郑宸妃、李才人、穆昭仪并马游后苑,因留宴,俟月上,奏鼓吹而归,以是为常。张天贵、江渊等用事,聋瞽昏荒,朝中陈奏便宜,多不经主省览。爱王叛于内,边衅开于外,盗贼公行,充斥道路,边疆多事,兵连祸结矣。”[2]由于廉政建设废弛,章宗晚年,金国已呈江河日下之势了。

四、金朝末年的吏治腐败

金朝末年,政治腐败。宣宗完颜珣即位不久,便在蒙古人的打击下,把国都由中京(今北京)迁入汴京。金国南迁之后,强敌环伺,羽檄交驰,宣宗本应宵衣旰食,勤政忧民,他却陶醉在声色犬马、绮罗丛中,每日倚红偎翠,笙歌不绝,似乎强敌的威胁并不存在。尽管当时财政拮据,宣宗仍不惜靡费重金制作大红半身绣衣,并且告诉左右不让谏官知道。皇帝如此,“贵臣豪族、掌兵官莫不以奢侈相尚,服食车马惟事纷华”[1]。

生活上的奢靡堕落,必然导致政治上的蠹朽。在金宣宗周围麇集着一批趋炎附势的无耻之徒,“为宰执者往往无恢复之谋,上下同风,止以苟安目前为乐,凡有人言当改革,则必以生事抑之”[3]。每当蒙古兵压境,群臣束手无策,相对而泣,及至敌退解严,便又故态复萌,歌舞升平了。“宰执用人,必先择无锋芒、软熟易制者,曰‘恐生事’。故正人君子多不得用,虽用亦未久,遽退闲。”[3]如宰相张行信,谏官陈规、许古,御史程震、雷希颜等人,疾恶如仇,敢于犯颜直谏,都被宣宗先后斥逐出朝。

朝中如此,地方官员更是等而下之。当时吏权大盛,目不识丁的下曹小吏,升迁反而比进士迅速,不三五年,皆得要职,“故一时之人争以此进,虽士大夫家有子弟读书,往往不终辄辍,令改试台部令史”[3]。这些人虽然阘茸无才,却偏好沽名钓誉,以此作为猎取官职的捷径。他们想尽办法打通一切关节,夤缘而上,对于未登仕籍的布衣,却白眼相加,不屑引以为伍,“布衣有事,或数谒见在位者,在位者相报复甚希,甚者高居台阁,旧交不得见”[3]。金宣宗虽然知道吏治败坏,但从未采取过任何措施,他所担心的只是臣下对他是否忠诚。宣宗在宫中设立了近侍局,成员多出自贵戚、世家、恩幸者,其职掌是传诏旨、供使令,地位本来不高,但因宣宗视此辈为心腹,因此大臣往往曲意奉承,一旦外出,帅臣郡守馈遗不绝,这就为他们提供了专权自恣、擅作威福的绝好机会。金末政局本来就混乱不堪,至此就更加动荡不安,金朝的覆亡也就不可避免了。

参考文献

[1]脱脱,等.金史[M].北京:中华书局,1975.

[2]宇文懋昭.大金国志[M].北京:中华书局,1986.

[3]刘祁.归潜志[M].北京:中华书局,1983.

(原载《中国历史博物馆馆刊》2000年第2期)

宋元鼎革之际的知识分子

乱点传筹杀六更，风吹庭燎灭还明。

侍臣奏罢降元表，臣妾签名谢道清。

这是宋末诗人汪水云讽刺谢太后在德祐二年(1276)衔璧出降的一首七绝。这首诗活画出了谢太后忧心忡忡、无可奈何的矛盾心情。又过了三年，即祥兴二年(1279)二月，陆秀夫在广东厓山抱九岁的皇帝赵昺跳海自杀，宋朝宣告覆亡。从此，风云变色，江山易主，开始了元朝近九十年的统治。在这朝代递嬗、社稷鼎革之际，慷慨死节者有之，隐居林泉者有之，觍颜迎降者有之，这其间知识分子的表现如何，就是本文所要考察的问题。

一

为了考察知识分子对元朝统治者的态度，我们不妨对宋元双方稍加分析。就宋朝来说，它之所以覆亡，与其说是由于蒙古军队的强大，勿宁说是亡于自己的腐败。南宋自偏安江南以来，虽然只有半壁河山，而且自"绍兴以后，国愈蹙，财愈匮"[1]，但比起蒙古人来，无论是经济力量还是军事力量都不逊色，只要君臣同心，上下一体，鹿死谁手，尚难逆料，无如廊庙蠹朽，君暗臣庸，已成了无术可医的痼疾。"理宗之世，官以贿成，宦官外戚用事。"理宗本人"在位久，嬖宠浸盛，宫中排当(宴会)频数，倡伎傀儡，得入应奉"[2]，全不以国事为念。继他嗣位的度宗，"自为皇太子时，以好内闻，既立，耽于酒色"[2]。恭帝、端宗、帝昺三人均是少不更事的孩子，而且为时只有五年之久，大权操纵在臣下之手。理宗即位之初，史弥远用事，"名人贤士排斥殆尽"；继而宦官董宋臣当权，"豪夺民田，引倡优入宫，招权纳贿，无所不至，人以董阎罗目之。时阎妃怙宠，马天骥、丁大全用事,有无名子书八字于朝门曰:阎马丁当,国事将亡"。而贾似道误国殃民,又在史弥远、董宋臣等人之上。他历仕理宗、度宗、恭帝三朝,权倾中外,朝野侧目,气焰熏灼,玩弄皇帝于股掌之上;颐指气使,进退大臣于俄顷之间。正人君子"小忤意辄斥,重则屏弃之,终身不录。一时正人端士,为似道破坏殆尽"[3]。在他周围,聚集着一群蝇营狗苟、无耻奔竞之徒。他身为统帅,当元兵攻鄂州(今湖北武昌)时,他背着朝廷,订立城下之盟,后又渝约,拘元使郝经于真州(今江苏仪征);元兵围襄阳,他与群妾据地斗蟋蟀,不发一兵一卒相援;其他如行公田、主推排、造士籍、庇败降等,"日积月累,无非失人心之事"[2]。贾似道被诛杀后,临安城已岌岌可危,而宰相"王爚与陈宜中不能画一策,而日坐朝堂争私意"[3]。国事糜烂到这种地步,除了灭亡,任何人也不能妙手回春,挽狂澜于既倒了。

就元朝而言,如何评价它对南宋的战争,目前史学界尚无定论,有的说是侵略战争,有的说是一场民族压迫战争,有的说是"兄弟阋墙,家里打架"。我们认为,蒙古族是中华民族的一个组成部分,只要不带民族偏见,就得承认他们和汉族一样,也有权问鼎中原,中国疆域以内的民族之间的战争,不能说谁侵略了谁。就社会发展形态来看,蒙古族到了忽必烈时期,已是封建社会,因此,蒙古人对南宋发动的战争,是一场统一战争,并没有开历史倒车,把南宋从高度发展的封建社会拉回到野蛮的奴隶社会去。尽管同是封建社会,发展程度却很不相同。由于元朝的封建社会内部还保存着大量的奴隶制残余,特别是蒙古草原上仍然实行着传统的奴隶制度,这就决定了蒙古军队向江南进军时必然要进行野蛮的屠杀,同时不断地掠民为奴。蒙古统治者大肆鼓吹大军所到之处,"农者就耒,商者就涂,士庶缁黄,各安已业"[4],称颂元军统帅伯颜"下江南不杀一人",甚至比为北宋初年的曹彬,然而蛊惑人心的宣传毕竟掩盖不住血写的事实。元军入成都时纵火焚烧,"城中百姓,无得免者,火光照百里"[5];攻汉州(今四川广汉),"血洗焚荡,死者十余万家"[5];攻常州,"役城外居民,运土筑堡,土至,并人填陷其中。又杀常州之民数百人,煎膏取油作炮,掷于牌杈上,以火箭射之,其火自发"[2],城破之后,又尽屠常州居民,只有七人虎口逃生;攻潭州(今湖南长沙),先是血洗潭州周边十县,"枕骸蔽野,十里无烟",既而又将潭州"荡为瓦砾"[5];攻兴化,"屠城时,血流有声"[6];攻潮州,"唆都屠其民"[7];攻静江(今广西桂林),阿里海牙以其民易叛为借口,"不重刑之,则广西诸州不服,因悉坑之”[4]。这些暴行比起清兵入关时的扬州十日、嘉定三屠，丝毫也不逊色。至于掠民为奴的事，更是屡见不鲜。如阿术攻襄阳时“俘生口五万”[4]；宋朝降将刘整“俘人民八万”[4]；阿里海牙“占降民一千八百户为奴”[4]。甚至在宋祚覆亡后，这种俘掠活动也未停止：“是时江南新附，诸将市功，且利俘获，往往滥及无辜，或强籍新民以为奴隶。”[4]有一首描写姑嫂姐妹被同一蒙古士兵掳为妻拏的诗歌：“鹁咕咕，鹁咕咕，帐房遍野常前呼。阿姊含羞对阿妹，大嫂挥泪看小姑，一家不幸俱被虏，犹幸同处为妻拏，愿言相怜莫相妒，这个不是亲丈夫！”哀怨凄切，无限辛酸，今日读来，犹催人泪下！

不平则鸣。有压迫就有反抗，蓄之既久，其发必速。元朝统治者自己也承认：“民不聊生，激而成变”[4]，从元世祖之世以迄成宗元贞年间，江南人民的起义便不绝如缕，“凡四百余处”，证明江南人民并没有屈服于元朝统治者的淫威，而是进行着不屈不挠的斗争。

二

疾风知劲草，板荡识诚臣。在国家危急存亡之秋，一批不谙韬略的知识分子毁家纾难，见危授命，忠魂义魄，至今耿耿于斗牛之间，表现了高度的爱国主义热忱。列宁曾经指出：“爱国主义就是千百年来巩固起来的对自己祖国的一种最深厚的感情。”自然，由于时代和阶级的局限，这些知识分子所爱的国只能是赵宋王朝，而不包括蒙古人所建立的元朝。尽管如此，由于他们的抵抗活动是为了使江南人民免受牵羊系颈之苦，为了先进的江南经济不受摧残和先进的文化传统不致中辍，我们“把属于正义一方而又矢忠矢勇维护其本国主权和利益的人称‘爱国主义者’，这完全是符合我国的历史实际，符合历史唯物主义的原则的”[8]。

宋末知识分子所表现的爱国精神和历史上的爱国主义是一脉相承的。从屈原到林则徐，从陈胜、吴广到洪秀全，从阿骨打到康熙，我国历史上出现了成千上万的爱国主义者，宋末的知识分子就是这条爱国主义长河的一个组成部分。鲁迅先生说：“我们从古以来，就有埋头苦干的人，有拚命硬干的人，有为民请命的人，有舍身求法的人，……虽是等于为帝王将相作家谱的所谓‘正史’，也往往掩不住他们的光耀,这就是中国的脊梁。”正是由于这些爱国的仁人志士的活动,我们中华民族才几经忧患,蹶而复振,跻身于世界强国之林,以她辉煌的光焰普照大地!

宋末知识分子的爱国主义精神表现在两个方面:

(1)慷慨捐躯,以身殉国。元兵南下之际,知识分子因抵抗而牺牲者比比皆是。他们宁可粉身碎骨,也不肯做逆子贰臣,和那些贪生怕死、望风迎降之徒相比,表现了鲜明的民族气节。文天祥、谢枋得便是其中的代表。

文天祥以一介书生投笔从戎,受任于国势阽危之际,奉命于呼吸存亡之间,为挽救宋朝的沉沦而竭尽了悃诚。关于这一段历史,人们已耳熟能详,无须再来饶舌。我只想强调的是,他那威武不能屈、富贵不能淫的高贵品质,几百年来已成为激励中华儿女发愤图强、勇往直前的巨大精神力量。文天祥从祥兴元年(1278)在广东五坡岭兵败被俘至至元十九年(1282)引颈就戮于北京之柴市口,系于囹圄达四年之久。元朝统治者为了借助他的声望来平息江南人民的抵抗活动,极尽拉拢利诱之能事,动员了降臣王积翁、他的弟弟文璧、恭帝赵㬎出面劝降,忽必烈为此竟不惜降尊纡贵,亲自向文天祥表示:“汝移所以事宋者事我,我当以汝为相。”但是,刀锯斧钺,不改忧国忧民之志;高官厚禄,难移葵藿向阳之心。忽必烈害怕文天祥的存在会成为宋朝遗民进行反抗的精神支柱,才不无惋惜地下令赐死。文天祥就刑时,燕市万人空巷,观者如堵。他颜色扬扬,态度从容,连忽必烈也不得不连连赞叹:“好男子,不为吾用,杀之诚可惜也。”[9]

文如其人。文天祥还为我们留下了许多充塞着浩然正气的诗篇。他的《正气歌》和过零丁洋写的“人生自古谁无死,留取丹心照汗青”的名句,几百年来脍炙人口,家弦户诵;他的另一些感怆时事之作,也婉转浏亮,抒发了以死报国的思想感情。自然,他也有儿女之情,如在《乱离歌》六首的后记中说:“人谁无妻儿骨肉之情,但今日事到这里,于义当死,乃是命也。”为了挽救国家的覆亡,即使家破人亡,也在所不惜了。慷慨舍性命,谈笑赴泉台。文天祥一直成为忠臣义士顶礼膜拜的榜样,绝不是偶然的。

谢枋得是又一个例子。他在抗元失败后,易姓名隐居于福建建阳,衣结履穿,箪瓢屡空,以卖卜为生。宋祚倾覆,他忽忽如狂,每日“麻衣躡屩,东乡而哭,人不识之,以为被病也”[3]。1286 年,元朝统治者为笼络知识分子为其服务,派程文海至江南访求人才,谢枋得亦在招降之列,他抗颜不赴。在这之后,元廷又数次遣人诣江淮搜贤，仍以枋得为首，均拒不应命。至元二十五年(1288)九月，福建行省参政魏天祐强行把他押送燕京。谢枋得自离嘉兴即以死自誓，二十余日不食，竟不死。门人送以寒衣，谢枋得拒而不受，答以诗云："此时要看英雄样，好汉应无儿女情。"儿子跑来看他，拒而不见。翌年四月至大都后，元朝官员故意指着文天祥就刑处让他看，他说："当年集英殿赐进士第幸同榜，今复得从吾同年游地下，岂非幸耶？"为了抗议元朝统治者的征聘行为，他又枵腹不食，降臣留梦炎"使医持药杂米饮进之，枋得怒，掷之于地"[7]。在绝食五天之后，谢枋得终于为国殉节。他那嵚崎磊落的气节，足以仪型百世；他留下的那些慷慨激昂的诗篇，又足以使顽廉懦立！

在封建社会里，忠君和爱国往往是连在一起的，不可能设想，宋末的知识分子也具有今天的无产阶级思想感情。他们把蒙古族的南下视作异族入侵，把赵宋王朝的覆亡看作整个民族的沦亡固然不足为训，但我们不能因为他们忠君而抹杀他们的爱国主义精神。在他们看来，国家是抽象的，君王才是具体的，只有君王才是国家的代表。只要他们站在正义一方，为自己服膺的王朝奔走呼号，我们就得承认他们是爱国主义者。如德祐元年(1275)元兵攻池州(今安徽贵池)，通判赵卯发在城破之际写诗给弟弟："城池不高深，无财又无兵。惟有死报国，来生作弟兄。"又题诗于壁："国不可负，城难以降，夫妇俱死，节义成双。"[5]然后同妻子自缢身亡。进士出身的郢州推官黄从龙，在元兵入境、守将遁逃之时，"抱印登城大呼曰：张巡、许远之事，正在今日！啮指血书'死战报国'四字，与子熙力战死"[6]。江西南城儒生吴楚才在城陷之后，于乡间纠集丁壮，起兵抗元。由于这些丁壮俱是未经过战阵的农夫，铠甲不备，又仓促起事，未经训练，自然不是元兵对手，结果兵败被擒。元朝官员在诘责他做错了事时，他说："我不过乡村一秀才，特为忠义所激，欲为国出力，事虽不成，正不错也。"[5]显然，上述三人所说的"国"，都指赵宋王朝。1279年十一月，守兴化的枢密使、丞相陈文龙城陷被执，元兵"逼其降，不屈，咸凌挫之，文龙自指曰：满腹子节义文章，汝曹还忍相逼耶？"[5]这里所说的节义文章，当然也未摆脱忠君孝悌的窠臼，但是，在忠君的背后，岂不也闪烁着爱国主义的光芒！他们那宁为玉碎、不为瓦全的品质，岂不也震烁千古，成为我们今天应该继承的一份宝贵精神遗产！

特别值得提出的，是进士出身的李庭芝。临安陷落后，他坚守扬州，以孤城抗元兵百万之师。谢太后和瀛国公下诏谕劝降，庭芝答曰："奉诏守城，未闻有诏谕降也。”及两宫被俘北上，路过瓜洲，又遣人招降说：“比诏卿纳款，日久未报，岂未悉吾意，尚欲固围耶？今吾与嗣君既已臣伏，卿尚为谁守之？”[3]李庭芝不答，发弩射使者，毙一人，其余皆狼狈遁去。直到被俘尽节，李庭芝始终没有屈服。他之所以难能可贵，不在于他傲岸不屈而在于他已突破了为一姓效忠的藩篱，表达了几千万江南人民不受凌辱、抗击暴政的思想感情，从而“在一定程度上突破了阶级性的限制，使他的活动不仅有利于地主阶级，而且在客观上被提高到种族的或民族的意义上”[10]。

(2)寄情笔墨，不忘故国。宋朝灭亡后，一批知识分子有感于黍离麦秀、荆棘铜驼之痛，不愿俯首事元，便黄冠草履、彷徨徙倚于残山剩水之间；庵居蔬食，悲鸣长号于笔墨文字之中，表现了亡国遗民的高风亮节。郑所南、胡三省、汪元量等人便是其中的佼佼者。

郑所南祖籍福建，生于杭州，当元兵南下，宋室江山危若累卵之时，他以太学生的身份叩阍上书，请缨杀敌，因言辞激切，当权者屏而不纳。宋亡后寓居苏州，孑然一身，矢志不娶，改名思肖，字忆翁，隐寓不忘宋朝之意。岁时伏腊，必野哭南向而拜，闻北人语，也必掩耳而走。坐卧从不向北，题其室曰本穴世界，暗寓大宋二字。他和赵孟頫俱系丹青妙手，而且是莫逆之交，赵孟頫降元后，他立即画地绝交，赵孟頫数次求见，都杜门不出。他工于诗歌，但多是抒发对故国忠贞不贰的情怀，如《过徐子方书塾》云：“不知今日月，但梦宋山川。”《题郑子封寓舍》云：“此世但除君父外，不曾别受一人恩。”《题寒菊》云：“宁可枝头抱香死，何曾吹落北风中。”《德祐二年岁旦》云：“此地暂胡马，终身只宋民。”等等。他善画兰花，但“自更祚后，为兰不画土，根无所凭借，或问其故，则云：地为番人夺去，汝犹不知耶？”邑宰向他索画，他说：头可断，画不可得。直至1318年抱愤而卒，郑所南一直保持着耿介拔俗的节操。

胡三省则是把对故国的怀念寄托于史书的爱国历史学家。他是浙江宁海人，宋亡后隐居不仕，用了三十年时间为司马光的《资治通鉴》作注，在注释的字里行间，洋溢着炽热的爱国深情。书中凡涉及宋代之事，一律称“本朝”“国朝”“我宋”“我朝”，全书只用甲子纪年，不用元朝年号。只要有机会，他就要为宋朝大声疾呼，如在辽太宗入汴、后晋石重贵出降的注中写道：“臣妾之辱，惟晋、宋为然，呜呼，痛哉！”在梁武帝天监六年(507)韦睿救钟离、大败魏军的注中写道：“比年襄阳之守，使诸将连营而前，如韦睿之略，城犹可全，不至误国矣。呜呼，痛哉！”胡三省是南宋灭亡的见证人，他目睹了宋朝的腐败和灭亡，经历了元朝的残酷统治，心灵上留下了深深的创伤。作为一个爱国主义者，他要激浊扬清，痛斥那些二三其德的投降败类，揭示宋朝覆亡的原因，控诉元朝统治者的暴戾酷虐，以无限的深情怀念故国。遗憾的是，像他那样刚正不阿的历史学家，在相当长一段时间内竟湮没无闻，《元史》没有为他立传，《新元史》也只是在马端临传后附了一篇几十字的传记。迨到已故的陈垣教授所写的《通鉴胡注表微》一书出版后，他的身世才逐渐为世人所知。毫无疑问，他的气节今天也是有借鉴意义的。

和郑所南、胡三省相比，汪元量是另一类人物。他在度宗时以善琴出入宫掖，皇帝以倡优弄臣蓄之。宋亡后随三宫进入燕京，忽必烈闻其善琴，召入侍，骎骎有高渐离刺秦始皇之志，但忽必烈防范严密，无隙可乘，遂哀恳乞为黄冠道士。“南归后数往来匡庐彭蠡之间，若飘风行云，世莫能测其去留之迹，江右之人以为神仙，多画其象以祠之。”他的诗记其亡国之戚、去国之苦，间关愁叹之状，凡亲身所历者，一一采摭入诗，被人称为“宋亡之诗史”。文天祥以“风樯阵马，快逸奔放”八字来评价他的诗，可谓中肯惬当。如写元兵入临安时的愤懑悲痛：“西塞山边日落处，北关门外雨来天。南人堕泪北人笑，臣甫低头拜杜鹃。”讽刺南宋统治者屈膝求和：“若说和亲能治国，婵娟应是嫁呼韩。”揭露元朝统治者对四川人民的朘剥压榨：“城因兵破悭歌舞，民为官差失井田。岩谷收罗追猎户，江湖刻剥及渔船。”这类诗篇触目皆是，在人民群众中引起了强烈反响。

除此而外，不和元朝统治者合作，遁迹山林，以终其天年者，不可胜计。他们或杜门谢客，衰服深居；或流连诗画，以终其身；或遗民畸士，递相酬和；或托身缁流，参道悟禅；或教授生徒，举家业儒；或穷愁潦倒，拒不出仕；等等。由于他们没有直接参加推翻元朝统治者的斗争，因而被有些同志视为意志薄弱，只会发几声微弱的呻吟。喋血疆场固然痛快淋漓，但不受名缰利锁的羁绊，洁身自好，守节不移，同样也是值得肯定的，因为这二者对于鼓舞人民的斗志，同样起着不可忽视的作用。

三

受到历代史学家挞伐的，是那些奴颜婢膝、为虎作伥的无耻文人。他们平时慷慨激昂，满口仁义道德，一旦有风吹草动，不是逃跑，便是投降，从而出现了“满朝朱紫尽降臣”的局面。1275 年底，元军迫近临安，南宋君臣惶惶不可终日，同知枢密院曾渊子，左司谏潘文卿，右正言季可，两浙转运使许自，浙东安抚使王霖龙，侍从陈坚、何梦桂、曾希贤等数十人先后失踪，朝中为之萧然。特别可笑的是，签书枢密院事文及翁、同签书枢密院事倪普二人，为了逃离朝廷，竟串通御史台上章弹劾自己。奏折还未及递上，二人已逃之夭夭，不知所之了。降臣范文虎引元兵入临安时，南宋大臣竟“举朝奔窜，留者九人”。正如谢太后诏榜朝堂所说的那样：“内而庶僚畔官离次，外而守令委印弃城，耳目之司既不能为吾纠击，二三执政又不能倡率群工，方且表里合谋，接踵宵遁。”在景炎二年(1277)宋师败于广州附近之浅湾、张世杰奉端宗走秀山之际，正需宰相陈宜中运筹擘画，他却借口往占城(今越南中南部)乞师，一去便杳如黄鹤了。武将如吕文焕之流拱手降敌，文臣如陈宜中之辈又临阵脱逃，无怪乎元兵摧枯拉朽，如入无人之境了。

更令人愤恨的，是那些卑鄙无耻、卖主求荣的文臣。如号称状元宰相的留梦炎投降后，为元朝搜罗江南人才而积极奔走；大臣王积翁为招降文天祥和东征日本效尽了犬马之劳；湖州守臣蹇材望在元兵将至之时，假惺惺地铸了一块镌写“大宋忠臣蹇材望”字样的锡牌，并以银若干两为埋葬之费，“日系牌与银于腰间，且遍视乡人，及所常往来者，人皆怜之。丙子(1276)正月旦日，北军入城，蹇已莫知所之，人皆谓其溺死，既而化装乘驴而归，则知先一日已出城迎降，遂为本州同知”[11]；镇江守臣洪起畏，作诗表示必死之志说：“家在临安，职守京口。北骑若来，有死不走。”[11]但元兵甫至，便已匍匐在蒙古统治者脚下了；大臣贾余庆、刘岊在降元之后，奉迎巴结，献媚讨好，竟然“满口骂座，毁宋人物无遗，以此献佞”。卑污下流，莫此为甚！

世上自有公道在，骨朽人间骂未销。人们憎恶这些无耻的叛臣降将，往往给以无情的讥讽或鞭挞。文天祥曾写诗痛骂贾余庆“甘心卖国罪滔天”，骂刘岊

“樽前百媚佞旃裘”；留梦炎的子孙直到明代应科举考试时，考官还“责令出一结云并非留梦炎子孙，方许入仕”。洪起畏降元后，别人把他那四句诗的末句改为“不降则走”。镇守淮南的夏贵以七十九岁高龄降元，被授为中书左丞，八十三岁时病死。有人以诗讥之云：“自古谁无死，惜公迟四年。问公今日死，何似四年前。”又有人吊其墓曰：“享年八十三，而不七十九。鸣呼夏相公，万代名不朽。”这些叛臣不顾名节，甘作逆子贰臣，以称快于一时，但身后如此凄凉，则是他们始料未及的。

还有一批知识分子，在元朝功名利禄的引诱下，或应有司辟召，或参加科举，于是轻裘肥马、峨冠博带，成为新的达官显宦。如太学生叶李在元世祖时官至中书左丞，“凡有军国大事，必问曰：曾与蛮子秀才商量否？”文天祥之弟文璧，不耐清贫，出仕元朝，文天祥无限感喟地说：“弟兄一囚一乘马，同父同母不同天。”文天祥曾命文璧之子文升为己之后，他却仕元为集贤学士，时人嘲之曰：“地下修文同父子，人间读史各君臣。”以阐发朱子学说著称的陈栎，为分得统治者的一点冷炙残羹，竟不顾羸弱多病之躯，以六十三岁的高龄去应元朝省试。赵孟頫因系赵匡胤十一世孙而受到元世祖猜忌，他连忙赋诗辩白：“往事已非那可说，且将忠直报皇元。”让他书门联，他又写“日月光天德，山河壮帝居”以讨好。尽管如此，他的仕途并不顺利，直到成宗时才受到重用。他虽然书法、绘画都冠绝千古，但其人品却是不值得称道的。

毛泽东同志在1939年给何干之同志的一封信中指出：“如能在你的书中证明民族抵抗与民族投降两条路线的谁对谁错，而把南北朝、南宋、明末、清末一班民族投降主义者痛斥一番，把那些民族抵抗主义者赞扬一番，对于当前抗日战争是有帮助的。”[12]如今虽已时过境迁，抗日战争早已取得了胜利，但毛主席这几句话仍然有它深远的现实意义。中华民族是有悠久的爱国主义传统的民族，几千年来，无数仁人志士为了祖国的独立富强、繁荣兴旺而奔走呼号，殒身不恤，这种爱国主义精神，是一份极为珍贵的历史遗产，这其中当然也包括宋末民族抵抗主义者的光辉业绩。继承和发扬光大这种爱国主义传统，无论是对于促进四化的进程，或是当前的精神文明建设，都将起着巨大的推动作用。

参考文献

[1]宋遗民录[M].丛书集成初编本.

[2]宋季三朝政要[M].丛书集成初编本.

[3]脱脱,等.宋史[M].北京:中华书局,1977.

[4]宋濂,等.元史[M].北京:中华书局,1976.

[5]昭忠录[M].丛书集成初编本.

[6]陆心源.宋史翼[M].台北:文海出版社,1980.

[7]陈邦瞻.宋史纪事本末[M].北京:中华书局,1977.

[8]邓广铭.略论爱国主义和民族英雄[N].人民日报,1981-12-08.

[9]毕沅.续资治通鉴[M].北京:中华书局,1957.

[10]翦伯赞.关于处理中国史上的民族关系问题[J].中央民族学院学报,1979(1-2).

[11]周密.癸辛杂识[M].丛书集成初编本.

[12]毛泽东书信选集[M].北京:人民出版社,1983.

(原载《中州学刊》1985年第1期)

南宋初年的经济与政治形势

——绍兴和议研究之二

宋朝南渡后，武力不竞，在宋金战争中不能稳操胜券，不得不弭兵休战，忍痛议和，拙作《南宋初年政局与绍兴和议》(《中州学刊》1990年第1期)已经论及，兹不赘。本文拟就经济、政治两方面略陈管见，以就正于方家。

一、凋敝的经济无力支持一场旷日持久的战争

(一)统治者奢靡无度

高宗南渡之后，只有半壁河山，“时天下州郡没于胡虏，据于僭伪，四川自供给军，淮南、江、湖荒残盗贼。朝廷所仰，淮浙、闽、广、江南，才平时五分之一”[1]。国土虽蹙，开支不减，遂使得财政愈加拮据。究其原因，一是军费开支浩大。大臣韩肖胄说：“经费之大，莫过养兵。”[2]绍兴五年(1135)，权户部侍郎王俣上疏说：“兵革未息，屯戍方兴，大计所入，充军须者十居八九，此国用所以常乏。”[3]据《宋史·兵志》载：“南渡以来，兵籍之数，绍兴十二年二十一万四千五百余人。”《建炎以来系年要录》《鸡肋编》亦言二十万左右，《建炎以来朝野杂记》云：“绍兴初，内外大军凡十九万四千余，而川陕不与。”[4]以一国财力赡养二十万军队，应该说不成问题，但管理混乱，遂使开支成倍增加。“今诸兵军人亡而冒请者甚多，财如江河，难实漏卮。”[3]冒请者甚为普遍，连岳飞也不例外。即使士兵未亡，也公然冒支国家钱粮，甚至“一军之中，非战士者率三居其二，有诡名而请者，一人而挟数人之名是也；有以使臣之名而请者，一使臣之俸，实兼十人战士之费，而行伍中使臣大半，是养兵十万，而止获万兵之用也”[5]。士兵中冗员充斥，“其间未尝入队，不堪披甲者，甚多有之”[3]。竭民脂民膏养活许多

不能征战之兵，自然加剧了财政困难。养兵十万，日费千金，这只是指正常开销，而南宋初年“转饷之资，赏赐之给，军器之费，取之百端，用之百出，随敛而散之，私家公帑，皆不得而藏矣”[3]。统治者撙节费用，尚有不给之虞，怎经得起如此挥霍？二是朝廷各项行政开支数额剧增。北宋初年，全国吏禄兵廪之费，每年不过一百五十万缗，渡江之初版图缩小五分之四，月支仍有八十万缗，迨至绍兴三年已增至一百一十万缗了。尽管如此，统治者侈靡之风并不因此稍戢。高宗虽然屡下撙节开支之诏，不过是为了沽名钓誉而已，自己并不认真执行。他驻跸临安，绍兴四年修射殿以为飨所（宴会之地），所用殿柱“每条二百四十千足，总木价六万五千余贯”[1]。仅殿柱一项便花费如此之巨，整个殿宇费用之大可以想见！其居住之处，“御几御榻，至于瓶炉酒器，皆用水晶为之”[6]。他避暑的复古选德殿、翠寒堂，除了长松修竹、奇花异草，“御笐两旁，各设金盆数十架，积雪如山。纱厨后先，皆悬挂伽兰木、真蜡、龙涎等香珠百余。蔗浆金碗、珍果玉壶，初不知人间有尘暑也”[7]。中宫市物为了免税，打着高宗旗号巧取豪夺，辛弃疾曾说：“曾见粪船，亦插德寿宫旗。”[8]至于赏赐，更是泛滥无节，建炎二年（1128）郊赏之费为钱二十万缗、金三百七十两、银十九万两、帛六十万匹、丝绵八十万两有奇。绍兴元年诸军犒赐为一百六十万缗，四年又增加到二百五十九万缗，地方官员的赏赐尚未计算在内。宿卫神武右军守军七万二千余人，共支二百三十一万缗，每人得赏钱十三千有奇，刘锜、韩世忠、岳飞、王瓛四军十二万余人，共支二十八万缗，每人得钱二千缗有余[4]，而“渡江之初，东南岁入不满千万”[4]，这就是说，国库收入的五分之一被白白分掉了。绍兴九年，大臣陈渊提出：“比年以来，恩惠太滥，赏给太厚，颁赍赐予之费太过，所用既众，而所入实寡。”[2]但高宗我行我素，置若罔闻。

（二）科敛繁重

南宋统治者为维系摇摇欲坠的半壁河山，不惜竭泽而渔，把负担转嫁到百姓身上：“上下恬嬉，不复勤恤民隐。朝廷百色诛求，上供不以实数而以虚额，和籴不以本钱而以关子，丝蚕未生已督供输、禾谷未秀已催装发。州县困于转输，文移急于星火，官吏愁叹，闾里怨咨。”[3]绍兴九年，官员杨炜上书说：“频年以来，换度牒、鬻官爵、出卖户帖、预借和买、头会箕敛，衰世掊克之法，略已尽行，剥肤捶髓，无所不至。”[9]所谓换度牒，实际上是由政府鬻卖，岁得数百万缗，以资军储。然而度牒所得之钱并非天降地出，不过是敛于民间而已。有识之士惊呼:“今一岁所鬻不下万数,是岁失万农也。积而累之,农几尽矣,非生财之道也。”[3]和买一项,“虽名曰和,实强取之;虽名曰借,其实夺之”[2]。所谓户帖,是绍兴五年末官府发给农户应缴租税数目的凭证,均有定额,凡坊郭乡村出等户为三十千缗,乡村五等、坊郭九等户皆一千缗,每三月收集一次,送赴行在,由都督府桩管。三十千对普通农户来说,是一项不堪承受的沉重负担。至于预借来年租税之事,更是屡见不鲜!

以上所说,远非百姓负担的全部,此外还有经总制钱、月桩钱。所谓经总制钱,是诸路州县杂税,其法创于宣和年间,靖康元年罢,建炎三年改为五项:权添卖酒钱、量添卖糟钱、官吏俸百分取一头子钱、楼店务增添三分房钱、典卖田宅增添牙税钱。绍兴元年将无额上供钱二项附经制钱起发,一共七项,是南宋重要的财政收入。当初“增收典卖税钱,出于有力之家,则不害下户;增收添酒钱,敛之于众,合于人情,不以为苦”。但到后来因军用不足,便滥收滥征,诛求无已,成了蠹国害民的弊政。所谓月桩钱,也是南宋杂税,绍兴二年始置,因系按月桩办,故名。起初只令江南东路每月发送十万贯以供军需,而后推行及于江浙及湖南,郡邑横敛,民以为害。绍兴七年户部员外郎霍蠡上奏说:“今军事所须而病民最甚者莫如月桩钱,所谓月桩钱者,不问州县有无,皆有定额,所桩窠名,曾不能给其额之什二三,自余则一切出于州县之吏临时措画,铢铢而积,仅能充数。一月未毕而后月之期已迫矣。”[3]

经总制钱、月桩钱还是有名目的赋税,没有名目的赋税更多。“古者以暴赋横敛为非,尚有赋敛之名也,今则直夺而已耳;古者以收大半之赋为非,尚有其半也,今则直尽而已耳。”[5]

(三)农民负担沉重

凡官私之需皆出于农,他们收入微薄而负担最重。如接送官吏、搬运官纲、地方有警时负兵器赍行粮,这些差使都由农民承担。“至若公家赋敛、私门租课,一有不足,或械之囹圄,或监之邸肆,累累然如以垂绳联狗彘,狱吏执棰而随之,路人洒涕为之不忍,而州县恬然不恤。”[3]南宋所辖地区,几无一片净土,到处是荒凉破败景象。如河南沿汴居民苦于官役,率多逃亡,三京凋残,户口不及平时十分之一,“无一家可以供赋”[3];泗州“自军兴以来,田莱多芜,民间皆以草实为食”[3];四川“自兵兴以来,横敛既多,民不堪命”[3];淮南屡经金人蹂躏,“民去本业,十室而九空,其不耕之田,千里相望”[5]。淮西“兵火之余,遗民百无一二”[5]；平江（今江苏苏州市）之民苦于“催科之无法，税役之不均，强宗巨室阡陌相望而多无税之田，遂使下户为之破产”[3]；浙西科敛苛重，农夫“鬻田而偿则无受者，弃之而遁则质其妻孥，上下相蒙，民无所措手足”。迨至绍兴六年，政府竟“预借江浙来年夏税绸绢之半，尽令折米”[2]；浙东之民苦于丁盐绸绢之赋，有子成丁，绸绢之赋便终身不免，“愚民宁杀子，不欲输绸绢”。有女儿的又无资财遣嫁，“故生女者例不举”[3]；荆南原有户口十万，“寇乱以来，几无人迹”[2]；江西号称难治，农民为饥寒所迫，铤而走险者所在多有。因为兵兴之后，编户死于兵火，田庐变为丘墟，复业之民无几，赋税旧籍散遗，官府不按产业多寡征税，而是信口雌黄，随意摊派，农民“费出多于平日，而贪吏并缘为奸，掊克实烦，人穷思盗，所以十余年间，不得休息”[10]。暴乱声势之大，持续时间之长，为南宋所仅见。虔州（今江西赣州）局势最为严重，以致“阖境之内，鲜有良民”[10]。这话虽不无夸张之处，但参加人数之多，倒是事实。高宗也不得不承认这种官逼民反的事实：“江西盗贼未息，使平民不得安居，州县不能存抚，致百姓失业，不得已而为盗。”[3]统治者采取的办法是招安。时人语曰：“要高官，受招安；欲待富，须胡做。”[8]“仕途捷径无过贼，上将奇谋只是招。”[1]有的人竟受过五六次招安。不少人虽辗转流徙，但并不愿打家劫舍，只因朝廷屡屡招安，便转而为盗了。于是，流民散徙而为“盗贼”，“盗贼”招安而为官兵，官兵复仰给于州县，这样周而复始，无限循环下去，耕者既寡而食者愈众，田野半空，赋入甚微，南宋统治者已是回天无力，没法把农民吸引到田亩上来了。

（四）屯田失败

由于财政困窘，遂有屯田之议，目的是寓兵于农，以补军费不给之弊。其议始于建炎、绍兴之际。建炎三年大臣汪藻就提出：“国家欲保淮南，势须屯田。”[5]《宋会要辑稿·营田杂录》引绍兴六年二月臣僚之言说：“天下之费，莫甚于养兵，以其大利，所支甚费，非屯田则不可也。”宰相李纲也称：“今日之事，莫利营田。”[3]大臣朱震说得更具体：“荆襄之间，沿汉水上下，膏腴之田七百余里，宜麻宜麦，若选良将领部曲招集流亡，务农重谷，寇来则御，寇去则耕，不过三年，兵食自足。”[3]高宗本人也认为国家赡养大兵已久，国用竭，民力困，须专意措置屯田。当时百姓流离，荒田到处都是，尤其宋金接壤处的淮南、京西、湖北、陕西、四川等地荒田更多。绍兴二年，高宗先命刘光世所部卒伍就耕，募民开垦，接着便任命五将刘光世、韩世忠、张浚、岳飞、吴玠及江淮、荆襄、利路帅悉领营田使。绍兴六年，又以诸路宣抚制置大使并兼营田大使，宣抚副使、招讨安抚使并兼营田使，同时改江淮屯田为营田。宋代屯田以兵，营田以民，但到后来已没有什么区别了。

营田之初，官给牛、种，蠲免租税。江淮营田置司建康，一岁中收谷三十万石。关外营田系吴玠惨淡经营，他于绍兴六年任宣抚副使兼营田使，在梁（今陕西汉中）、洋（今陕西洋县）率军民营田凡六十庄，计田八百五十四顷。吴玠死后，郑亨仲又在关外四州及兴州（今陕西略阳）、大安州（今陕西宁强县阳平关）营田二千六百余顷，“除粮种分给外，实入官细包十四万一千四十九石”。而金州（今陕西安康）垦田近六百顷，岁入近二万石尚未计算在内。如果营田措施得力，肯定可以缓解南宋粮秣紧张的局面。无如朝政腐败，在执行中弊端丛生，有司“奉行峻速，或抑配豪户，或驱迫平民，或强科保正，或诱夺佃客。给以牛者未必可用，付以田者或瘠卤难耕，由官府有追呼之劳，监庄有侵渔之扰。鬻己牛而养官牛，耕己田而偿官租，种种违戾，不可概举。其间号为奉法不扰者，不过三数县而已”[3]。江南西路绍兴六年秋收入杂色稻子三十一万石，其余的都流入贪官污吏口袋中去了。淮南等路营田，本意是招集流亡，垦辟旷土，州县官吏听说营田数多便可减一年或二年磨勘，便不顾百姓死活弄虚作假，“虽以招诱为名，其实抑配民户耕种”。至此，屯田又告失败。南宋的经济千疮百孔，难以为继，尽管朝廷中有不少文臣武将，表示要与金人决一雌雄，驱强寇于塞外，光复旧日河山，但是凋敝的经济已经支撑不起一场大规模战争了。

二、腐败的政治不能有效地组织对金的战争

（一）朝中大臣树朋结党，荒怠政事

宋朝南渡之后，高宗君臣本该改弦更张，励精图治，全力以赴对付金人，即使不能廓清寰宇，殄灭强敌，也能驱金人于河北，但无奈南宋朝廷朝政不纲，廊庙蠹朽，因循苟且，无所作为，是一个阘茸无能的政府。高宗刚愎自用，宰执大臣一言不合，便皆斥去，朝中大臣如走马灯似的更迭。绍兴八年，大臣李谊上疏说：“陛下临御，于今一纪，所用相凡十人，执政三十二人，然皆不久而去。规模数易，士大夫知其不久，则肆为同异而无忌惮，吏知其不久，则专为苟简以幸蔽

欺。”绍兴和议前任宰相者为黄潜善、汪伯彦、李纲、张浚、范宗尹、朱胜非、赵鼎、吕颐浩、杜充、秦桧，其才干都不足称道。“伯彦、潜善逾年在相位，专权自恣，不能有所经画。”[2]杜充叛国投敌，大节有亏。范宗尹“为政多私，屡为议者所诋”[2]。朱胜非力主对金议和，为相时任用私人。大臣莫俦因罪被贬，其苍头为胜非治疽而愈，莫俦竟得复官。他诋李纲、倾赵鼎，为时论不齿。李纲居相位仅七十五日，因耿直而不见用，其家“私藏过于国帑，侍妾歌童，衣服饮食，极于美丽。每宴客设馔必至百品，遇出则厨传数十担”[8]。他是抗金名相，尚且如此奢侈，其他人可想而知！吕颐浩为相，“所引用非贪鄙俗士，即其亲旧”。他喜酒色，夜必纵饮，又有侍妾十数陪侍。户部侍郎韩梠死，三妾俱有殊色，吕颐浩用重金买得一人，号三孺人，大加宠嬖，初则专其家政，继而“遂预外事，公然交通韩氏，中外因以媒进”；其时吕颐浩已是六十七岁的垂垂老翁了。赵鼎曾两次拜相，力主抗金，他有大臣之才，而无大臣之器，再相后植朋树党，“凡凶险刻薄之士，无不收录”。生活上也是穷奢极侈，“以临安相府为不足居，别起大堂，奇花嘉木，环植周围，堂之四隅，各设大炉，为异香数种。每坐堂上，则四炉焚香，烟气氤氲，合于坐上，谓之香云”。当时四郊多垒，国事维艰，他却席丰履厚，食必精细，又于饮馔时焚香以驱污秽之气，仅这项费用，一天便需数千缗，酒馔尚未计算在内。张浚为相，“轻而寡谋，愚而自用，德不足以服人而惟恃其权，诚不足以用众而专任其数”。误国最甚者自然是秦桧。他两度任相，执政枋十七年之久，权倾朝野，势焰熏灼，杀害岳飞，排斥异己，是一个十恶不赦的乱臣贼子。他“每荐执政，必选世无名誉、柔佞易制者”[2]，孙近、韩肖胄、楼炤、王次翁、范同、万俟卨、巫伋等任执政皆不及一年，均诬以罪而罢，尽管这些人中十之八九都是他的亲信，也不能幸免。“士大夫之有名望者，悉屏之远方”[3]，凡龌龊萎靡不振之徒，“一言合意，立取显美，至于选阶一二年为执政”[11]。他谋划国事，不遵法律，生杀予夺，全凭个人好恶，御史台与封驳官，皆备位而不敢言事。大臣忤桧意者，台官马上飞章弹劾，不敢稍缓。他“喜赃吏，恶廉士，通馈遗，四方大帅、监司郡守，献馈者无虚日”。南宋小朝廷几乎成了秦家天下！那些身绾组符的大将们大肆经商牟利，“中外诸军屠酤城市，日夺官课，重载络绎，不税一钱，回易悉据要津”[3]。张俊、杨沂中、刘光世、韩世忠等都因此而发了大财。高宗任用的宰执、将领都是这类人物，哪还有清明政治可言！

高宗率意更换宰执，而每一任宰相上台，也都援引自己的袍泽故旧，而不问其贤愚优劣。一人为相，其亲旧皆鼓箧而进，及其罢，又率皆敛服而退，真是一荣俱荣、一损俱损。不少人“朝在涂泥，暮升侍从，居庙堂而作经纶，窃弄威柄，专任私昵”[9]。诚如李纲所说，那些位居枢要的衮衮大员，“平居无事，小廉曲谨，似可无过，忽有扰攘，则错愕无所措手足”[2]。那些怀瑾握瑜之士，“苟无亲戚故旧见任宰执，则终身沦没于蓬荜之中，而与草木俱腐矣”[9]。一方面是庸人充斥于中央各个机构，一方面是贤者仕进无门，二者形成了鲜明的对照！

（二）地方官吏贪残成性，多不称职

宋室南渡后，豢养着一支庞大的官僚队伍。当时就有人指出：“今日之患，官冗最为大弊。”[3]北宋元祐年间，已有官冗之弊，绍兴年间版图只有元祐时的十分之四，而官员之数已超过元祐百倍。官员的来源除科举外，还有其他途径。一是上书言事得官。有些人揣摸高宗心理，专进悦耳之言，一言既合，便马上改官升擢。有些不耐寂寞的读书人，通过上封事寻觅为官的终南捷径：“自军兴以来，布衣韦带之士，失其常产，因无常心，弃毛锥而说剑，上封事而觅官，泯泯棼棼，儒风扫地。”[3]这些人一旦跻身官场，自然不会忠心为国。二是因纳粟而得官者。出卖官诰本是统治者无可奈何的应急措施，不料后来竟越卖越多，不可收拾。这些人并不谙熟政务，“直以多赀，一旦得官，若遂使之临县议刑，其不称职必矣”[3]。三是因任子而得官者。因父兄之功而恩荫得官者多而滥。绍兴七年，中书舍人赵思诚入对时指出：“每遇亲祠之岁，补官者约四千人，是十年之后，增万二千员，科举取士不与焉。臣将见寒士有三十年不得调者矣。”[3]这话虽是推测，但大体合乎实际。员多阙少，一些人不顾廉耻，奔走于权豪之门，便是很自然的了。高宗也承认：“比来铨部胥吏并缘为奸，士大夫颇苦之。”[3]

官员数量失控固然是一个严重问题，但关键问题是官员的素质。“比年以来，奔竞日滋，廉耻道丧，指台阁为要津，笑州县为俗吏，侥幸捷径以图进身。已参选者力求堂除（由中书任命），得外任者谋改京局，故臣僚一遇赐对，则明与升擢差遣，一有过累则明与外任差遣，人既知朝廷之轻外任，孰不以内任为重乎？”[3]由于临安生活舒适，地方生活清苦，因而莘莘士子的目光都盯着临安，不愿到地方为官，以行在临安为例：“……监、丞而下有一官而除代至于四五人者，计其莅官之期，或在十年之后。”[3]地方上也是如此：“诸州通判，佳处见任与待阙者，率常四五人。”[1]而北密迩敌境，屡经兵火，荒凉残破，无人愿意去那里做官，“致使久阙正官，职事旷废”[10]。即使做了地方官员，大多数人也是敷衍塞责，八面玲珑，遇事推诿，不肯得罪一人。比如县令有罪，郡守不敢弹劾，却让监司处理；郡守有罪，监司也不敢按治，留待台谏解决。某事明明不可行，郡守问监司，监司问六部，六部问朝廷，由朝廷下旨停罢；某事明明可行，郡守却不敢拍板作出决定，而是呈请监司裁决，监司再请于六部，最后由圣旨定夺。大臣郑刚中曾向高宗上书说，监司郡守率多苟且之人，州县之间大至狱讼，小至管库，奸宄不法、庸谬昏老之辈，所在皆是，而监司郡守熟视不顾，“以不按治为长者，以能容忍为得体，百姓号呼怨詈，以日为岁，作过小吏，方偃然自安”[12]。偶尔贬谪一有罪官吏，州郡又纵容包庇，他们“宁负诏旨而不负权势之请托，宁缓贡赋而不缓亲故之券给，宁阙军饷而不阙公使之馈遗”[3]。总之，不管国事糜烂到什么程度，他们所关心的，只是如何损公肥己、营私舞弊。监司郡守中虽不乏清廉耿直之人，但在浊流之中难以立足，办事稍为认真，便为上司排斥而去，“虽使绝人之才居之，号令未及信于民，而已报除代矣”。他们纵然忧国忧民，又去哪里施展才能！

亲民机会最多的当推县令。其位虽轻，其责甚重，理应遴选精明强干者任之，而实际情况却并不如此。因监司郡守颐指气使，随意凌辱，无所不至，甚至上司一卒临门，也恃势玩侮，“以故稍自好者，耻就此职，往往罢癃而暗懦残暴贪虐者，乃始屑而为之”[3]。“今之为令者，苟以宽恤为意，而拙于催科，旋踵以不职罢；能迎合上司，惨刻聚敛，则以称职闻。”[2]更有甚者，一些贪黩成性的县令，唯恐天下不乱，盗贼不来，以便混水摸鱼，趁火打劫，平时无名目征收的赋税，便都可以借御寇之名而大肆搜刮了。官贪民穷，盗贼肆虐，兵燹频仍，赋税繁重，蚩蚩小民挣扎在水深火热之中，他们对南宋统治者侈谈中兴，已经不抱什么希望了。

基于上面分析，我们可以知道，南宋经济上千疮百孔，府库空虚；政治上昏庸腐败，民不聊生；军事上将骄兵堕，不堪一击。无论从哪方面说，都没有能力同金人进行一场持久的战争。《齐东野语》的作者、南宋末年人周密说：“余尝以意推之，盖高宗间关兵间，察知东南地势、财力与一时人物，未可与争中原，意欲休养生聚，而后为万全之举。”[13]清人王夫之认为，尽南宋之力，以岳飞、韩世忠、刘锜、吴玠、吴璘之雄，可以收复汴京、陕右，但“由是可渡河以进，得则复石晋所割之地，驱女直于塞外；不得，亦据三关，东有沧瀛，西有太原，仍北宋之故宇乎？曰：不能也。”清代史学家赵翼也认为：“以南宋积弱累挫之余，裒集伤残，仅仅自保，而欲当百战方张之强敌，即使专任韩、岳，一切听其所为，能必其克服旧疆，迎还故主乎？”[14]这些意见审时度势，切中腠理，因此，绍兴和议是宋金双方政治、经济、军事三方面对比下的产物，是解决双方关系唯一可行的途径。不了解这一底蕴，一味咒骂高宗投降卖国，是不公道的。

参考文献

[1]庄绰.鸡肋编[M].北京：中华书局，1983.

[2]脱脱，等.宋史[M].北京：中华书局，1977.

[3]李心传.建炎以来系年要录[M].台北：文海出版社，1980.

[4]李心传.建炎以来朝野杂记[M].四库全书本.

[5]汪藻.浮溪集[M].丛书集成初编本.

[6]周密.癸辛杂识[M].丛书集成初编本.

[7]潘永因.宋稗类钞[M].北京：书目文献出版社，1985.

[8]丁传靖.宋人轶事汇编[M].北京：中华书局，1981.

[9]徐梦莘.三朝北盟会编[M].上海：上海古籍出版社，1987.

[10]张守.毗陵集[M].丛书集成初编本.

[11]岳珂.桯史[M].北京：中华书局，1981.

[12]郑刚中.北山文集[M].丛书集成初编本.

[13]周密.齐东野语[M].北京：中华书局，1983.

[14]赵翼.陔余丛考[M].北京：商务印书馆，1957.

（原载《郑州大学学报》1993年第1期）

略谈河南省的西夏遗民

公元1227年,一代天骄成吉思汗统率的蒙古铁骑,以摧枯拉朽之势灭亡了立国近二百年之久的西夏,把这片广袤的领土置于自己控制之下。经过七百余年的陵谷变迁,西夏遗民已与其他民族融为一体,不复作为单一的民族出现在历史舞台上,即使被国内外学者考察确认为西夏遗民的四川康定地区“木雅人”,也否认自己是党项羌的后裔,而以藏族自居。因此,一些研究西夏史的同志便认为:“散居在河南、河北、山东、山西、陕西、安徽、甘肃、青海、内蒙古、新疆、宁夏等省区的西夏遗民,至今找不着讲西夏语的人,而且连西夏人也找不着了。”在全国“找不着讲西夏语的人”可能属实,但如果说“连西夏人也找不着了”,结论却未免下得过早——因为在河南省北部的濮阳市郊区,就有一支刚刚被发现的西夏遗民。尽管他们在填报民族时均称汉族,私下里又自称蒙古族,但据我们实地调查所见碑碣和谱牒来看,可以准确无误地断定他们是西夏遗民的后裔。

一、西夏人何时来到河南

河南的西夏遗民后裔有三千五百余人,均为杨姓,集中居住在濮阳城东约五十里的柳屯乡,这儿的杨十八郎、西杨十八郎、南杨土、东杨庄、刘庄、焦村、单十八郎、季十八郎、大寨、清河头、小集、陈庄等十余个自然村中的杨姓居民,均为西夏遗民后裔。这不仅有碑文为证,而且有家谱可稽。令人惊异的是,这些杨姓居民,竟然家家户户都有一部家谱,毗邻而居的汉人,则没有一家有这样的家谱。

西夏人是何时来到河南的呢?他们为什么会来到这儿?立于元顺帝至正

十六年(1356)的《大元赠敦武校尉军民万户府百夫长唐兀公碑铭》(以下简称《唐兀公碑铭》)为我们提供了极好的材料。

《唐兀公碑铭》是河南西夏遗民的四世祖杨崇喜为纪念其祖先所立,由正议大夫集贤直学士致仕任礼部尚书潘迪撰文并书石篆额。碑文除北面风雨侵蚀较重,少数文字剥落外,东、西、南三面文字均清晰可辨。全文三千余字,是难得的研究西夏遗民问题的文字材料。该碑铭云:

……谨按,府居讳闾马,唐兀氏。其父唐兀台,世居宁夏路贺兰山。岁乙未(1235)扈从皇嗣昆仲南征,收金破宋,不避艰险,宣力国家,尝为弹压,累著功效。方议超擢,年六十余,以疾卒于营戍。其妻名九姐,年五十余,先卒。时府君甫十岁许,别无恒产,依所亲营次以居,即崇喜之祖也。及长成丁,优于武艺,攻城野战,围打襄樊,诸处征讨,多获功赏。然性恬退,不求进用。大事既定,遂来开州濮阳县东,拨付草地,与民相参住坐。后置庄于草地之西北官人寨店东南十八郎寨两堤之间,卜茔于本宅之西北堤南道北爽垲之地,亲茔冢圹,栽植柏杨,乃迁其祖考妣而葬焉。至元八年(1271)籍充山东河北蒙古军户,十六年(1279)奉旨选充左翊蒙古侍卫亲军,三十年(1293)编类入籍。累得功,赏马匹楮币,弗肯过侈,用之有节,推其余以济乡邻之匮乏。虽幼在戎行,然好学向义,勤于稼穑,尝言:宁得子孙贤,莫求家道富。常厚礼学师以教子孙,乡人家贫好学者,悉为代其束脩礼,亲戚有贫弗能育其子女者,府君辄与其值赎之以养于家……

这一段记载与各家家谱大致吻合,唯一有出入的是唐兀台从戎的时间。碑文上说"岁乙未扈从皇嗣昆仲南征",而所有的家谱则众口一辞,都说"自宋理宗开庆元年(1259,己未)扈从大元皇嗣南征,收金破宋"。揆之情理,己未说与史实不合,必因乙、己二字形近而讹。这是因为:公元1259年,元宪宗蒙哥与忽必烈同时南征宋朝,二人虽是昆仲,但忽必烈不是皇嗣,而且金朝早在公元1234年即已亡于蒙古人之手,"收金"二字无从说起。公元1235年,元太宗窝阔台曾遣"诸王拔都及皇子贵由、皇侄蒙哥征西域,皇子阔端征秦、巩,皇子曲出及胡土虎伐宋,唐古征高丽"。贵由即后来的定宗皇帝,当时是皇嗣,他和蒙哥、阔端、曲出等人是昆仲;金国虽在公元1234年亡于蔡州(今河南汝南),但秦(今甘肃天水)、巩(今甘肃陇西)二州的残余势力尚未肃清,唐兀台随军收金,当在情理之中。唐兀台殁于军中,未曾涉足河南,但他曾任过弹压,而弹压一官设于世祖时,可知唐兀台死于至元初年。始来河南者为唐兀台之子闾马,其父死时,他才十岁,由于父母双亡,为亲族鞠育成人。据碑文记载,他死于致和元年(1328),享年八十有一。他参加过元军于公元 1273 年攻取襄阳、樊城的战役,当时 26 岁。《唐兀公碑铭》说闾马在"大事既定"后,始卜居于濮阳县东,当是指元朝灭掉南宋、混一宇内而言。由此可以断定,闾马是在 1279 年前后解甲归田、来到河南的,当时闾马年龄在 32 岁左右。

二、郡望与族属问题

唐兀氏为蒙古军灭西夏后对其遗民的一种统称,《杨氏家谱》则说是"大元赐姓唐兀",陶宗仪的《南村辍耕录》把唐兀列入色目三十一种之中。他们居住的贺兰山在今天宁夏境内,曾是西夏国的管辖之地。但贺兰山仅是一个象征性的地域方位,而不是确切地望。《唐兀公碑铭》及《杨氏家谱》、每户所庋藏的分谱,均未回答河南西夏遗民来自宁夏的什么地方。唯一可以考察的是杨崇喜编的《述善集》。该书共二十九篇,其中有善俗、育材、行实三卷,另有载序、记、碑铭、字说、诗、文等。杨崇喜在至正二十七年(1367)写的自序中说:"余杨其姓,世居宁夏之贺兰山。"一些文人士大夫赠送的诗文,或说"若祖来西夏,澶乡卜震居",或说"与君同是贺兰人,柳色都门别意新",或说"英英西夏贤,好古敦民彝。几世家濮阳,乐兹风土宜"。这些诗虽未说明他们祖籍确系何处,但明确指出了他们是西夏人。值得注意的是危素所写的《赠武威处士杨象贤序》一文。象贤为崇喜之字,武威即西夏国的西凉州,亦称武威郡、凉州、凉州府。危素是元末人,顺帝至正年间曾任参知政事。他和杨崇喜同时,元末红巾军起义时,杨崇喜避居大都,二人交情甚笃,因此危素说杨崇喜是武威人,应该是可信的。这一条难能可贵的材料,证实了河南西夏遗民的祖籍即今天甘肃的武威。

凉州自秦汉以后便是干戈扰攘之地,频繁的战争虽然给劳动人民带来了沉重灾难,良田鞠为茂草,田园毁于兵燹,但在另一方面也促进了各民族之间的融合,一直到五代末年,"凉州郭外数十里尚有汉民陷没者耕作,余皆吐蕃"。北宋初年虽在这里设置西凉府,名义上归陕西路统领,实际上由吐蕃族首领管辖。这里既有吐蕃族，又有羌族，还有早年流落在这里的三百户汉人。西夏的李继迁曾在北宋景德元年（1004）占据凉州，旋因吐蕃族的反攻而退出，元昊称帝后，再次向西部拓疆扩土，先后攻占了西凉府、甘川、肃州、沙州等地，从此凉州便一直在西夏国的控制之下，直到公元1225年成吉思汗占领凉州，这块土地才成为蒙古帝国的一部分。凉州位于西夏南部，正北为一望无垠的沙漠，东北为绵延数百里的贺兰山，在成吉思汗攻陷凉州之前，这里很少有蒙古人居住，可见唐兀台不是蒙古人。凉州汉人本来不多，西夏灭亡后都纷纷要求返回祖籍，如《金史·西夏传》所载，西夏使臣王立之到金国访问，未及复命而西夏已亡，欲返不能，"诏于京兆安置，充宣差弹压，主管西夏降户"。但王立之却要求收回成命，自言"先世本申州（今河南信阳）人，乞不仕，居申州。诏如所请，以本官居申州，主管唐、邓、申、裕等处夏国降户"。唐兀台家族没有这段经历，可证也不是汉人。

如果以上推论不误，那么，唐兀台当是凉州土著，其祖先应是羌族或吐蕃族。柯劭忞的《新元史·氏族表》亦云："唐兀者，故西夏国，自元昊据河西与宋金相峙者二百余年，元太祖始平其地，称其部众曰唐兀氏。"《杨氏家谱》的序言也说"大元赐姓唐兀"，两说不谋而合，足证柳屯乡的杨姓居民确是西夏遗民后裔。

三、西夏遗民是怎样来到河南的？

西夏覆亡之后，全国战事正酣，金宣宗虽然于公元1214年将首都由中都迁往汴梁（今河南开封），但并未受到毁灭性的打击，南宋又控制着长江以南的广袤领土，蒙古统治者要奄有全国、一统天下自然不那么容易。因此成吉思汗、窝阔台等人在征讨之际，便于攻破州县中签发丁壮从军，唐兀台便是凉州被攻占之后加入行伍的。他究竟都在哪些地方作过战，虽然无从稽查，但从他"收金破宋"及其子闾马参加过襄樊战役来看，他这个家族从北方南下当是没有疑问的，由于父子均在军中服役，因而至元八年（1271）以色目人的身份充当蒙古军户。

忽必烈灭亡南宋之后，"海宇混一，然后命宗王将兵镇边徼襟喉之地，而河洛、山东据天下腹心，则以蒙古、探马赤军列大府以屯之。淮、江以南，地尽南海，则名藩列郡，又各以汉军及新附等军戍焉”。虽然天下底定，忽必烈仍然不敢掉以轻心，为了保卫这个领土广袤的帝国，他煞费苦心，组建了各种卫戍部队，完善了镇戍制度。他把左右蒙古侍卫亲军都调在黄河以北地区，以加强大都的外围力量，在河北、山东的交界处设有“山东河北蒙古军都万户府”，这些士卒“以万户为率，择可屯之地屯之，诸蒙古军士，散处南北及还各奥鲁者，亦皆收聚。令四万户所领之众屯河北，阿术二万户屯河南，以备调遣，余丁定其版籍，编入行伍，俾各有所属，遇征伐则遣之”。闾马所在的部队大概就在南宋灭亡之后来到了濮阳，也就是说，闾马由野战部队变成了屯田部队，“上马则备战斗，下马则屯聚牧养”，只要不发生大的战争，他们便以屯田终老其身。这些士兵的主要职能是屯田，既无更戍之苦，也无操练之劳，比起漂泊无定的羁旅生活要安定多了，因此军士们都相继卜宅而居，购置产业。闾马经过几十年的惨淡经营，竟成为一个“子姓僮奴，食者万指”的豪绅地主，其变化之大，可想而知。不过，闾马的子孙一直没有脱离军户籍，其中数人并做过百夫长之类的低级军官，天历年间还曾应召入伍，明嘉靖十三年（1534）的《开州志》卷一载：“十八郎寨，即十八郎里，相传元设千户屯兵于诸寨，因名。”可见，闾马家族是从濮阳屯田开始发迹变泰，最后成为豪绅地主的。

四、西夏遗民的汉化

濮阳的三千多名西夏遗民虽然聚族而居，但因长期生活在汉民族的包围之中，因而不能不被“他们所征服的民族的较高文明所征服”，其原有的语言文字、生活习俗、服饰丧葬等早已泯然无存，即使从外表上看，他们也与汉人毫无区别了。如果不是发现了碑文和谱牒，谁也不会相信距贺兰山数千里之遥的河南，竟有如此众多的西夏遗民后裔。这种民族融合过程，可以上溯到西夏国时期。元昊建立大夏国之后，虽然在政治上与宋王朝分庭抗礼，在军事上双方桴鼓相攻，但在文化上却没有因循守旧，不仅自己精通汉文，在他主持下，还创办蕃学与汉学，翻译汉儒经典，模仿汉文创造西夏文字，而且在官制、法律、礼乐等方面也“多与宋同”。正因为有这一层关系，因而杨氏家族来到濮阳后，很快便适应了这里的生活环境。

杨氏家族的汉化，表现在以下几个方面：

首先是姓名汉化。从《杨氏家谱》来看，杨氏家族从赐姓唐兀到易姓为杨，经历了三个阶段：从始祖唐兀到三世达海，专用赐姓唐兀。四世崇喜则唐兀与杨氏并用，有时称“前国子生唐兀崇喜”，有时称“余杨其姓”，但公开场合多用赐姓，私下则多用杨姓。《杨氏家谱序》云：“四世祖唐兀崇喜，蒙大明建国改为杨姓。”但是据《述善集》记载，至正八年（1348），一个叫刘让的西夏人在给崇喜的赠诗序文中说：“象贤杨君伯仲，好义能下士。”这距元朝覆亡尚有二十年的历史，因此所谓大明建国改为杨姓云云，显系猜测之辞。从五世以后迄今已二十八世，独用杨姓，未再发现以唐兀为姓者。至于为什么易唐兀为杨而不改姓其他姓氏，谱牒不载，杨氏家族自己也无法解释，这里只好暂付阙如了。

姓名的汉化，反映了杨氏家族“慕效华风，欲立字以副其名”的观念。其一世祖唐兀台、二世祖闾马、三世祖达海及其弟镇花台、闾儿、当儿、买儿均非汉名，自四世崇喜以后，始有名有姓。由于崇喜在太学读过书，受过汉族文化的熏陶，便取字象贤。流风所及，他的十三个兄弟也“因象贤之字类推以代其名”，分别取字为思贤、师贤、齐贤、敬贤、继贤、绍贤、居贤、希贤、志贤、惟贤、好贤、尚贤、世贤。如果只从姓名上推断，谁能相信他们是西夏人的后裔？

其次是与汉人通婚。有元一代虽然民族畛域甚严，但在婚媾方面却没有严格限制。《元史·成宗本纪》即有御史台告发蒙古、色目人任行省官员者因久在任所，与所隶编氓联姻的记载。同书《虞集传》亦云：“南昌富民有伍真父者，资产甲一方，娶诸王女为妻，充本位下郡总管。”据《唐兀公碑铭》《杨氏家谱》所载，一世唐兀台之妻为九姐，不详何族，二世闾马之妻为哈喇鲁氏，三世弟兄五人，其中四人娶妻均为汉姓，只买儿一人娶妻为乃蛮氏。四世昆仲十四人，其中卜兰台娶旭申氏，换住娶哈喇鲁氏，不老娶怯烈氏，广儿娶旭申氏，拜住亦娶旭申氏，余九人之妻均为汉族。五世弟兄更多，仅理安娶哈喇鲁氏，童儿娶乃蛮氏。据《南村辍耕录》与钱大昕的《元史氏族表》考释，哈喇鲁氏与乃蛮氏为色目人，旭申氏（即许慎氏）与怯烈氏均为蒙古人。自六世以后，娶妻均为汉族。由此可见，杨氏家族从三世起，就已掺入了汉人血统，至六世以后即全部娶汉族女子为妻，如今螽斯繁衍，已经到了二十八世，无怪乎他们汉化得如此彻底了。

再次是生活习俗的汉化。位于河西走廊上的凉州，“土坚腴，水清冽，风气广莫，民俗强梗尚气，重然诺，敢战斗”。他们来到河南（当时属中书省大名路）后，于“开州濮阳县东，拨付草地，与民相参住坐”，大概与这里宜于刍牧有关。“时北方人初至，犹射猎为俗，后渐知耕垦播殖如华人。”杨崇喜的儿女亲家哈喇鲁氏人伯颜宗道弟兄数人，除他“谦恭卑逊，举止如儒素，恒执书册以游乡校”外，其他几人皆“华衣锦帽，纵鹰犬驰逐以为乐”。迨到他们结束游牧生活，定居濮阳并成为富甲一方的豪绅后，便仿效汉人行守丧礼了。尽管元朝政府多次下令蒙古、色目人“不拘汉俗”，不得行守丧之制，但一纸禁令毕竟挡不住民族自然同化的趋势。闾马在迁居濮阳之后，即“卜茔于本宅之西北堤南道北爽垲之地，亲茔冢圹，栽植柏杨，乃迁其祖考妣而葬焉”。三世达海将坟地由一亩扩为十亩，再扩为二百余亩，收入专供祭祀之用。四世崇喜竟然放弃功名，守丧葬母，并为其先人立碑刊石。这些举动和汉族士绅已经毫无二致了。其他如三世达海与汉族耆老一起组织乡社，以“救灾恤患，厚本抑末，周济贫乏，优悯茕独”；达海的胞弟镇花台在至正五年（1345）濮阳饥馑时，“亲诣州廨，愿施白米五十石以赈饥民”。这种急公好义的行为，对于加强民族团结、促进民族融合，起了非常积极的作用。

崇尚儒学是杨氏家族汉化的第四个标志。元代的儒士在世祖之前颇受奖掖重用，自李璮乱后，世祖对汉人有所疑忌，迨到元代后期，便转而歧视压抑儒士了，九儒十丐之说虽不见于正史，但儒士社会地位低下则是没有疑问的。难能可贵的是，杨氏家族并未因此而鄙薄儒学，自闾马移居濮阳开始，子孙三代相继筹建义学，至正十三年（1353）义学终于落成，并置学田近五百亩，聘请唐兀彦国先生任教，学生逾五十人。闾马“尝言：宁得子孙贤，莫求家道富。常厚礼学师以教子孙，乡人家贫好学者，悉为代其束脩礼”。杨崇喜于至正九年（1349）鸠工庀材，建造大成至圣文宣王之殿。红巾军农民起义爆发后，杨崇喜“献粟五百石，草一万束以助殄寇之资，不求名爵，求赐崇义书院之号”，得到了礼部的行文嘉奖。把起义的农民看作是寇，固然反映了杨崇喜的阶级局限，但他如此不遗余力地推崇儒学，却是值得肯定的。杨崇喜的儿女亲家伯颜宗道折节向学，成为巨儒，“颜先生之名溢于河朔，虽田夫市人亦皆知之”。他讲学时，“学者云集，村落寄寓皆满，其后来者日众，则各为小房，环所居百余间，檐角相触，骈集如市”。至正年间，伯颜宗道被征为翰林待制修撰金史，以疾辞归，再除江西湖东道肃政廉访佥事,不久也挂冠而去。后来伯颜宗道因极力诋毁红巾军,被红巾军将领沙刘二所杀。他的经历也颇能说明色目人的汉化是历史发展的必然趋势。

(原载《宁夏社会科学》1986 年第 2 期,与穆朝庆合撰)

略论元代儒士社会地位演变的历史过程

人们通常认为,儒士在元代是一个备受压抑的阶层。其实,这个理解并不确切,儒士在元朝统治时期经历了由奴役、笼络怀柔到摧残压抑的过程,而这一切,又是根据统治者的利益而决定的。本文试图对这一演变的历史过程,提出一点粗浅看法。

蒙古人本是“行国”,娴于畜牧,疏于农业,其统治方式与汉族迥异。他们攻城掠池虽是里手,但对如何管理夺取来的偌大一片土地,却全无经验。连忽必烈自己也不得不承认:“朕惟祖宗肇造区宇,奄有四方,武功迭兴,文治多缺,五十余年于此矣。”[1]起初,蒙古统治者认为:“汉人无补于国”,曾打算“悉空其人以为牧地”[1],除了工匠,包括儒士在内的其他人,不是被杀就是被俘为奴。因为缺乏文治,不会管理,致使占领的土地旋得旋失。这种情况迫使蒙古统治者不得不采用汉族统治者所惯用的统治方式,正如马克思所指出的那样:“野蛮的征服者总是被那些他们所征服的民族的较高文明所征服,这是一条永恒的历史规律。”蒙古人在统一中国以前,自“太祖以来,但借用畏吾字以通文檄,世祖始用西僧八思巴造蒙古字,然于汉文则未习也”[2]。没有文字,更谈不到从以往的典籍中吸取成败兴亡的经验。因此,只有借重汉人儒士一途。这就是儒士在元初被重用的原因。

从成吉思汗开始,蒙古统治者就已经认识到儒士的作用了。成吉思汗的主要谋士耶律楚材,就是一名儒士,成吉思汗倚之如左右手,举凡军国大事,几乎都由耶律楚材经营擘画。成吉思汗进攻西夏时,因得到一个治弓匠而沾沾自喜,以为国家方用武而儒者无用,耶律楚材就进谏说:“治弓尚须用弓匠,为天下者岂可不用治天下匠耶?”[1]这里所谓治天下匠,指的就是儒士。耶律楚材不但时时进说周公、孔子之教,而且借用西汉初儒生陆贾回答刘邦的话说:“天下虽得之马上,不可以马上治。”[3]成吉思汗深以为然。但是,成吉思汗一生几乎都是在马背上度过的，他虽然赞许耶律楚材的建议，但在拔擢儒士上不可能有什么作为。

成吉思汗1227年死于第二次进攻西夏之役。太宗窝阔台即位后，耶律楚材再一次建议："制器者必用良工，守成者必用儒臣。"[1]蒙古统治者从实践中体会到，没有儒士为之筹划，弓马换来的天下，就可能得而复失。为了维系人心，窝阔台即位不久，便下诏"以孔子五十一世孙元措袭封衍圣公"，并"敕修孔子庙"[1]。接着，窝阔台便采取措施，拔擢儒士。首先，他接受臣僚推荐来的儒士。如名儒姚枢，被杨惟中推荐给窝阔台，"时龙庭无汉人士夫，帝喜其来，甚重之"[4]。于是，一些赳赳武夫也礼遇儒士。如领兵灭宋的张弘范之父张柔，攻金时获其状元王鹗，"解其缚，宾礼之"[1]。大臣宋子贞，"对金士之流寓者，悉引见周给，且荐用之"[1]。其次，是从俘虏中寻求儒士。在伐宋过程中，太宗命令姚枢"即军中求儒、道、释、医、卜士，凡儒生挂俘籍者，辄脱之以归"[1]。一部分儒士因此而避免了遭受屠戮的厄运。再次，通过科举考试拔擢儒士。"太宗始取中原，中书令耶律楚材请用儒术选士，从之。"[1]太宗九年八月下诏，以经义、词赋、论分为三科，"儒人被俘为奴者，亦令就试，其主匿弗遣者死，得士凡四千三十人，免为奴者四之一"[1]。"凡占儒籍者复其家。"[1]不过，这种考试没有施行多久，便因有人反对而中止，直到仁宗延祐年间才恢复。尽管窝阔台戎马一生，但在耶律楚材等人的辅佐下，能够不遗余力地拔擢任用儒士，这对于一个蒙古统治者来说，还是难能可贵的。

定宗、宪宗享国日浅，在任用儒士上不可能有大的成就。但从宪宗蒙哥让汉人史天泽一门担任三个要职和下诏海内儒士"徭役无有所与"来看，他对儒士至少是不苛酷的。

真正大规模地任用儒士，是在世祖忽必烈时期。忽必烈对于儒士的作用，具有超脱流俗的见识。他在即位之前，就留意延揽儒士。"上在潜邸，独喜儒士，凡天下鸿才硕学，往往延聘，以备顾问。"[3]对于当时名士，他能"屈指数之，间有能道其姓名者"[3]。1259年，忽必烈的乃兄宪宗蒙哥死于攻宋的合州之役，留守和林的胞弟阿里不哥与忽必烈都想入继大统，二人斗争异常激烈。但蒙古的勋旧都站在阿里不哥一边，忽必烈势孤。他一面从鄂州前线撤回攻宋之兵，遣使与宋讲和，一面加意笼络汉人知识分子，组成自己的智囊团，以便与阿里不哥抗衡。1260年，忽必烈即位于开平，与阿里不哥的战事正酣，大儒许衡就向世祖建议:“考之前代北方之有中夏者,必行汉法,乃可长久。……使国家而居朔漠,则无事论此也。今日之治,非此奚宜。”[1]儒士高智耀也“力言儒术有补治道,反复辩论,辞累千百”[1]。忽必烈权衡利害,采纳了许衡、高智耀等人的建议。他一方面下令凡免役儒户,都发给公文以为左验,一方面拜高智耀为翰林学士,命其循行淮、蜀各郡县,脱儒士于缧绁。阿里不哥墨守成规,忽必烈却锐意革新。忽必烈之所以能战胜阿里不哥,迫其穷蹙来降,不能不说是较高的中原文明战胜野蛮的落后文化的结果。忽必烈于开平即位的第二年,又下令:“诏军中儒士听赎为民”,“举文学才识可以从政及茂才异等,列名上闻,以听擢用”[1]。之后,又于至元元年(1264)、三年、四年、十年、十二年、十三年、十九年、二十五年、二十九年,频频下诏即军中搜求儒士,并蠲免徭役。为了扩大儒士的任用范围,在灭宋后不久,忽必烈又下令“诸路岁贡儒、吏各一人”[1],同时,又数遣使召遗老于四方,于是,儒士窦默、李俊民、李治、魏璠、元好问、刘秉忠、李昶、王思廉等人纷至,“一时贤士大夫云合辐辏,争进所闻,迨中统、至元之间,布列台阁,分任岳牧,蔚为一代名臣者,不可胜纪”[3]。张德辉、元好问请忽必烈“为儒教大宗师,王悦而受之”[3]。由于忽必烈的支持,一批富有经验的耆儒被派到了各个岗位上,因此才能出现中统、至元年间文化发达的局面。除了诏令,忽必烈还下令在各处立碑刻石,重申优待儒士之条文。清人阮元所辑《两浙金石志》一书,收录了一篇饶有兴味的碑文:

> 长生天气力里
>
> 大福荫护助里
>
> 皇帝圣旨:据尚书省奏,江淮等处秀才乞免差役事:准奏。今后在籍秀才,做买卖纳商税,种田纳地税,其余一切杂泛差役并行蠲免,所在官司常切存恤,仍禁约使臣人等,毋得于庙学安下,非礼骚扰。准此。
>
> 至元二十五年十一月　日

此类碑文,所在多有,迨至清代,率皆颓圮不存,唯立于绍兴府学的上述碑文犹完好无损。因此,阮元认为:“世传元季待士最薄,至有九儒十丐之目,读此碑知其不然。”阮元把此碑当作信史对待,虽然未免过于认真,但碑文所反映的元初对待儒士较为优渥的情况,大体是可信的。

忽必烈对于儒士,有一套相当高明的怀柔羁縻办法,使得儒士皆入其彀中。首先是采纳他们的意见,择其可行者行之。如对姚枢,“动必召问,且使授世子经”[1]。在即位前征伐大理时,听从其建议,不嗜杀人,“既入宋境,诸将分道兼进,各遣儒士相其役,禁戢军士毋肆杀戮,毋焚烧庐舍,所获生口悉纵遣之。其后混一之功,卒本于不可嗜杀等语”[3]。蒙古军队以嗜杀著称,凡攻打城池,稍遇抵抗,即屠戮全城,殆至靡有孑遗,而在攻宋的诸战役中,大规模杀人的事情的确有所减少,因此能够克奏混一宇内的肤功。王英曾给世祖进献平定宋朝的方略,“帝悦曰:儒者中乃有此人乎?”[1]后来,世祖采纳了他的意见。刘秉忠“既受命,以天下为己任,事无巨细,凡有关于国家大体者,知无不言,言无不听,帝宠任愈隆”[1]。史天泽“凡前所言治国安民之术,无不次第举行”[1]。郝经在世祖还未即位时,即“谘以经国安民之道,条上数十事,大悦,遂留王府”[1]。对于宋子贞,“凡有大事,即其家访问”[1]。对于王磐,“凡帷幄谋议,有所未决,即遣使问之,磐所敷陈,每称上意”[1]。忽必烈自己曾说:“朕求贤三十年,惟得窦汉卿及李俊民二人。”[1]所谓求贤三十年云云,虽是他的自诩之辞,不尽可信,但他从谏如流这一点,倒是可以和唐太宗相比的。

其次,忽必烈知人善任,凡有特别才能的儒士,他都倚为心腹,寄以重任,使其得以发挥才能。对于蒙古统治者来说,要做到这一点,颇不容易。如史天泽领兵伐宋,“帝临轩授诏,责以专征,俾诸将皆听节度”[1]。得江南之后,“尽求宋之遗士而用之,尤重进士,以故相留梦炎为尚书,召甲戌状元王龙泽为江南行台监察御史”[1],以刘秉忠参领中书省事,至元八年(1271),采纳其建议,改国号为大元,以中都为大都,“他如颁章服、举朝仪、给俸禄、定官制,皆自秉忠发之,为一代成宪”[1]。王鹗“擢翰林学士承旨,制诰典章,皆所裁定”[2]。以孟祺为“从仕郎,应奉翰林文字,兼太常博士一时典册,多出其手”[1]。汉化了的畏吾儿人廉希宪在宪宗蒙哥刚死之时,即向忽必烈建议撤兵北还,遣使与宋讲好,以集中精力与阿里不哥争夺帝位,忽必烈一一依从。当了中书省平章政事后,“振举纲维,综劾名实,汰逐冗滥,裁抑侥幸,兴利除害,事无不便。当时翕然称治,典章文物,粲然可考”[1]。经过儒士们的一番经营,元代的统治算是初具规模了。可以说,没有儒士的参与,蒙古统治者自己拿不出一套行之有效的统治方案,但从另一方面说,没有忽必烈的信任,儒士们也仍然不过是俯仰由人的奴隶而已。

再次,忽必烈对于儒士是比较礼遇的,他称廉希宪为廉孟子、呼李昶为李秀才,而不直呼其名。《元史·李昶传》载:“世祖尝燕处,望见昶,辄敛容曰:‘李秀才至矣。’其见敬礼如此。”[1]对于赵璧,“赐三僮,给薪水,命后亲制衣赐之,视其试服，不称，辄为损益，宠遇无与伦比”[1]。一次在延春阁大宴群臣，儒士“（王）思廉偶在卫士之列，帝责董文忠曰：‘思廉儒臣，岂宜列卫士！’”[1]至元二十四年（1287），世祖以汉人程钜夫为御史中丞，有人进谗言说：“钜夫南人，且年少。”忽必烈大怒说：“汝未用南人，安知南人不可用！自今省部台院，必参用汉人。”[1]忽必烈只是略示恩宠，便使得这些儒士们感激涕零，而至于肝脑涂地，来报答“圣主”的知遇之隆了。

忽必烈本人虽是一赳赳武夫，但颇有儒将风范。如前所述，他曾接受“儒教大宗师”这一称号，即使在戎马倥偬之中，也未尝忘记探求治国的方术。他曾敕赵璧“习国语，译大学衍义，时从马上听璧陈说”[1]，向徐世隆“问尧、舜、禹、汤为君之道”[1]，“敕从臣秃忽思等录毛诗、孟子、论语”[1]，命曹元用译唐《贞观政要》为国语。王思廉“尝进读通鉴，至唐太宗有杀魏徵语及长孙皇后进谏事，帝命内官引至皇后阁讲衍其说”[1]。每侍读，一些蒙古达官显贵也奉命列席听讲。贾守谦尝从世祖“讨叛王度漠，有暇，犹为世祖讲说《资治通鉴》”[4]。忽必烈不遗余力地研习儒家经典，因此在他统治的三十五年中，元朝的文治武功达到了高峰。《元史》的作者评论说：“世祖度量弘广，知人善任使，信用儒术，用能以夏变夷，立经陈纪，所以为一代之制者，规模宏远矣。”[1]可谓切中肯綮，而非溢美之词。

然而，忽必烈崇尚儒士，引起了蒙古权贵的不满。《元史·高智耀传》载：“西北藩王遣使入朝，谓本朝旧俗与汉法异，建都邑城郭，仪文制度，遵用汉法，其故何如？”这些鼠目寸光的蒙古人主张沿用祖宗旧俗。忽必烈本人虽然倚重儒士，但一则受蒙古权贵掣肘，二则因为民族关系仍存芥蒂，加之到了忽必烈晚年元朝的统治已经比较巩固，儒士的作用就逐渐减小了。

特别是忽必烈以后，儒士的地位跌落。首先是蠲免徭役的诏令成了一纸虚文。元代从太宗到顺帝虽屡下儒士免役之诏，但“州县奉行不虔，差徭如故”[5]，儒士仍然担负徭役。成宗大德年间，浙江嘉兴所立的碑文说：“往往将已抄籍定儒户，恣意乱行勾扰，差充里正、主首，大小杂泛差役，遂使学校废堕，儒风凋丧。”武宗至大二年（1309），又“以大都隶儒籍者四十户充文庙乐工”[1]。仁宗皇庆元年（1312），更明文规定：“儒户杂泛差役……与民一体同当。”[6]凡此种种，都足以说明：蒙古统治者蠲免儒士徭役的诏令是假，差徭的诏令是真。正因为如此，蒙古人的各级官吏才敢于侮辱儒士，“差徭必首及之”[5]。明人张溥在论及这一状况时说："好儒，名焉而已。"[7]可谓一语破的。

其次，是在铨选官吏方面对儒士的歧视。元朝初年，建国伊始，百废待举，不师承汉法便无以立国，因此官吏中儒者居多。世祖之后，官员大多由吏中遴选，儒士受到了冷遇："自至元以下，始浸用吏，虽执政大臣亦以吏为之，由是中州小民粗识字能治文书者，得入台阁，共笔札，累日积月皆可以致显通，而中州之士见用者遂浸寡。"[8]苏天爵说："我国家之用人也，内而公卿大夫，外则州牧藩宣，大抵多由吏进。"[9]姚燧认为："大凡今仕惟三途：一由宿卫，一由儒，一由吏"，宿卫占"十之一"，吏占"十九有半"，儒士只占"十分之一半"。[4]叶子奇则认为："天下治平之时，台臣省要官皆北人为之，汉人、南人其得为者，万中无一二，不过州县卑秩，盖亦仅有而绝无者也。"[10]"至于科目取士，止是万万之一耳，殆不过粉饰太平之具，世犹曰无益，直可废也。"[10]权衡说得更为赤裸：蒙古之法，"取士用人，惟论'根脚'，其所与图大政为将为相者，皆根脚人也，而负大器、抱大才、蕴道艺者，举不得与其政事"[11]。所谓根脚人，是指蒙古、色目人的权贵而言。只要出身"根脚"硬，即使胸无点墨，也可出将入相；汉人儒士即使满腹经纶，也弃而不用。因此，终元之世，非蒙古人而为丞相的，只有史天泽、哈散、贺惟一三人，"哈散尚系回回人，其汉人止史天泽、贺惟一耳"[2]。但史天泽为相是元初世祖时的事，贺惟一为相是元末顺帝时的事，贺惟一因为是汉人，被任命为丞相时曾受到过攻击，顺帝改其名为太平。二人为相俱在元朝多事之秋，而在承平时期，蒙古统治者却靳而不与了。至正十二年(1352)，顺帝始下诏："南人有才学者，依世祖旧制，中书省、枢密院、御史台皆用之。"[1]在这前一年，刘福通、赵君用、芝麻李、徐寿辉等人已纷纷揭竿起义，元室江山岌岌可危，统治者为收拾人心，才不得不有此举。即使如此，能够官居要津并获得蒙古人信任的，也仍是少数。

第三，在科举上压抑儒士。元朝中后期，儒士为官只剩下了科举一途。世祖时便有人建议，行科举之制以选拔人才，但一直延宕至仁宗延祐元年(1314)始开科取士。虽然仁宗自己也说"朕所愿者，安百姓以图至治，然匪用儒士，何以致此！设科取士，庶几得真儒之用，而治道可兴也"[1]，但又明文规定，对蒙古、色目人放宽尺度，对汉人、南人则严加限制。蒙古人、色目人只考试两场，且试题容易，汉人、南人须考试三场，而试题艰深。"蒙古人、色目人愿试汉人、南人科目，中选者加一等注授。"发榜时，"蒙古、色目人作一榜，汉人、南人作一榜”[1]。第一次考试，赐进士五十六人，嗣后递有增益，仍不及百人。直至顺帝元统元年(1333)，才增为百人，蒙古、色目人五十人，汉人、南人五十人，“史家以为科举取士，莫盛于斯者也”。表面上看来，蒙古、色目人与汉人、南人取士数目相等，似乎不偏不倚，但汉人、南人的人口数目，比蒙古、色目人不知多出多少倍，事实上仍不平等。由于关隘重重，汉人、南人考中进士相当困难。元人陈高曾经慨叹：“年年去射策，临老犹儒冠。”[12]《元史·孛术鲁翀传》谓：“诸生积分，有六年未及释褐者，翀至，皆使就试而官之。”[1]“文雅而洁，年逾耳顺……然而再试再黜”[13]，这种功名蹭蹬、屡试不第的情况，并非个别现象，而是大量存在。即使如此，蒙古权贵还横加梗阻，致使科举经常辍止。迨至至正二十六年(1366)顺帝覆国前夕，元朝开科取士宣告结束，汉人儒士由此途登仕的为数甚少。正直儒士干脆抵制而不应试，如扬州“自延祐以来，贡举取士，阖郡不闻一人与计偕者”[9]。当然也有少数无耻之徒“急于进取，媚灶乞墦”[14]，奔走于权贵之门，靠出卖人格而求得一官半职。

对国子监生，除授官吏也有差别，而不一视同仁。授官时蒙古人为六品，色目人正七品，汉人只授从七品。屡试不第的举人，分发到各州路做学官，也有年龄差别的规定。泰定元年(1324)下诏：“蒙古、色目人年三十以上，并两举不第者与教授，以下与学正、山长；汉人、南人年五十以上，并两举不第者与教授，以下与学正、山长。”[1]两者年龄相差竟达二十岁之多！即使如此，因为员浮于缺，谋取一教授职务也颇不容易。皓首而犹屈沉下僚不得升迁的比比皆是。如仁宗时的和治，“仕四十余年，官五转而至六品，阶六迁而至奉政大夫”[9]；宁宗时的刘光远，“淹留沉滞于小官薄领之中二十余年”[13]；顺宗时的李元镇，“提举湖广，年望七十……惜其壮而不用，用而未尽，今老矣，才五品冷官”[13]。而蒙古人不通文墨，便擢为封疆大吏，两相对照，相隔何啻云泥！

因为儒士社会地位低下，一般人视儒业为畏途，宁为商贾，不去读书，为商贾的都发了大财，“其积而至大富者，舆马之华，宫庐之侈，封君莫之过也，故其俗益薄儒，以为不足以利”[8]。儒士既不得为官，又不会治产业，穷愁潦倒，衣食不周，在一般人眼里成了无用之人，以至“小夫贱隶，亦皆以儒为嗤诋”[8]。在老百姓中流传着这样两句话：“生员不如百姓，百姓不如祗卒。”儒士社会地位的低下可见一斑！

元朝初年，便流传有九儒十丐之说。如伪托南宋末年名画家郑所南的话：

“鞑法：一官二吏三僧四道五医六工七猎八匠九儒十丐。”[15]谢叠山也说：“滑稽之雄，以儒者为戏曰：我大元典制，人有十等：一官二吏，先之者，贵之也；贵之者，谓其有益于国也。七匠八娼，九儒十丐，后之者，贱之也；贱之者，谓其无益于国也。”对九儒十丐之说稍加分析便可知道，此说并非向壁虚构的无稽之谈。在统治中国的九十余年里，元朝政府把人分为蒙古人、色目人、汉人、南人四等。蒙古、色目人是统治民族，处处高人一等；汉人、南人是被统治民族，其处境之坎坷，实为历代所未有。成吉思汗时曾有“杀一汉人者其偿价仅与一驴相等”[16]之法令，《元史·刑法志》中关于民族歧视之规定，更是不胜列举。而儒士又多是汉人，蒙古统治者既然歧视汉人，也就要极力压抑代表汉族封建文化的儒士。

蒙古统治者鄙弃儒士的政策，造成了严重后果：因为轻儒，便无人操儒业，登要津者大都对于治理国家一窍不通，因此纪纲紊乱、政务废弛，政治空前黑暗，人民生活空前痛苦。元朝的灭亡，虽由多种因素造成，但不重视文治，无疑也是一个重要原因。

参考文献

[1]宋濂，等.元史[M].北京：中华书局，1976.

[2]赵翼.廿二史札记[M].北京：中国书店出版社，1987.

[3]苏天爵.元朝名臣事略[M].北京：中华书局，1996.

[4]姚燧.牧庵集[M].四库全书本.

[5]陆文圭.墙东类稿[M].四库全书本.

[6]元典章[M].光绪杭州丁氏藏本.

[7]张溥.元史纪事本末论正[M].台北：三民书局，1968.

[8]余阙.青阳先生文集[M].四部丛刊本.

[9]苏天爵.滋溪文稿[M].四库全书本.

[10]叶子奇.草木子[M].北京：中华书局，1959.

[11]权衡.庚申外史[M].郑州：中州古籍出版社，1991.

[12]陈高.不系舟渔集[M].四库全书本.

[13]许有壬.至正集[M].四库全书本.

[14]苏天爵.元文类[M].丛书集成初编本.

[15]郑思肖.心史[M].丛书集成初编本.

[16]多桑.多桑蒙古史[M].冯承钧,译.上海:商务印书馆,1939.

(原载《社会科学辑刊》1981 年第 3 期)

元顺帝与宋恭帝关系考辨

元顺帝妥懽帖睦尔是元朝末代皇帝，宋恭帝赵㬎是南宋亡国之君，二人既不同族，又不同朝，本来风马牛不相及，但从元末以来，不少学者钩沉发微，得出了一个石破天惊的结论：元顺帝原来是宋恭帝的儿子！如果这只是骚人墨客的游戏文字，自可置之不论，令人惊讶的是，一向以治学谨严著称的清代史学家万斯同、赵翼和近人王国维等人，竟也推波助澜，极力证明此说不诬。新中国成立以来，只有中央民族学院的王尧教授发表过《南宋少帝赵㬎遗事考辨》[1]一文，指出此说荒诞不经。王文虽然搜罗宏富，但其结论仍有可商兑之处。

一、赵㬎生平

赵㬎是度宗之子，母亲是全皇后，咸淳七年(1271)生于临安。咸淳十年(1274)度宗崩逝，年仅四岁的赵㬎奉遗诏于柩前即位，军国大事由其祖母谢太皇太后主持。其时国事蜩螗，社稷危殆，元军水陆并陈，大举南下，摧枯拉朽，如入无人之境。德祐二年(1276)正月，元军兵临临安城下，南宋派监察御史杨应奎带着传国玉玺和降表到元军统帅伯颜军前纳降。那篇降表写得哀婉凄绝，请求在削去帝号，献出全部领土之后，元朝能网开一面，法外施恩："伏望圣慈垂念，不忍臣三百余年宗社遽至陨绝，曲赐存全，则赵氏子孙，世世有赖，不敢弭忘。"[2]但是奄有全国是忽必烈的既定国策，伯颜不允所请。三月，赵㬎偕其母全太后奉诏北上，谢太皇太后因疾暂留临安，不久，也被押送大都。五月，"宋主㬎至上都，制授㬎开府仪同三司、检校大司徒，封瀛国公"[3]。元朝的京城本是大都，但每年四至八月，皇帝照例去上都避暑，并在那里处理政事，因此赵㬎一行先去上都觐见元世祖，然后才转往大都。元世祖之所以封赵㬎官职，并非深仁厚泽，对这个少不更事的宋朝末代皇帝动了恻隐之心，而是因为宋朝虽已覆亡，但是零零星星的抵抗，仍然不绝如缕，他投鼠忌器，不得不装装样子以收买人心。

元朝政府对赵㬎母子表面上的优渥与实际上的歧视，形成了鲜明的对照。就在赵㬎一行抵达上都之后十天，“故宋宫人安定夫人陈氏、安康夫人宋氏与二小姬，沐浴整衣焚香，自缢死，朱夫人遗四言诗一篇于衣中云：既不辱国，幸免辱身。世食宋禄，羞为北臣。妾辈之死，守于一贞。忠臣孝子，期以自新。丙子(1276)五月吉月泣血书。明日，奏闻，上命断其首悬全后寓所”[4]。显然，忽必烈是讥讽全太后不能死国殉节，堂堂太后反不如宫人刚烈。但全太后鉴于赵㬎尚在垂髫之年，无人照拂，只得忍辱含垢、苟且偷生。“时宋太后全氏至京，不习北方水土，(世祖)后为奏令回江南，帝不允，至三奏，帝乃答曰：‘尔妇人无远虑，若使之南还，或浮言一动，即废其家，非所以爱之也。’”[3]其时元朝的统治已固若金汤，一个手无寸铁的荏弱女子，本来不会构成对元朝的威胁，但忽必烈还害怕她一旦南还，会引起江南人心浮动，因此拘而不遣。他对赵㬎母子的疑忌，竟是如此之深！

至元十九年(1282)冬天，元朝京师大都忽然谣诼四起，先是有一个福建僧人说土星犯帝座，对皇帝不利；不久，中山(今河北定州)有一狂人，自称宋主，有众千人，扬言要劫取已陷囹圄四年之久的南宋丞相文天祥，接着，“京师亦有中山薛保柱上匿名书”[5]告变，一时，风声鹤唳，草木皆兵。敏感多疑的元世祖立即采取断然措施，一方面在大都的柴市口杀死文天祥，一方面把年甫十二岁的赵㬎徙居上都，全太后则被打发到正智寺为尼，她在那里度过了一段黄卷青灯的凄苦岁月，后来便悄然死去。至元二十一年(1284)，又有人上书，说南宋宗室居江南者打算聚众谋反，元世祖不察究竟，便下诏“迁宋宗室及大臣之仕者于内地”[6]，以便防范控制。到了至元二十五年(1288)十月，元世祖下令“赐瀛国公赵㬎钞百锭”，十天之后，又下令“瀛国公赵㬎学佛法于土番(今西藏)”[3]。从此，赵㬎便销声匿迹了，直到“至治三年(1323)四月，赐瀛国公合尊死于河西，诏僧儒金书藏经”。赵㬎历经元世祖、成宗、武宗、仁宗、英宗王朝，死时五十三岁。

二、元顺帝非赵㬎之子

一个被剥夺了帝位、兵权，孑然一身的青年，仍然不见容于元朝统治者，被迫到山水迢递的西藏出家,这一遭遇无疑引起了后人的无限同情。加上赵㬎从离开上都到赐死这三十多年的时间里,有关他的记载语焉不详,因此各种传说也就不胫而走。元顺帝系赵㬎之子一说,始作俑者是元末明初的隐士权衡。他在其私人史乘《庚申外史》中说:"国初,宋江南归附时,瀛国公幼君也,入都,自愿为僧白塔寺中,号合尊大师。已而奉诏居甘州(今甘肃张掖)山寺。有赵王者,因嬉游至其寺,怜国公年老且孤,留一回回女子与之。延祐七年(1320),女子有娠,四月十六日夜,生一男子。明宗适自北方来,见其寺上有龙文五彩气,即物色得之,乃瀛国公所居室也。因问:'子之所居,得无有重宝乎?'瀛国公曰:'无有。'固问之,则曰:'今早五更后,舍下生一男子耳。'明宗大喜,因求为子,并其母载以归。"[7]由于权衡是元末人,《庚申外史》又是元朝灭亡后的第一部史学著作,因而备受后人推崇。但这一段记载闪烁其词,扑朔迷离,使人疑信参半。且不说瀛国公生子,寺上有龙文五彩气的记载不脱江湖术士胡诌乱编的痕迹,即以史实而论,也与正史方枘圆凿,不相契合。瀛国公在贬谪土番之前,并未在白塔寺(即大圣寿万安寺)出过家,据《元史·诸王表》记载,元代有三个赵王,延祐元年(1314)被封为赵王的是阿鲁秃驸马,其封地在内蒙古。内蒙古虽毗邻河西(今甘肃),但赵王是否游过甘州山寺,即使游过山寺,是否曾赠给赵㬎一个回族女子,均无其他文献资料可资佐证,因此,这段记载的真实性,是大可怀疑的。

权衡之所以要杜撰这一段莫须有的公案,不过是哀宋朝之覆亡,发思古之幽情,造此言以发泄汉人对蒙古统治者的不平之气而已。到了明朝初年,这桩公案又有了新发展:"少帝既封瀛国公,及长,世祖以公主配之。一日,与内宴,酒酣,立傍殿楹间,世祖恍忽见龙爪拿攫状。时有献谋除灭者,世祖疑而未许,瀛国公密知之,乃乞为僧,往吐蕃学佛法,因挈全后、公主、姬御遁居沙漠,易名合尊。长子亦为僧,名完普。顷之,复诞一子。时明宗为周王,时亦遁沙漠,与少帝公主往来,遂乞少帝子与其妻迈来的为子,长名妥懽帖睦尔,即顺帝也。今其子孙,世长沙漠,亦天道好还之报,而宋室仁厚立国,宜其绵绵未斩也。"这段文字用真真假假、亦真亦假的手法,杜撰了一个荒诞离奇的故事:赵㬎降元后,不仅被封为瀛国公,而且成了天子的乘龙快婿。只因他在宴会上酒醉失态,现出了真龙天子本相,为元朝群臣所不容,要加害于他,他才被迫皈依佛门,远走方外,居于沙漠,易名合尊。然而"元室之制,非勋臣世族及封国之君,则莫得尚主，是以世联戚畹者，亲视诸王，其藩翰屏垣之寄，盖亦重矣”[3]。据《元史·诸公主表》所载，世祖有四个女儿，吾鲁真公主适帖木干子孛花，赵国大长公主月烈适拜哈子赵武襄王爱不花，鲁国大长公主囊家真适纳陈子帖木儿，再适帖木儿之弟蛮子台，齐国大长公主忽都鲁坚迷失适高丽王愖（即王昛）。赵㬎不过是亡国之俘，哪里有娶天子女儿为妻的福气！

明成祖永乐年间，有个叫袁忠彻的人，酒足饭饱，无所事事，便将瀛国公的故事继续编了下去：予幼时闻诸先生与先人言，宋幼主北迁，元降封为瀛国公。一夕，世祖梦金龙舒爪缠殿柱，明日，瀛国来朝，立所梦柱下，世祖感其事，欲除之，谋诸臣下。瀛国知惧，遂乞从释氏，号合尊大师，往西天受佛法，获免。过朔北扎颜之地，谒周王（原注：即明宗）。周王见瀛国后，爱而纳之，未及生妥懽帖睦尔……夫宋待柴世宗之后，代居显宦，而瀛国孤儿寡妇，元君忍不相容也。……瀛国逆知，假往西天，又遇周王夺其后而生顺帝，与明宗朔漠之言观之，明为遗腹也。

这段叙述与前段略有不同，没有说赵㬎是元朝的驸马，因为拙劣的编造，不易取得人们的相信，改说成是明宗夺了赵㬎之妻，然后才生出遗腹子元顺帝妥懽帖睦尔。就这样，瀛国公赵㬎成了任人揉搓的泥团，忽而被赵王赐给一个回族女子，忽而成了天子的驸马，忽而年老且孤，忽而轻裘肥马，雍容华贵。记载如此歧异，漏洞如此之多，证明这些人玩世不恭，信口开河，编造故事的本领并不高明。

除公然篡改史实外，还有人用轮回报应之说来证明元顺帝是瀛国公之子：宋祖建隆庚申受禅，后闻陈希夷“只怕五更头”之言，命宫中转六更，方严鼓鸣钟。殊不省庚与更同音也。至理宗景定元年，历五庚申，越十七年宋亡，而五更头之数信矣。暨元延祐七年庚申，而至正帝（即元顺帝）生。帝乃宋少帝合尊子，明兵入燕都遁去。当时人呼庚申帝，后方号顺帝云。由是观之，则宋祖命转六更，数亦不爽。[8]赵匡胤于庚申年（960）即位，元顺帝于庚申年（1320）诞生，这只是历史的巧合，也被好事之徒顺手拈来，当作元顺帝是汉人血胤的根据，编造越来越离奇，离事实真相也越来越远了。

令人惊奇的是，这些破绽百出的传说，竟使许多学者深信不疑。一些著名学者如钱谦益、全祖望、赵翼、万斯同、王国维等在各自的论著中，均持肯定态度。当然，也有持反对态度者，宋濂等人纂修的《元史》、陈邦瞻的《元史纪事本末》、邵远平的《元史类编》、屠寄的《蒙兀儿史记》、毕沅的《续资治通鉴》等书，均不采此说。清人永瑢等编的《四库全书总目提要》、近人余嘉锡的《论学杂著》也激烈反对此说。

在赞同元顺帝为赵㬎之子诸说中，王国维与近人魏青铓的说法最具有代表性。王国维说：少帝（即赵㬎）入吐蕃后事，史无所言，惟元明间盛传元顺帝为宋少帝之子，至国朝全谢山（即全祖望）犹主此说，初疑此语乃南宋遗民不忘故国者所为，后读释念常《佛祖通载》，乃知其不然。《通载》记至治三年四月，赐瀛国公合尊死于河西。案元人之待南宋，较遇金人为优。少帝入元，历世祖、成宗、武宗、仁宗、英宗五世。其降元之岁为至元十三年，年六岁，十九年徙上都，年十二岁，二十五年学佛法于吐蕃，年始十八，至至治三年赐死于河西，年五十三。而顺帝之生，适于前此三年。元人不忌之于在大都之时，而忌之于入吐蕃为僧之后；又不忌之于少壮之时，而忌之于衰老之后，此事均非人情。以事理推之，当周王既取顺帝母子，借他事杀之以灭口耳。[9]王国维的分析不能说没有道理。元朝统治者为什么不在赵㬎年轻有为时杀掉他，直待他衰老之后才赐死于河西？为什么不在大都杀掉他，偏要等他到吐蕃为僧之后才动手？个中缘由，委实值得探索。但王国维说周王既取顺帝母子，借他事杀赵㬎以灭口，并无史料根据，仅是“以事理推之”，因此不能使人信服。果真如此，周王为何当时不杀赵㬎以灭口，直到八年之后才由英宗赐死于河西？

魏青铓则云：“（瀛国公）由帝王而为降俘，由降俘而赐封瀛国公，由瀛国公学佛土番，公私史乘，若合符节。以后寓居甘州山寺，元史固无明文，然甘州南达土番，为西北往来孔道，定居于此，地望相近。且甘州北达亦集乃路，亦集乃路又北度漠，即为至和林之通衢。当时和世㻋（即明宗）方亡命北边，出没塞上，以地以时而言，其与恭帝无意相逢，亦非不可能之事。”[10]明宗在称帝之前的确到过河西，也有可能与赵㬎邂逅相遇，但是仅凭这一点，便作出他曾攘夺赵㬎妻子的结论，未免失之武断。事实上，只要我们对有关史料稍加排比，便可发现元顺帝为赵㬎之子一说不能成立。这是因为：

第一，明宗和世㻋是武宗长子，生于大德四年（1300）。仁宗嗣位之后，他于延祐三年（1316）被封为周王，出镇云南。这年十一月，他在途经延安时与武宗旧部商议，改道西行至金山（新疆与蒙古人民共和国交界的阿尔泰山）。“西北诸王察阿台等闻帝至，咸率众来附。帝至其部，与定约束，每岁冬居扎颜，夏居斡罗斡察山，春则命从者耕于野泥。十余年间，边境宁谧。”[3]这段记载说明，明宗在延祐三年到金山去时才途经河西走廊，十余年间未再离开过金山，一直到了天历二年(1329)他才从金山返回大都，而这时瀛国公早已于六年前死去，从时间推算，只有廷祐三年他才可能与赵㬎见面。但是这年明宗年方十七，尚不到弱冠之年，而赵㬎已经四十有六，是个垂垂老翁了。不可能设想，一位翩翩少年怎么会看得上年近半百的老头子的妻室；和世㻋要选择妃子，美姝靓女，何求不得，为什么偏偏要攘夺一个人妇作妻子？

第二，据《元史》记载，顺帝生母是罕禄鲁氏，名迈来迪，郡王阿儿厮兰之裔孙。“明宗北狩，过其地，纳罕禄鲁氏。延祐七年(1320)四月丙寅，生帝于北方。”[3]前面已经论证，明宗于延祐三年路过河西，如果他在这时攘夺了瀛国公已经怀孕的妻子，岂有在四年之后才生出儿子的道理？罕禄鲁又译作哈喇鲁，是色目人的一种。顺帝母亲的祖先阿儿厮兰在成吉思汗时投降蒙古，成吉思汗曾以女妻之。这样一个显贵的家族，与蒙古显贵通婚，自在情理之中，与穷愁潦倒的汉人和尚联姻，是绝对不可能的事。

从以上两点判断，元顺帝不是瀛国公赵㬎之子，应该说是非常清楚了。但是，事情并没有到此结束。因为《元史》卷181《虞集传》中有这样一段话：“初，文宗在上都，将立其子阿剌忒纳答剌为皇太子，乃以妥懽帖睦尔太子乳母夫言，明宗在日，素谓太子非其子，黜之江南，驿召翰林学士承旨阿邻帖木儿、奎章阁大学士忽都鲁笃弥实书其事于脱卜赤颜(按：脱卜赤颜为蒙语，意思是用蒙文书写的宫廷史册)，又召集使书诏，播告中外。”不少人认为明宗在世时有说过妥懽帖睦尔不是自己的亲生子，文宗又让大臣把此事写于实录之中。这可是白纸黑字，铁证如山。赵翼就说：“文宗崩后，皇后布达实哩宁立明宗次子宁宗，而不立顺帝，迨宁宗夭而顺帝始立，则《遗民录》等书所载，未必无因也。”[11]元顺帝既不是明宗的亲生子，当然就是瀛国公赵㬎的儿子了。

空谷来风，必有所自。这种猜测不能说没有道理，但如果将此事的前因后果联系起来加以考察，便可知这种说法不能成立。原来元朝宫廷之间为了争夺帝位，刀光剑影，经常演出骨肉相残的悲剧。明宗和世㻋、文宗图帖睦尔系亲兄弟，都是武宗之子。泰定帝崩逝之后，群臣拥立和世㻋为帝，但他远在漠北，途远程赊，为防止别人觊觎帝位，便将图帖睦尔从江陵(今湖北江陵)迎归大都摄政，是为文宗。图帖睦尔即位后，便遣大臣燕铁木儿迎请和世㻋南下，天历二年

(1329)正月,和世㻋即位于和宁,是为明宗。明宗甫即位,便宣布立其弟文宗为太子,然后由他传位给妥懽帖睦尔。这年八月,明宗行至王忽察都(今河北张北县西北)之地,被赶来迎驾的文宗和燕铁木儿用毒酒鸩死,文宗在上都复辟,大赦天下,为了把帝位传给自己的儿子阿剌忒纳答剌,文宗大打出手,杀害了明宗皇后八不沙,贬明宗子妥懽帖睦尔于静江(今广西桂林),散布妥懽帖睦尔不是明宗儿子的流言,并利用手中权力,命令大臣把此事写于脱卜赤颜之中。这就是事情的全部经过。无怪乎元顺帝在至元六年(1340)废除文宗庙主的诏书中,愤愤不平地指责文宗"私图传子,乃构邪言,嫁祸于八不沙皇后,谓朕非明宗之子,遂俾出居遐陬"[3]了。

顺便说明,赵翼提出文宗崩后,他的皇后卜答失里为什么立明宗次子懿璘质班为宁宗而不立长子妥懽帖睦尔为帝,原来文宗有子名燕帖古思,他本来应当承袭帝位,不料文宗皇后听信了日者的蛊惑,将帝位让给了明宗一系。"当文宗之崩也,燕帖古思宜立。而后惑于日者言,曰'儿幼,当大福恐不任',乃传位于明宗次子,是为宁宗。及宁宗崩,大臣复请立,后盖以日者之言为信,乃迎明宗长子立之,是为顺帝。"[12]既然宁宗、顺帝均是明宗骨血,一个近在京师,一个远在天涯,求近而舍远,就在情理之中了。

三、赵㬎死因探微

鉴于瀛国公赵㬎从上都赴土蕃后,直到赐死才见于《佛祖通载》,在汉文史料中留下了三十五年的空白,这就给墨客骚人提供了驰骋想象的契机,制造出了一桩长期聚讼不决的公案,因而弄清他的行踪是非常必要的。中央民族学院教授王尧根据藏文史料《红史》《新红史》《青史》等书的有关记载,考证出瀛国公"长期住于西藏萨迦大寺,曾任总持。更名合尊法师,习藏语文,从事佛经翻译工作,有《因明入正理论》《百法明门论》等译品传世","可以说,瀛国公在汉藏文化交流上作出了一些贡献"[1]。王尧先生是第一个用藏文史料研究赵㬎生平的学者,这个探索是难能可贵的。但是,王尧先生说,赵㬎之死是因为"诗文贾祸",这种说法就值得商榷了。那么,赵㬎究竟写了些什么诗文呢?原来南宋灭亡时,一个叫汪元量的宫廷琴师,也跟着赵㬎被俘北上,后来被元世祖放还,出家做了道士。他南归时,赵㬎曾有一首诗送他:“寄语林和靖,梅花几度开? 黄金台下客,应是不归来。”这是一首极普通的五绝,诗中的黄金台是指战国时的燕昭王在北京筑台,置千金于其上以招揽天下贤士的故事,王尧先生认为这句“可以解释成住在大都的瀛国公自况”。林和靖则是北宋仁宗时结庐于杭州西子湖畔而终身不仕,以梅为妻、以鹤为子的隐士,王尧先生认为这句“也正可以解释对故国的怀念”。这种解释,自然不错,但要说这就是赵㬎被杀头的原因,窃恐未必! 如所周知,蒙古帝王和戚畹贵族大多数不懂汉语汉文,忽必烈虽然武功盖世,也不知汉语汉文为何物,他身旁聚集了不少儒士为他讲解《资治通鉴》《论语》,但这些典籍都已转译成了蒙古文。“蒙古人仅嗜骑射,诸王贵人学识不及朝中之汉人、西域人远甚。”[13]很难设想,蒙古统治者会深文周纳,制造文字狱。有元一代,虽然有不少汉人惨死在蒙古统治者的屠戮之下,但没有一个是因为诗文贾祸。汪元量诗文颇多,与赵㬎过从甚密,赵㬎入西域,他赠以诗云:“木老(原注:瀛国公入西域为僧,号木波讲师)西天去,袈裟说梵文。生前从此别,去后不相闻。忍听北方燕,愁看西域云。永怀心未已,梁月白纷纷。”戚悲愁苦,比瀛国公的诗更甚,但并未因此惹出麻烦。他在另一首诗里,对元朝的苛征暴敛进行了更为猛烈的抨击:

云栈遥遥马不前,风吹红树带青烟。
城因兵破悭歌舞,民为官差失井田。
岩谷收罗追猎户,江湖刻剥及渔船。
酒边父老犹能说,五十年前好四川。

诗中揭露元朝统治者为抽调壮丁,竟搜寻到了山坳里的猎户;榨取钱财,连江湖上的渔船也不放过。笔锋所至,可谓入木三分,然而也竟安然无恙,元朝统治者没有动他一根毫毛,谁能相信,瀛国公在三十年前写的一首怀念故国的小诗,在三十年后才案发送命? 忽必烈如果要追究他的诽谤之罪,当时就可加以斧钺之诛,何以在经过成宗、武宗、仁宗,直到英宗时才追究此案! 这显然不合情理。同时,如果瀛国公因罪获诛,肯定会牵连到他的亲属,然而他的儿子直到元顺帝时还健在,元朝末年发生了韩林儿、刘福通领导的农民大起义后,元朝的大臣才向顺帝建议:“河南诸处群盗,辄引亡宋故号以为口实。宜以瀛国公子和尚赵完普及亲属徙沙州(今甘肃敦煌西)安置,禁勿与人交通。”“从之。”[3]元朝到了顺帝时期,已经处于风雨飘摇、朝不虑夕的境地,尚且不肯杀害瀛国公之子，只是徙往边疆地区，赵㬎怎会因写了几句不痛不痒的小诗便丢掉性命！

那么，赵㬎之死究竟是什么原因？窃以为他之死因为成就太大，招致别人的嫉妒，于是合伙排挤他，他就这样由西藏来到了河西的甘州。又因为他出身帝王，性格孤僻，落落寡合，得罪了一些人，那些人罗织罪状，一直告到了英宗那里，英宗不问青红皂白，就下令赐死，可怜赵㬎百口莫辩，竟不明不白地丢掉了性命。虽然这也是一种猜测，但这种猜测在情理上应是说得通的。

参考文献

[1]王尧.南宋少帝赵㬎遗事考辨[J].西藏研究，1982年创刊号.

[2]脱脱，等.宋史[M].北京：中华书局，1977.

[3]宋濂，等.元史[M].北京：中华书局，1976.

[4]陶宗仪.南村辍耕录[M].北京：中华书局，1959.

[5]陈邦瞻.宋史纪事本末[M].北京：中华书局，1977.

[6]陈邦瞻.元史记事本末[M].北京：中华书局，1979.

[7]权衡.庚申外史[M].郑州：中州古籍出版社，1991.

[8]潘永因.宋稗类钞[M].北京：书目文献出版社，1985.

[9]王国维.观堂集林[M].北京：中华书局，1984.

[10]魏青铓.元顺帝为宋裔考[J].文史杂志，1942，2(2-3).

[11]赵翼.廿二史札记[M].北京：中国书店出版社，1987.

[12]邵远平.元史类编[M].扫叶山房本.

[13]多桑.多桑蒙古史[M].冯承钧，译.上海：商务印书馆，1939.

（原载《民族研究》1989年第2期）

元《浚州达鲁花赤追封魏郡伯墓碑》考释

1974年，河南浚县大伾山南坡的山南头村农民，在农田建设中挖出石虎、石羊、石牌坊的残件，并发现一座砖石结构之墓，从中拣到白色瓷盆、瓷碗、瓷盘等器皿。同年，浚县砖瓦厂在施工中又发掘出《中议大夫汉阳府墓志》，墓志长方圆首，无盖，志文为汉字正书。汉阳知府名哈喇哈孙，系元故浚州达鲁花赤述哥察儿之子。述哥察儿墓就在浚县大伾山南半坡上，是浚县的名胜古迹之一。

述哥察儿是西夏人，在蒙元时期戎马半生，屡立战功，后来定居于浚县，并安葬于此地。《元史》《新元史》《蒙兀儿史记》均未为他立传，元代学者吴澄为述哥察儿撰有墓志铭，收入《吴文正公集》第33卷中，题目为《元故浚州达鲁花赤赠中议大夫河中府知府上骑都尉追封魏郡伯墓铭》，碑文写于丁卯年(泰定四年，1327)。墓碑今已不存，清代嘉庆年间熊象阶编纂的《浚县金石录》、嘉庆《浚县志》在转录吴澄这篇碑文时，均注明石碑已"佚"。尽管如此，碑文仍给我们了解西夏人在河南的活动情况提供了弥足珍贵的资料。1985年，笔者根据河南省濮阳市东柳屯乡杨十八郎村南的《唐兀公碑铭》及杨氏族谱，发现过一支自称蒙古族实为西夏遗民的后裔，发表了《略谈河南省的西夏遗民》[1]一文。浚县与濮阳同在河南省东北部，两地相距不过百里之遥。这两支西夏人有无瓜葛不得而知，他们的经历却十分相似。濮阳的一支，其祖先闾马"优于武艺，攻城野战，围打襄樊，诸处征讨，多获功赏。……大事既定，遂来开州濮阳县……迁其祖考妣而葬焉"[2]。浚县的一支，其祖先述哥察儿在任浚州达鲁花赤后，"在官日久，与浚民相安，世渐平定，无意仕进，买田筑室黎阳山(今浚县大伾山)下，治生教子……葬黎阳山"。闾马和述哥察儿都是急流勇退，归隐林泉，卜居河南，尔后螽斯繁衍，绵绵瓜瓞，成为一支西夏遗民，这真是巧合。

现将《述哥察儿墓碑》迻录如下：

故浚州达鲁花赤述哥察儿，西夏人也，历事三朝，以子贵。初赠奉议大夫、汴梁路治中、骁骑尉,追封南乐县子。配康里氏,追封南乐县君。再赠中议大夫、河中府知府、上骑都尉,进封魏郡伯,南乐县君进封魏郡君。维郡伯世为河西著族,父哈石霸儿善骑射,晓智略,临阵摧锋,所向无敌,太祖皇帝嘉其鸷勇,赐名霸都儿。母蔑里吉氏,以癸巳岁生郡伯,体貌魁伟,器识英迈,少亲行伍,长益精练。器甲坚整,驰骤劲锐,应变赴急,奋不顾身,定宗皇帝选直宿卫,谨饬敏给,甚称使令。从宪宗皇帝征伐,不避艰险,不惮劳苦,凡所俘获,悉不私有。丙辰岁以功授浚州达鲁花赤,时军旅绎骚,征役烦重,中州雕弊,土旷民稀,而能惠爱抚绥,如古循吏。于是流逋四集,田野日辟,境内称治。中统壬戌,山东乱作,奉诏捍御南兵,斩将二人,夺马二匹。捷闻,赏银百两,回赐所献二马。在官日久,与浚民相安,世渐平定,无意仕进,买田筑室黎阳山下,治生教子,闲居二十二年乃终。终之日,至元甲申正月壬戌也,寿五十二,葬黎阳山。康里郡君勤俭理家,至老不倦。子哈喇哈孙,读书通文法,大德庚子授承事郎、江西等处行中书省左右司都事。郡君受禄养,壬寅正月甲辰终于官所,寿六十九,归柩合葬。郡伯卒后三十五年,当延祐戊午,子改授奉议大夫、同知江州路总管府事,始蒙恩封赠二亲。又十年,当泰定丁卯,子以中议大夫、汉阳府知府致仕,再蒙恩加封,具书谂于临川吴澄曰:"哈喇哈孙生甫四岁,先父郡伯已不仕,莫能详其施政恤民之实,闻于先母郡君者百不一二。然承天渥,荣赉泉壤至再,倘无文追述以示方来,非孝焉,是以窃有请焉。"予素知江州二侯之贤,今而又得知其先世累功之因,信乎水木之有本源也,乃不辞而叙次其世如右:孙男三:脱因莅,江西行省宣使;纳嘉德,从事郎、潭州路安化县达鲁花赤兼劝农事;其季乡贡进士教化,将父命诣余求文者也。女一,曾孙男五女二。诗系于左,诗曰:皇元启运,群力猬奋,虎貔效猛,鹰隼兢迅。桓桓魏伯,西土奇俊,先朝旧臣,育此胄胤。入扈禁庭,恪守忠荩,出陪戎路,卓冠行阵。皇选尔劳,宅牧于浚,浚民父之,千里河润。昼省夫耕,夜息鬼磷,有牛湿湿,无犬狺狺。世皇龙御,电烨雷震,将同轨文,首削方镇。尔爪尔牙,可布可信,沐浴泰和,勇退怯进。乃治田庐,乃释绶印,闾里相欢,岁月一瞬。英嗣闯兴,克迈前训,秩秩讦谟,廓廓游刃。游斧盘根,徐栉乱鬓,继乘贰车,爰倅列郡。身名屡迁,家闻益振,帝制荣视,光被幽榇。阶职煌煌,勋爵崇俊,生若沉冥,殁也赫焮。才猷在昔,人用弗尽,遭遇在今,天报罔靳。窃碑勒美,百世不磷，不磷维何，子孝孙顺。

述哥察儿世为河西人。河西即黄河之西，西夏立国于黄河以西的陕、甘、宁地区，故称河西。蒙古人称西夏为河西，也译作合申，后来称唐兀惕。拉施特的《史集》云“蒙古人称做合申的唐兀惕地区”。《新元史·氏族表》《蒙兀儿史记·氏族表》都说：“唐兀氏，故西夏国，太祖平其地，称其部众曰唐兀氏。仕官次蒙古一等，其俗以旧羌为蕃河西，陷没人为汉河西。”述哥察儿之父哈石霸都儿是西夏望族，《蒙兀儿史记》与《新元史》的《氏族表》均说：“哈石霸都儿亦唐兀著姓。”《新元史》记载了哈石、述哥察儿、哈喇哈孙、脱因莅四代人的官职，《蒙兀儿史记》则在第四代人脱因莅之后又添加了纳嘉德、教化二人，并注明：“哈石，赐名霸都儿。”《元史》卷99《兵志》云：“忠勇之士，曰拔都鲁；勇敢无敌之士，曰拔突。”拔都鲁也译作拔都儿、拔突、霸都鲁、霸都、把阿秃儿等，蒙元勇将获此称号者甚多。哈石“善骑射，晓智略，临阵摧锋，所向无敌”，算得勇敢之士，因此获得了霸都儿的称号。成吉思汗根据某人特点，赐予不同名号，如西夏人朵罗台之祖小丑，因善造弓，太祖赐名怯延兀兰，蒙古人哈喇哈孙曾祖启昔礼，对太祖忠贞不贰，赐号答剌罕。获此称号者可免除赋役，且能世袭，非蒙古、色目权贵者不授。哈石霸都儿何时归依蒙古，史传不详，但成吉思汗多次攻打西夏，西夏将领归降者不绝如缕，如“岁辛巳(1221)，(昂吉儿)父甘卜率所部归太祖”[3]；也蒲甘卜“岁辛巳，率众归太祖，隶蒙古军籍”[3]；朵儿赤之父斡札箦守西凉时“率父老以城降太祖”[3]。在西夏灭亡之前，蒙古军中就有河西质子军。哈石霸都儿至迟在1227年前投奔成吉思汗并受到重用。至于他何时辞世，碑文不详，我们未便蠡测，但其子述哥察儿生于癸巳年(1233)，至少他这年尚在人世，因此，他在太宗窝阔台麾下任过职是可以肯定的。

碑文主要叙述述哥察儿的经历。从碑文可知，他历事定宗、宪宗、世祖三朝。其母为蔑里吉人，按陶宗仪的《南村辍耕录》，蔑里吉亦作灭里吉，乃蒙古七十二种之一。其妻康里氏，系色目三十一种之一。述哥察儿生于癸巳年，即太宗五年，由于他是将门之后，“少亲行伍，长益精练”，又“应变赴急，奋不顾身”，因而被定宗贵由“选直宿卫”。贵由1246—1248年在位，只三年时间，可以断定，述哥察儿入值宿卫时年龄甚小，最多不超过十五岁。蒙古人建宿卫始于成吉思汗时，“宿卫者，天子之禁兵也”，可以世袭，“非其亲信，不得预也”[3]。宿卫分工甚细，除番直宿卫外，有主弓矢、书写圣旨、主文史、司阍、掌酒、典马车、牧骆驼、牧羊等。有些人小小年纪便被选入宿卫,如阿沙不花"年十四,入侍世祖"[3]。述哥察儿入侍贵由时,或许年龄与阿沙不花相当。从年龄上看,他可能干的是掌酒、牧骆驼、牧羊之类的杂役。根据《史集》的记载,贵由"大部分日子里昼夜纵情酒色"[4],也许述哥察儿是掌酒侍候有功,得到贵由的赏识,吴澄的碑文中才说他"甚称使令"。

贵由殁后,述哥察儿作为宿卫之士,又跟随宪宗蒙哥南征北战,宪宗六年(丙辰年,1256)被任命为浚州达鲁花赤。宪宗八年(1258),蒙哥大举攻宋,由西蜀攻入宋境,在此之前,他一直驻跸漠北,以皇弟忽必烈领治蒙古、汉边民户。宪宗六年,"诸王亦孙哥、驸马也速儿等请伐宋,帝亦以宋人违命囚使,会议伐之"[3]。伐宋需要做准备工作,述哥察儿大概就是在这种情况下被派往浚州的。他既跟随蒙哥,可知他莅任浚州前,也未到过河南。

述哥察儿在浚州有两件事值得记述,一是治理境内,二是参与平定了中统三年(1262)的李璮之乱。达鲁花赤掌一州实权,非蒙古人与出身高贵的色目人不得除授,述哥察儿以色目人而任此职,说明天子对他相当倚重。当时南北对峙,军旅方兴,浚州地当南北要冲,四方通衢,是蒙古人伐宋的孔道,赋役自然繁重。泰定年间孛术鲁翀撰的《浚州知州刘公去思碑》云:"浚,小州也,北庭、西域、南诏、河南、江表朝觐,贡赋、舟车皆出其境……驼马之饲牧、和市之配扰、征役之驱追,吏缘为奸,民益加困。"泰定年间,天下早已平定,浚县百姓尚且如此,宪宗时南宋未灭,百姓负担之沉重不难想见。经过述哥察儿的惨淡经营,短时间内浚县能够"流逋四集,田野日辟,境内称治",说明其才干不同寻常。当然,碑文肯定有溢美之词,即使如此,仍可看出述哥察儿并非贪墨受赇之徒,而是关心民瘼的廉吏。

中统三年(1262)的李璮之乱是蒙古时期的一件大事。这年二月,李璮反叛,以涟、海三城献给南宋,接着占领益都(今山东青州市)、济南,忽必烈征"真定、顺天、河间、平滦、大名、邢州、河南诸路兵皆会济南"[3]。浚州邻近山东,述哥察儿又是行伍出身,可能于这时应征开赴山东。三月,宋将夏贵策应援助李璮,进攻符离(今安徽宿州北符离集)、蕲县(今安徽巢湖),述哥察儿奉命"捍御南兵",当指抵御夏贵进攻而言。他奋勇作战,斩宋将二人,夺马二匹,因此获得了赏银百两,所夺得的马匹也回赐给了自己。七月,李璮之乱平定,述哥察儿返回了浚州。

述哥察儿“在官日久，与浚民相安，世渐平定，无意仕进，买田筑室黎阳山下，治生教子，闲居二十二年乃终”。他死于至元甲申(1284)，年五十二岁，隐居了二十二年，可知他归隐于中统四年(1263)。当时南宋未灭，宋蒙双方鏖战正急，鹿死谁手，尚在未定之天！正亟需人才，三十岁的述哥察儿正当建功立业的锦瑟年华，突然挂冠归隐，虽然可用“无意仕进”四字来解释，但毕竟于情于理均不契合。真正的原因是，忽必烈在李璮之乱后为消弭各地藩镇尾大不掉之患，迫使一部分将领交出兵权。镇压李璮之乱的主帅、汉人史天泽子弟被解除兵权者十七人，东平严氏、济南张氏、满城张氏等先后仿效，述哥察儿虽是色目人，恐怕遭到猜忌，主动致仕是有可能的。吴澄在碑铭中就说“将同轨文，首削方镇……沐浴泰和，勇退怯进。乃治田庐，乃释绶印”，大概即指此事。

述哥察儿死亡十八年后，他六十九岁的妻子康里氏，也于壬寅年(1302)撒手尘寰，夫妇“归柩合葬”。他们的儿子哈喇哈孙从汉阳府知府任上致仕后，结庐于父母墓旁，最后也葬于先茔。吴澄说他“读书通文法”，当是指他熟悉汉文典籍而言。长期与汉人生活在一起，自然受到汉族文化的熏陶。吴澄为述哥察儿撰写碑文时，他家已繁衍了四代，“曾孙男五女二”，这时距明朝还有四十一年，从年代上判断，述哥察儿的曾孙辈肯定已活到了明代。明初《大明律·户律》曾规定蒙古、色目人“不许本类自相嫁娶，违者杖八十，男女入官为奴”。这一禁令对大面积聚居的蒙古、色目人来说，也许是可行的，但对浚县的这支西夏遗民来说，却是多余的。因为他们完全处在汉民族的包围之中，与汉人通婚是他们的唯一选择。当然，通婚的结果是加快了这支西夏遗民与汉族的融合过程。

既然述哥察儿的子孙世世代代居住浚县，揆诸情理，浚县理应有一支西夏遗民，但1990年出版的《浚县志》却没有蛛丝马迹可循，该书只说全县只有回、藏、壮、满、蒙古五个少数民族，除回族与满族是明末清初迁入的外，其余三个少数民族都是新中国成立后因婚姻、工作关系迁入的。从姓氏上看，全县337姓中无述姓，有舒姓一百人左右，述哥察儿后裔繁衍至今，至少应上千人，舒姓显然不是。有苏姓近万人，人数似又太多。在337姓中只有端木、王、张、岳、黄、赵几姓有族谱，其余姓氏没有，使人无从稽查述哥察儿后裔的踪迹。可能是他们的民族特色已泯灭无余，与汉人毫无二致，便自认为汉族了，但浚县有一支西夏遗民后裔，则是可以肯定的。

参考文献

[1]任崇岳.略谈河南省的西夏遗民[J].宁夏社会科学,1986(2).

[2]杨氏家谱序.

[3]宋濂,等.元史[M].北京:中华书局,1976.

[4]拉施特.史集:第二卷[M].余大钧,译.北京:商务印书馆,1985.

(原载《宁夏社会科学》1995年第2期)

从两通元代碑文看海都之乱的性质

元朝初年宗王海都为争夺帝位而与中央政府进行的一场旷日持久的战争，无疑是元朝历史中的一件大事。中外史籍均称海都起兵为叛乱，现在看来，并不惬当。

一、问题的提出

河南省鹿邑县太清宫有两通与海都有关的元代碑文，迄今尚无人做过研究。第一块为“海都太子令旨碑”。碑为矩形，高 0.56 米，宽 0.80 米，厚 0.20 米，现嵌于太清宫山门前围墙内。碑文楷书 24 行，满行 17 字，用青石制成，保存完整，但有些字迹已漫漶不清。第二块为“太清宫执照碑”。该碑为矩形，高 0.60 米，宽 0.90 米，今嵌于太清宫太极殿前左侧槛墙内。碑文楷书 25 行，满行 13 字。这两通碑文嵌入太清宫后即湮没无闻，直到清代光绪二十二年(1896)，鹿邑县知县于沧澜等纂修《鹿邑县志》时，才补入卷十《艺文考》中。蔡美彪教授的《元代白话碑集录》、陈垣教授的《道家金石略》均未收录，直到 1988 年，陈智超同志校补乃祖的《道家金石略》一书时，才根据光绪《鹿邑县志》补入“海都太子令旨碑”碑文，但把题目改为《亳州太清宫令旨碑》。而《太清宫执照碑》，不知出于什么原因，未予收录。现将两通碑文迻录标点如下：

(一)《海都太子令旨碑》

长生天底气力里(下空十字)

蒙哥皇帝福荫里(下空十字)

海都太子令旨：张元帅俺根底奏告来：中都城里住底掌教张真人，北京城里住底张真人、王真人，恁□个根底，亳州有底太清宫里圣□□□□恁每，圣贤底大宫阙见坏□也，□□□这般说有。恁四个商议者：大圣贤底宫阙见坏□也，这般上恁根底倚付将去也。张□□□□众先生每，尊长（下空七字）蒙哥皇帝不倚付你来，那□么这□□□□阙修盖了呵，与（下空九字）蒙哥皇帝根底并俺每根底祝延祈福。不□恁住持那什么□与黄河那□□□底把军官每、管民官每、达鲁花□□□住行踏底军每，圣贤宫阙修盖□□□休得骚扰者，休得强夺物件者，□扰□夺呵，怎生般教修盖底起，怎生般□□祈福底成就。那底每，这（下空七字）令旨听了以后，搔扰呵，将那搔扰□□□元帅于俺根底说来者。那宫阙修盖□里头，教张元帅添气力护持者。俺每□文字。

丁巳年□月初十日彻彻里哥剌哈有底时分□来。

（二）《太清宫执照碑》

宣差顺天府河南等路□□□上司文字，统领各万户军□□□起立亳州；其间有（下空六字）掌教李真人，为亳州西有圣祖太清宫观，经值兵革叁拾余年，殿宇崩塌，圣像损坏。此上差隐真大师提点石志玉等前来，已蒙宣差万户将周迴应有碑铭、砖石、园果、桑枣一切等物，施与本宫为常主，及出榜禁约诸色人等，普不得非理骚扰侵犯外，有北京张真人等钦依（下空七字）海都太子令旨前来重修，见行般运木植，准备兴工。所有已施为主，执照未蒙给降，乞照验事。准告使府相度。太清宫观古迹钦依太子令旨，将已施（下空七字）。太清宫地面每壹面宽壹拾里，肆面计肆拾里，于内应有底园果树木、养种田地一切等物尽行施与，为赡宫常主。南北宫以会仙桥为界，诸人并不得争理。所有执照合行出给者。

右付知宫李志秘收执，准此。

顺天曲阳黄岩端刊

庚申年五月初一日给宣差顺天河南等路万户张

有必要对这两通碑文稍作诠释。碑文中所说的亳州，实指今河南省鹿邑县，该县与亳州毗邻，属亳州管辖。太清宫位于鹿邑县城东五公里的太清集东北隅，北临涡河，是祭祀道家学派创始人老子的祠庙，也是老子的诞生地，太清宫原名就叫老子庙。自汉代以降，颇受历代统治者重视。元宪宗蒙哥即位后，“以僧海云掌释教事，以道士李志常掌道教事”[1]，道教颇受礼遇，因此中央政府多次颁布保护太清宫的圣旨、令旨、执照，碑刻至今尚存。碑文中的张元帅、张万户均指张柔，中都城里张真人，北京城里张真人、王真人分别指道士张志素、张志敬、王志谨。元初翰林学士承旨、知制诰兼修国史王鹗奉敕撰写的《重修亳州太清宫太极殿碑》记述此事时说：

长春（丘处机）仙蜕，传法真常（丘处机弟子李志常），时则有今安肃公张柔戍兵亳社，命官持疏，俾事修建。真常先生委隐真大师提点石志玉、通微大师知宫李志秘为之经始，公亦委曲用心，掁力护持，其参佐卒伍，亦皆乐赴，仍给据并宫施地周四十里。无何，厥功肇启，而真常示寂。逮吾诚明之嗣教也，承海都太子之命，敦请崇道真人张志素、栖云真人王志谨同办其事。栖云未几物故，其门人辈为致力，崇道则朝夕以之，始终匪懈，增筑故基丈余，间架九楹，视旧制殊为壮丽。[2]

诚明真人为张志敬。第一通碑文中的丁巳年为元宪宗七年（1257），彻彻里哥剌哈按寺观碑行文格式应是地名，表明令旨由这里发出。第二通碑文中的庚申年为1260年，这年应是中统元年，但忽必烈于这年三月初四（阳历4月15日）即位，五月初九（阳历6月19日）建元中统，五月初一（阳历6月11日）尚未改元，因此落款称庚申年，自在情理之中。

二、海都是谁

河南省鹿邑县太清宫的两通碑文，从内容上看，毫无新奇之处，诚如已故韩儒林教授所说："元代寺观圣旨碑，凡为免除赋税禁止侵占而立者，皆千篇一律，就历史言毫无意义。"这两通碑文也不例外。问题的症结不在于此，而在于以海都太子名义发布的令旨碑，为我们提出了一个饶有趣味的新课题：海都是谁？他既有资格以太子的名义发号施令，当是一个炙手可热的人物，何以史籍中并无海都当太子的记载？是典籍阙略还是碑文有误？

元代有两个海都。一个是成吉思汗六世祖，据《史集》《蒙古秘史》记载，海都有三个儿子，其中的一个叫伯升豁儿，成吉思汗的氏族即源出此人。但他早已驾鹤西去，未能活到蒙哥称汗时，碑文中的海都当非此人。另一个是窝阔台第五子合失之子海都。"他享年甚高……这个海都是在成吉思汗的帐殿（斡耳朵）中抚养大的。"[3]据考证，海都生于1235年，卒于1301年（大德五年），宪宗蒙哥七年(1257)海都23岁,正值锦瑟年华,碑文中的海都当指此人。如果此说不诬,又产生了另一些难以解释的问题:一是除王鹗撰写的宫观碑志外,其他史籍均不称海都为太子;二是汗位由窝阔台系转至拖雷系后,蒙哥为打击瓦解窝阔台系的势力,在他即位的第二年(1252)便分迁诸王,“迁海都于海押立地”[1]。海押立位于巴尔喀什湖与伊犁河之间的今哈萨克共和国境内,七年之后,“1259年,在塔剌思河畔召开了忽里勒台(贵族代表大会)以后,他被承认为中亚全体蒙古宗王的首领”[3]。海都既是中亚蒙古宗王的首领,何以能对距其封地万里的河南行省鹿邑县太清宫发布令旨?

笔者在考察了各种资料后,认为碑文中的海都正是合失之子、窝阔台之孙。

第一,从太子的角度考察。

按照惯例,封建社会的嗣君才能称太子,但太子之称有一个发展演变过程。周代天子及诸侯的嫡长子或称太子,或称世子,起初并无严格畛域,列国国王之子亦可称太子。迨至汉代,被立为嗣君的嫡子始称太子,后成定制。但少数民族国家对此不甚计较,如《大金国志》中称阿骨打的第二子斡离不为二太子,第四子兀术为四太子即是一例。称之为太子,并不意味着他是当然的皇位继承人。蒙元时期最早出现太子称号的,是宋朝人彭大雅撰写并由同代人徐霆疏证的《黑鞑事略》一书,其中说成吉思汗把河西歹(窝阔台)立为“伪太子”。《蒙古秘史》中也有拙坤太子、合答安太子的称呼,但并无嗣君的含意。《圣武亲征录》曾多次出现太子一词,何秋涛注云:“斡歌歹(窝阔台)称三太子,即太宗也。太祖此时已定以太宗为嗣,故令大太子、二太子皆听其节制。”这表明术赤与察合台虽已明确不是嗣君,但可与窝阔台一样称为太子。《元史》卷107《宗室世系表》中,成吉思汗六子除拖雷称睿宗外,其余皆称太子;太宗窝阔台七子中,长子贵由袭位是为定宗,二子阔端、三子阔出称太子,余皆称大王;定宗三子中,次子脑忽称太子,余皆称大王;宪宗五子均称大王;世祖十子中除皇太子真金外,无称太子者。蒙古人以前从不预立皇储,每汗之立,必经诸王百官集议,然后定策,谓之忽里勒台。尽管如此,定宗、宪宗之立,都引发过一场争端,“忽必烈鉴于前事,知汉法立储,实宗社至计,乃定策立真金为皇太子”,从此成为定制。

以上情况表明,世祖以前,称太子者必须是大汗之子,孙子辈不称太子。窝阔台之孙失烈门称太子是特殊情况。因为窝阔台曾拟立失烈门之父阔出为皇储,但阔出死于进攻南宋的战役中,窝阔台爱屋及乌,又下旨立失烈门为嗣,故

《元史》称其为太子。忽必烈立真金为皇太子后,局势丕变,非皇储不得称皇太子。海都之父合失并未当过大汗,窝阔台也从未示意过让海都为嗣,故海都不应称太子。庋藏于河南省鹿邑县太清宫的两通碑文,均称海都为太子,个中缘由,实在耐人寻味。空谷来风,必有所自。可以肯定这两通碑不是赝品,太子二字也非误植,既然有以海都太子名义发布的令旨碑,而海都又不应称太子,这就表明海都曾一度被忽里勒台确定为储君。因此,海都称太子不仅仅是称号,而是货真价实的汗位继承人。

第二,从寺观碑文本身的角度考察。

元代免除寺观赋税差役的碑文,分作圣旨、懿旨、令旨三种。圣旨碑无须多说,懿旨碑是指以皇后名义发布的碑文,多半发生在皇后摄政时期。如卫州汲县(今河南卫辉市)的《北极观懿旨碑》、赵州(今河北赵县)的《太清观懿旨碑》[2],均是以窝阔台皇后脱列哥那的名义发布的。《北极观懿旨碑》发布的时间是乙巳年,即1245年,当时太宗窝阔台已殁,乃马真(即脱列哥那)皇后称制;《太清观懿旨碑》则发布于丁未年,即1247年,当时“帝(定宗贵由)虽御极,而朝政犹出于六皇后(指脱列哥那)云”[1]。

令旨碑是太子、诸王为免除寺观差役税粮而刊布的碑文。这类碑文有一个共同的特点,那就是:太子可以无远弗届,向全国各地发布令旨,诸王则只能在自己管辖的范围内发布令旨,无一例外。出镇宗王虽然拥有征税、统率军队、使用驿站、招降谕叛、更张政事、参议行省事等特权,但“就实质而言,出镇宗王只是以皇室成员的特殊身份,代表朝廷执行某些军政权力和任务。其镇戍区,则是他们征伐镇戍、监督军政的活动范围”[4]。如至元十四年(1277)以忽必烈之子安西王忙哥剌名义发布的《盩厔(今陕西周至)重阳万寿宫令旨碑》便是一例。忙哥剌于至元九年(1272)被封为安西王,出镇陕、甘、川等地,冬驻京兆,夏驻六盘山,陕西为其势力范围。再如壬子年(1252)以忽必烈大王名义发布的卫州《太一广福万寿宫令旨碑》。忽必烈当时虽非太子,但1251年宪宗即位后,“同母弟惟帝(指忽必烈)最长且贤,故宪宗尽属以漠南汉地军国庶事,遂南驻爪忽都之地”[1]。迨至“1252年,蒙古帝(指宪宗)以中原之地封宗属,以河南、陕西之地畀忽必烈”[5]。卫州在忽必烈的封地之内,因此忽必烈在这里发布令旨是顺理成章的事。丙午年(大德十年,1306)以海山太子名义发布的山西霍县《霍岳庙令旨碑》是又一个例子。海山即元武宗,是成宗次兄答剌麻八剌长子,成宗时受命镇守漠北,驻军按台山(今阿尔泰山)一带,曾与海都作过战。原来成宗只有一子,即皇太子德寿,他于大德九年(1305)十二月亡故。成宗弟兄三人,但其长兄晋王甘麻剌与成宗并非一母所生,因此甘麻剌之子不得与海山比肩,于情于理,都该由海山继承帝位。因此在皇太子德寿亡故至大德十一年(1307)正月成宗崩逝前的一段时间里,海山有权以皇太子的名义向全国各地发布令旨。同时海山因佩有皇太子宝,具有代大汗亲征和以皇太子兼枢密使节制天下兵马的双重意义,在出镇诸王中,权势尤为显赫。

海都的情况与海山近似,只是世祖以前的太子权柄没有这样大。河南行省本不是海都的势力范围,他却能以太子名义对鹿邑县太清宫发布令旨,又从另一个角度证明他是确凿无疑的汗位继承人,因为除天子、皇后、太子外,谁都无权向全国发布令旨。

三、海都何以能当上太子?

海都本是一宗王之子,之所以能当上太子,当然和蒙元时期的忽里勒台制度有关。世祖忽必烈之前,蒙古人不预立储君,要嗣位为汗必须有两个前提:一是有大汗生前的推荐,二是必须经忽里勒台的同意,这二者相辅相成,缺一不可。1246 年出使蒙古的西方学者柏朗嘉宾谈到这一制度时说,成吉思汗远征中亚,“回到本土之后,并在那里制定了鞑靼人所必须严格遵守的各种各样的法律和敕令。我们仅仅引证其中的两条。据其中一条规定,无论任何人,如他骄傲自大,以至于未经宗王们的推选而主动提出想成为皇帝,就应该毫不留情地处决之”[6]。太宗窝阔台殁后,贵由即位前,成吉思汗幼弟铁木哥斡惕赤斤擅自问鼎汗位,贵由即位后的第一件事,即追究此事,由蒙哥和斡儿答进行审讯,“审判结束后,一些异密们把斡惕赤斤处死了”[3]。《瓦撒夫书》记载,武宗海山即位后,追究世祖孙安西王阿难答(忙哥剌之子)擅立之罪,“以其违背成吉思汗法令,无皇族诸王之同意,谋夺大位,罚处死刑”[5]。这二人一是成吉思汗的幼弟,一是忽必烈的嫡孙,均因觊觎帝位而丢了性命,处罚之严,令人咋舌!

海都出自窝阔台家族,成吉思汗在世时曾下令皇位保持在窝阔台家系内,中外史籍对此均有明确记载。《瓦撒夫书》中写道:“世界征服者皇帝成吉思汗曾在他的法律书扎撒中……明确而毫不隐晦地命令道：只要窝阔台还有一个吃奶的后代存在，他在继承祖先的皇位、国家的旗帜和军队的统率权方面，就优于其他（各支）的儿孙。由于这个原因，许多宗王和为数众多的军队……聚集在他（指海都）的保护旗下。”[7]《蒙古秘史》记载成吉思汗的话说：“我也使一子承继汗位。对于我的圣旨，不要更改，不要间断，不要贻误，不要失措，凛遵奉行。斡歌歹（窝阔台）的后代，如果虽然包着草，但是牛也不吃，虽然包着油，但是狗也不吃，难道我的后代子孙中连一个好的也不会有吗？”蒙哥之立距贵由即位不过五年光景，当时拥立贵由为汗并立下誓言要将汗位传于贵由子孙的诸王多数还健在，言犹在耳，誓约已毁，他们眼睁睁地看着汗位由窝阔台系转往拖雷系，良心上受到的谴责是不言而喻的。因此当拔都以宗王之长的身份邀集全体宗王举行忽里勒台，推戴蒙哥即位时，遭到窝阔台、贵由、察合台诸系后王的抵制，也是很自然的事。

汗位由窝阔台系转向拖雷系，有很多原因。

一是家族矛盾。术赤“与他的兄弟察合台、窝阔台总是拌嘴、争吵、不和睦……在他与拖雷及双方家族间，开辟了一条诚挚团结之路”[3]。术赤与两个弟弟不和，是因为成吉思汗之妻孛儿帖被蔑儿乞惕人俘虏过，有孕归来，生下术赤，察合台、窝阔台怀疑术赤不是乃父的骨血，这一芥蒂和隔阂影响到了后世。尤其是1248年贵由以赴叶密立（今新疆额敏东南）养疴为名，准备讨伐不肯翊戴他即位的拔都时，拔都接到了拖雷遗孀唆鲁禾帖尼的情报，也拔刀相向，整军来迎。旋因贵由死于横相乙儿（今新疆青河东南），战争的阴霾才烟消云散。但拔都耿耿于怀，决心废黜窝阔台的后裔。当他以得天独厚的条件成为蒙古全体宗王之长时，便要提携拖雷系、压抑窝阔台系了。

二是贵由皇后行为乖戾，失去人心。贵由殁后，斡兀立海迷失皇后在摄政的三年中，“除与商人作交易外，再也没有什么别的事。斡兀立海迷失大部分时间单独与珊蛮们在一起，沉溺于他们的胡言乱语中，而不认真治理国家”[8]。13世纪法国旅行家鲁布鲁克说，蒙哥曾亲口告诉他：“海迷失是最坏的巫婆，她用她的巫术毁了她的全家。”[9]蒙哥是斡兀立海迷失的政敌，自然要不遗余力地诋毁她，其说虽未尽可据，但说斡兀立海迷失是最坏的巫婆，并不冤枉她。志费尼也说：“斡兀立海迷失整天跟珊蛮策划于密室，以实现他们的妄念和狂想。（其子）忽察与脑忽呢，他们在其母对面各据一宫，这样就在一个地方有了三个统治者。”《多桑蒙古史》也有类似记载，兹不俱引。他们母子因为行为乖戾而失掉人心，而人心的向背就可能改变宗王们在忽里勒台的态度。同时脱列哥那皇后违背窝阔台立失烈门为嗣君的遗言，改立己子贵由为汗，客观上也给拔都拥立蒙哥提供了口实。

三是拖雷遗孀唆鲁禾帖尼善于纵横捭阖，折冲樽俎，赢得了人们的赞誉。拖雷亡后，她循规蹈矩，体恤百姓，御下有方，纪律严明，从不违犯法令。当拔都以宗王之长的身份召集忽里勒台，遭到诸王反对时，她把儿子蒙哥派到拔都那里去联络感情，加深了术赤系与拖雷系的关系，“以至贵由汗死时，大部分人对于把汗国的权柄交给她的儿子蒙哥可汗，一致赞同，同心翊戴”[9]。

无可奈何花落去。由于以上三点原因，汗位终于从窝阔台系转到了拖雷系。

尽管拔都用武力完成了汗位的转移，但他并不具有成吉思汗、窝阔台那样的权威，擅自更改窝阔台的遗命，也不能使诸王心悦诚服。脱列哥那虽然也没有遵奉窝阔台的遗旨，但汗位并未跳出窝阔台系，拔都的做法未免走得太远。他可以用武力拥戴蒙哥，但为什么要蓄意违反窝阔台的遗命，却作不出令人信服的解释，因此当蒙哥登临汗位时，窝阔台的大将额勒只带反对说：“你们（指拥立蒙哥的诸王）曾全体一致议决并说道：直到那时，只要从窝阔台合罕诸子出来的，哪怕是一块（臭）肉，如果将他包上草，牛不会去吃那草；如果将他涂上油脂，狗不会瞧一眼那油脂。我们（仍然）要接受他为汗，任何其他人都不得登上宝位。你们为什么另搞一套呢？”[3]

这实在是鞭辟入里的质问，在座的忽必烈只能以窝阔台遗命立失烈门，你们为什么又立了贵由来搪塞。这一辩解未免强词夺理，既然脱列哥那不遵窝阔台遗命，蒙哥又何必效尤呢？当蒙哥的使者要求贵由的遗孀斡兀立海迷失参加对失烈门等人的审讯时，她也提出了质问：“你们这些宗王曾经允诺并作出过保证：大位将永远属于窝阔台合罕家，任何人也不得与他的儿子们对抗，现在你们却不守信用。”[5]蒙哥对她的回答，就是把她抓来，赤身裸体地审讯，然后沉入水中淹死。

可能是这些抗争产生了效果，也可能是蒙哥、拔都与宗王们在忽里勒台上达成了妥协，立窝阔台的后裔为太子，以平息窝阔台系后王的不满。而海都适逢其会，在这时脱颖而出。中外史籍对海都的才干都一致肯定。《史集》说他

“是个很聪明能干而又狡猾的人，他对一切事情都安排得奸诈而又狡猾”[3]。《多桑蒙古史》说他“为人足智多谋，交结术赤后王”[5]。屠寄的《蒙兀儿史记》说：“海都宽仁有勇，深为西部蒙兀人所爱，建号漠北，右手宗王胥附之。”[10]就是因为这个缘故，海都才横空出世，得以太子之名向全国各地发布令旨，于是离海都封地山水迢递的河南江北行省亳州太清宫才有了《海都太子令旨碑》《太清宫执照碑》，王鹗才能在《宫观碑志》中称他为太子。

蒙哥1251年即位时，海都才17岁，尚不到弱冠之年，显然还不具备治理一个广袤帝国所必需的才干和能力。迨到1259年蒙哥易箦时，25岁的海都奋发淬砺，羽翼已丰，正当他踌躇满志，要君临天下时，突然忽必烈从斜刺里杀出，于1260年抢先攘夺了帝位，海都的愤懑与不平是可以想见的。不平则鸣。他大声疾呼，奋力抗争，以图改变这种结局，而当这一切都无效时，出兵便是他唯一的选择了。这就是海都起兵对抗中央政府的真实动机。

遗憾的是，元代统治者从汉文史籍中删削了海都被忽里勒台立为汗位继承人的事实，使得这一事件晦而不彰。亳州太清宫的《海都太子令旨碑》《太清宫执照碑》和王鹗的《重修亳州太清宫太极殿碑》因嵌于墙壁内，才得以躲过浩劫，保存至今，为我们研究元代初年北方诸王之乱提供了弥足珍贵的史料。海都从至元五年(1268)起兵，到成宗大德五年(1301)受伤死去，同元朝中央政府周旋三十多年，除海都的个人才能外，应该说宗王们对这位落难王孙的同情和支持，是他能支撑这么久的一个重要因素。

行文至此，我们可以得出结论：海都起兵不是叛乱，而是为了捍卫自己的合法权益。应该为海都正名。

参考文献

[1]宋濂，等.元史[M].北京：中华书局，1976.

[2]陈垣.道家金石略[M].北京：文物出版社，1988.

[3]拉施特.史集[M].余大钧，译.北京：商务印书馆，1985.

[4]李治安.元代分封制度研究[M].天津：天津古籍出版社，1992.

[5]多桑.多桑蒙古史[M].冯承钧,译.上海:商务印书馆,1939.
[6]柏朗嘉宾.柏朗嘉宾蒙古行纪[M].北京:中华书局,1985.
[7]刘迎胜.西北民族史与察合台汗国史研究[M].南京:南京大学出版社,1994.
[8]鲁布鲁克.鲁布鲁克东行纪[M].耿昇,译.北京:中华书局,1985.
[9]志费尼.世界征服者史[M].何高济,译.呼和浩特:内蒙古人民出版社,1981.
[10]屠寄.蒙兀儿史记[M].北京:北京古籍出版社,1958.

(原载《中州学刊》1996年第5期)

河南省内黄县、清丰县的蒙古族后裔是豫王子孙吗？

一、河南内黄、清丰蒙古人被鉴定为豫王后裔

河南省安阳市内黄县、濮阳市清丰县有一支蒙古人后裔，据说是成吉思汗之后，约有1万人。内黄县马次范村立有1通墓碑，上写“元御史中丞河南行省右丞谥文贞公墓”，此碑立于清朝乾隆十八年（1753），高2米，宽0.54米，厚0.2米。碑后有墓，高约1.5米，占地约15平方米。据《马氏家谱》记载，文贞公名铁木黎，蒙古人，元末为河南行省右丞。元朝覆亡后，为避明朝杀害，率子逃难至此，隐瞒身份，命5子各随妻姓，另起汉名，故有董、李、马、关、陈5姓。第四子关杰又有5子，迁居清丰县焦夫村；第五子陈俊徙居河南鄢陵陈化店；第三子马能之子马驯登明朝永乐甲辰（1424）进士。从此族姓繁衍，科第蝉联，董、李、马姓已传26世。《清丰县志》记载：“关焦夫关氏，始祖杰，元蒙古贵族铁木黎之四子，元朝灭亡，改姓关而避居县西南焦夫村。后裔键，清康熙辛卯举人，知临邑县（今属山东）。今传24世。”关姓墓碑叙述始祖“元御史中丞河南行省右丞谥文贞公”的“丞”字下面，写有“普化大元帅黎木黎”8字，“文贞”2字下面有“公”字。铁木黎或黎木黎是何许人？身世如何？这是这支蒙古人后裔急于弄清楚的问题。

2006年5月，这支蒙古人后裔中的关献策、关昌龙、关铁锤、李喜顺、马东堂5人携带着碑文、家谱，风尘仆仆地踏上了寻根之旅。他们先后4次千里迢迢奔走内蒙古，希冀在有关专家的帮助下，厘清自己的身世。2007年1月17日，内蒙古师范大学历史学教授满昌，内蒙古师范大学蒙古族哲学史教授武国骥，内蒙古科技出版社民俗学博士、研究员布林特古斯3人对5个姓的族谱做了确

认:河南省内黄县、清丰县五姓宗谱确认:

大元帝国于1368年覆灭,当时中国各省的蒙古人为了逃避明王朝的追杀,隐姓埋名四处逃难。当时河南是大元帝国的中心地区,河南蒙古人改姓换名最多,内黄县董氏等五姓是个例子,蒙古帝国之开国元勋木华黎的子孙李氏也是这样的。还有山东省、安徽省、江西省、贵州省、云南省都有这种情况。“元御史中丞河南行省右丞谥文贞公墓”碑文记道:元朝末年,元世祖忽必烈的第五代曾孙铁木黎,时任御史中丞赐豫王封地河南。五姓始祖豫王文贞公是元世祖忽必烈第七子西平王奥鲁赤的曾孙、镇西武宁王帖木儿不花之孙、云南王老的之子,时任河南行省豫王和元御史的阿忒里纳失里,即是五姓始祖文贞公铁木黎。所以,豫王铁木黎属蒙古黄金家族,是蒙古历史人物,也是中国历史人物。元帝国覆灭时豫王铁木黎来不及后撤,流落中原隐姓埋名,隐居内黄县、清丰县一带。豫王文贞公为了逃避明兵追捕,令五子改姓,随其妻姓:铁木清(董清)、铁木明(李明)、铁木能(马能)、铁木杰(关杰)、铁木俊(陈俊),分居五处,这五姓的改姓是豫王文贞公家族的历史过程,也是隐姓埋名的历史过程,是民族移化的痛苦过程。这是明清史料记载的事迹,是史料记载的五姓家谱。

元王朝以后的600年间,豫王文贞公后裔五姓家族,给始祖竖碑立传,祭祀烧香,始终坚持民族风俗,念念不忘族源——蒙古,为恢复五姓蒙古身份而奔走多年。这种精神是难能可贵的,应予以确认,应予以支持。我们根据五姓家谱和墓碑的资料,同意恢复五姓家族的族称——蒙古族。

二〇〇七年一月十七日

2007年1月18日,内蒙古自治区民族事务委员会致函河南省内黄县、清丰县民族宗教事务局称:由内蒙古师范大学历史学教授满昌,内蒙古师范大学蒙古族哲学史教授武国骥,内蒙古科技出版社民俗学博士、研究员布林特古斯等三位学者于2007年1月17日对内黄县、清丰县五姓宗谱进行考证,并予以确认。

由政府机关发文,意味着满昌教授等的鉴定得到了官方认可。2008年8月11日,河南省濮阳市将清丰县韩村乡关焦夫村的关氏先祖铁木黎墓列为市级文物保护单位,并立了一块错误百出、令人啼笑皆非的焦夫墓地说明碑:

焦夫墓地

位于清丰县西15公里韩村乡关焦夫村南。墓区占地10亩,松柏梧桐成荫，禾苗芳草盈地。二世铁木杰后易名关杰，墓前立追溯源碑，记载着关氏始祖铁木黎，即元前成吉思汗铁木真的第四子拖雷。他曾任元朝御史中丞、河南行省右丞，拜普化大元帅，谥文贞公，死后葬于内黄马次范村。元末明初，战乱频繁，元皇室贵族面临危机，木黎所生五子为避祸端，分别改姓为董、李、马、关、陈。前三姓隐居内黄次范庄。后陈姓中举，任河南鄢陵县知县，死后葬于该县陈化店村。第四子关杰隐居清丰县焦夫村，其后裔键于清康熙辛卯年中举，任山东临邑县知县，死后葬于关焦夫村，直到清初关氏才公开始祖史实，并立碑祭祖，凭吊古贤。

濮阳市人民政府

二〇〇八年八月十一日公布　立

2008 年 10 月 17 日，全国人大原副委员长布赫为河南省清丰县韩村乡关焦夫村题词"大元豫王陵"。2009 年 4 月 7 日，在河南省濮阳市清丰县韩村乡关焦夫村举行了豫王纪念碑揭幕仪式。布赫发来贺信，豫王后裔董、李、马、关、陈 5 姓代表，中央民族事务委员会翻译司，中央民族出版社，河南省人大，河南省文物局等单位的有关人员与会。这次大会把这支蒙古人的认祖活动推向了高潮。新闻媒体也对五个姓氏的寻根问祖活动进行了报道。2006 年 10 月 21 日《大河报》刊登了一篇题目为《成吉思汗后裔流落河南》的特别报道；2007 年 1 月 19 日《北方新报》登载了题目为《五位中原汉子草原寻根：万余河南人祖先是成吉思汗》的报告；2007 年 2 月 6 日《今日安报》发表了该报记者徐文清撰写的《万里寻根：我们是一代天骄后人》一文。这几则报道都认定：河南内黄、清丰的蒙古人后裔是成吉思汗的裔孙，是黄金家族豫王之后。根据国家民族事务委员会 1986 民政字 37 号文件精神，这支蒙古人后裔未能恢复蒙古人身份，但从文化寻根的意义上说，他们确实是蒙古人。不过要说这支蒙古人后裔是豫王之后，却全是臆猜，不能使人相信。

二、豫王不可能出任河南行省右丞

从碑文和家谱提供的信息，只能证明河南省内黄县、清丰县的蒙古人后裔的先祖名叫铁木黎，曾任元朝的御史中丞、河南省右丞，死后谥文贞，仅此而已。

为什么这些资料到了鉴定人手里，铁木黎就变成了豫王阿剌忒纳失里，使人百思不得其解。

其实，只要认真读读《元史》，就不难发现，豫王阿剌忒纳失里既不可能出任河南行省右丞，也未隐居河南。这是因为：

第一，光绪三十年(1904)的《关氏宗谱》说："我关氏元室苗裔，铁木望族，考之史册，卓卓今古。惜年湮代远，家谱失传，孰昭孰穆，名次难知。"既然关氏族人清代时已家谱失传，不知先祖铁木黎是何许人，鉴定人凭什么就断定"时任河南行省豫王和元御史的阿忒里纳失里，即是五姓始祖文贞公铁木黎"呢？据《北方新报》《大河报》称，关献策等5人第三次赴内蒙古时，"他们来到鄂尔多斯市，拜访了最后一个蒙古王爷奇忠义的儿子沙若飞，通过沙若飞提供的元朝亲王表，他们得知铁木黎竟然是元世祖忽必烈的玄孙阿忒里纳失里，元朝末年被赐封为豫王，封地为河南"①。豫王阿忒里纳失里也写作阿剌忒纳失里，《元史》卷107《宗室世系表》、卷108《诸王表》均有记载，他是世祖忽必烈的玄孙、忽必烈第七子西平王奥鲁赤的曾孙，但并没有说阿剌忒纳失里又名铁木黎。《关氏宗谱》都弄不清铁木黎是何许人，而沙若飞的元朝亲王表竟然有这一记载，真是踏破铁鞋无觅处，得来全不费功夫，这能使人信服吗？

第二，如果铁木黎真的就是豫王阿剌忒纳失里，那可是纯正的黄金家族。按照元代规定，除皇太子(汗位继承人)兼任过中书省最高长官中书令外，黄金家族成员从不直接出任朝廷命官，也即"只封王，不做官"。有元一代，没有一个黄金家族成员在行省任职，豫王阿剌忒纳失里岂能例外？

第三，退一步说，就算豫王能在地方任职，按照元代官职规定，"王，正一品"[1]，而行省"丞相一员，从一品；平章二员，从一品；右丞一员，左丞一员，正二品；参知政事二员，从二品"[1]。行省的最高官员丞相才是从一品，比豫王的级别低了一级，豫王怎么可能以正一品官的身份去出任正二品的河南行省右丞呢？当然也有王爵降为地方官的例子，如至正十三年(1353)九月，"以怯薛官广平王咬咬征讨慢功，削其王爵，降为河南行省平章政事"[1]。广平王咬咬是怯薛出身，不是黄金家族，因征讨叛臣不力，从正一品降到了从一品，任河南行省平章。而豫王并未犯任何过错，为何竟降到了行省右丞呢？

---

① 《北方新报》2007年1月19日，《大河报》2006年10月21日。

第四，鉴定书说“时任河南行省豫王和元御史的阿忒里纳失里，即是五姓始祖文贞公铁木黎”。且不说把豫王与铁木黎定为一人是捕风捉影，向壁虚构，就是“河南行省豫王”的表述也显得荒唐可笑。行省自行省，豫王自豫王，两者风马牛不相及。河南行省只有丞相(不常设)、平章政事、右丞、左丞、参知政事等官员，没有豫王，即使豫王封地在河南，也不能表述为河南行省豫王。豫王的级别比行省丞相还高，怎能隶属于他之下呢？河南省内黄县文物所张同昌先生说，铁木黎确属成吉思汗的后代，担任过河南行省右丞，“他的官职当于现在的副省长，分管军队、粮草等要务。至于豫王，只是个王位名称，意味着他可以享受元代在王爷封地里的特权，并没有实质性的职权”①。说右丞相当于现在的副省长倒是恰当，元代行省有右丞、左丞各一人，均为正二品，俸禄与平章政事同，二人都是行省丞相或平章政事的佐贰官员，也即副手。因蒙古习俗尚右，故右丞位在左丞之上。“在丞相或平章为行省长官的场合下，右丞、左丞或掌屯田、或领钱谷。尤其是后一种职事，十分重要，甚至会大大提高右丞、左丞在行省官署中的实际地位。”[2]说右丞分管军队则是想当然之说，行省右丞管不了军队。管军队之权操在平章政事手中，但前提条件是调动行省内军队须经朝廷同意。如至元二十年(1283)五月湖广行省平章阿里海牙奉敕“调汉军七千，新附军八千，以付唆都从征”[1]。又如至元二十八年(1291)二月，江淮行省奉诏“遣蒙古兵五百、汉兵千人从镇南王镇扬州”[1]。但若遇到紧急情况，再请示朝廷，可能贻误军机，于是便有了变通办法，如明宗至顺元年(1330)十二月“敕各行省：凡遇边防有警，许令便宜发兵，事缓则驿闻”[3]。至于“豫王，只是个王位名称……并没有实质性的职权”云云，完全是信口开河，毫无根据。张同昌先生没有读过《元史》。豫王阿剌忒纳失里的曾祖父是世祖忽必烈的第七子西平王奥鲁赤，因奥鲁赤是庶出，阿剌忒纳失里受封时只是一般宗王，后封西安王，因拥立文宗即位有功，晋封豫王，颇受朝廷倚重，成了权倾朝野的领兵元帅。他转战陕西、云南、河南、甘肃、宁夏等地，是元朝末年的重臣，《元史》泰定帝、明宗、文宗、顺帝本纪中至少有 30 处记载，张先生却说他“没有实质性的职权”，岂非咄咄怪事？

第五，鉴定书说“豫王封地河南”，也是无知妄说。《元史 · 文宗本纪》云：

---

① 《大河报》2006 年 10 月 21 日。

天历元年(1328)十二月,“封西安王阿剌忒纳失里为豫王,赐南康路为食邑”[1]。南康路在今江西星子县。《元史·食货志三》:“阿剌忒纳失里豫王,分拨江西行省南康路。”[1]豫王的封地不在河南,白纸黑字,了了分明,鉴定书硬是视而不见,说豫王封地在河南,岂非有意造假,混淆视听?

第六,鉴定书说“元帝国覆灭时豫王铁木黎来不及后撤,流落中原隐姓埋名,隐居内黄县、清丰县一带”,更是子虚乌有之事。豫王在他的戎马生涯中只有一次战役涉及今河南境内,那就是至正十二年(1352)四月,顺帝“命亦都护月鲁帖木儿领畏吾儿军马,同豫王阿剌忒纳失里、知枢密院事老章讨襄阳、南阳、邓州贼”[1]。豫王统兵到了河南,也只活动在今豫南与湖北北部一带,未见有去豫北内黄、清丰的记载。至正十五年(1355)正月,“诏豫王阿剌忒纳失里与陕西行省平章政事搠思监从宜商议军事”。豫王到了陕西,此后再未涉足过河南。至正十八年(1358)冬十月,“诏豫王阿剌忒纳失里徙居白海,寻迁六盘”[1]。从此豫王销声匿迹,不复见于史乘。元朝覆亡于顺帝至正二十八年(1368),在这之前13年即至正十五年(1355)豫王即已离开河南,元朝灭亡后的第二年即洪武二年,豫王尚在甘肃行省的兰州与明军作战,“元帝国覆灭时豫王铁木黎来不及后撤,流落中原”又从何说起?鉴定者为了证明河南内黄、清丰的蒙古人后裔是豫王之后,竟颠倒黑白,混淆是非,任意编造历史,这岂是治学者应有的态度?

鉴定书之所以把豫王当作河南内黄、清丰蒙古人后裔的先祖,主要是因为王号中有一“豫”字,以为豫王的封地一定在河南,这是误解。元朝封王大致情况是:“或取春秋以后大诸侯国名,如燕王、秦王、梁王、晋王;或依中原封邑路州名,如济南王、河间王、广宁王、济宁郡王;或依出镇屯驻方位,如安西王、北安王、镇南王、西平王、云南王、南平王、镇东王等。”[4]这3种情况中,依屯驻方位封王者与王号有关,如安西王屯驻西安、镇南王屯驻扬州、云南王屯驻云南,如此等等。其他两种情况与王号不一定有关。如豫王封邑不在河南,赵王的封地应在河北,但汪古部赵王封地在沙(今甘肃敦煌)、净(今内蒙古四子王旗)等州;晋王甘麻喇应在山西,但他却出镇漠北;阳翟王应该在今河南禹州市一带活动,但阳翟王从不在河南。见一豫字,便望文生义,断定豫王一定在河南,未免失之轻率。

最为滑稽的是河南省濮阳市为焦夫墓地写的碑文,竟然有“关氏始祖铁木黎,即元前成吉思汗铁木真的第四子拖雷。他曾任元朝御史中丞、河南行省右丞，拜普化大元帅，谥文贞公，死后葬于内黄马次范村”这样的文字。鉴定书把豫王定为元世祖忽必烈的玄孙，而河南省濮阳市有关单位又把豫王变成了忽必烈的父亲，前后相差了6代。拖雷死于宋理宗绍定五年(1232)，他死后39年即至元八年(1271)，元朝才正式建立，至元二十八年(1291)才设立河南江北行省，拖雷可能任元朝御史中丞、河南行省右丞吗？河南省濮阳市文物部门连最起码的历史知识都没有，竟然堂而皇之地把这些贻笑大方的文字镌刻在关氏祖坟前，真使人啼笑皆非！

三、从豫王的经历看他与河南的关系

豫王阿剌忒纳失里作为宗王，出现在史乘上，始于泰定元年(1324)，这年七月，“诸王伯颜帖木儿出镇阔连东部，阿剌忒纳失里出镇沙州(今甘肃敦煌)，各赐钞三千锭”[1]。按照元朝规定，诸王出镇须立有功劳者才能授印，未立功者不授，如英宗时“诸王彻彻秃入朝请印，帝以其政绩未著，不允，赐钞二十五万贯”[1]。阿剌忒纳失里刚刚出镇，不可能有印，他只是一个普通的诸王。

泰定四年(1327)，“赐诸王阿剌忒纳失里等钞六千锭”[1]。

致和元年(1328)泰定帝崩，权臣倒剌沙专横，时局紧张，“燕铁木儿与西安王阿剌忒纳失里共守内廷”[1]。此时阿剌忒纳失里由诸王封为西安王。

致和元年(1328)，因拥立文宗即位有功，“赐西安王阿剌忒纳失里、镇南王帖木儿不花、威顺王宽彻不花、宣靖王买奴等，金各五十两、银各五百两、币各三十匹”[1]。

天历元年(文宗即位，改致和为天历)十月，“燕铁木儿请以河南平章曲列等二十三人田宅赐西安王阿剌忒纳失里等二十三人，从之”[1]。

天历元年十二月，“封西安王阿剌忒纳失里为豫王，赐南康路为食邑”[1]。按照惯例，王位由两个字或三个字改为一个字，意味着晋升，受到重用。如英宗时“降封安王兀都不花为顺阳王”[1]。豫王的封地是南康路。

天历二年(1329)正月，“赐豫王黄金印”[1]。这意味着豫王已成为最为尊贵的王位之一。这年十一月，“诏豫王阿剌忒纳失里镇云南”[1]。

至顺元年(1330)二月，“豫王阿剌忒纳失里所部千六百余人饥，赈粮二月”[1]。三月，“八番顺元宣慰使帖木儿不花为云南行省左丞，从豫王由八番道讨云南”[1]。五月，“遣豫王阿剌忒纳失里镇西番，授以金印”[1]。西番即吐蕃，今西藏地区。六月，云南政局不靖，“彻里铁木儿同镇西武靖王搠思班等由四川，教化从豫王阿剌忒纳失里等由八番，分道进军”[1]。八番顺元宣慰司的治所在今贵州省贵阳市。七月，云南、贵州一带的诸蛮欲进攻顺元，“诏即遣使督豫王阿剌忒纳失里及行枢密院，四川、云南行省亟会诸军分道进讨”[1]。至顺二年(1331)正月，“镇西武靖王搠思班、豫王阿剌忒纳失里及行省、行院官同讨云南”[1]。四月间，叛乱宣告平定，“仍命豫王阿剌忒纳失里分兵，给探马赤三百、乞赤伯三百，共守一岁，以镇辑之，余军皆遣还所部，统兵官召赴阙”[1]。

顺帝至元三年(1337)正月，“豫王阿剌忒纳失里买池州铜陵产银地一所，请用私财锻炼，输纳官课，从之”[1]。铜陵即今安徽铜陵。豫王在铜陵买地炼银，证明他此前已从云南来到了这里。

至正十二年(1352)四月，朝廷“命亦都护月鲁帖木儿领畏吾儿军马，同豫王阿剌忒纳失里、知枢密院事老章讨襄阳、南阳、邓州贼”[1]。这个“贼”是指红巾军。

至正十三年(1353)十二月，“以西安王阿剌忒纳失里为豫王，弟答儿麻讨南阳贼有功，以西安王印与之，命镇宠吉儿之地”[1]。豫王之弟答儿麻因讨贼有功，豫王原来西安王的封号给了答儿麻。答儿麻旋即离开河南，出镇宠吉儿(不详何地)。豫王是否仍在河南，则不得而知。

至正十五年(1355)正月，“诏豫王阿剌忒纳失里与陕西行省平章政事搠思监从宜商议军事”[1]。至少在此时豫王已到了陕西。至正十六年(1356)四月，“命豫王阿剌忒纳失里与陕西行省官商议军机，从宜攻讨”[1]。九月，“豫王阿剌忒纳失里、同知枢密院事定住引兵复潼关，河南行省平章政事伯家奴以兵守之。丙申，潼关复陷，伯家奴兵溃，豫王阿剌忒纳失里复以兵取之，李武、崔德败走”[1]。

至正十八年(1358)，豫王奉诏徙居六盘。洪武二年(1369)，明将徐达在甘肃兰州击溃豫王，豫王不知所踪。

笔者之所以不厌其烦地罗列豫王的行踪，就是为了证明：豫王从泰定元年(1324)出镇沙州开始，至洪武二年被明将徐达击溃，长达45年的时间中，只有至正十二、十三、十四3年在河南境内与红巾军作战，大部分时间是在甘肃、云南、西藏、陕西等地活动。从至正十五年(1355)转战陕西后,从未再涉足过河南。元朝灭亡时,豫王已离开河南13年之久。他的封地在江西,离河南甚远。鉴定书所谓豫王封地在河南,元朝覆亡时,豫王来不及后撤,流落中原云云,纯粹是向壁虚构,凿空妄说。豫王不是文贞公铁木黎,更不是河南省内黄县、清丰县蒙古人后裔的祖先。

四、文贞公铁木黎是何许人?

河南省内黄县的铁木黎墓碑说他是"元御史中丞、河南行省右丞",这一说法可信。御史中丞是御史台的官员,职责是"掌纠察百官善恶、政治得失"[1]。御史台的长官是御史大夫,官阶为从一品。其次是御史中丞,官阶为正二品。行省右丞也是正二品,和御史中丞平级,相互调动自在情理之中。行省右丞通常不掌兵,元朝末年政局混乱,为对付红巾起义军,右丞偶尔也掌兵,但不会有大元帅之类的头衔。元朝无论是出镇诸王还是枢密院、行枢密院的掌兵者均不称元帅、大元帅。元朝曾设立过都元帅府一类的机构,但为时甚短。如"至元十年(1273),罢河南省统军司、汉军都元帅、山东行院"[1]。至元十八年(1281)"始立为都元帅府,二十二年(1285)改为万户府"[1]。都元帅府的领兵者,从不称元帅、大元帅。因此,铁木黎即使领兵,也不可能有普化大元帅的头衔。

铁木黎是否任过河南行省右丞,据李治安教授统计,有元一代任河南行省右丞者为阿里、昂吉儿、燕公楠、马绍、石仲璋、王约、赵训、别吉帖木儿、脱帖木儿、那海、扎撒温孙、不花等12人。[2]但是脱漏一人,此人名叫德住。他在河南行省右丞任上只有半年。至正十二年(1352)二月,"是月,贼侵滑、浚,命德住为河南右丞,守东明。德住时致仕于家,闻命,驰至东明,浚城隍,严备御,贼不敢犯"[1]。这年八月,"以扎撒温孙为河南行省右丞"[1]。直到至正十五年(1355)十一月,才由不花接任河南行省右丞,铁木黎的行踪未见记载。但墓碑既然说铁木黎任过河南行省右丞,当不是空穴来风。不过铁木黎不是豫王,而有可能是德住。这是因为:第一,铁木黎在至正十二年二月出任河南行省右丞时已致仕在家,他的家必然在濮阳一带,这里离东明最近,因此朝廷才让他扼守东明。他闻命即驰至东明,也证明他家距东明(今属山东,原属河南濮阳)不远,若是居住在江西、甘肃、陕西等地，则鞭长莫及，德住不可能很快到达东明；第二，德住是退休后又起用的官员，因军情紧急，为便于调兵才临时给了他行省右丞的官衔，一旦东明解围，他必然解甲归田，重新回到离东明不远的地方隐居，他定居内黄县，也就在情理之中了。从“德住”这一名字看，不是汉人，应是蒙古人。但德住为何更名为铁木黎，德住是不是铁木黎，还须钩沉寻觅史料，做缜密的分析研究。我说德住是铁木黎，也只是蠡测，没有更多证据。但我相信，只要持之以恒地探求考核，河南省内黄县、清丰县蒙古人后裔的先祖之谜是能够解开的。

参考文献

[1]宋濂，等.元史[M].北京：中华书局，1976.

[2]李治安.元代行省制度[M].北京：中华书局，2011.

[3]宋褧.燕石集[M].北图古籍珍世丛刊本.

[4]李治安.元代分封制度研究[M].天津：天津古籍出版社，1992.

（原载《西部蒙古论坛》2014年第4期）

王鹗与《汝南遗事》

《汝南遗事》是记述金朝末年战乱的一部史书，该书所记始于天兴二年(1233)六月六日金哀宗决定迁都蔡州，迄于翌年正月五日蔡州城垂破之时，正好是半年时间。因内容是记述金哀宗被宋蒙联军围困于蔡州之事，蔡州在隋、唐时期也叫汝南郡，故命名为《汝南遗事》。作者自己说："谨以亲见所闻，撰成《汝南遗事》四卷，计一百七事，冗长不文，故不足取，庶几它日为史官采择。若夫正大、天兴本末之详，则天下自有公论，非某陋儒所敢与知。"《四库全书提要》说此书"随日编载，有纲有目，计一百七条，皆所身亲目击之事，故记载最为详确"。这并非溢美之词。

一、王鹗其人其事

王鹗(1190—1273)，字百一，曹州东明(今山东东明)人，正大元年(1224)也即金哀宗完颜守绪即位的第一年，35岁的王鹗在科举中崭露头角，中进士第一甲第一名，就是人们通常所说的状元，随即被授为应奉翰林文字。当时在翰林院任职的，还有名士雷希颜、李钦叔等人，但他们的趋向各不相同，"故当时馆中有云：凡在院诸公，有侯门戚里者，有秦楼谢馆者，有田夫野老者。侯门戚里者，谓雷交结权要也；秦楼谢馆者，谓李狎歌酒也；田夫野老者，谓王为其乡人通请托也"[1]。王鹗既不巴结权贵，也不沉湎酒色，而喜好为乡人办事，可见他是比较正直的人。正因为如此，才仕途淹蹇，升迁甚慢。

正大六年(1229)，王鹗任归德府判官，行亳州城父(今安徽亳州东南城父集)令，翌年擢为同知申州(今河南南阳市)事、行蔡州汝阳(今河南汝南)令，这年他40岁。天兴二年六月，金哀宗为避蒙古人的兵锋迁都蔡州时，王鹗正因丁母忧居住蔡州城中。哀宗虽然知道王鹗的名字，但因王鹗官职卑微，无由觐见天颜，因而并不为哀宗所识。王鹗替尚书省草诏，促大将武仙赴难勤王，哀宗览诏，见有“朕平日未尝负卿，国家危难至此，忍拥兵自恃，坐待灭亡耶？”[2]便问出自谁人手笔。“右丞完颜仲德曰：‘前翰林应奉王鹗也。’曰：‘朕即位时状元耶？’召见，惜擢用之晚。起复，授尚书省右司都事，升左右司郎中。”[3]左右司为尚书省僚属，郎中的官阶为正五品，比正七品县令高了两级。天兴三年正月，蔡州陷落，蒙军大将张柔下令屠城，“一小校缚十人以待，一人貌独异，柔问之，状元王鹗也，解其缚，宾礼之”[3]。后来张柔返旆北归，王鹗被挈归保州（今河北保定），在那里定居下来，一住就是十年。

1244年冬，忽必烈在藩邸访求遗逸之士，将金末遗老耆儒、怀瑾握瑜者，都陆续延揽到了自己周围。儒士李冶向忽必烈进言：“今儒生有如魏璠、王鹗、李献卿、兰光庭、赵复、郝经、王博文辈，皆有用之材，又皆贤王所尝聘问者，举而用之，何所不可，但恐用之不尽耳。”[3]于是，忽必烈把王鹗礼请到漠北，为他讲解《孝经》《书》《易》及齐家治国平天下之道、古今事物之变，往往至于深夜。忽必烈以十分欣赏的口气说，我虽不能马上实施你的主张，安知他日不能行之？王鹗在漠北淹留年余，乞归故里，忽必烈赐以名马，并命近侍阔阔、柴祯等五人跟他学习儒家经典。不久，忽必烈把他迁往大都，并赐宅第一区，从此，他便正式开始了在蒙古帝国的仕宦生涯。《四库全书提要》说他“身仕两朝，不能抗西山之节”，并没有冤枉他。

1260年，忽必烈即位于上都，建元中统，第一个便封王鹗为翰林学士承旨，制诰典章，皆出其手。至元元年（1264），擢升为资善大夫。他上书忽必烈说，自古帝王得失兴废之所以历历可考，是因有史籍在的缘故，我国（指蒙古帝国）以神武定四方，天戈所临，无不臣服，这是太祖皇帝威武雄断所致，若不加以记录，将有湮没遗亡之虞，应置局修纂实录，并附修辽、金二史。又说，唐太宗定天下后，曾置弘文馆；宋太宗设内、外学士院，史册灿烂，号称文治。堂堂蒙古帝国，岂能不如唐、宋？忽必烈采纳了他的意见，建翰林学士院，王鹗荐儒士李冶、李昶、王磐、徐世隆、高鸣为学士，又奏立十道提举学校官。至元五年（1268），王鹗以年老乞致仕，世祖命有司岁给廪禄终其身，待遇是很优渥的。又过了五年，王鹗婴疾而逝，终年84岁，谥文康。著有《论语集义》1卷、《汝南遗事》4卷（按：《元史》误为二卷），诗文40卷，取名为《应物集》。除《汝南遗事》外，其他都已亡佚不存了。

二、《汝南遗事》与《金史》

由于《汝南遗事》是王鹗在蔡州围城时所作,其史料价值自不待言。又因为成书早于《金史》,因而元末修《金史》时参稽颇多。《四库全书提要》说:"《金史》哀宗本纪及乌库哩镐(按:即《金史》中的乌古论镐)、完颜仲德、张天纲等传,皆全采用之,足证其言皆实录矣。"当然,记载金朝末年史事的史籍尚多,元人苏天爵云:"(金)亡国之后,元好问述《壬辰杂编》,杨奂《天兴近鉴》,王鹗《汝南遗事》,亦足弥补义宗(即哀宗)一朝之事。"[4]《金史》则云:"刘京叔《归潜志》与元裕之《壬辰杂编》二书,虽微有异同,而金末丧乱之事犹有足征者焉。"[2]如今,《壬辰杂编》《天兴近鉴》二书已毁于兵燹,不可复得,能够看到的,只有《归潜志》《汝南遗事》二书了。崔文印同志在《归潜志》点校前言中说:"哀宗本纪的大部分记载亦基本取自本书《录大梁事》。"[1]《归潜志》的价值自然不容低估,但该书只记述了天兴元年正月至天兴二年五月这一期间哀宗的活动,时间只有一年半,而哀宗在位 11 年之久,说哀宗本纪大部分取自此书,未免言过其实了。更何况哀宗在蔡州的活动,刘祁并不知情,就只能靠《汝南遗事》来弥补了。准确地说,只有把《归潜志》与《汝南遗事》的记载串在一起,才称得上完璧。

除《四库全书提要》所说《金史》中的《哀宗本纪》《完颜仲德传》《乌古论镐传》《张天纲传》取材于《汝南遗事》外,《蒲察官奴传》《王宾传》《石抹世勣传》《国用安传》《武仙传》《温敦昌孙传》《乌林答胡土传》《武亢传》《乌古论黑汉传》《完颜娄室传》《乌古论先生传》《完颜赛不传》《食货志》等传、志的部分文字,也明显有因袭《汝南遗事》的痕迹,有的段落是全部照抄,有的则稍作改易。这可从四方面加以说明:

(一)全部抄自《汝南遗事》的

如《汝南遗事》卷一:

(山东行省兖王用安知)上欲迁蔡,遣人以蜡书言其六不可。大率以谓:归德环城皆水,卒难攻击,蔡无此险,一也。归德虽乏粮储,而鱼芡可以取足，蔡若受围，廪食有限，二也。敌人所以去归德者，非为我也，纵之出而蹑其后，舍其难而就其易者攻焉，三也。蔡去宋境不百里，万一资敌兵粮，祸不可解，四也。归德不保，水道东行，犹可以去蔡，蔡若不守，去将安之？五也。时方暑雨，千里泥淖，圣体丰泽，不便鞍马，仓卒遇敌，非臣子所能救，六也。虽然，陛下必欲去归德，莫如权幸山东。山东富庶甲天下，臣略有其地，东连沂、海，而接徐、邳，南扼盱、楚，北控淄、齐，若銮舆少停，臣仰赖威灵，河朔之地可传檄而定，惟陛下审察。上以其言示宰臣，宰臣奏安用（按：国用安原名安用）反复，本无匡辅志，此必参议张介等议之。然业已迁蔡，无可议者，遂寝。

《金史》卷 117《国用安传》只将"上欲迁蔡"改为"及闻上将迁蔡州"、"遣人以蜡书言其六不可"改为"乃遣人以蜡书言迁蔡有六不可"、"然业已迁蔡，无可议者，遂寝"改为"业已迁蔡，议遂寝"，其他文字悉仍其旧，无一改易。

再如《汝南遗事》卷二叙述哀宗派参政兀典、签枢密院事娄室等行省院事于息州（今河南息县）时说："鞑靼用兵，所以常取全胜者，恃北地之马力、就中国之技巧耳，朕实难与之敌。至于宋人，何足道哉，柔懦不武，若妇人然。使朕得甲士三千，可以纵横江淮间，卿其勉之。"《金史》卷 119《完颜娄室传》只将"鞑靼"二字改为"北兵"，去掉"柔懦不武，若妇人然"八个字，"纵横江淮间"五字之后加"有余力矣"四字，其他皆未加更动。

（二）补《金史》之不足

有些事《金史》只一句带过，而《汝南遗事》却记载得比较详尽，可以补《金史》之不足。如《金史》卷 18《哀宗本纪》云："元帅楚琎复立寿州于蒙城，诏迁赏有差，州县官皆令真授。"为何立寿州事于蒙城？为何诏迁赏有差？均使人扑朔迷离，不得要领。《汝南遗事》则云：

寿州元帅楚琎奏：臣昨奉诏，与经历官高鉴复立寿州事于蒙城（下有小注：琎，蒙城土豪；鉴，字君镒，辽阳人，正大元年词赋进士，前蒙城县令。县废，鉴为敌所虏北归。琎已完复，授元帅职，让鉴，鉴不受，遂奏以为经历官矣）。臣从宜与宋连和，置立榷场，贸易诸物，是故军民粮食不阙。又增修城郭，敌人不敢犯，今将逾年矣。臣本农民，不愿官爵，乞量赏军士，以慰其心。诏迁赏有差，州县榷官皆令真授。

据此可知，蒙城县因废弃未再设置，才设知寿州事，并将官署迁于蒙城，隶属于都元帅府。而农民出身的楚玠在哀宗迁蔡之前,已与宋方讲和,并且设置了榷场懋迁有无。寿州与南宋毗邻,通过榷场贸易,寿州军民才得以免除枵腹之苦,同时又修葺了城堡,使这座边境城池不致丧于蒙古人之手。哀宗在迁蔡以后,寿州起了屏障作用,于是对寿州官员大加赏赉,州县榷官皆令真授。哀宗年间,宋金交恶,就在干戈纷纭之际,双方的贸易仍然没有停止,这一条记载对于研究宋金关系,是非常珍贵的资料。因为《金史·食货志》说,宋金榷场贸易只进行到宣宗贞祐年间,哀宗时未见记载,《汝南遗事》对此作了详尽补充。

再如哀宗在蔡州时曾印造"天兴宝会"纸币,《金史》卷48《食货志》记载比较简略,只说:"天兴二年十月印'天兴宝会'于蔡州,自一钱至四钱四等,同见银流转,不数月国亡。"《汝南遗事》卷三则云:

> [十月]戊寅,更造天兴宝会,同见银流转,一钱、二钱、三钱、五钱,凡四等,以楮为之,伪造者斩。时物价腾踊,钱币不行,市肆交易,唯用见银,而畸零尤难,故立楮币救之。然支多收少,不逾月法坏。

据此,《金史》中的"自一钱至四钱四等"一句有误,四钱应为五钱。哀宗在蔡州因物价飞涨,民间买卖只用银钱,没有零钱流通,才发行楮币作为补救之策,发行不久便告失败。这一条史料反映出哀宗末年时经济拮据到了难以为继的地步,大将乌古论黑汉甚至"杀其爱妾以啖士,士争杀妻子",金国焉能不亡?

(三)校《金史》之讹误

《汝南遗事》所记皆系作者亲历之事,时间比较准确,而《金史》则成书于元末至正年间,二书前后相差一百多年。因此可用《汝南遗事》校正《金史》之讹误。如哀宗进入蔡州是天兴二年六月二十五日,《金史·哀宗本纪》却说是六月二十六日;哀宗派人向宋借粮在天兴二年八月七日,《金史》却说是九月;哀宗下令造"天兴宝会"是天兴二年十月初七日,是日为戊寅,而《金史》却说是十月戊辰,根据《金史·完颜仲德传》,十月无戊辰,则知《哀宗本纪》记载有误。现在《金史》点校本根据《汝南遗事》将这条记载改为"十月戊寅,更造'天兴宝会'",这是对的。

(四)存《金史》之所无

《汝南遗事》中有许多记载不见于《金史》,因此研究金末哀宗一朝的历史,有些资料尚须从该书中寻觅。如哀宗六月二十五日赴蔡州后,七月间曾打算派人从蒙军手里收复京城,结果未能成行。该书卷二云:

是月，议遣沈丘元帅张俊会鄢陵、扶沟、尉氏、通许、陈留、杞县等处义军，潜赴京城，如不能守，焚其宫室以还，大臣难之，遂止。然但行移附近京诸县招抚而已。

再如哀宗播迁蔡州后，曾召大将武仙率兵勤王。其时武仙正在淅川，见蒙兵势大，不欲冒险，因而踯躅不前。凑巧有人将其十二岁的幼子从汴梁营救至蔡州，哀宗下令给予衣食，并晓谕武仙说："丧乱以来，闻卿家属散失俱尽，今有子远来，朕甚喜焉。即欲驰送使父子相见，以路梗未通，兼卿男饥病羸瘠殊甚，俟稍安好，续当遣人由便道护送以往。"此类史料都是《金史》以及其他史书中所未见的，可知其珍贵。

三、《汝南遗事》与《大金国志》

《大金国志》系宋人宇文懋昭所撰，其人生平不详。他在进书表中说："偷生淮浦，窃禄金朝，少读父书，因获清流之选，日亲文苑，粗知载记之详。"据此判断，他做过金朝官员，金亡入宋，写了这么一部史书。据称该书上于端平元年(1234)正月十五日，金国亡于正月十日，二者相差只有五天，几乎与《汝南遗事》同时成书，似乎二书毫不相干，然而事实上并非如此。揆诸情理，宇文懋昭在金朝灭亡五天之内便搜集完资料，撰写出哀宗本纪，并同时上奏给宋理宗，这是根本不可能的事。再者，《大金国志》中称蒙古为"大朝"，称蒙古军为"大军"，称蒙古使臣为"天使"，而宋朝似乎成了僭伪政权，这也是宋理宗所绝对不能容忍的。据此，有的同志断定，该书"所谓'文学翰苑传'和卷十六之后的诸帝纪一样，不是本书的原作，是后来续成的"。又说："本书的最后续成，当是入元以后的事……本书之续成乃在大德十年(1306)以前，亦是很明显的。"[5]如果这一推断成立，则《大金国志》晚于《汝南遗事》72年，所谓端平元年上书之说，显系后人做了手脚，不可凭信。可以肯定，《大金国志》一书在写《义宗皇帝》一篇时，参阅了《汝南遗事》，并把其中有些段落抄入了义宗本纪中。如山东行省兖王用安(即《金史》中的国用安)言迁蔡六不可之言，与《汝南遗事》所载完全相同，《金史·国用安传》虽然也有这段文字，但《金史》成书晚于《大金国志》，宇文懋昭写《大金国志》时不可能见到《金史》，故可断定《大金国志》抄袭了《汝南遗事》。

再如，哀宗迁入蔡州不久，曾下诏赦免该州百姓徭役，《汝南遗事》卷一云：

制曰：天方悔祸，少宽北顾之忧，人亦告劳，爰启南巡之议。惟今蔡郡，实古豫州，干戈以来，市井如故，久以孤墉而抗敌，出众力之输勤。及闻临幸之初，逾谨奉迎之礼，人已至于垂泣，朕亦为之动怀。宜沛恩私，曲加慰浣。自天兴二年七月一日昧爽以前，据蔡州管内支郡属县，杂犯死罪以下，并行释免，官吏军民，各覃恩两重。归德以南经过去处，曾经应办者迁一官。百姓逃亡绝户者，抛下地土，听人恣耕，并免差税。自来拖欠官房地基军须等钱，俱免追征。连年兵饥，多有暴露骸骨，仰所在官司如法埋瘗。

《大金国志·义宗本纪》所载与此段文字几乎完全相同，只是将“久以”改作“介”，“已”改作“以”，“曾经”改为“曾”而已。

又如《汝南遗事》卷三叙述宋人助蒙兵之事：

宋人遣襄阳太尉江海、枣阳太尉孟珙以兵万人助敌，耀于城南，且以射书入城中，招谕军民。右丞仲德得之，投诸水中。

《大金国志》则云：

宋遣襄阳太尉江海、枣阳帅孟珙，以兵万人助大军，耀于城南，且以箭射书城中，招谕军民。右丞完颜仲德得之，投诸水中。

这里改动虽然不大，但王鹗称蒙古兵为“敌”，而宇文懋昭却称蒙古军为“大军”，一贬一褒，反映了二人迥然不同的态度立场。

此外，《元史·王鹗传》《读通考》也有少部分参考了《汝南遗事》，这里就不多说了。

四、王鹗对金哀宗的态度

金哀宗于天兴三年（1234）正月十日城破之时身亡，而《汝南遗事》只记到正月五日，也许是王鹗不忍心看着哀宗在无可奈何中死去，也许是在干戈俶扰中吓得心神不宁，因而未将哀宗之死写入《汝南遗事》，但是他对哀宗的眷恋之情，却充溢于字里行间。《四库全书提要》说，《元史·王鹗传》“载其祭哀宗一事，犹有惓惓故主之心。其作是书（指《汝南遗事》）于丧乱流离，亦但有痛悼而无怨谤”，对他这一点还是肯定的。

《金史》评价哀宗说：“哀宗之世无足为者。皇元功德日盛，天人属心，日出爝息，理势必然。区区生聚，图存于亡，力尽乃毙，可哀也矣。虽然，在礼‘国君死社稷’，哀宗无愧焉。”说哀宗一生没有作为，只死于社稷这一点还值得肯定，大体还算公允。至于说元朝兴盛，如日之出，金朝澌灭，如爝火将息，纯属夸张之词，未尽可信。元人修《金史》，自然要为本朝张目，这是不奇怪的。

《汝南遗事》对哀宗的评价与《金史》截然相反：

> 义宗皇帝在位十有一年，伤王室之浸微，先朝之积弊，吏政失于苛细也，不破法以情；将士利于征战也，不逞兵以忿。朝臣有罪，则薄示降罚，未尝妄戮一人，母后无宫，则略加补修，未尝辄营一殿。而又敦崇儒术，遴选武臣，罢猎地以裕民，开经筵而论道。以六事课县令，田野辟而赋税均，分三路设司农，善良进而奸邪退。是致家余蓄积，户益丁黄，虽未洽于太平，亦可谓小康小息者矣。属天开一统，地入大朝，遂至灭亡，犹足称颂。曷尝不亲御六辔，抚巡三军，出器皿以旌战功，杀厩马以充犒赏，所以人百其勇，视死如归，父既受刃于前，子复操戈于后。大臣如仲德，义所感者几千人，近侍如绛山，气不夺者以万卒，死于社稷，上下一同，书之简编，古今无愧。

显然，这段评论带有浓厚的感情色彩。如果单单是哀悼故主，自然无可厚非，如果是写史，就大可商榷了。实事求是地说，哀宗不是守成之君，更谈不上中兴之主，在他统治时期，远非“家余蓄积，户益丁黄”的太平盛世，说他是“书之简编，古今无愧”的帝王，那是亵渎了历史。果真如此，秦皇、汉武、唐宗、宋祖又该作何评价？他统治时期执行的那些法令，如开经筵论道、以六事课县令等，都是率由旧章，并非他的创造，不值得大吹大擂。《大金国志》说哀宗“尊师重道，经筵有官；劝农薄赋，黜陟有条。寸兵尺铁，不挑衅于四方；因陋就简，不增广于宫阙。一意俭约，勤心抚摩，河南士庶稍稍归之，守文之令主也”[5]。这不过是根据《汝南遗事》的评价稍加改写罢了。

不可否认，哀宗在窘迫危急之时，特别是在蔡州被围期间，对臣下比较体恤，但这不值得大肆赞扬，换了任何一个帝王都能办得到。一个最简单的道理是：当时金国以弹丸之地抵御宋蒙联军的进攻，如果内部不团结，便一天也难以支撑下去。诸如哀宗给因跋扈被杀的蒲察官努妻母衣粮；以御用器皿赏赐士兵；杀厩马分犒将士；括蔡州粟，蚩蚩小民因无粮可交被逮系，哀宗怜而释之；大将乌林答胡土之奴降敌，朝臣攻讦胡土纵之出城，哀宗不听谗言；禁蔡州城中酿酒，唯独允立功士兵饮酒；如此等等，皆是小恩小惠，于大局无补。相反，他的失误却促成了金国的灭亡。如哀宗迁都蔡州，蒲察官努“知其备御不及睢阳，力争以为不可”，哀宗不听，“及蔡受兵，始悔不用官努之言”[2]；国用安请他幸山东，哀宗不纳；宋人欲攻息州，哀宗派兵增援时，还夸口说“至于宋人，何足道哉”的话，不肯冷静地分析局势；蔡州阽危之时，大将夹谷九十在息州却为所欲为，“日以歌酒为事，声乐不绝，下及军士强娶寡妇幼女，绝灭人理，无所不至”[2]，哀宗未能制止这一大失人心事；大臣乌古论镐在蔡州忠诚谋国，本应倚为干城，但哀宗却听信谗言，“虽擢拜大夫，而召见特疏”，致使乌古论镐“忧愤郁抑，常称疾在告”[2]；哀宗喜食须鱼，命大将温敦昌孙捕捞，致遭蒙古兵伏击战死；如此等等。这些严重失误，终于把金朝带到了万劫不复的境地。

王鹗既为尊者讳，却又觍颜降敌，此一举动实难令人理解。他同时代的文人如元好问、刘潜，在金亡后均抗节不仕，比起他们来，王鹗降元不能不说是白圭之玷。不过，他留下的这本《汝南遗事》，还是颇有价值的。

参考文献

[1]刘祁.归潜志[M].北京：中华书局，1983.

[2]脱脱，等.金史[M].北京：中华书局，1975.

[3]宋濂，等.元史[M].北京：中华书局，1976.

[4]苏天爵.滋溪文稿[M].四库全书本.

[5]宇文懋昭.大金国志[M].北京：中华书局，1986.

（原载《驻马店师专学报（社科版）》1990年第1期）

从历史因素探索元杂剧繁荣的原因

有元一代是中国戏剧姹紫嫣红、婀娜多姿的鼎盛时期,这是文学界公认的事实。但是,元杂剧繁荣的原因是什么?学者们做出了各种各样的解释,虽不能说没有道理,但是并不全面,仍有商兑之必要。

一、生活安定是元杂剧繁荣的重要原因

钟嗣成的《录鬼簿》把元杂剧作家分为"前辈已死名公才人""方今已亡名公才人""方今才人"三类,文学史上习惯于把"前辈已死名公才人"算作前期,"方今已亡名公才人""方今才人"算作后期,而元杂剧的繁荣恰恰在"前辈已死名公才人"这一时期。他们活动的时间,大致上是从金宣宗至元成宗元贞、大德前后(1213—1307),为时约一百年之久,故有"一时人物出元贞"之说。《录鬼簿》记录这一时期的杂剧作家共五十七人,有元一代杂剧作家的精英几乎都荟萃在这一时期。饶有趣味的是,这些重要作家的籍贯大多都不出今天的北京市和山西、河北、山东三省。粗略计算一下便可看出:关汉卿、王实甫、杨显之、张国宾、纪君祥、马致远系大都(今北京市)人;高文秀(今山东东平)、武汉臣(今山东济南)、康进之(棣州,今山东惠民)系山东人;尚仲贤(真定,今河北正定)、李好古(保定)、李直夫系河北人;石君宝(平阳,今山西临汾市)、白朴(隩州,今山西河曲)、李寿卿(太原)、孔文卿(平阳)、李潜夫(绛州,今山西新绛)系山西人。号称"元曲四大家"的关汉卿、马致远、白朴、郑光祖(今山西定襄),前二人是大都人,后二人是山西人。为什么会出现这种局面?这要从当时的时代背景中去寻找答案。

金朝末年,政治窳败,纪纲废弛,勃兴于朔漠草原的蒙古人称兵南下侵金,

金宣宗完颜珣于贞祐二年(1214)从中都(今北京市)仓皇逃往南京(今河南开封),蒙古人很快便攻陷了中都。金宣宗南迁后,“河朔为墟,荡然无统”[1],簪缨世族、豪门缙绅纷纷乘机崛起,据地自雄。金朝统治者为了拉拢他们守土抗蒙,于兴定三年(1219)封山东、河北、山西等地的地主武装首领王福、武仙等人为“九公”,号为“封建”,允许他们“总帅本路兵马,署置官吏,赋敛、赏罚得以便宜行之。除已画定所管州县外,如能收复邻近州县,亦听管属”[2]。蒙古人则针锋相对,一方面率师扫穴犁庭,一方面用优渥的条件到处招降纳叛,用以戡定未下城邑。贞祐五年(1217),“一代天骄”成吉思汗远征西域,将灭金的任务交给了娴于韬略的大将木华黎。木华黎受命之后,即统率精锐攻占遂城(今河北徐水县西)、蠡州、大名等地,接着挥戈进入山东,占领益都、淄、登、莱、潍、密等州。翌年,木华黎又由太和岭进入河东,攻占太原、忻、代、泽、潞、汾、霍、平阳等地。蒙古人规定,凡归降者均授原职,在辖区内生杀予夺,皆可自专。“凡纳土及始命之臣,咸令世守”,这意味着他们可以“怒视部下,都吏长官,皆其皂隶僮使”[3]。这对于那些僭伪窃据、贪图富贵的汉人地主武装来说,诱惑力实在是非常强烈的。他们在权衡了利害之后,纷纷向蒙古统治者纳款输诚,一时降将如云,如史天泽、张柔、严实、刘伯林、耶律留哥(契丹人)、郭宝玉、何伯祥等人,皆乘机建功立业,成为“世侯”,在灭金覆宋过程中,成为蒙古军队的中坚力量。

当时羽檄交驰,战事正殷,蒙古统治者全力进攻金朝,不遑治理山西、河北、山东等新占领地区,同时,蒙古人刚从幕天席地的漠北草原来到以稼穑为主的农业区域,还不能骤然适应中原地区的生产方式,而进行战争又需要粮秣给养,因而把新占领的地区交给已经归依的汉族地主武装,是非常合算的事情。不几年间,这些曾经是遍地兵燹的地区,竟成了世外桃源,农业生产出现了一片蓬勃生机。如张柔在保定“铲荆榛,立市井,通商贩,招流亡,不数月,官府第舍,焕然一新……楼观相望,陂池映带,若图画然,遂为燕南一大都会”[4]。史天泽在真定“招集流散,存恤穷困,披荆棘,拾瓦砾,官府民居,日益完葺,岁荒时艰,捐甘攻苦,与众共之。由是数年之间,民生完实,而兵力富强,胜于他郡”,等等。这些记载容或有夸大渲染之处,但是这些汉人“世侯”在其统治区域内保护了社会生产力,调整了极度混乱的社会秩序,因而山西、河北、山东等地的生产不但没有遭到破坏,而且还有所发展,则是没有疑问的。

与这种情况相反,黄河以南则是干戈扰攘、战争最激烈的地区。从公元

1214年金宣宗播迁汴京至天兴三年(1234)金哀宗自缢于蔡州(今河南汝南),二十年间,中原地区几乎是无月不战、无日不战,士庶颠沛流离,良田鞫为茂草,呈现出一片萧瑟破败景象。迨到金朝覆亡,蒙古统治者乘胜贾其余勇进攻南宋,从公元1234年金国灭亡至德祐二年(1276)元军攻陷临安的四十多年时间里,战争扩大到江淮流域,南方半壁河山又沦为战场,干戈所至,几无宁土;烽燧弥天,满目疮痍。这种动荡不安的社会环境,自然不利于文学艺术的发展,作家们求生不遑,谁还有创作的雅兴?因此,前期元杂剧很少有黄河以南的作家,也就不足为怪了。

与黄河以南地区相比,河北、山西、山东等地是蒙古统治者的可靠后方,元太宗窝阔台时期,就曾"命平阳移粟入云中(今山西大同)"[5],可见平阳在蒙古人建立元朝以前已是粮秣基地了。中统元年(1260)忽必烈甫即位,便"敕燕京、北京(今内蒙古宁城西北大名城)、西京(今山西大同)、真定、平阳、大名、益都等路宣抚司,造羊裘、皮帽、裤、靴,皆以万计,输开平(即上都,今内蒙古正蓝旗东闪电河北岸)"[3],作为军储之用。翌年十月,又"诏凤翔府种田户隶平阳兵籍,毋令出征,务耕屯以给军饷"[3]。接着在平阳、太原建行中书省,并"诏河东西两路并平阳、太原路达鲁花赤及兵民官,抚安军民,各安生业,毋失岁计"[3]。元朝统治者如此关注山西、河北等地,因而这里政局稳定、经济繁荣,到处是一片弦歌之声。端平三年(1236)耶律楚材奏请元太宗"置编修所于燕京、经籍所于平阳,由是文治兴焉"[3]。在这得天独厚的环境里,知识分子既无干戈之扰,也无衣食之忧,可专心致志于学术研究,元杂剧得以发展繁荣,与此是很有关系的。

二、思想控制薄弱是元杂剧发展的又一原因

如果说环境安定、经济繁荣是元杂剧得以发展的基本原因,那么,思想控制薄弱是元杂剧得以在山西、河北、山东等地发展的又一原因。蒙古统治者把这些地区交给汉人军阀管理,而这些人大多是赳赳武夫,或目不识丁,或略识之无。他们既不谙儒家之道,也就不大讲究封建社会的伦理纲常,剧作家们可以去写自己喜欢的东西,不必担心有掣肘之虞。蒙古统治者直到灭金的前一年,

即天兴二年(1233)才“诏以孔子五十一世孙元措袭封衍圣公”,并敕修孔子庙。公元1237年,“命术虎乃、刘中试诸路儒士,中选者除本贯议事官,得四千三十人”。元世祖忽必烈曾应张德辉、元好问之请,为儒教大宗师。蒙古人懂得,要在中原地区立足,便不能把漠北草原的生产方式和生活方式照搬到这里来,而必须努力适应汉族地区的生产方式和习俗文明,因此,尊重儒学和吸收汉人知识分子为其服务,是蒙古统治者治国平天下的一项不可或缺的内容。但是,蒙古人固有的文化与中原地区的文化毕竟有很大差距,要适应这种情况得有一个过程,因而在金末至忽必烈统治这一段时期,对思想控制比较薄弱,元杂剧才得以脱颖而出并发展繁荣,成为中国文学艺术园地里的一朵奇葩。

当时知识分子有三种情况,第一种是投靠蒙古统治者,想借此展抱负、施经纶,乘时建功立业的文人,如姚枢、刘秉忠、许衡、李治、窦默、郝经、宋子贞、商挺等人,他们大都成了元朝统治者的智囊和辅弼之臣。第二种是抗节不仕、隐居林泉的金末和南宋的遗老遗少,如金御史张特立与元好问等。南宋覆亡之后,这类人物更多,他们没有因社稷鼎革而沉沦颓唐,而是有感于麦秀黍离之痛,彷徨徙倚于残山剩水之间,悲鸣长号于笔墨文字之中,郑所南、胡三省、汪元量便是其中的代表人物。第三种是撰写杂剧的作家群,他们或因长于学术,不善做官,如马致远、尚仲贤、李直夫等人虽然居官,但并无建树,庸庸碌碌,随俗浮沉,自觉无聊,便转而从事文学创作;或者是根本就不屑仕进,如郝经的《青楼集序》所说:“我皇元初并海宇,而金之遗民若杜散人、白兰谷、关已斋(即关汉卿——笔者)辈,皆不屑仕进,乃嘲风弄月,留连光景。”这一部分人为数最多,他们既不是因为科举无望、仕进无门才去从事艺术创作,也不是因为民族歧视,汉族知识分子社会地位低下,才去嘲风弄月的,因为元代摧残知识分子是在元世祖忽必烈之后,而忽必烈当政时恰恰是知识分子待遇比较优渥的时期。不少人认为,元杂剧是元代社会黑暗动乱、民族压迫严重下的产物,这在理论上是不能成立的。正是山西、河北、山东等地经济比较繁荣,人民生活比较安定,思想控制比较薄弱,这几个因素加在一起,遂使得元杂剧出现了空前繁荣,而元杂剧作家也大多产生在这些地区。

和这种情况相反,南宋所辖的江淮地区,经济上每况愈下,财政拮据,入不敷出,“国朝驻跸钱塘,百有二十余年矣,外之境土日荒,内之生齿日繁,权势之家日盛,兼并之习日滋,百姓日贫,经制日坏,上下相煎,若有不可为之势”[5]。

思想上禁锢严密,绝不许有异端邪说存在,因而不具备产生出汪洋恣肆、争妍斗艳的杂剧艺术的社会环境。迄今为止,还没有一本宋杂剧传世,也没有一个剧作家能够和关汉卿、马致远媲美。原因很简单,南宋最高统治集团尊崇道学,攘斥异端,扼杀了除道学以外的一切文学艺术。金朝覆亡前后,南宋执政枋的是理宗赵昀,他在位四十年之久,是顽固的封建伦理纲常的卫道士。淳祐元年(1241),理宗"以绍定三年御制伏羲、尧、舜、禹、汤、文王、武王、周公、孔子、颜回、曾子、子思、孟子《道统十三赞》,就赐国子监,宣示诸生"[5]。理宗把朱熹抬到无以复加的高位,无非是因为他阐发了二程"存天理,去人欲"的封建伦理,适合南宋统治者钳制舆论、禁锢人心的需要而已。淳祐十年(1250),理宗公然下诏说:"国家以儒立国,士习媺(即美字——笔者)恶,世道所关",四方之士应当"安乡井,修孝悌,以厚风俗"[5]。他如此不遗余力地推崇道学,结果是造成了万马齐喑、百卉凋零的萧条局面。包括南戏在内的文学艺术,自然也就无从发展了。

三、元朝统治者的不干涉政策促进了杂剧的繁荣

元朝统治者到底是摧残了元杂剧,还是扶植了元杂剧,迄今仍是争论不休的问题。一种意见认为,"统治阶级对元杂剧有所压制、打击","元杂剧的勃兴主要是人民群众的创造,统治阶级不可能是这朵文艺鲜花的功臣"[6]。另一种意见则认为:"一般说,元代统治者对戏曲是爱好的,他们也曾干涉过戏曲演出,那只是内容对他们不利,或是人民自行集会演唱,没有经过官府允许的情形之下,才那样做。"[7]还有人认为,蒙古统治者嗜爱歌舞,遂"助成了中国北部的通俗音乐趋于隆盛的气运,因而遂至诱导金院本的盛行与元杂剧的改进"。这些说法虽然都有一些道理,但又都失之偏颇。事实上,元朝统治者对杂剧既没有奖掖扶持,也没有压抑摧残,元杂剧是在经济繁荣与思想宽容的基础上发展起来的。

说元朝统治者摧残戏剧,人们总喜欢引用《通制条格》《元典章》《元史·刑法志》中的某些禁令作为依据。《通制条格》云:"除系籍正色乐人外,其余农民市户良家子弟,若有不务正业,习学散乐,般唱词话,并行禁约。"[8]《元史》云:

"诸妄撰词曲,诬人以犯上恶言者,处死。"[3]《元典章》云:"今后不拣什么人,十六天魔休唱者,杂剧里休做者,休吹弹者。"[9]单看禁令,自然是文网森严,令人望而生畏,实际上那不过是一纸具文而已,禁者自禁,演者自演,元朝浩浩荡荡的作家大军,有二百人左右,现存杂剧有二百多种,既不见有人因写杂剧贾祸,成为"名教罪人",也不曾见有哪一个剧目被禁不得演出。只要看一下明清的文字狱,便可知道元代的剧作家有多么幸运!对元杂剧颇有研究的徐扶明先生在其《元代杂剧艺术》一书里曾引《买瓜》一剧来证明元代文禁之严:(先有)长者买瓜,卖瓜者曰:"一两。"长者曰:"安得十倍其值?"卖瓜者曰:"税钱重,十里一税,宁不如是!"及吕蒙正赶来,卖瓜者语如前。蒙正曰:"吾穷人买不起。"指傍南瓜曰:"买黄的吧。"卖者怒曰:"黄的亦要钱。"时上觉其规己,落其两齿。

由于"黄的"与"皇帝"谐音,因而这个演员被敲掉了两颗牙齿。这个故事妙趣横生,对元代统治者的讽刺鞭挞真是入木三分。但是仔细推敲,这只是一桩莫须有的公案,不能信以为真,更不能当作史料到处引用。首先,蒙古勋贵多数不懂汉文,连武功盖世的元世祖忽必烈也不知汉语汉文为何物,他身旁虽然聚集着一批儒士,为他讲解《资治通鉴》《论语》《孟子》等书,但都已转译成了蒙古文,"蒙古人仅嗜骑射,诸王贵人学识不及朝中之汉人、西域人远甚。有汉人名赵璧者,曾译中国经书为蒙古语,许衡亦用蒙古语节述中国史,忽必烈以授蒙古人,命习之"[10]。蒙古人担任的宫廷大臣、封疆大吏中识汉字者也是凤毛麟角。"北人不识字,使之为长官或缺正官,要题署判事及写日子,'七'字钩不从右七而从左ㄋ转,见者为笑。"[11]《元史·刑法制》规定:"诸内外百司五品以上进上表章,并以蒙古字书,毋敢不敬,仍以汉字书其副。"[3]为了沟通蒙汉语言文字,元朝统治者在各处设立译使,蒙古语叫怯里马赤。《元典章》《通制条格》中有许多诏书,都是从蒙文翻译过来的,因而语法结构奇特,读起来佶屈聱牙。很难设想连"七"字都写不好、一句汉语也不懂的元朝统治者会欣赏用汉语演唱的杂剧,并能当场听出"黄的"与"皇帝"同音,语涉讥讽而膺惩演员。另外,在元世祖忽必烈统治时期,蒙古人得天下不久,还带着漠北草原上那种粗犷淳朴的风俗,不大讲究尊卑长幼之礼。"至元初,尚未遑兴建宫阙,凡遇称贺,则臣庶皆集帐前,无有贵贱尊卑之辨。执法官厌其喧杂,挥杖击逐之,去而复来者数次。"[12]直到仁宗"延祐时,累朝皇后既崩者,犹以名称,而未有谥号"[3]。朝仪如此混乱,忽必烈尚且不怪,杂剧演员说一声"黄的",被敲掉两颗牙齿之说,就更不可信了。

说元朝统治者爱好戏剧，当然也不是凿空妄说，因为《马可·波罗行纪》中就有忽必烈举行盛大宴会，“席散后，由乐师和梨园子弟表演节目，招待众位宾客”的记载，同书又说：“宴罢席散后，各种各样人物步入大殿，其中有一队喜剧演员和各种乐器的演奏者。还有一班翻筋斗和变戏法的人，在陛下面前殷勤献技，使所有列席旁观的人皆大欢喜。”《多桑蒙古史》中亦有忽必烈在“庆会之日，设大宴……宴后命优人幻人技人献艺于帝前”的记载，但那只是宴会后的例行游戏，优人与幻人、技人并列，未见有哪位皇帝单独欣赏过杂剧，说明杂剧并未受到特殊优待。

首先，如前所述，蒙古族帝王识汉文者甚少，像元文宗图帖睦尔那样能够附庸风雅，用汉文创作诗词的并不多见。南宋、辽、金统治者酷爱戏剧，史不乏书，有些帝王甚至去戏剧中充当一个角色，《元史》里便没有此类记载。忽必烈曾于至元十六年(1279)命崔彧“偕牙纳木至江南，访求艺术之人”[3]，但主要是寻找技人、幻人，而非挑选演员。南宋福建人马都录善祈雨并能以符水疗疾，“宋亡，崔中丞(即崔彧——笔者)奉旨访好人荐马于世皇(即元世祖忽必烈)，道法复有验，宣授浙西都道录提点西太乙宫，恩赏殊优渥”[13]。但不见有哪一名演员受到过这样的礼遇。

其次，从元朝对伶人的态度来看，他们是不受重视的贱民，连婚姻都只能在内部婚配，官员庶民均不得与之联姻。至元十五年(1278)，元朝政府规定：“是应承乐人呵，一般骨肉休成亲，乐人内匹聘者，其余官人富户休强娶妻”，“乐人每的女孩儿，别个百姓根底休聘与者”[9]。一直到武宗至大年间，一个叫辛洽恩的官员，“为娶了乐人做媳妇的上头，他性命落后了也”。因娶乐人为妻，竟至丢了性命，禁忌之严，可见一斑。元朝统治者重申：“今后乐人只教嫁乐人，咱每根底近行的人并官人每，若娶乐人做媳妇呵，要了罪过，听离了者，么道圣旨了也。”[9]从这些带有歧视性的规定来看，元朝统治者对于戏剧并没有特殊爱好。五代时的后唐庄宗李存勖喜欢戏剧，朝中有不少大臣便出自俳优之中，是人所共知的，元朝则绝无此类事例。

正是这样一个特殊的历史环境，使得元朝统治者因风俗与汉人迥异而不提倡戏剧，又因不懂汉文而无法摧残戏剧，而杂剧作为一种文学艺术形式，有其自身发展的规律，只要统治者不横加干预，又有一个安定的政治环境，便能凭借自身的力量蓬勃发展起来。杂剧在北宋时已有了雏形,金代略有发展,到元代时步入成熟期,也就很自然了。

参考文献

[1]刘因.静修先生文集[M].四库全书本.

[2]李有棠.金史纪事本末[M].北京:中华书局,1980.

[3]宋濂,等.元史[M].北京:中华书局,1976.

[4]苏天爵.元朝名臣事略[M].北京:中华书局,1996.

[5]毕沅.续资治通鉴[M].北京:中华书局,1976.

[6]蒋星煜.元代宫廷演出《伊尹扶汤》《尸谏录公》辨析[J].河北学刊,1986(5).

[7]中国科学院文学研究所.中国文学史:第三册[M].北京:人民文学出版社,1958.

[8]通制条格[M].杭州:浙江古籍出版社,1986.

[9]元典章[M].光绪杭州丁氏藏本.

[10]多桑.多桑蒙古史[M].冯承钧,译.上海:商务印书馆,1939.

[11]叶子奇.草木子[M].北京:中华书局,1959.

[12]陶宗仪.南村辍耕录[M].北京:中华书局,1959.

[13]郑元祐.遂昌杂录[M].四部丛刊本.

(原载《河北学刊》1987年第3期)

论元代的廉政措施

元朝是蒙古人建立的国家,从忽必烈至元八年(1271)建国号为元朝算起,元朝在历史上只存在了 97 年。长期以来,人们认为元代廊庙蠹朽,政腐治败,因此才国祚不永。其实,这是误解。元代统治者为了江山能亿万斯年地传下去,也曾进行过廉政建设。

一、蒙古初年耶律楚材的廉政措施

成吉思汗时期,蒙古贵族靠掠夺获得财富和奴隶,各地长官可以任意勒索所辖地区的民户,所入不上交政府,从而出现"官吏多聚敛自私,资至巨万,而官无储偫"的局面。太宗窝阔台即位后,大臣耶律楚材条陈一十八事,大意是说:州郡应当设置长吏管理百姓,设万户(由蒙古人担任万户长)管理军队,使他们势均力敌,不相统摄,以便遏阻地方上的骄横之气。中原地区是财富所出之地,应当存恤那里的百姓,州县官吏不奉大汗之命擅自科差百姓者治罪,借贷官物进行贸易者也要治罪。蒙古人、回鹘人、河西人种地不纳税者处死,监主自盗官物者也要处死。犯有死罪者,必须申报批准才可行刑。贡献礼物,给百姓造成沉重的负担,为害非浅,应当禁止。除了贡献礼物这一条太宗没有采纳外,其余诸条一一得到批准。这些措施减轻了老百姓一些痛苦。

太宗二年(1230),窝阔台准备伐金,耶律楚材进言说,陛下将要南伐,应当有充足的军需,倘能均定中原地区的地税、商税、盐、酒、铁冶、山泽之利,每年可得银 50 万两、帛 8 万匹、粟 40 余万石,足以供给军队之用。窝阔台接受了他的建议,设立燕京、宣德、西京、太原、平阳、真定、东平、北京、平州、济南等十路征收课税使,每路设正、副课税使两员,由汉人儒士担任。为了让他们拥有征收赋税之权，耶律楚材又上奏："凡州郡宜令长吏专理民事，万户总军政，凡所掌课税，权贵不得侵之。"[1]据有的历史学家估计，这时的赋税与原来蒙古无休无止的科差以及汉人"世侯"繁重的征发相比，负担都明显减轻了，因而得到一般官吏和百姓的欢迎。不久，根据耶律楚材的建议，窝阔台又颁布了劝农诏书，使中原百姓安心务农。太宗三年（1231）秋天，窝阔台来到云中（今山西大同），耶律楚材让十路课税使把赋税册簿与金帛陈列庭中，窝阔台十分高兴，擢升他为中书令。

太宗六年（1234），宋蒙联军灭金，原来属于金朝的土地悉入蒙古版图，如何统治这一地区，成为蒙古统治者的一个棘手问题。在这之前，蒙古人是靠归依的契丹、汉人"世侯"来统治占领区的，大汗政府不直接管理汉民地区的赋税，因而也没有必要登记户口。灭金之后，政府为保证赋税收入，需要掌握中原汉地的民户数目，而当时诸王及领兵大将到处俘掠百姓为私属驱口，他们将掠夺来的驱口"寄留诸郡，几居天下之半"。为改变这一状况，有必要重新编籍户口，将大量散居无籍或被私占为奴的民户控制在政府手中。太宗七年（1235），窝阔台下诏括编户籍，按户定赋。耶律楚材将蒙古勋贵寄留诸郡的驱口也编入户籍，成为政府的编户齐民，谁敢隐匿，按律定罪。通过括编户口，原来不归国家控制的大量驱口和私属人口都编入了国家户籍，使这些人获得了平民身份。这对于稳定局势、发展生产，都是有利的。

在括编户口的同时，耶律楚材又制定了中原地区的新税法。税法规定，每2户出丝1斤，以供国用，每5户出丝1斤，作为诸王功臣汤沐之资。地税：上等田每亩交纳3升，中等田每亩二升半，下等田2升，水田5升。商税征三十分之一，盐为每40升征银一两。这样的赋税比以前要轻。特别值得一提的是五户丝。蒙古勋贵原是裂土分民，凡是国家分给他们的编户，可以恣意勒索，现在除了每5户出丝1斤交给国家，再由国家支付给蒙古勋贵外，诸王勋贵不得再向所属人户征收其他赋税。这就在很大程度上遏制住了蒙古勋贵的经济特权，对遭受兵燹之苦的中原百姓来说，是大有益处的。在忽必烈即位后，这些税法成为元朝赋税制度的基本组成部分。

耶律楚材为兴利除弊，还采取了两项有益于商业的措施。一是制止羊羔儿利。原来蒙古人征服西域后，许多西域商人或为蒙古政权效命，或来东方经商。蒙古统治者不懂得经商之道，因此，从大汗至王公勋贵，都把掠夺来的银子交给他们,让他们去做买卖或放高利贷,自己从中收取利息。西域人将银子借贷于人,每年收一倍利息,如不能偿还,次年连利息再翻一番,比如 1 锭银子,如此利滚利地辗转 10 年,就成为 1024 锭。此种高利贷当时称为斡脱钱或羊羔儿息。斡脱二字是突厥语的音译,含义为同僚、伙伴。那些搞长途贩运的西域商人往往结伴而行,自称为“斡脱”。因为他们是奉旨经商,因而不同于一般商人。他们往往恃势贪暴,其中的狡诈者或诈称财物被劫,向州县索赔;或将货物置于无人之地,自己远远觇望,只要有人稍稍触着货物,便要赖讹诈。老百姓纳不起赋税,州县官吏缴不足税,只得向西域商人借债,不能按时偿还的,即把息做本,越滚越大,斡脱钱成了老百姓身上的枷锁。耶律楚材奏准以官银代还了 7 万多锭,并规定今后不论借债多久,利息只能是债本的一倍,不得再增。这一规定减轻了百姓许多痛苦,受到了人们的欢迎。

另一件事是,蒙古立国之初,纪纲未立,社会秩序混乱,坐贾行商非常不安全,货物常常被盗。蒙古统治者规定,凡商贾失盗之处,限一年内破获,倘逾期不还,由本路民户代为偿还。百姓无力偿还,只有逃往他乡,这就严重扰乱了社会秩序。为纠正这种不合理的做法,耶律楚材规定,凡是商人货物确系失盗而又无从查获的,其损失由官银补偿,不再由百姓代偿。从此,社会秩序得以安定下来。

即使在一些小事情上,耶律楚材也肯为民请命,革除弊政。当然,他的目的是为了统治阶级的长治久安,但客观上也符合老百姓的利益,因而还是值得肯定的。如太宗时工匠制造器物,不但浪费严重,他们还侵吞官物,耶律楚材请求对制造器物所需之材加以考核,以后遂成定制。侍臣脱欢奏选宫女,窝阔台非常高兴,并为此下了诏书,但耶律楚材顶着不办。窝阔台把他召去诘问,耶律楚材回答:“过去已经选择美女 28 人,足够宫廷使唤了,现在又要选拔,恐怕扰民,臣正欲复奏呢。”窝阔台只好作罢。窝阔台想在汉地收缴牝马(雌性马),耶律楚材谏诤说:“田蚕之地,非马所产,今若行之,后必为人害。”[1]窝阔台斟酌再三,只得收回成命。

成吉思汗时在境内设立驿站,太宗即位后,又命各千户从所管百姓中签发站赤、兀剌赤(马夫)承当站役。但是蒙古勋贵往往滥用驿马,驿马累倒后,他们便夺取民马使用。同时,他们在驿站上又索要物品,所至骚扰,民不堪命,因供馈稍迟而被捶楚的事时有发生。耶律楚材奏明太宗,按实际需要发给诸王贵族牌札,凭牌札使用驿站,同时又制定了“饮食分例”,即王公贵族过境时的伙食待遇有一定标准,如果额外索要供给,驿站可以告发,从而制止了蒙古勋贵对百姓的巧取豪夺。

二、元世祖对廉政的贡献

元世祖忽必烈在位的35年,是元朝政治最清明的时期。中统元年(1260)他即位后,便委托大臣史天泽、姚枢、刘肃、耶律铸等人,陆续制定了一些新的条格,至元八年(1271)颁布了当时尚书省奏定的条画,并禁止使用金朝的《泰和律》。不过这个条画只收集了一些诏敕和条格,不能算做新律,至元二十八年(1291)才有《至元新格》问世。这部法令汇编是元朝第一部法典,今已亡佚,但从保存在《通制条格》及《元典章》中的有关条目,仍可窥见有关廉政措施的记载。

(一)规定官吏升迁任用的条件

吏治好坏,直接关系着政权是否稳固,尤其下层官吏表现如何,对百姓影响更大。早在中统年间,忽必烈就指出,县尹品秩虽低,但关乎着百姓休戚,如任用非人,则朝廷恩泽不能下及,民情不能上达,因而必须选择廉洁之人担任。政府规定了官吏升迁的五条标准:户口增、田野辟、词讼简、盗贼息、赋役均。五条都具备的人为上选,其中三项做出成绩的为中选,五件事一件也未办好者黜而不用。至元九年(1272)又规定:五事备者为上,于应得品级上升一等;三事有成者为中选,依常例迁转;五事俱不备者降一级使用。《至元新格》则重申:诸官员在任期间功罪如何,并送吏部备查,到选用之日,于应得资品上视其功罪任用。如果隐匿罪过,增饰功劳,监察御史可以纠弹。官员若犯赃罪黜降或因廉能升迁,事迹昭著者应行文照会各处,以便在任官员共知劝诫。

为了防止拉帮结派,任用私人,至元二十一年(1284),元朝政府规定:“诸官吏若有廉能公正者,委监察体察得实,具姓名奏闻。”[2]但不许监察官员擅行公文于诸衙门保人委用。鉴于有些监察官员滥用职权,每有保举人员,并不呈报御史台,即擅自行文各道按察司并诸衙门录用,“名曰公文,实则私意,即与阴相嘱托无异”,世祖特地规定,今后凡保举官吏及草泽之士,一定要说明该人实际情况，由有关部门定夺，不得自己委任，诸衙门也不得私自接收，以便收到“仕途肃清，无倚公济私之弊”的效果。各路、州、县若有德行、才能可以从政的人，须申报提刑按察司访察，如果属实，再申报台省任命。凡保举，按察官员姓名也要申报御史台，如保举不当，荐举者要治罪。

本地人在本地做官，流弊甚多，至元五年(1268)，元朝政府规定：“今后斟酌地理远近，回避原籍铨注。”至元二十八年又重申：“迁转官员自己地面里休做官者道来……别个田地里迁转啊，百姓每也得济有也者。”官员应有俸秩，以做养廉之用，但元朝地域辽阔，因而俸禄也不尽一致。如汉阳地区既有俸钱，又给官田；江南多系水浇田，土地肥沃，酌量少给；江淮闽广地区官员则按其俸禄多少给予官田，一般是每俸钞 5 贯给公田 1 顷，地方官员职田高的 8 顷，低的 1 顷。官员们本应召佃客耕种职田，但有的恃势强令附近百姓耕种，不问年岁丰歉，都要按数交纳粮食，甚至应交公粮也强逼百姓送纳，这显然是恃势盘剥百姓。至元二十一年，元朝政府规定：“召募佃客种莳，验年丰歉，依例分收”，以纠正科敛百姓之弊。如果官员因犯罪离职候对(接受审查)，俸禄停发，如果证实未曾犯罪，再行补发。因犯罪解任勒停者，即使没有离职，也不再发给俸禄。如果所犯罪不至于勒停离职，也未曾离职的，俸禄照旧支给。官员因事告假，凡经上司批准的，俸钱照给，超假则按规定扣除俸钱。如官员患病，百日内俸钱照发，百日外停俸，从停俸日起限 1 年赴任，否则勒令致仕。

还有些官员不守官箴，公然宿娼，令监察御史、按察司严行纠察，“其应付娼妓官吏，与宿娼之人一体坐罪，仍送刑部标籍过名”[2]。

元世祖还多次淘汰冗官。至元十五年(1278)，南宋刚刚灭亡，当时江南局势尚不稳定，人心惶惶，忽必烈便一方面命人分头抚治军民，检核钱谷，查看郡县受灾情况，另一方面注意官员是否称职，“廉能者，举以闻，其贪残不胜任者，劾罢之”[1]。中书左丞崔彧上书说：“江南官冗，任用非人。”世祖“命阿里等沙汰之”。这年六月又下诏“汰江南冗官”，并谕知中书省、枢密院、御史台：“翰林院及诸南儒今为宰相、宣慰及各路达鲁花赤佩虎符者，俱多谬滥，其议所以汰减之者。凡小大政事，顺民之心所欲者行之，所不欲者罢之。”[1]至元十九年(1282)，根据世祖的意见，又定出“内外官以三年为考，满任者迁叙，未满者不许超迁”的规定，即内外官员做官要满三年方许升迁。二十三年(1286)定出省、院、台、部官的数目，如“中书省，除中书令外，左、右丞相并二员，平章政事二员，左、右丞并一员,参知政事二员”[1]。中书省为元代最高政务机构,总领百官,与枢密院、御史台分掌行政、军事、监察大权,但其成员只有 11 人,可见机构还是精简的。总领全国军事的枢密院除枢密使外,尚有同知枢密院事一员,枢密院副使、佥枢密院事并二员,枢密院判一员,加在一起共 7 人。御史台除御史大夫一员外,还有中丞、侍御史、治书侍御史并二员,也是 7 人。其余诸衙门委任由中书省斟酌裁减。在平定南宋的头几年里,元世祖如此精兵简政,效果是很好的。

(二)禁止官吏侵渔百姓

各级官吏如果不能廉洁自守,就可能倚势鱼肉百姓,因此制订一些措施对他们进行约束,是完全必要的。中统五年(1264),元朝政府规定:“诸官员颁降俸禄之后,不得循习受纳馈献。”[2]平宋之后,有些地方官员热衷于经商牟利,他们“于他处买到物货,俵散与人民铺户添价货卖。又于本管地面民户处,但有出产诸物,倚仗官势,委亲戚勒令里正,不依市价,先行给散钱数,然后收敛”[2]。在别处买到货物,利用行政手段添价卖给商贩,或是依仗权势,让亲戚低价收买本地土特产品,高价到别处出售,这是明目张胆的掠夺,是货真价实的“官倒”。元世祖得知后,马上下诏制止。

各地官豪权势之家,还放高利贷,每两银子利息高达五分或一倍以上,如无钱归还,除已纳利钱外,再倒换契约,累算利钱,到期不能偿还的,甚至用人口抵债,成为贫苦百姓的一大灾难。至元十九年(1282),元朝政府规定,借债利息定为三分,若有违犯,许人陈告,如果属实,将多取利息归还借钱人,本利没官,犯人治罪。在边疆的哈喇章(云南行省),官豪权势之家大肆放利钱,如到期无力归还,将媳妇、孩子、女儿拖去,在脸上刺字后,强迫他们做奴婢,也为元朝中央政府制止。遇到灾荒之年,穷苦人多往官豪权势之家借粮,每石利息轻则 5 斗,重则 1 石,当年不能归还者,将息作本,如此反复多次,致使 1 石还数倍不已,迫使贫窭之家卖掉田宅甚至典雇儿女抵债。至元二十九年(1292),元朝政府规定,贫民无论借欠多少,只能一本一利,不准多收,这在一定程度上抑制了官吏豪强的剥削,减轻了百姓的痛苦。

地方官员的职责是保境安民,但有不少人玩忽职守,办事不力。至元二十八年(1291),世祖下令说:“诸管军官职当镇守,其要盗贼不生;管民官职当抚治,其要安静不扰。今后行省行院,凡于所属,若管民官抚治不到,以致百姓逃亡,管军官镇守不严,以致盗贼滋盛,即须审其所由,依理究治。”诸王、驸马经过州郡,从行人员如非理索要,官吏夤缘为奸,肃政廉访司应体察纠治。南宋灭亡时,元朝中央政府派往南方镇守的军人、到任官员与上司差去使臣,往往扰民为害。世祖知道这种情况后规定:“今后军人并头目须要各立营司屯住,到任官员须要系官房舍内居止,无官房者以己钱就赁,使臣须要于馆驿内停歇,皆不得恃势强将新附官员士庶第宅夺占。”求仕官员如果大设宴乐请托,即与贿赂无异,至元三十年(1293)规定:“今后求仕官吏已未授除期间,不得于省院台部等内外诸衙门当该官吏处私第谒托酬谢及邀请宴会。如违,当该官吏并求仕人员一体究治。”这些具体细致的规定,促使官吏兢兢业业,不敢过分渎职扰民。

(三)阿合马、桑哥蠹国害民及其被诛

元世祖虽然颁布过一系列法令,要求官吏为政清廉,关心民瘼,但是他急于聚财,因而任用了一些奸邪小人,阿合马、桑哥便是著名的例子。元世祖即位后,急于覆亡南宋,统一全国,迫切需要军费,回回人阿合马因善于“理财”,大受世祖信任,后来被任命为左丞相。阿合马聚敛钱财的方式有三种。一是增税。设立诸路转运司11所及榷茶、运盐、宣课等司,所用官吏都以多方榨取、增加课税为己任,政府也以他们搜刮钱财的多少作为升降标准,纵容他们横征暴敛。后来实行一种类似“扑买”的办法,这种办法蒙古初期曾经用过,即事先定好某地税额,派人包干征收,结果是实际收入多于额定之数。如江南初归附元朝时税课甚轻,到了至元二十一年(1284)就猛增了10倍。税课增加了,老百姓越来越穷困了。二是滥发交钞。至元二十三年(1286)所发交钞高出元初的13倍,导致物价上涨,民不聊生。三是理算钱谷。所谓理算就是检查与清算官府所有出纳财物,核欺隐,征逋欠。但是,理算却成了阿合马聚敛钱财、陷害别人的方便武器。一次,阿合马派人检核江淮行省平章阿里伯、右丞燕帖木儿立行省以来的一切钱谷,诬告二人擅易命官、铸造铜印、擅支官粮,结果二人被杀。

由于元世祖宠信阿合马,“而子若侄或为行省参政,或为礼部尚书、将作院达鲁花赤、领会同馆,一门悉处要津”[1]。一人得道,鸡犬升天,他的亲信、家奴也跟着飞黄腾达。甚至以妻女献给阿合马的人,也立刻得到美差,弄得怨声载道。他“内通货贿,外示威刑,廷中相视,无敢论列”[1]。敢于揭发其罪恶的几个正直官员,均受迫害而死。至元十九年(1282),益都千户王著、高和尚假称皇太子真金回大都作佛事,诱杀阿合马及其党羽郝祯。后来世祖得知阿合马种种不法,下令发墓剖棺戮尸,纵犬食其肉,子侄皆伏诛。其妻子亲属所营资产,皆籍没入官,所蓄奴婢释放为民。其党羽被革职者130余人。御史台官员知其奸恶而不弹劾,全部罢职。

阿合马被诛后,又出现了桑哥蠹国乱政事件。桑哥是吐蕃人(一说畏兀儿人),“为人狡黠豪横,好言财利事,世祖喜之”[1]。后来官做到尚书右丞兼总制院使。以前任命官员一向由中书省掌管,自桑哥任尚书右丞后,权力移归桑哥手中。他奉旨检核中书省,随时更定钞法,颁行至元宝钞,但以前的中统钞仍然通行。他校出中书省亏欠钞四千多锭,昏钞一千多锭,便大打出手,凡中书省官员平日与桑哥有龃龉的,均被加以莫须有罪名受到惩罚,有的竟被迫害至死。至元二十五年(1288),桑哥又奏准设置征理司,专门追查应入国库而未入的钱谷,“毫分缕析,入仓库者,无不破产”。天下钱谷已征者数百万,未征者尚有数千万之多,百姓破产交纳税粮,交不出的囚系囹圄,以致监狱皆满。此外,又增加商税、茶税,在浙东、江东、江西、湖广、福建设木棉提举司,责令百姓岁缴木棉10万匹。

桑哥还卖官鬻爵,“以刑爵为货而贩之,咸走其门,入贵价以买所欲。贵价入,则当刑者脱,求爵者得,纲纪大坏,人心骇愕”[1]。桑哥的专横跋扈引起了朝中大臣的不满,他们纷纷上疏弹劾其罪恶。元世祖听说桑哥藏有珍珠,向他索要,遭到拒绝,后来搜查出珍珠无数,才决意将桑哥治罪。至元二十八年二月,将他下狱,七月处死。其妻党要束木为虐于湖广,妻弟八吉任燕南宣慰使,皆以贪赃罪被处死。

三、成宗时的廉政措施

继世祖即位的成宗铁穆耳,在廉政建设上率由旧章,创见不多,尽管如此,他仍是元代除世祖以外最有作为的皇帝。史学家屠寄说他“承天下混一之后,信用老成,垂拱而治,一革元中叶以来聚敛之政、冗设之官。约束诸王、妃主、驸马扰民,禁滥请赏赐,性又谦冲,不好虚誉,群臣皇后一再请上徽号,卒不允,可谓守成之令主矣”[3]。这一评骘大体还是恰当的。

成宗的廉政措施有:

（一）撙节费用，减少国库开支

元朝立国后，蒙古、色目人穷奢极侈，任意挥霍帑藏，倘不加撙节，必将国匮民穷。立国之初，忽必烈曾告诫臣下："凡赐与，虽有朕命，中书其斟酌之。"中书于是务从俭约，财政岁有赢余。但到世祖末年，滥赐之风兴起，至成宗即位时，"诸王藩戚费耗繁重"，凡来朝会诸王，均有赏赉，国库负担愈来愈重，"而来会诸王尚多，恐无以给"[1]。元贞二年（1296），中书大臣上疏说："陛下自御极以来，所赐诸王、公主、驸马、勋臣，为数不轻，向之所储，散之殆尽。今继请者尚多，请甄别贫匮及赴边者赐之，其余悉止。"[3]诏从之。从此，滥赐之风才有所遏制。

（二）减轻百姓负担

元朝立国后，那些蒙古、色目人权贵任意凌辱欺压百姓，由于他们是四等人制中的前两种人而颐指气使，汉人、南人大臣因为有民族畛域的限制，对此现象敢怒而不敢言。成宗得知后，即着手革除这种弊端。元贞年间，御史台言，江南在宋时行两税法，大将阿里海牙改税收为门摊，岁课增加至 5 万锭。宣慰使张国纪为图升进，又请科夏税，与门摊一体征收，湘湖之间百姓深受其害，成宗命中书省从速废止。但是，一纸诏令远不能化腐朽为神奇，这种朘剥百姓的现象并未绝迹。对有些官员每年增加岁羡以讨好上司、希求赏爵的现象，成宗一针见血地指出："此非掊克于民，何从而出？自今除元额外，勿以增羡作正数。"[1]大德年间，有人向成宗报告，江南富户侵占民田，他马上询问大臣："朕闻江南富户侵占民田，以致贫者流离转徙，卿等尝闻之否？"大臣回答："富民多乞护持玺书，依倚以欺贫民，官府不能诘治，宜悉追收为便。"成宗"命即行之，毋越三日"[1]。成宗甫即位，即下诏蠲免田租十分之三，以解民困厄。但江南与江北情况不同，江北百姓自有田土，蠲免田租即可直接受益。而江南多贫窭之人，自己没有田土，只是承佃富人之田，因此蠲免田租受益者是地主，贫民仍输租如故，并未得到丝毫好处。成宗得知这一情况后，下诏贫民从输给田主的粟中减免十分之三，以便江南百姓均沾其惠。他又下令在江浙括隐漏官田及检劾富强避役之户，以防止富户虐害贫民。

对于无端扰民的事件，成宗总是明确地反对。元朝僧人以修建寺院为名，拿着诸王令旨扰民，成宗甚为恼火，下令禁止。福建漳浦大梁山出产水晶，地方官员请求单独拨出百姓百户，专门采割水晶。成宗说："不劳民则可，否则勿采。"[3]有些蒙古勋贵以围猎为名，"于百姓处取粮食、草料、鸡猪鹅鸭等物"[2]，严重骚扰百姓。成宗下诏："今后打捕的昔宝赤、八儿赤、贵赤、哈喇赤、拔都每、阿鲁浑、阿速每、放官头疋的、蒙古人匠、探马赤、站赤、憨哈纳思、诸王的伴当每，往来行的各枝儿里，不以是何人，除奉省部文字外，村坊里倚气力休安下者，无体例休取要饮食草料者，休教损坏桑枣果木等树者。又禁地里有打捕野物的人每呵，依在先圣旨体例，不经由管民官，禁围场的，擅自休断者。"[2]有些豪霸之家勾结官府，以强凌弱，以众害寡，妄兴横事，骗人家私，夺人妻女，甚至伤害性命，严重扰乱了社会治安。成宗让刑部拟文，除现任官吏不得于所部之内受要馈献已有禁例外，各处豪霸扰民者，"初犯痛行断罪，于门首泥置粉壁，书写过名。若三年改过，许令除籍。其有不悛再犯者，加等断罪，迁徙遆北地面屯种"[2]。成宗还多次下诏，仲春以后，正是农民耕耘之时，有司不得生事烦扰，或有小罪，即时疏决，勿禁系以妨农时。每年春季，"以东作方殷，罢诸不急营造"[1]。尽管这些措施只是小恩小惠，但毕竟在一定程度上减轻了百姓负担。

(三)整顿吏治

世祖年间，阿合马、桑哥怙势卖官，不问品质、才能如何，只要趋炎附势，迎合自己，便能升官。中书省提出，今后提升官员，应由省台选官核实，定出等级，以明黜陟，成宗立即应允。后来又对荐举官员做了详细规定："诸官吏若有廉能公正者，委监察体察得实，具姓名闻奏。随路、州、县若有德行才能可以从政者，保申提刑按察司再行访察得实，申台呈省。"[2]这样，荐举官员有了一定程序，达官显贵不得上下其手，荐举便公平了。

对于犯了赃罪的官员，成宗明确诏敕中外："职官坐赃论断，再犯者加二等。仓库官吏盗所守钱粮，一贯以下笞之，至十贯杖之，二十贯加一等，一百二十贯徒一年，每三十贯加半年，二百四十贯徒三年，满三百贯者死。"[1]不久又规定："职官坐赃，经断再犯者，加本罪三等。"[1]军官如犯了赃罪，"重者罢职，轻者降其散官，或决罚就职停俸，期年许令自效"[1]。已受命赴边远之地居官者，优升品级，倘仍"托故不赴者，夺其官"[3]。常在一地为官，有人与当地人联姻，御史台上奏说，行省官久任与所隶编氓联姻害政，成宗下诏互迁之。对于官员荫袭子孙也有限制，即"壹品子荫正伍品，从壹品子荫从伍品，正贰品子荫正陆品，挨次至柒品。色目比汉儿人高壹等定夺"[2]。这种荫袭之法，显然是有意偏袒蒙古、色目人，但比起任意荫袭官职来，总算是有了一点进步。

元朝对学校教育也很重视，但因管理不严，存在许多漏洞，最突出的问题是

“今之为教授者，半非其人”。如龙兴路（今江西南昌）教授闵节夫，胸无点墨，仅因善于抚琴，遂谋得教授一职。“到任之后，席卷学粮壹万余硕”[2]，有司非但不去究察，反而隐庇回护，放他逃跑。其他地方的教官或“行止玷缺，文学疏谬”，或将学校田土“卖作荒闲，减额收租，或与豪家转令仆佃兼并，及巧立名色，滥行支破，正俸之外，又作随侍子弟等供”，或是“学校钱粮本为作养人才而设，各学视为己物，每岁派分”[2]。成宗命人大刀阔斧地加以整顿，定出具体细则，杜绝奸宄事件发生，收到了良好效果。

但是成宗整饬吏治并不彻底，对于亲近之人仍然回护。如“诸王小薛部众扰民，遣官按问，杖其所犯重者，余听小薛责之”。“驸马济宁王蛮子台私罪杀人，御史台臣言其专擅，有旨谕蛮子台令知之。”[1]浙江行省平章阿里恣行不法，为大臣告发，成宗袒护说：“阿里朕所信任，台臣屡以为言，非所以劝大臣也。后有言者，朕当不恕。”[1]不过，成宗能够做到以上几点，已很不容易了。

四、元朝末年政治的腐败

从成宗死后到元统元年（1333）元顺帝登基的短短 26 年间，先后换了武宗、仁宗、英宗、泰定帝、幼主阿速吉八、文宗、明宗、宁宗等 8 位皇帝，这期间蒙古统治者为争夺帝位而互相攻伐，天下几无宁日。顺帝妥懽帖睦儿即位后，统治阶级内部的斗争并未停止，权臣燕铁木儿以拥立之功独揽朝纲，玩弄顺帝于股掌之上。他死后，儿子唐其势擅权，为另一朝臣伯颜所杀。伯颜专权自恣，他“擅爵人，赦死罪，任邪佞，杀无辜，诸卫精兵收为己用，府库钱帛听其出纳”[1]。“于是有司承风，上下贿赂，公行如市，荡然无复纪纲矣。肃政廉访司官，所至州县，各带库子检钞称银，殆同市道矣。”[4]伯颜的官衔、封号加起来，就有 246 字之多。

伯颜的倒行逆施，引起了朝野不满，被他的侄儿脱脱用计除掉。脱脱之父马扎儿台任中书右丞期间，无心辅政，热衷于经商营利，被顺帝免职，由脱脱继任右丞。他当政后废除伯颜蠹国害民之政，史称“更化”。更化的内容甚多，与廉政有关的是开马禁、减盐额、蠲负逋，这些措施多少减轻了百姓的负担。但好景不长，脱脱为奸臣所谮，两起两落，最后被逐出朝廷，这个“中外翕然称为贤相”的政治家，终于未能施展自己的抱负。右丞搠思监“居相位久，无所匡救，而又公受贿赂，贪声著闻，物议喧然”[1]。元朝统治集团的腐朽，还表现在两个方面。一是佞佛。元朝皇帝崇信喇嘛教，每年为此而支出了大量钱财，“国家经费，三分为率，僧居二焉”。寺院财产之富，超过了藩王国戚，“其威势之横，虽强藩悍将不过也”。二是挥霍。文宗时皇后一日竟用钞 10 万锭、帛 5600 匹、绵 5000 斤。宴会更是频繁，统治者挥金如土，一掷千金，全不顾水深火热中的百姓。皇帝还大量赏赐皇亲国戚、王公贵族田地，数量之大，令人咋舌！

上层腐朽，地方官吏也多是贪墨受赇之辈，不知廉耻为何物。“其问人讨钱，各有名目，所属始参曰拜见钱，无事白要曰撒花钱，逢节曰追节钱，生辰曰生日钱，管事而索曰常例钱，送迎曰人情钱，勾追曰赍发钱，论诉曰公事钱，觅得钱多曰得手，除得州美曰好地分，补得职近曰好窠窟，漫不知忠君爱民之为何事也。”[4]至正五年(1345)冬，顺帝遣官宣抚江西、福建诸道，问民疾苦。这些地方离京师万里之遥，传闻使臣之来，百姓如大旱之望云霓，谁知奉使官员只管聚敛钱财，全不管百姓疾苦，使百姓大失所望。当时便有人编成谣谚说：“九重丹诏颁恩至，万两黄金奉使回。奉使来时，惊天动地，奉使去时，乌天黑地。官吏都欢天喜地，百姓却啼天哭地。官吏黑漆皮灯笼，奉使来时添一重。”[5]元朝廉访司是风纪之司，其官员分巡州县，每岁例用巡尉弓兵旗帜金鼓迎送，音节是二声鼓一声锣，押解杀人强盗也用巡尉司金鼓，只用一声鼓一声锣。后来廉访司官员赃污狼藉，有人写诗讽刺说：“解贼一金并一鼓，迎官两鼓一声锣。金鼓看来都一样，官人与贼不争多。”[4]真是讽刺得入木三分。

元末政治黑暗，特别是顺帝时疏浚黄河、变更钞法，更加剧了阶级矛盾，导致了元末农民大起义。有一首《醉太平》小令说：“堂堂大元，奸佞专权，开河变钞祸根源，惹红巾万千。官法滥、刑法重、黎民怨。人吃人，钞买钞，何曾见！贼做官，官做贼，混贤愚，哀哉可怜！”[6]这场轰轰烈烈的农民大起义终于推翻了元朝的统治。

参考文献

[1]宋濂，等.元史[M].北京：中华书局，1976.

[2]通制条格[M].杭州:浙江古籍出版社,1986.
[3]屠寄.蒙兀儿史记[M].北京:北京古籍出版社,1958.
[4]叶子奇.草木子[M].北京:中华书局,1959.
[5]陈衍.元诗纪事[M].上海:上海古籍出版社,1987.
[6]陶宗仪.南村辍耕录[M].北京:中华书局,1959.

(原载《平顶山师专学报》2001年第3期)

张士诚评价刍议

张士诚是元末农民起义领袖吗？这似乎是不成问题的问题。因为一些知名学者都给予了肯定的回答①，而且张士诚也确实有过反抗元朝政府的行动。但是，正如发光的东西不一定是金子一样，反抗封建王朝的人也并不一定就是农民起义的领袖。张士诚便属于这类人物。实践是检验真理的唯一标准。在这篇短文里，我们打算对张士诚的所做所为做一点粗浅的分析，褫掉他农民起义领袖的华衮，还其庐山真面目。

一、浑水摸鱼，乘机起事

元顺帝至正十一年(1351)，在全国范围内爆发了轰轰烈烈的大规模农民起义。两年之后，张士诚也在泰州浑水摸鱼，乘机起事。张士诚出生于泰州一个盐贩之家，“以操舟运盐为业，缘私作奸利”[1]，“这个出身养成了他见利忘义、朝秦暮楚的狡诈性格”[2]。他“少有膂力，无赖”[3]，是个言不顾行的泼皮。他之所以起兵，并不是因为元朝的徭役繁苛，逼得他衣食无着，铤而走险，而是因为他虽饶有资财，但由于门第不高(盐侩)被别人白眼凌辱，杀掉仇家后，又“自惧获罪”，便索性揭竿而起。他对呻吟于元朝苛政之下的农民生活既无体验，自然谈不到起来保护农民的利益。当然，我们不能仅仅根据出身，便轻率地判定张士诚不是农民起义领袖。对于历史上的农民起义，我们不能求全责备，一定要他们提出明确的纲领、口号。但是，要求他们打击封建统治，保护农民利益，

---

① 参见翦伯赞：《中国史纲要》第3册，第134页；吴晗：《朱元璋传》，第61页；范文澜主编：《中国通史简编》，1941年版，第503页。

这却不是苛求。而张士诚呢？请看下面两段史料："初，王克柔者，亦泰州人，家富好施，多结游伙，将为不轨，高邮知府李齐收捕于狱。李华甫与张四（按：张士诚小字九四，亦称张四）素感克柔恩，谋聚众劫狱。齐以克柔解发扬州，后招安华甫为泰州判，四为千夫长。（顺帝至正）十三年（1353）五月，士诚又与华甫同谋起事。未几，士诚党与十有八人，共杀华甫，遂并其众。"[4]他放火把仇家的房子夷为平地，熊熊大火"延烧数百家"[5]。这就明白无误地告诉我们：第一，他在正式起兵之前就受了招安，当过元朝的千夫长；第二，他为了独揽大权，不惜残杀共谋起事的伙伴；第三，因他烧仇人家的房子，使几百家无辜的老百姓也跟着遭殃。张士诚"初试锋芒"，便如此亮相，哪里有一点农民起义领袖的气息？他起兵的目的，不过是想割据一方、遂其私欲而已。

二、官迷心窍，助纣为虐

张士诚的头脑里考虑得最多的是做官，简直到了神魂颠倒的地步。尽管他贩私盐时并不缺乏乘肥马、衣轻裘的生活享受，但那毕竟是布衣，不能比拟于王侯。只要元朝统治者肯出赏格，赐以高官厚禄，他便甘于为虎作伥。他摸透了元朝统治者的弱点：只要有实力，便可讨价还价，青云直上。本来，元初曾有过"官有常职，位有常员，其长则蒙古人为之，而汉人、南人贰焉"[6]的规定，也就是说，在元朝各级政府的官吏中，汉人、南人不能当第一把手，只能给蒙古人帮闲打杂、做副职。而"天下治平之时，台臣省要官皆北人为之，汉人、南人其得为者，万中无一二，不过州县卑秩，盖亦仅有而绝无者也"[7]。汉人在平时，连州县卑秩还难以到手，更遑论其他！但是迨到1351年红巾大起义的熊熊烈火把元朝统治者烧得焦头烂额的时候，元顺帝不得不改弦更张了。他于1352年下令："南人有才学者，依世祖旧制，中书省、枢密院、御史台皆用之"[6]，企图以此收买人心，消弭农民起义于无形之中。狡猾的张士诚便抓住这一点，向元朝展开凌厉的攻势，迫使元朝政府封官加爵。区区一个千夫长，自然不能使张士诚惬意，于是便再度起兵占据泰州，但马上又向元朝统治者表示"请降，愿受民职自效"[8]。不久，又复反叛，攻下高邮。1354年1月，张士诚终于按捺不住急切称王的心情，自称诚王。但这只是僭为草窃，不是元朝的任命。他知道，只有攻陷更多的城池，造成既成事实，才能迫使元朝政府就范。他也知道，元朝统治者当时同红巾军的战事正酣，鞭长莫及，暂时无暇顾及到他，于是又率兵攻占了扬州、盱眙、泗州。元朝政府几次派人笼络，但因官职太小，张士诚抗不受命，并杀死了前往招抚的元朝知府李齐。这年九月，元朝政府决定剿灭桀骜不驯的张士诚，派中书右丞脱脱进攻高邮。这是一场控制与反控制的火并，和徐寿辉、刘福通等人与元朝的战争性质迥异，不能相提并论。脱脱攻势凌厉，攻下了高邮外城，张士诚惶恐万状，又准备投降，但旋因脱脱受谗被贬，大军溃散，使他得以据地自雄。1356年三月，张士诚攻下平江（今江苏苏州），改名隆平府，定为首都，建国号为大周，改元天祐，以至正十六年为天祐元年，立省院六部百司，改用明时历。当时，他"南侵江浙，至绍兴；北愈江淮，抵徐州，至济宁（今山东巨野县）"[3]，占据了浙江、江苏、安徽、山东一大片地方，真是春风得意，福禄双臻。但是，好景不常，1357年因他与朱元璋发生龃龉，他的弟弟士德被朱元璋俘虏，他派兵攻打嘉兴、杭州，又被元军所败。张士诚势穷力蹙，再次向元朝乞降。元廷派江浙行省右丞达识帖睦迩主其事，"士诚始要王爵，达识不许。请爵为三公，曰三公非有司所定，亦不许"。经过一番讨价还价，元朝终于"授士诚太尉、士德淮南平章、士信同知行枢密院事，其党皆授官有差（按：其时士德已为朱元璋俘虏）"[5]。太尉是掌兵戎的要职，一般人尤其是汉人是得不到的，元朝政府到这时也顾不得许多了。张士诚所盘踞的江浙，是元朝最富庶的省份。元朝每年的粮食收入，差不多有一半来自江浙。"国家承平之时，一岁粮入京师，至一千三百五十万八千八百八十四石，而江浙四分强"[9]，"经费所入，江浙独当其十之九"[10]。元朝政府失掉江浙，便不啻被人卡住了喉咙。况且，当时因农民起义，"海运之舟不至京师者积年"[6]，而使京师"岁饥"，因此便拼命笼络张士诚。至正十九年（1359），元廷向张士诚征粮，张果然不负"知遇之隆"，马上"自海道输粮十一万石于大都（今北京）"，而且"岁以为常"[1]。这无疑是给元朝统治者摇摇欲坠的政权打了一针强心剂，为元朝统治者进攻农民军提供了一笔优厚的军费。1362年，张士诚又把运粮的数目增加到十三万石。他以运粮作为待价而沽的筹码，一面向元朝输粮，一面向元廷要求封王。但是，鉴于有元一代没有汉人封王的先例，元顺帝不好违背"祖宗成训"，不准所请。1363年，"张士诚自称吴王，来请命，不报。遣户部侍郎博罗帖木儿等征海运于张士诚，土诚不与"[6]。既然元朝不肯封王，他便不再提供粮食了。既然称王，就得有点"气派"。于是改国号为吴，在苏州大治宫室，封其母曹氏为王太妃，真要领略一下九五之尊的滋味了。第二年，他又威胁元朝大臣普化帖木儿"为请于元，使为真王"[11]。普化帖木儿不从，他便派人抢印，普化帖木儿自杀。

张士诚自1353年起事，1367年覆亡，十四年中竟有十一年同元朝统治者勾结在一起。说他官迷心窍，助纣为虐，也许不算冤枉他吧。

三、纵横捭阖，攻击义军

张士诚既与元朝打得火热，那么，他与红巾军的关系如何呢？1356年，朱元璋的队伍攻下了常州、镇江，张士诚也攻下苏州，两家成了毗邻。朱元璋为了同张士诚结为奥援，派使赍书通好，信上说："吾与足下东西境也，睦邻守圉，保境息民，古人所贵，吾甚慕焉。自今以后，通使往来，毋惑于交媾之言，以生边衅。"[11]信是写得很诚恳的。但张士诚不仅拘使不遣，而且派水军进攻镇江。作为回敬，朱元璋也派徐达进攻常州，俘虏张士诚之弟士德；十月，张士诚麾下骁将汤元帅亦被俘。士诚连败，便"奉使请和，愿输粮二十万石、黄金五百两、白金三百斤，以为犒军之资"[11]。朱元璋要求归还拘留的使臣，张士诚又装聋作哑，拒不作答。以后，张士诚又多次进攻红巾军，使得红巾军瞻前顾后，处境困难。张士诚就这样反复无常，忽而降元，忽而又向朱元璋纳款。他"号假元名爵，实不用其命"[3]；虽向朱元璋纳款，又不肯停止战争，充分暴露了他两面派的嘴脸。

更为可恶的是，1363年，他趁着宋小明王部队的主力已分三路北伐、后方空虚的当儿，派十万大军进攻安丰。结果韩林儿退走滁州，红巾军最著名的将领刘福通被杀。他没有马革裹尸，喋血疆场，却死在了张士诚的暗算之下，安丰不久也被元军占领。张士诚与元军配合得如此默契，进攻起义军如此不遗余力，这样的丑恶表演，如果不给予挞伐而加以宽原，岂不是对整个农民起义的否定？

四、倒行逆施，自取灭亡

张士诚割地自据长达十四年之久，有些什么德政？遗憾得很，在我们接触到的材料中，竟没有一条这样的记载。

首先，他的军队纪律最坏。攻破苏州时，“劫掠奸杀，惨不忍言……凡有寺观庵院、豪门巨室，将士争夺，分占而居，了无虚者”[4]。他的弟弟士信“荒淫，出师多携樗蒲、蹴鞠，拥妇女酣宴”[11]。“将帅亦偃蹇不用命，每有攻战，辄称疾，邀官爵田宅然后起。甫至军，所载婢妾、乐器踵相接不绝，或大会游谈之士，樗蒲蹴踘，皆不以军务为意。”[1]这样的军队，哪里能够打仗！红巾军徐寿辉起事时，“不杀不淫，招民投附者，署姓名于簿”[12]。两者相比，相去何啻天地！其次，张士诚虽据有江浙，但沉湎酒色，怠于政事，并无远图。他所信任的黄敬夫、叶德新、蔡彦夫三人，“皆谄佞险邪，惟事蒙蔽，故其国政日非”。当时流传一首民谣说：“丞相（指张士诚）做事业，专用黄、蔡、叶，一朝西风起，干瘪！”[11]对张士诚任用非人，进行了辛辣的讽刺。呻吟于元朝苛政之下的老百姓，盼望解救，如大旱之望云霓，但张士诚给他们带来的却是无穷无尽的灾难，他怎么可能取得老百姓的支持呢！

倒行逆施的结果，是自取灭亡。就在张士诚自称吴王后的第四年（1357年），他终于被朱元璋擒获，身死国灭，成了历史上来去匆匆的过客。而张士诚这个不光彩的名字，也将钉在历史的耻辱柱上，永远不能解脱！

参考文献

[1]张廷玉，等.明史[M].北京：中华书局，1974.

[2]任崇岳.朱元璋评价的几个问题[J].学术月刊，1980(9).

[3]明太祖实录[M].台湾“中央研究院”历史语言研究所校勘本，1962.

[4]陶宗仪.南村辍耕录[M].北京：中华书局，1959.

[5]吴宽.平吴录[M].上海：商务印书馆，1937.

[6]宋濂，等.元史[M].北京：中华书局，1976.

[7]叶子奇.草木子[M].北京：中华书局，1959.

[8]查继佐.罪惟录[M].四部丛刊本.

[9]权衡.庚申外史[M].郑州：中州古籍出版社，1991.

[10]朱德润.存复斋续集[M].四库全书本.
[11]谷应泰.明史纪事本末[M].北京:中华书局,1974.
[12]陆深.平胡录[M].商务印书馆影印本,1937.

(原载《中国社会科学院研究生院学报》1981年第2期)

朱元璋评价的几个问题
——与陈高华同志商榷

陈高华同志发表在《学术月刊》1980 年 4 月号上的《论朱元璋与元朝的关系》是一篇值得注意的文章。该文就朱元璋与元朝的关系及其在元末农民战争中的表现,做出了新的估价。我同意陈文的部分观点,而另一些,则有加以商兑的必要。

一、如何看待朱元璋的起义动机

陈文认为,朱元璋"只是在'为讹言所逼,惧祸将及'的情况下,他才决定参加起义军"的,根据是朱元璋曾说过"淮兵大起,掠入行伍"的话。陈文据此分析说:"一个'掠'字恰好说明他对农民起义的厌恶心理,他投奔起义军是很被动消极的。"我不怀疑这条史料的真实性,但仅凭一个"掠"字便遽下结论,证据未免薄弱了些。朱元璋是极喜欢讲话的人,翻开《洪武朝实录》,他对臣下的讲话和诏令,便占了相当的篇幅。从这些讲话和诏令中,撷取符合自己需要的一两条,并不困难。相反,我也可以信手拈出与此说大相径庭的史料,以证明朱元璋对起义有相当的"认识"。如至正二十七年(1367)北伐前夕,他对信国公徐达说:"自元失其政,生民涂炭,予与诸公仗义而起,冀有奠安生民者出,岂意大难不解,为众所附,遂平陈友谅,灭张士诚,闽、广之地,将以次而定。"[1] 洪武二年(1369)祭常遇春文曰:"元季大乱,生民涂炭,朕奋起临濠,屯师和阳。"[2] 洪武三年(1370)诏曰:"自有元失驭,群雄鼎沸,土宇分裂,声教不同,朕奋起布衣,以安民为念,训练将兵,平定华夷。"[3] 如果说一个"掠"字表明了他对农民起义的厌恶心理,那么,一个"仗"字、一个"奋"字,岂不也反映出他出生入死、义无反顾的"壮举"! 更多的证据表明:他是在天下扰攘、性命难保的情况下起兵的。

他说："友人寄书，云及趋降，既忧且惧，无可筹详。"[4]又说："朕年二十四，盘桓求生而已，不谓遂有天下。"[4]如果不是兵燹波及了皇觉寺，这个年轻的和尚未必会投入郭子兴麾下当兵，而当兵的目的，也不过是"盘桓求生"而已，起初并没有当皇帝的奢望。他弃缁流而从军，既不是投机取巧，也不是什么惊天动地的壮举，只不过是一次很普通的投军而已。

其实，单单考察农民起义领袖参加起义的动机，并不能说明问题。"我们是辩证唯物主义的动机和效果的统一论者"，只有把动机与效果放在一起考察，才能得出准确的结论。诚然，朱元璋不是弄潮儿，只是因为被激浪所裹挟，才不得不游到大海里去的。但这又有什么关系呢？我国历史上上千次波澜壮阔的农民起义，能够提出自己纲领的，固然不乏其人，糊里糊涂参加起义，然后在起义军熏陶下成长起来的，不是也大有人在吗？陈胜起义，也只说了"王侯将相宁有种乎"一句话作为号召，哪里有什么拯民水火、解民倒悬的讨秦檄文？但是又有谁否认他是农民起义领袖呢？

二、如何看待朱元璋对元朝官员的礼遇

朱元璋对待元朝官员是比较优渥的，正如陈文所说，他对那些被俘而不愿投降的，"或则礼遣出境，或则纵走不追，这与其他农民起义军通常所采取的不降即杀的方针，正好形成鲜明的对照"。但在我看来，这未必就是朱元璋通敌的一项罪状。一个最简单的事实是：解放军也优待俘虏，但谁也不能得出这是立场不稳、态度暧昧的结论。当然，比喻总是蹩脚的，但有助于说明问题。朱元璋褒扬死者，正是为了生者。他说："自古忠臣义士，舍生而取义者，身没而名存，有以垂训于天下后世……自昔忠臣义士，必见褒崇于后代，盖以励风教也。"[3]可见，"垂训于天下后世""以励风教"，才是他的本意。他希望他的臣子也像余阙、李黼效忠于元朝那样效忠于他。因此，为元朝死节的，虽然有的和他做过对头，但仍然得到立庙祭祀的殊遇。对于穷蹙来降或被俘获的，他一概不予人格侮辱，如方国珍、陈理、明昇、李思齐、纳哈出等。对于顺帝之孙买的里八剌，在其被俘五年之后，以礼遣还。朱元璋对他说："尔本元君子孙，国亡就俘。曩即欲遣还，以尔年幼，道路辽远，恐不能达。今既长成，朕不忍令尔久客于此，故此

遣归，见尔父母，以全骨肉之恩。”[1]其他如“李文忠克杭州，执平章长寿、丑的管等官”，皆给予脚力，送至境上，任其还乡。[5]对于元将蒋子英，“纵出塞”，使之“追元故主于和林”。[6]凡此种种，就是在今天看来，不也是一项很成功的俘虏政策吗？而对那些反复无常、朝秦暮楚的人，就非杀不可了。如陈友谅的大将熊天瑞降于朱元璋，但在攻打浙西时，又叛降张士诚，“士诚灭，天瑞伏诛”[7]。

当然，这种攻心为上的策略，并不始自朱元璋，他不过是东施效颦而已。“只识弯弓射大雕”的成吉思汗，1221 年把花剌子模的嗣君扎兰丁逼至穷途末路时，“扎兰丁忽回马首，脱甲负盾执纛，从二十尺高崖之上跃马下投，截流而泳。成吉思汗进至河畔见之，指示诸子，言此子可供诸子效法，止将卒之欲泳水往追者”[8]。文天祥被俘至北京后，因为抗节不降，诸将请杀之，“帝（元世祖）犹未忍，麾使退”；被杀之后，“帝叹曰：好男子，不为吾用，杀之诚可惜也”[9]。有谁能从这里得出结论，说成吉思汗、忽必烈两人和敌人情愫相通，而不是惺惺相惜呢？

陈文认为元末农民起义军对元朝官员不降即杀是立场坚定的表现，并以此作为月旦人物的标准之一。其实，这种办法正是为丛驱雀、为渊驱鱼的幼稚表现，丝毫也不值得称道，而朱元璋礼遇降将，正是比其他农民起义军高出一筹的地方。除朱元璋外，这样做的唯一例外是明玉珍。他在攻破嘉定（今四川乐山市）时，俘获元将赵资、完者都、朗革歹三人“归于重庆，馆诸治平寺，欲使为己用。三人者执不可，乃斩于市，以礼葬之，蜀人谓之三忠”[7]。看来，他也是懂得攻心为上的策略的。

三、怎样估价朱元璋对元朝的“暧昧态度”

陈文四次指责朱元璋在同元作战过程中态度暧昧，根据何在呢？一是至正十四年（1354）元兵攻滁州时，朱元璋以邻为壑，把祸水引向高邮的张士诚；二是至正十八年（1358）拓地至江南时，对与之接壤、近在咫尺的安庆元兵“未尝加一镞”；三是朱元璋与察罕帖木儿的信使往还，“实际上是向元朝表示愿意投降”。没有必要为朱元璋辩护，但有必要考察一下当时的环境，以便做出合乎情理的判断。

关于怎样评价朱元璋在滁州之役中的表现,我与陈高华同志的见解不同。第一,高邮守将张士诚是个“以私贩,缘为奸利”的“盐侩”,[6]这个出身养成了他见利忘义、朝秦暮楚的狡诈性格。尽管有不少同志慷慨地赠他一顶农民起义军领袖的桂冠,实际上他不过是一个趁火打劫的江洋大盗罢了。至正十三年(1353),他起事于高邮,旋即攻陷高邮、泰州。但当元朝扬州知府李齐“招谕”时,他便“请降,愿受民职自效”,[6]表示归附元朝。元朝“立义兵元帅府以官其党,然狙诈百出,卒不就降”[10]。以后他时降时叛,周旋于元朝和朱元璋之间。至正十四年(1354),他和元将脱脱之间的火并,是一场控制与反控制的斗争。对于这样一个人物,朱元璋救不救他,都无关宏旨。第二,元末的农民起义,与别代不同。顺帝至元、至正年间,起事者不绝如缕,一旦得手,便各各称孤道寡。举其荦荦大者,如至正十一年(1351)徐寿辉称帝于蕲;十三年(1353)彭大自称鲁淮王,赵均用自称永义王;十四年(1354)张士诚称诚王,二十三年(1363)又改称吴王;至正十五年(1355)韩林儿称帝于亳;二十年(1360)陈友谅弑徐寿辉,称帝于采石;二十三年(1363)明玉珍称帝于蜀;方国珍与陈友定起事较早,但旋即降元。他们之间从来不相统摄,既无反元的统一战线,也无反元的统一行动,各行其是,谁也不肯和别人配合。不宁唯是,而且动辄蚕食鲸吞,兵戎相见。既然没有互相救援的君子协定,当时势力弱小的朱元璋,当然不肯冒险去援救张士诚,反过来也是如此。虽然不能用“策略”二字来为朱元璋开脱,但当时的实际情况就是如此,说不上“投井下石”。第三,考察朱元璋在这一战役中的表现,不能孤立地单看一件事,必须联系这件事的前前后后。当元军分兵攻六合,六合遣使向郭子兴求救时,“元兵号百万,诸将畏之,莫敢往,托以祷神弗吉为辞。子兴乃召上将兵往,亦令祷于神。上曰:‘事之可否当断于心,何必祷也?’于是率师东之六合,与耿再成守瓦梁垒”[11]。别人畏敌如虎,他却自愿请缨,而且终于以弱胜强,救出了六合义军。十五年(1355)春,郭子兴主力攻打和阳,滁州空虚,元兵突至城下招降,滁州危若累卵,“子兴益恐,召太祖与谋”[1],朱元璋意气自若,设计退元兵。“元兵十万攻和(州),拒守三月,食且尽”[12],靠着朱元璋的惨淡经营,居然化险为夷,打败了元军。凡此种种,说明朱元璋抗元坚决,态度并不暧昧。从当时的情况来看,朱元璋既慷慨请缨于前,又奋战败元兵于后,唯独于滁州城下向元军摇尾乞怜,不合情理。因此,他送还所夺元军马匹的唯一合理的解释,是“畏元人强,诡还之”[2],尽管陈高华同志不同意这一点。至于朱元璋不承认自己是起义队伍而以地主武装自居,也不过是策略而已。兵不厌诈乃普通军事常识,古今中外战争史上,打着对方的旗号,装扮成对方的人马,去消灭对方的有生力量,这种例子不是俯拾即是吗?

了解了朱元璋在滁州城下的行动,我们对他不进攻近在咫尺的安庆,便不会感到突兀了。至正十五年(1355)六月,朱元璋率兵渡江,至正十八年(1358)一月,陈友谅攻下安庆,当中不过两年多的时间,朱元璋立脚未稳,势力弱小。而张士诚、陈友谅在江南已经营了好多年,就力量而论,他们比朱元璋强大得多。至正十六年(1356)九月,汤和攻下镇江,朱元璋便派人与张士诚通好,希望结为奥援,但张士诚拘使不遣,且"以舟师攻镇江,徐达等御之,败其军于龙潭"[1]。自此朱、张交恶,战端屡开。为了争夺池州,朱元璋与陈友谅又几次交兵。同为义军,却反目成仇,这个责任如果都推在朱元璋身上,显然是不公允的。鉴于这种情况,朱元璋当然不肯"自撤屏翰,身受强敌"[2],去进攻安庆,而让陈友谅、张士诚坐大。陈友谅的情况则不同,夺了池州,便可"上以取安庆,下以规取太平(今安徽当涂)",否则,发展势力便要受到阻遏。这就是陈友谅狮子搏兔,全力进攻安庆,而朱元璋却按兵不动的原因。

如何看待朱元璋与察罕帖木儿的信使往还,是评价朱元璋的又一症结所在。陈文认为这种结援活动,"实际上是向元朝表示愿意投降"。这也是值得商兑的。首先,朱元璋一未称臣,二未纳款,怎能叫作投降?结援也好,通好也好,和真正的投降都还有一段距离,不能混为一谈。即使有过要求招安的事,既然未成事实,就不能说成是投降。其次,朱元璋是在陈友谅大将双刀赵(普胜)扼安庆、张士诚据苏州,他与陈友谅战事方殷的情况下,于至正十九年(1359)、二十一年(1361)遣使与察罕帖木儿通好的,目的是稳住察罕帖木儿不要举兵南下,他好腾出手来与陈友谅决一雌雄。他自己说:"吾今遣人往与通好,观其行事,然后议焉。"[1]这说明通好仅是一般试探性的接触,并未交涉投降事宜。至正二十二年(1362)五月(《明史》系此事于六月,此据实录),察罕帖木儿致书朱元璋,但又两次拘留朱元璋派去的使臣。朱元璋说:"予观察罕书辞婉而媚,是欲啖我,我岂能以甘言诱哉……今其所为,违背天理,岂能有成!"[11]这里所说的"啖",大概就是指元遣户部尚书张昶授朱元璋以江西行省平章政事一事。有的学者认为"察罕报书欲官太祖,而察罕被刺之问亦至,太祖遂不受命"。陈文也说:"只是由于察罕帖木儿在山东遇刺,其养子扩廓继为统帅,军心动摇,无暇南顾，朱元璋权衡利弊，才没有接受招安。”殊不知朱元璋在收到察罕的信时，察罕尚未遇刺，此时，朱元璋即决定“不为甘言所诱”，同时因为“方有事吴汉，不之答”。[2]张昶等因走水路，迟至这年十二月才到达广元。察罕帖木儿要给朱元璋官，须得禀明中央，更不会拘留使臣不遣，由此可证张昶是元中央政府派来的，而不是察罕帖木儿的使臣。把察罕帖木儿的死，作为朱元璋不肯接受招安的根据，无疑是不妥当的。在察罕帖木儿被刺后，他致书扩廓帖木儿说：“前岁遣人直抵大梁，实欲纵观，未敢纳交也。”[11]对待这一段史实，应该鉴空衡平，既不能原谅朱元璋的白圭之玷，也不必因这一桩未遂公案而影响对他的评价。

还应该指出，对于这一段历史，朱元璋并不隐讳。陈文说：“朱元璋称帝后，对自己在农民战争期间的一些丑行多方讳饰，将许多有关的资料进行了删削和篡改。”其实，朱元璋讳莫如深的，是他和红巾军的关系。《太祖实录》之所以经过三次改修，泯灭这一痕迹是其主要目的之一。至于他和元朝的关系，刘辰的《国初事迹》一共收了三条，而且比较详尽，连钱谦益也说：“刘辰《国初事迹》大书其事，无所隐避。”[13]刘辰在朱元璋起兵之初，即于其幕下供职，后又入李文忠幕下，永乐时曾参与修撰《太祖实录》，而《太祖实录》又多本于《国初事迹》，《四库全书提要》说“其文质直无所隐讳”。可见，如果没有朱元璋、朱棣父子的认可，刘辰哪敢大书其事！钱谦益的《国初群雄事略》一书，是史料汇编性质，关于朱元璋和察罕帖木儿、扩廓帖木儿父子的往来，均摘自《国初事迹》和《明实录》两书，可证朱元璋并不讳言他与元朝的交往。陈文说：“明末钱谦益做了很好的考证，可说是定论。”似乎是钱谦益考证出了朱元璋与元人勾结的内幕，未知何所据而云然。基于同样理由，我对陈文关于朱元璋为了毁灭罪证而指使人推倒方国瑋神道碑之说，也不能首肯。既然三易其稿、传布甚广的《太祖实录》尚且不讳此事，又怎会在乎区区一个石碑？

四、朱元璋没有进行过农民战争吗

陈文认为朱元璋压根就没进行过农民战争，只进行过“封建统一战争”，他“实际上充当了农民战争的‘遗嘱执行人’的角色，元朝的被推翻，明朝的继起，是地主阶级的胜利，不是农民的胜利”。这个论断是不能服人的。

首先,“农民战争的‘遗嘱执行人’的角色”这个表述就令人费解。既然是“遗嘱执行人”,就意味着朱元璋完成了其他农民起义领袖们赍志而殁的未竟之业。如果我对这句话理解得不错,那么,给朱元璋加上这顶帽子,岂非自相抵牾?

其次,说朱元璋只进行过封建统一战争,而未进行过农民战争,就必须先得弄清什么叫作农民战争,什么叫作封建统一战争,然后才能循名责实。陈文的意思是说,其他农民起义军打垮了元朝的统治,因而叫作农民战争,而朱元璋则是等双方两败俱伤之时,出来坐收渔利,收拾残局,因而叫作封建统一战争。众所周知,朱元璋从至元十二年(1352)三月参加红军到至正二十年(1360)长达八年的时间里,斩将搴旗,迭克名城,一直以元军作为主要作战对象,占领了安徽、浙江的大片地区。尽管他和张士诚、陈友谅之间有过龃龉,但都是小规模的冲突。为什么别人进行的是农民战争,他同样是同元军作战,就成了封建统一战争了呢?论纪律,他比其他起义军好,论保护农民利益,他也比其他起义军更受欢迎,但是却不能取得农民战争的“资格”,这真是咄咄怪事。基于以上事实,我认为,从至正十二年到二十年这一段时间里,朱元璋所进行的是农民战争——尽管他正逐步蜕变为地主阶级代言人。从至正二十年到二十七年(1367),朱元璋以其他起义军为主要作战对象,先后翦灭陈友谅、张士诚、方国珍,并派人进攻福建、两广,奄有东南半壁河山,这才是名副其实的封建统一战争。他派廖永忠沉韩林儿于瓜步,在《平周榜》中大肆诟詈红军,则标志着朱元璋已完成了由农民起义军领袖到地主阶级代言人的蜕变。至正二十七年十月,元末起义群雄已被芟除殆尽,朱元璋已无后顾之忧,于是出师北伐,当然这是封建统一战争的继续。由此可见,说朱元璋从未进行过农民战争的说法,是站不住脚的。倘若没有新史料的发现,仅凭现有的资料,要撤销朱元璋农民起义军领袖的资格,恐怕是有些棘手的。

陈文说,大明帝国的建立,“是地主阶级的胜利,不是农民的胜利”,这话说得不错。问题在于:农民阶级由于自身的局限,永远不可能通过起义建立一个代表自己利益的政权,在他们面前,只有失败和蜕变两条路可走,此外,再也没有别的抉择。朱元璋蜕变了,换上张元璋、李元璋,也仍然逃不脱蜕变的结局。既然如此,对朱元璋的这一指责,又有什么实际意义呢?

五、怎样评价《平周榜》和北伐檄文

毋庸讳言,《平周榜》是朱元璋背叛农民起义的自白书。他骂弥勒教为“妖术”,固然反映了他对曾为之服务过的红军的仇恨心理,但也从另一方面表明:弥勒教已经完成了自己的历史使命,到了需要用别的政治号召来代替它的时候了。至正十一年(1351)红军起事的时候,曾经用“白莲会烧香”“天下当大乱,弥勒佛下生”的偈言作为号召,人民“多乐从乱,曾不旬月,从之者殆数万人”[14]。但是,弥勒佛下生之说,纯属子虚乌有,随着时间的流逝,到了至正二十六年(1366)仍然用这一套作为号召,已经不大灵验了。宋政权在至正十五年(1355)建立时,曾发过一通诏书:“蕴玉玺于海东,取精兵于日本,贫极江南,富称塞北。”这算是抛开宗教含义而提出的政治纲领。至正十七年(1357)刘福通北伐时,又书过一副旗联:“虎贲三千,直抵幽燕之地;龙飞九五,重开大宋之天。”[10]除说复宋外,看不出有什么别的特色。“扶箕诗”也算是一个纲领吧,但从头到尾都是杀杀杀,究竟要给老百姓带来什么好处,则没有片纸只字相及。事实证明:单凭弥勒佛下生的宣传,已不能维系人心。朱元璋为取得地主阶级的支持,自不能不另辟蹊径,一方面表示与红军决裂,一方面提出自己的主张。朱元璋的蜕变固然由多种因素造成,但他钻了弥勒佛下生说不再起作用这个空子,也是一个不容忽视的事实。

对于朱元璋的北伐檄文,陈文提出了两点:“一条,元朝的统治是合理的”;“一条,他的起兵是为形势所逼,不是为了反抗元朝统治,他不是从元朝而是从群雄手中夺得天下的”。陈文的后一条分析基本上是正确的,而前一条则有悖于史实。说朱元璋认为元朝的统治是合理的,并为元朝统治大唱赞歌的根据是北伐檄文中有“自宋祚倾移,元以北狄入主中国,四海内外,罔不臣服,此岂人力,实乃天授”这几句话。但是只要细读全文,便可发现,这几句话只是指的元初,而非顺帝之世。一个最简单的道理是:北伐檄文的核心部分是“驱逐胡虏,恢复中华,立纲陈纪,救济斯民”,即以民族斗争代替阶级斗争。这就决定了在檄文中必然对元朝统治进行猛烈的抨击,即使这种抨击是假的也罢。朱元璋说的“四海内外,罔不臣服,此岂人力,实乃天授”的话,无非是要表明,元朝的天下曾经受命于天，现在已经到了“天讫其禄”[2]的时候，该由他这个受命于天的“伟人”取而代之了。在《平周榜》的开头，朱元璋就说：“近睹有元之末，主居深宫，臣操威福，官以贿成，情以罪免，台宪举亲而劾仇，有司差贫而卖富，庙堂不以为虑，方添冗官，又改钞法，役四十万人湮塞黄河，死者枕藉于道，哀苦声闻于天”[15]。在北伐檄文中又说：“及其后嗣，荒淫失道，加以宰相擅权，宪台报怨，有司毒虐，于是人心离叛，天下兵起，使我中国之民，死者肝脑涂地，生者骨肉不保，虽因人事所致，实天厌其德而弃之也。”[11]一说“有元之末”，一说“及其后嗣”，在在可证朱元璋并未歌颂元末统治，而是给予了痛快淋漓的揭露，怎能说是为元朝统治大唱赞歌！

还有一点需要说明的是，蒙古人推翻宋朝，建立起大元帝国，初年的政治还是比较清明的。明初人叶子奇说：“元朝自世祖混一之后，天下治平者六七十年，轻刑薄赋，兵革罕用，生者有养，死者有葬，行旅万里，宿泊如家，诚所谓盛世矣。”[14]这话虽不无溢美之嫌，却也大体合乎事实。对于腐朽透顶的宋王朝，“汉族史学工作者丝毫不值得替他们呼喊，说是受了侵略，并且谴责侵略者。我们应该严厉谴责那架剥削机器，赞成有人出来打倒它。女真灭北宋、蒙古灭金和宋，都是合乎规律的事情”[16]。范文澜同志的意见，可说是持平之论。

倘若听见有人说了元朝一两句好话，便不分青红皂白，一概斥之为替元朝的统治大唱赞歌，这岂是唯物主义者应有的态度！

总括朱元璋的统一过程，可以得出以下几点结论：

第一，朱元璋从至正十二年到至正二十年，进行了八年之久的农民战争，是元末农民起义军领袖之一，他在反元斗争中的贡献应该得到肯定。

第二，从至正二十年起，朱元璋从进行农民战争转变为进行封建统一战争，他敉平群雄，混一宇内，结束了国内四分五裂的局面，是适应了历史发展的趋势，这个功绩也不应被湮没。

第三，朱元璋在反元斗争中所采取的纵横捭阖的手段，应该放在当时那个特定的环境中去考察。他之所以能统一中国，是由别人所不可企及的品质才能和正确政策决定的，否认这一点是不对的。

第四，朱元璋从一个农民起义军领袖蜕变为封建皇帝，这是历史的必然结局，而不是由朱元璋的个人品质决定的，因此，不应过多追究其个人责任。

参考文献

[1]谷应泰.明史纪事本末[M].北京:中华书局,1974.

[2]谈迁.国榷[M].上海:上海古籍出版社,1958.

[3]宋濂.洪武圣政记[M].四部丛刊本.

[4]沈节甫.纪录汇编[M].四部丛刊本.

[5]刘辰.国初事迹[M].借月山房丛书本.

[6]查继佐.罪惟录[M].四部丛刊本.

[7]张廷玉,等.明史[M].北京:中华书局,1974.

[8]多桑.多桑蒙古史[M].冯承钧,译.上海:商务印书馆,1939.

[9]毕沅.续资治通鉴[M].北京:中华书局,1976.

[10]陶宗仪.南村辍耕录[M].北京:中华书局,1959.

[11]明太祖实录[M].台湾"中央研究院"历史语言研究所校勘本,1962.

[12]王鸿绪.明史稿[M].敬慎堂本.

[13]钱谦益.国初群雄事略[M].北京:中华书局,1982.

[14]叶子奇.草木子[M].北京:中华书局,1959.

[15]吴宽.平吴录[M].上海:商务印书馆,1937.

[16]范文澜.中国历史上的民族斗争与融合[J].历史研究,1980(1).

(原载《学术月刊》1980年第9期)

论朱元璋对待儒士的态度

朱元璋是以布衣而登“九五之尊”的明代开国君主。学者们在谈到他削平群雄、统一全国的原因时，无一例外地都谈到了儒士的作用。的确，朱元璋对待儒士倚畀之殷、待遇之优渥，是有口皆碑的。但这只是事情的一个方面。另一方面，他对儒士诛戮之惨、文网之密，又与清代的文字狱毫无二致。这一互相矛盾的现象，竟然发生在一个人身上，个中缘由，是值得做一番探究的。遗憾的是，学者们总是津津乐道于朱元璋如何稽古右文，而对于他为什么要大批屠戮儒士，还未见有专文论及。小子不敏，打算就这一问题略陈管见，以就正于方家和同志们。

一、朱元璋重用儒士的缘由

刘邦曾经说过：运筹帷幄，吾不如子房（张良）；刘备也曾说：孤之有孔明，犹鱼之得水也。这两则脍炙人口的典故，是人们所熟知的。其实，重用儒士是历代开国之君的共性，不独刘邦、刘备为然。乱世尚武，治世修文，这是历代统治者治国的一般规律，但朱元璋对于这两者都没有偏废，即使在干戈扰攘之际，他也没有忘记网罗儒士，襄赞军机。究其原因，不外两点：

第一，从元朝的覆亡，看到了吏治的重要，而要整顿吏治，便非起用儒士不可。朱元璋出身寒微，崛起于畎亩草莱之间，童年荛牧，而后又托身缁流，未暇呫毕。他是在戎马生涯中学会读书写文章的。试看他所写的诗文，虽不无舞文弄墨、附庸风雅之作，然亦不乏隽永清新、文采斐然的篇章。他曾说：“朕本农家子，未尝从师指授，然读书成文，释然自顺。”[1]这并非夸大之辞。读书多即能明理。他从历代治乱兴衰中悟出了治国平天下的道理：即使在创业期间，也须重视文治。元末的变乱,是他身历目睹的。他认为,元纲之所以解纽,是元顺帝任用非人、吏治窳败的结果。元朝初年虽曾重用儒士,但在天下底定之后,便转而鄙薄儒士了。“世祖能大一统天下者,用真儒也;用真儒以得天下,而不用真儒以治天下。八十余年,一旦祸起,皆由小吏用事。”[2]朝廷大臣自然多用蒙古勋旧,有一个时期,竟至“江淮行省,无一人通文墨者”[3]。胸无点墨,便能擢至封疆大吏,自然不会有什么政绩可言。而这些弊病,到了元顺帝时,已经是病入膏肓,非药石可医了。社稷倾覆,那是自贻伊戚,怪不得别人的。朱元璋曾说,他得天下于群雄,非得于元氏。因此,他从军后虽然风尘澒洞,但颇注意延揽儒士,“高皇以武功创业,顾慕用耆儒,见儒辄喜,以耆儒无诞谲,可厚俗也”[4]。

第二,从长期的统一战争中看到了儒士的重要。元朝末年,义军蜂起,举其荦荦大者,便有刘福通、陈友谅、张士诚、方国珍、明玉珍、陈友定等人。他们的实力和威望,远非朱元璋所能望其项背,但是其兴也骤,其亡也疾,究其原因,汲汲于武事,不留意文治,无疑是一个很重要的方面。陈友谅曾是势力最盛的一支,但麾下竟无一儒士,仅凭恃武力,因而不能持久。张士诚所重用的黄、蔡、叶三人,虽名为儒士,实乃一群宵小,除了蠹政害民,什么好事也干不出来,“姑苏市井中童谣曰:张王做事业,只凭黄蔡叶。一夜东风来,干瘪”[1]!其结局自然不问可知。其余诸人更等而下之,因而到头来只能成为别人刀俎上的鱼肉,而不能一统天下。有鉴于此,朱元璋“始渡江时,首见群雄多淫湎肆傲,自夸为骄,帝独克己下人,旁求贤士,尊以宾礼,听受其言,昼夜忘倦”[5]。只要有才能,朱元璋便马上擢用,甚至“朝褐午组,卯来辰授,至不爱高爵,以笼才敏学行之士”[4]。有人说:“朱元璋的突出之处,是比别人更重用知识分子,最能正确发挥他们的积极作用。”[6]这个看法是很有见地的。

当然,儒士们之所以投靠朱元璋,还有深刻的社会原因。众所周知,儒士不是一个独立的阶级,单靠他们自己,并不能安邦定天下,要想施鸿猷,展抱负,非附丽于某一个封建帝王不可。而“有元之世,文学甚轻,当时有‘九儒十丐’之谣,科举亦屡兴屡废,宜乎风雅之事弃如弁髦”[7]。儒士们既失去了进身之阶,自不能不另谋生路。环顾元末起义群雄,只有朱元璋豁达大度,从善如流,自然都纷至沓来,投靠他以谋出路了。朱元璋重用儒士,表现在两个方面:

首先,他尊重并礼遇儒士。朱元璋在得天下之前,折节下士,洵洵然有长者之风,甚至与儒士们诗文酬答,唱和往还,这些都取得了儒士们的好感。如宋濂有疾,“候问之使,相属于道。时方严肩舆之禁,自相国以下,至百执事,皆弗之许,特命中书造安车,给健丁六人以载”[8]。给刘基写信,自称姓名,虔诚地写上“顿首奉书伯温老先生阁下”[9]。徐达兵下镇江,访知有儒士秦从龙者,“上命(朱)文正、(李)文忠以白金文绮往聘之。从龙至,上亲出城迎入,邀与同处,朝夕咨访时政,常呼老先生而不名”[10]。兵入浙江,礼聘刘基、叶琛、章溢、宋濂四人,谦恭地说:“吾为天下屈四先生耳。”[11]宋讷读书,“不慎燎胁下衣,至肤始觉。帝制文警之”[12]。赐陶安门帖云:“国朝谋略无双士,翰苑文章第一家。”[12]范常“疾甚,乞休,上作诗五言贶之。”[4]章溢卒,“乃亲撰文遣官即其家祭之”[11]。刘三吾博学善属文,“帝制诗,时令属和,尝赐以朝鲜玳瑁笔”[12]。罗复仁致仕,“题诗衣襟褒美之”[12]。戎马之暇,“辄与诸儒讲论经史”[5]。凡此种种,都是其他群雄做不到的。除以上所举诸人外,他如下集庆(今江苏南京),“得儒士夏煜、孙炎、杨宪等十余人,皆录用之”[13];取婺州(今浙江金华),得儒士范祖干、叶仪、吴沈、许干、叶瓒玉、胡翰、汪仲山、李公常、戴良等人;克徽州(今安徽歙县),得耆儒朱升;甚至“所克城池,得元朝官吏及儒士,尽用之”[14]。他尝谕诸将:“汝等非不善战,然临事决机,智或不足,宜亲近儒者,取古人之书,听其议论,以资知识。”[15]吴元年(1367),置御史台,以汤和、邓愈为左右御史大夫,“谕汤和曰:今居文职,宜亲近儒生”[4]。洪武三年(1370),“敕省台延聘儒士于午门,与诸将说书”[12]。流风所及,武将如胡大海荐王宗显,“李文忠亦荐诸儒王祎、许元、黄天锡,太祖皆征用之”[13]。有的同志认为,朱元璋“出身行伍,本来瞧不起儒生”[16],这个看法无疑是不惬当的。

其次,知人善任,因才授职。朱元璋认为:“鸿鹄之能远举者,为其有羽翼也;蛟龙之能腾跃者,为其有鳞鬣也;人君之能致治者,为其有贤才而为之辅也。”[17]没有贤才的辅弼,无论如何有雄才大略的帝王,都是成不了大业的。为了不重蹈元亡的覆辙,更新吏治是非常重要的一招,而要更新吏治,就必须从用人着手。他说:“任人之道,因材而授职,譬如良工之于木,小大曲直,各当其用,则无弃材。夫人亦然。有大器者或乏小能,或有小能不足当大事,用之者在审察其宜耳。”[15]朱元璋对于部下的才能,既了如指掌,又能够做到因才授职,各得其宜。武将如徐达娴于韬略,便授以元戎,将兵阃外;常遇春骁勇善战,便用作先锋。对于儒士,或命之参赞戎机,或任之治理地方。如下太平(今安徽当涂)先用李习,后用许瑗;下黄州(今湖北黄冈)用陶安;下宁越用王宗显;等等。

此外，他还多次下诏求贤。1368年他甫即位，便下诏："天下甫定，朕愿与诸儒讲明治道。有能辅朕济民者，有司礼遣。"[12]在这之后，洪武三年、六年、十三年、十四年、十五年、十六年、十九年、二十二年，朱元璋都曾令各地举贤进能。明初吏治之所以比较清明，显然和他重用儒士是大有关系的。

有一种相当流行的见解，认为朱元璋亲近儒士之日，便是他蜕化变质之时。已故的吴晗教授说，朱元璋"在渡江以后，地主阶级的知识分子参加了……他的政权也就不能不蜕化变质，走到了反面，成为地主阶级的政权了"[18]。谢国桢教授也说，朱元璋"又借用一些地主阶级知识分子如刘基、宋濂等人，为之出谋划策，终于蜕化变质，背叛了红巾军，而登上了明朝皇帝的宝座"[16]。这些看法都是大可商兑的。问题不在于朱元璋是否重用了儒士，而在于他采纳了儒士们的什么建议。综括起来，朱元璋采用儒士们的建议不外两点：(1)戒戢军士，不妄杀掠；(2)革除弊政，兴利便民。这些措施固然使地主缙绅得到了好处，但蚩蚩小民也同样沾到了恩惠。笼统地指责朱元璋蜕化变质，是不公允的。

二、朱元璋为什么要迫害儒士

朱元璋从农民起义的血泊里黄袍加身以后，便一反常态，转而迫害儒士了。本来，兔死狗烹，鸟尽弓藏，这是封建帝王惯用的伎俩，但残酷如朱元璋者，实在是并世无两。拿他的前期和后期相比，简直是判若两人。众所周知的文字狱，从洪武十七年(1384)到二十九年(1396)，即他死的前两年，前后达十三年之久，死者不可胜计。洪武十三年(1380)的胡惟庸案、十五年的空印案、十八年的郭桓案、二十六年的蓝玉案，被杀者多达十二万人。除此之外，还有"洪武四年录(甄别)天下官吏，十三年连坐胡党，十九年逮官吏积年为民害者，二十三年罪妄言者。大戮官民，不分臧否"[12]等四次屠杀。正如赵翼所说"武臣被戮者，固不具论，即文人学士，一授官职，亦罕有善终者"[7]，从而造成"元功宿将，相继尽矣"[12]的局面。那么，这一戏剧性的局面是如何形成的呢？

第一，统治阶级内部矛盾激化的结果。在取得天下之前，朱元璋和部下同心同德，和衷共济，矛盾还不明显。取得天下之后，这些文臣武将拜相的拜相，封侯的封侯，情况就有了变化。一方面是武将恃功骄恣，违法干纪，如朱亮祖

“所为多不法”[12]，周德兴“营第宅逾制”[12]，蓝玉“骄蹇自恣，多蓄庄奴、假子，乘势横暴”[12]，弄得民怨沸腾，倘不加以制止，万一激成民变，大明帝国的江山也就岌岌可危了；另一方面是文臣如李善长、胡惟庸等淮西系统官僚，窃弄权柄，独断专行。胡惟庸当丞相时，“生杀黜陟，或不奏径行。内外诸司上封事，必先取阅，害己者，辄匿不以闻。四方躁进之徒及功臣武夫失职者，争走其门，馈遗金帛、名马、玩好，不可胜数”[12]。这又是权力欲极强的朱元璋所不能容忍的。鉴于元末纪纲废弛导致亡国的教训，为了巩固刚刚取得的政权，同时把权力集中在自己手里，朱元璋决定对这些文臣武将严厉镇压。为了达到这一目的，他便不惜制造一系列的冤狱，凡是对大明王朝统治有危险性的文武官员，动辄赐死，屠杀成了“朱元璋进行政治斗争的方便武器”[18]。而每一次制造冤狱，都有大批无辜的儒士被卷进旋涡而丢掉性命。

第二，出于猜忌。1352年朱元璋弃缁流而从军时，才25岁，到兴文字狱时，已是年近花甲的垂垂老翁了。“太祖春秋高，多猜忌。”[12]他怕一旦撒手尘寰，辛辛苦苦挣得的江山会被别人攘夺而去，因此对任何人都存有戒心。本来答应“凡仕元者，皆予录用”[19]，但又晓谕徐达等严加防范：“元省院官降者，今俱遣来，处我官属间，习而后用之。夫人藏其心，不可度也，吾虑或昼臣而夜盗。”[4]本来朱元璋曾下令广辟言路，甚至草野微贱，都可上书言事，洪武元年(1368)又下诏：“日月之行，犹有薄蚀，朕凡事岂必尽善，台臣久无谏诤，抑朕不能受耶?”[4]似乎是虚怀若谷，但到了洪武二十三年(1390)，又因妄言罪而杀人。如亲侄朱文正，因“亲近儒生，胸怀怨望”[14]而被鞭至死，亲外甥李文忠也因左右多儒生，礼贤下士，被鸩毙命。号称“吴中四杰”的明初著名诗人高启、杨基、张羽、徐贲，均死于非命。因此，杨维桢、陶宗仪、丁鹤年、陈亮、张宪等儒士，“均抗节不仕，不受征聘”[12]。如果说朱元璋在称帝之前曾有过贤才济济的兴旺景象的话，那么，到了其晚年，已别是一番万马齐喑的萧瑟景象了。

第三，出于为子孙万世基业辅平道路的考虑。为了巩固朱氏的一统天下，朱元璋可谓费尽了心机。他有子24人，洪武元年，封长子朱标为太子，其余诸子亦皆次第分茅列土，授以王爵。美中不足的是，朱标仁柔，不似乃父刚烈，一旦君临天下，朱元璋手下的文臣武将，他未必驾驭得住，倘有不虞，便噬脐莫及，这是朱元璋日夜忧虑的。因此，最好的办法，便是趁着自己在世之日，草薙禽狝，将文臣宿将一网打尽。一次，朱标规劝朱元璋诛杀过滥，“帝默然。明日，以棘杖委于地，命太子持而进，太子难之。帝曰：‘汝弗能执欤？使我运琢以遗汝，岂不美哉！今所诛者，皆天下之刑余也，除之以安汝，福莫大焉’”[1]。就这样，昨天帮助他打天下的文武大臣，今天却都成了“刑余”，必欲置之死地而后快了。因此，朱元璋每次制造冤狱，都不是一时的感情冲动，而是有计划、有目的的屠杀。洪武二十九年（1396），朱标又一病不起，其子朱允炆继立为皇储，而四子燕王朱棣，即后来的明成祖，早就虎视眈眈，觊觎帝位了。朱元璋也清楚地知道这一点，因此，在他易箦之时，仍念兹在兹“燕王不可不虑”[4]。为了防止朱棣勾结文臣武将篡权，他便更加拼命地屠戮功臣。但是，事情并不像朱元璋所设想的那样美妙，到靖难兵起，朱允炆手下既缺乏运筹帷幄的谋士，也没有克敌制胜的武将，帝位终于被朱棣所攘夺，这个结局，是朱元璋始料不及的。

三、朱元璋迫害儒士的恶劣手法

朱元璋迫害儒士，花样之离奇、手法之恶劣，实在是达到了骇人听闻的程度。归纳起来，其手法大致有以下几种：

第一，大兴文字狱。如前所述，朱元璋晚年疑心甚大，总怕被别人捉弄。本来，他当和尚、参加农民起义军，是一段光荣历史，但当皇帝后，就对此讳莫如深了。对于臣下的奏章、诗文，都要细加分析，而后深文周纳，陷人以罪。他不但忌讳“僧”“贼”等字样，推而广之，连“生”音近于“僧”、“则”音近于“贼”、“殊”为“歹”朱、“光”为薙发，也要忌讳了。他如“遥瞻帝扉”读作“遥瞻帝非”、“天下有道”读作“天下有盗”，如此等等。凡是犯了这些禁忌，一律杀头。这些例子，都是人们所熟知的。即使没有诗文，也要以其他名目治罪。如：“太祖命中书詹希原，书太学集贤门，门字右直微钩起，上曰：吾方欲招贤，原乃闭门，塞我贤路耶？遂杀之，而以粉涂其钩。”[20]甚至看到一幅一个赤脚怀抱西瓜的妇人的图画，也“甚衔之，明日，命军士大戮居民，空其室”[1]。因为怀抱西瓜是隐喻淮西，而马皇后是淮西人，赤脚则是讥诮马皇后脚大。这真是“欲加之罪，何患无辞”了。这种防不胜防的文字狱，使得人人自危，连礼臣也不敢为文了，不得不请求朱元璋降下格式，俾便遵守。文字狱摧残了文化，禁锢了人们的思想，其影响是非常恶劣的。

第二，“建不为君用之法”，凡不愿和朱明王朝合作的儒士，一律格杀勿论。他曾下过一条法令：“率土之滨，莫非王臣，寰中士大夫不为君用，是自外其教者，诛其身而没其家，不为之过。”[12]如洪武元年征儒士秦裕伯，秦称疾不赴，朱元璋便手谕威胁他说：“苟坚守不起，恐有后悔。”[15]秦怕杀头，只好束装赴阙。他身边虽然集中了那么多儒士，但他并不认真使用，大臣如走马灯似的更迭。“终洪武朝，为户部尚书者四十余人，皆不久于职，绩用罕著”[12]。“为刑部者亦几四十人”[12]。他当了三十一年皇帝，仅户、刑二部尚书就更换了八十多人，其他官吏更迭之勤，也就可想而知了。这正如解缙在给朱元璋的奏疏中所指出的那样：“陛下进人不择贤否，授职不量重轻。建不为君用之法，所谓取之尽锱铢；置朋奸倚法之条，所谓用之如泥沙。监生进士，经明行修，而多屈于下僚。孝廉人材，冥蹈瞽趋，而或布于朝省。椎埋嚚悍之夫，阘茸下愚之辈，朝捐刀镊，暮拥冠裳，左弃筐箧，右绾组符。是故贤者羞为之等列，庸人悉习其风流。以贪婪苟免为得计，以廉洁受刑为饰辞。出于吏部者无贤否之分，入于刑部者无枉直之判。”[12]朱元璋初起事时任人唯贤的原则，这时已抛到九霄云外了。

第三，无罪罪人。朱元璋登位后，“无几时不变之法，无一日无过之人”[12]，朝廷大臣天天在忧惧中过日子。“太祖视朝，若举带当胸，则是日诛夷盖寡；若按而下之，则倾朝无人色矣。”[1]甚至“京官每旦入朝，必与妻子诀，及暮无事则相庆，以为又活一日”[7]。武将在胡惟庸、蓝玉两狱后，已斫丧殆尽，功高如徐达，也因赐熟鹅肉致死。文臣如李善长，因与胡惟庸为姻亲而被赐死；宋濂因孙宋慎坐胡惟庸党而被赐死，赖马皇后营救，谪戍茂州，死于途中；[12]茹太素以抗直不屈，“坐法死”[12]；李仕鲁因谏朱元璋惑于僧言，“命武士捽搏，立死阶下”[12]；汪广洋因“在江西曲庇文正，在中书不发杨宪奸，赐敕诛之”[12]，王朴因为“性鲠直，数与帝辨是非，不肯屈……竟戮死”[12]；杨靖因“为乡人代改诉冤状草，为御史所劾，帝怒，遂赐死”[12]；陶凯“主客曹误用符验，论死”[12]。类似的例子尚有不少。袁凯、郭兴等人，靠着装疯，才捡到一条性命。此外，还有大量官吏谪戍凤阳屯田，“时官吏有罪者，笞以上悉谪屯凤阳，至万数”[12]。这是洪武九年(1376)的事，而在朱元璋晚年，被谪屯田凤阳的，又不知超过这个数目多少倍。他所发明的廷杖，不知又让多少人血肉横飞，毙命杖下！

第四，搞特务活动。洪武十五年(1382)，朱元璋设立了特务机关——锦衣卫，进入这个机构的，尽是凶顽不逞之徒。他让这些人作耳目，去侦查大臣，文武大臣的一举手一投足，都逃脱不了特务的监视。如宋濂“尝与客饮，帝密使人侦视。翼(翌)日，问宋濂饮酒否，坐客为谁，馔何物，濂具以实对。笑曰：‘诚然，卿不欺朕’”[12]。吴琳致仕归家，“帝尝遣使察之”[12]，看他有没有怨言。曾任祭酒的宋讷，“帝使画工瞷讷，图其像，危坐，有怒色。明日入对，帝问：‘昨何怒？’讷惊对曰：‘诸生有趋踣者，碎茶器，臣愧失教，故自讼耳，且陛下何自知之？’帝出图，讷顿首谢”[12]。更有甚者，他自己也常微服出行，调查老百姓对他是否忠诚。一次，他听到一个老媪称呼他为老头儿，即大动肝火，“命籍没民家甚众”[1]。在朱元璋的淫威下，冤狱遍地，特务横行，大明天下简直成了虎狼世界。《廿二史札记》的作者赵翼认为，朱元璋此举“虽不无矫枉过正，然以挽颓俗而立纪纲，固不可无此振作也”[7]。这个看法是不足取的。一个最简单的道理是：修明法纪和滥杀无辜是两回事，二者不能混为一谈。在朱元璋所杀的人中，有些人固然是罪有应得，更多的人却是无罪被诛。如果认为不分清红皂白而一味屠杀，便能挽颓俗而立纪纲，那是十分荒唐的。

朱元璋活了七十一岁。从1352年参加农民起义算起，他和儒士打交道近半个世纪之久。综观他对儒士的态度，可分作两个时期：得天下之前重用儒士，得天下之后屠戮儒士，而这一切，都是围绕着如何夺取政权、巩固政权进行的。他重用儒士，固然值得称道，而他屠戮儒士，又使得他成为历史上最刻薄寡恩的皇帝。

需要说明的是，我们在这里论述的，仅是朱元璋对待儒士的态度，而不涉及其他。我们批判他屠戮儒士，并不意味着他仅是一个暴君、屠夫，从而抹杀他在历史上应有的地位。若就其一生来看，自然有许多功绩是不应该泯没的。末了，我想引用吴晗教授的话，作为本文的结束：“在历代封建帝王中，他是一个比较突出、卓越的人物。”[18]

参考文献

[1]徐祯卿.翦胜野闻[M].胜朝遗事初编本.

[2]孔齐.至正直记[M].粤雅堂丛书本.

[3]脱脱,等.元史[M].北京:中华书局,1974.
[4]谈迁.国榷[M].上海:上海古籍出版社,1958.
[5]解缙.天潢玉牒[M].胜朝遗事初编本.
[6]林之.论朱元璋道路[J].浙江学刊,1981(1).
[7]赵翼.廿二史札记[M].四部丛刊本.
[8]宋濂.宋学士文集[M].四部丛刊本.
[9]刘基.诚意伯文集[M].四部丛刊本.
[10]高岱.鸿猷录[M].丛书集成本.
[11]明初礼贤录[M].胜朝遗事初编本.
[12]张廷玉,等.明史[M].北京:中华书局,1974.
[13]谷应泰.明史纪事本末[M].北京:中华书局,1977.
[14]刘辰.国初事迹[M].借月山房丛书本.
[15]明太祖实录[M].台湾“中央研究院”历史语言研究所校勘本,1962.
[16]谢国桢.略论明代农民起义[J].学术月刊,1980(2).
[17]宋濂.洪武圣政记[M].胜朝遗事初编本.
[18]吴晗.朱元璋传[M].北京:生活·读书·新知三联书店,1980.
[19]夏燮.明通鉴[M].北京:中华书局,1959.
[20]马朴.谈误[M].青照堂丛书本.

(原载《中州学刊》1982年第4期,《新华文摘》1982年第10期转载)

朱元璋用人思想研究

1368年,农民起义领袖朱元璋经过十几年的激烈角逐,终于推翻了元朝统治,登上了大明天子的宝座。这个农民起义军中的二流角色,于至正十二年(1352)弃缁流而从戎时,并不引人注目,为什么后来能力挫群雄,奄有天下呢?窃以为除从政治上、军事上寻找原因外,他能正确使用人才,无疑也是一个不容忽视的重要因素。

已故的明史专家吴晗教授在论述朱元璋成功的原因时说:"农民、地主和知识分子三方面的合作,是他之所以成功的最大原因。"[1]其实,和知识分子合作并非朱元璋的独创,在元末起义群雄中,方国珍、张士诚、明玉珍、陈友定等人都曾延揽、任用过地主阶级知识分子,如方国珍"盛时,招延士大夫,折节好文,与中吴争胜,文人遗老如林杉、萨都剌等咸往依焉"[2]。同书《方行传》亦云:"谷真(即国珍)窃据之时,招延文士,萨都剌、朱祐辈咸往依之。"张士诚"迟重寡言,欲以好士要誉,士有至者,不问贤不肖,辄重赠遗,舆马、居室,无不充足,士之嗜利者,多往趋之"[3]。名儒杨维桢"会兵乱,避地于富春山,张士诚累招不赴,遣其弟咨访"[4]。张士诚不过是一负贩之徒,能够如此折节下士,的确是难能可贵的,无怪乎在他被翦灭之后,还有人为他慷慨捐生。割据福建的陈友定,"数招致文学知名士"[4]。四川的明玉珍重用进士刘祯,"诏令多所代制,人比之孔明"[3],"经营擘画,皆刘祯为之谋也"[3]。和知识分子结合,只是使用人才的一个方面,更为重要的是如何让知识分子施鸿猷,展抱负,各尽所能,建功立业。而在这一点上,显然他们都比朱元璋逊色得多。方国珍自己虽然好文,却不会使用人才,他身边的文人学士虽有安邦定鼎之才,但没有一个能脱颖而出。张士诚为了沽名钓誉,竟然兼容并蓄,士无论贤不肖皆网罗麾下,而倚为干城的却是黄敬夫、叶德新、蔡彦夫等一群宵小,国人讽刺说:"丞相做事业,专靠黄蔡叶。一朝西风起,干瘪。"[5]陈友定控制福建之后"八郡之政,皆用其私人以总制之”[6]，其他人皆屏而不用。明玉珍只重用刘祯，而在明玉珍死后，刘祯便受到排挤，不久即赍志以殁。至于刘福通、徐寿辉、陈友谅等人，只是赳赳武夫，除打仗以外，其他一无所能，比起朱元璋来更是自郐以下。

那么，朱元璋是如何使用人才的呢？

（一）思贤若渴，搜罗人才

能否成就一代帝业，关键在于帝王如何延揽人才。一个国君是否英明睿断，不在于他是否事必躬亲，废寝忘食，而在于他是否能慧眼识才，使蕴才抱艺之士脱颖而出，辅弼他治理天下。在这个问题上，朱元璋具有超脱流俗的见识。他认为：“世有贤才，国之宝也。”[6]古代有为之君能够汲汲以求贤，他也不甘人后。至正十九年（1359），方国珍曾献给朱元璋一个镂雕珠玉的马鞍，光泽照人，价值千金，他却而不受，表示：“吾方有事四方，所需文武材贤，所尚钱谷布帛，此淫巧非所好。”[7]以后，他在许多场合中都说过同样内容的话。灭元之后，府库宝货尽输京师，朱元璋非常高兴，马皇后却不以为然，朱元璋马上醒悟说：“皇后之意，朕知之矣，但谓以得贤为宝耳。”[8]事实上，从在郭子兴麾下崭露头角，独当一面时起，他即留心延揽文臣武将，助画方略了：“始渡江时，首见群雄多淫湎肆傲，自夸为骄，帝独克己下人，旁求贤士，尊以宾礼，听受其言，昼夜忘倦”[9]，甚至“朝褐午组，卯来辰授，至不爱高爵，以笼才敏学行之士”[10]。吴元年（1367），他征讨方国珍，方国珍递来了一张降表，措辞婉转，恳求哀矜：“昔孝子于其亲也，小杖则受，大杖则走，今日之事，适与相类。臣请面缚，待罪阙庭，复恐陛下万一震怒，天下后世不谓臣得罪之深，将谓陛下不能容臣，岂不累天地之大德哉！”[7]此文出自方氏幕僚詹鼎之手，朱元璋读后，怃然动容说：“孰谓方氏无人，是可以活国真矣，赐书原宥。”[7]朱元璋爱屋及乌，竟因这一段文字赦免了方国珍，足见他对人才的重视。在他麾下，文臣武将，聚集如云，在元末群雄中，没有哪一个可与他相比。武将如徐达、常遇春、邓愈、康茂才、朱亮祖、汤和、胡大海等，谋士如李善长、刘基、陶安、李习等，或联袂而来，或以礼聘至，显出一片兴旺景象。朱元璋与元末群雄的不同之处在于：方国珍、张士诚等人招罗文士，不过是附庸风雅，并不认真使用，而且鱼龙混杂，泥沙俱下，朱元璋却是严格甄别，唯才是举，从不录用阘茸无能之辈。定远人李善长来谒，“与语竟日皆合，留置幕下掌书记”；破太平（今安徽当涂），得儒士陶安、李习，“上遇安甚厚，令预密议，以李习知太平府事”；兵下镇江，命人以白金、文绮往聘硕儒秦从龙，“上亲出城迎入，邀与同处，朝夕咨访时政，常称老先生而不名”[11]；在徽州（今安徽歙县），召儒士唐仲实、姚琏，又召朱升，朱升建议“高筑墙，广积粮，缓称王，上悦其言，命预帷幄密议”；下集庆（今江苏南京），得儒士夏煜、孙炎、杨宪等十余人；取婺州（今浙江金华），得儒士范祖干、叶仪、吴沉、叶瓒玉、胡翰、汪仲山等。流风所及，所部将领亦知荐举人才，如胡大海荐王宗显，又荐刘基、宋濂、章溢、叶琛，李文忠荐王祎、许元、黄天锡，朱元璋皆遣使以书币征之，以示隆重。刘基、宋濂等四人至建康（今江苏南京）谒见朱元璋时，他高兴地说：“‘吾为天下屈四先生。’从容与论经史及咨访时政，甚见尊礼，命有司创礼贤馆处之。”[11]甚至每以国事咨访刘基，必亲自写信，不令幕僚捉刀代笔，自称姓名，写上“顿首奉书伯温老先生阁下”[12]，以此表示自己的虔诚。宋濂有疾，“候问之使，相属于道”[13]。其时方严肩舆之禁，宰相以下皆不得坐轿，宋濂却得以例外。毫无疑问，朱元璋的谦谦君子之风，赢得了文臣武将的拥戴和支持，他们即使肝脑涂地，也要报答朱元璋的知遇之隆。

洪武元年（1368），朱元璋甫即位，就于九月下诏说：“天下之治，天下之贤共理之。今贤士多隐岩穴，岂有司失于敦劝欤？朝廷疏于礼待欤？抑朕寡昧不足致贤，将在位者壅蔽使不上达欤？不然，贤士大夫，幼学壮行，岂甘没世而已哉！天下甫定，朕愿与诸儒讲明治道。有能辅朕济民者，有司礼遣。”[4]洪武六年（1373）四月，朱元璋又命吏部访求贤才。他说：“鸿鹄之能远举者，为其有羽翼也；蛟龙之能腾跃者，为其有鳞鬣也；人君之能致治者，为其有贤才而为之辅也。今山林之士岂无德行文艺之足称者？宜令有司采举而备礼遣送京师，朕将任用之，以图至治。”[6]除了这两次大规模地搜求贤才，洪武三年（1370）、八年、十三年、十四年、十五年、十六年、十九年、二十二年都曾下诏访求隐逸及明经老成之士，而这一切都不是矫揉造作，而是真心实意求才。洪武二十三年（1390），潮州生员陈质原隶军籍，其父戍死行伍，有司取陈质入伍，陈质上书请求卒业。朱元璋说：“国家得一卒易，得一才难，朕岂少一持戟之士乎？许之，除其伍。”[5]在他称帝期间，一大批有识之士补充到大明帝国各级官吏行列中去，为治国安邦献出了聪明才智。

（二）胸无城府，用人不疑

凡是有点作为的帝王都懂得：君视臣如手足，臣亦视君为腹心；君视臣如草芥，臣亦视君为寇仇。用人不疑，则人人尽力；用而疑之，则离心离德。朱元璋在得天下之前，能够做到胸无城府，用人不疑，这也是他获得成功的一个重要原因。他认为："君之于臣，好而信之，谗言虽至而不入；恶而疑之，毁谤不召而自来。苟能以大公至正之心处以待人，则自无独信偏疑之私。"[8]在戎马倥偬之际，有许多儒士武将来投靠朱元璋，他都相待以诚，用之不疑，表现了一个政治家的风度。他在攻金陵（今江苏南京）时，擒元将陈兆先，"降其众，择其骁勇者五百人置麾下，五百人疑惧不自安。太祖觉其意，至暮，悉令入卫，屏旧人于外，解甲酣寝。众乃相谓曰：'既活我，又腹心待我，何不尽力图报？'及攻安庆，多先登"[8]。略施小计而安新附之众，这是非常高明的一招。儒士章溢任浙东按察佥事时，浙东按察使孔克仁、佥事王琦因事下狱，"辞连及溢，溢忧惧不知所为。上遣刘基谕溢曰：'予素知章溢守法，今不疑也'"[14]。继而朱元璋在福建受挫，处州岌岌可危，朱元璋却擢升章溢为浙东按察副使。章溢因孔克仁一案尚未了结，忧心忡忡，不敢受职，朱元璋却全不在意，把他由副职再升为正职。明朝建立之初，有王兴宗者，老实不贪，朱元璋破例擢其为金华知县。李善长、李文忠都认为王兴宗出身卑贱，不可牧民，朱元璋不听。王兴宗果然不负所望，"到县三年，廉干公勤，甚得民心"，以后又被擢升为知府、河南布政司左参政。赴京陛辞时，朱元璋说："久不见，你老矣，我亦须白。""赐宴赏钞，抚而遣之。"[15]洪武年间，有一名御史攻讦陶安，"太祖曰：'尔何由知之？'对曰：'闻之于道路。'太祖曰：'御史但取道路之言以毁誉人，此为尽职乎？'"[8]遂黜而不用。以后又规定：凡告讦不实者抵罪。不信谗言，任人不疑，这无疑是元末其他群雄做不到的。朱元璋不仅用人不疑，而且知人善任。他说："人之才有长短，亦犹工师之艺有能否。善攻木者，不能攻石；善斫轮者，不能为舟。若任人之际，量能授官，则无不可用之才矣。"[8]又说："任人之道，因材而授职，譬如良工之于木，小大曲直，各当其用，则无弃材。夫人亦然。有大器者或乏小能，或有小能不足当大事，用之者在审察其宜耳。"用人是否得当，关键在于知人。能够协理阴阳、调和鼎鼐的宰相，未必能兴兵布阵、攻城略地；勇冠三军、所向披靡的武士，也未必就是元戎之才。只有因材施用，才能各得其所，发挥特长。朱元璋对于部下的才能既了如指掌，又能做到因材授职，各得其宜。如徐达娴于韬略，"中正无疵，昭明乎日月"[4]，即以为元戎，领兵阃外；常遇春"当百万众，摧锋陷坚"[4]，常用为先锋。儒士或参赞戎机，或治理地方，或运筹粮秣，都能发挥他们的才能。朱元璋之所以能迅速崛起，显然是君臣辑睦、集思广益的结果。当元军攻打刘福通、徐寿辉时,他不声不响地在元朝统治薄弱的地区开疆拓土;站稳脚跟后,先翦灭陈友谅,再攻打张士诚;强敌束手后,又不失时机地北伐,推翻元朝统治;即位后,再扑灭势力弱小的福建陈友定、两广何真、四川明升、云南梁王把匝剌瓦尔密等。这里既有朱元璋的英明睿断,也有将帅谋士们的意见。可以说,大明帝国的建立,是朱元璋君臣上下一体、共同努力的产物,单靠朱元璋一人,是无法完成这个大业的。

(三)但问能力,不拘资格

封建社会的官吏,大多是论资排辈,由低级官吏循阶升为高级官吏的。这种升迁办法的弊病在于:有真才实学者限于资历只能屈沉下僚,碌碌无为者可以迁延岁月而位居枢要,唐、宋的磨勘制度就是这种论资排辈的产物。朱元璋不赞成这种禁锢人才的做法,他在洪武十一年(1378)对主管铨选的吏部官员说"资格为常流设耳,有才能者当不次用之",当年即"超擢九十五人"[4]。有一次他发现一个叫曾鲁的有才能的低级官员,"问丞相:'鲁何官?'对曰:'主事耳。'即日超六阶,拜中顺大夫、礼部侍郎"[4]。据《明史》记载,"其自下僚不次擢用者,宁远尉王尚贤为广西参政,祥符丞邹俊为大理卿,静宁州判元善为佥都御史,芝阳令李行素为刑部侍郎"。这几个人只是越级擢用的佼佼者,无名之辈当不在少数。如御史凌汉鞫狱平恕,人德之而报以金,凌汉拒而不受,"太祖廉得其事,擢汉副都御史"[8]。御史职掌就是守正不阿,依法办案,凌汉所作所为都是分内的事,尽管如此,在封建社会已是难能可贵了,因此,受到了朱元璋的赏赉。这种不拘常规的举动,难免受到守旧势力的非议,"洪武间,儒士有起自田间而骤至峻擢者,或言非爱爵之意",朱元璋则回答说:"朝廷爵禄所以待士,彼有卓越之才,岂可限以资格?朕但期得贤,爵非所吝。若曰起自田间不当骤用,如伊尹在莘野,孔明在隆中,一旦举之加于朝臣之上,遂至建功立业,何尝拘以官职?"[8]明朝初年政治比较清明,经济比较繁荣,与朱元璋果断地使用人才,是很有关系的。

朱元璋不仅善于识别人才并把他们安排到能够发挥才智的岗位上,而且对于一般有些小毛病的人才,也加以重用。金无足赤,人无完人;甘瓜苦蒂,物不全美。任用有些缺陷但又确有才能的人,并非从朱元璋开始,如陈平盗嫂受金而刘邦不弃,曹操用人唯才是举等,这在古代已有先例。朱元璋在建明之前,对此不甚注意,建明之初曾有士人因过失而罢黜者不得举荐的规定,结果一批官员因小疵而终身弃置不用。一个叫周昌的知府上疏说，这一规定不妥，应当更改。朱元璋仔细琢磨，认为此说有理。他说："良工琢玉，不弃小疵，朝廷用人，必赦小过。故改过迁善，圣人与之，弃短录长，人君务焉。苟因一事之失而弃一人，则天下无全人矣。"于是下令有司："凡士人因小过罢黜及迁谪远方者，如其才德果优，并听举用。"[8]山东诸城知县陈允恭以过失谪戍云南，但他治县时能够爱民，朱元璋得知后，立即下令复官。一些通经术又有才干的官员因有微罪而被免官，朱元璋指示吏部说："近内外官员有以微罪罢免者，其中多明经老成，练达政务，一旦废黜，不得展尽其才能，朕甚惜之。"[8]命令把这些人礼送京师并擢居显职。可惜的是，这一政策并未坚持到底，到了晚年，他便因疑忌而杀人，正直之士尚多遭屠戮，更不必说白璧微瑕的官员了。

（四）瓦解敌人，化仇为友

朱元璋不仅善于使用自己的文臣武将，而且善于分化瓦解敌对营垒，化仇为友。在他麾下，既有元朝的降官降将，也有其他群雄的袍泽故旧，可谓人才济济，和其他群雄捕获元朝官员一律处死的愚蠢做法形成了鲜明的对照。在统一全国的过程中，"太祖所克城池，得元朝官吏及儒士尽用之"[15]。在明朝建立之后，又令"郡国胪举故元耆硕，不应者坐大辟论"[7]。刘基、秦从龙都是元朝故吏，后来都成了明朝辅弼之臣。对于为元朝尽节殒命的官员，他都大加旌表，如余阙、李黼，"令有司建祠肖像，岁时祀之"。攻金陵时元御史大夫福寿战死，"上入城，深嘉其忠，命具棺衾礼葬之"[11]。朱元璋此举是为了向人们表示：他礼贤下士，只要来投，便委以重任。方国珍手下官员大多贪浊，唯丘楠廉慎，"及降，参佐皆杖死，惟赦楠，仕为韶州府知府"[7]。对方国珍的部下如此熟悉，表明他早已有从方国珍旧部中遴选官员的准备了。特别是招降故元大将纳哈出，更是朱元璋用人政策的一个巨大成功。纳哈出系元朝开国功臣木华黎裔孙，元末封万户，驻节太平，至正十五年（1355）为朱元璋所俘，朱元璋待之甚厚，但纳哈出眷恋故主，朱元璋资而纵之北还。元亡之后，纳哈出拥兵据辽阳为边患。朱元璋在遣兵对垒的同时，于洪武二年（1369）、三年、四年、十一年亲笔写信劝降，言辞恳切，洞见肺腑，表示："自今以往，若能通一介之使，雪前日之愆，朕亦不较。不然，必致生缚。于此之时，何面目以见朕？"[3]纳哈出既势穷力蹙，又为朱元璋的一片至诚所感动，遂于洪武二十年（1387）幡然来降，被封为海西侯。

用长达二十年的时间去争取元朝的一个将领归附，这在历史上是罕见的。

他如洪武二十二年(1389),在兀良哈设太宁、福余、朵颜三卫,其长官悉以蒙古人为之,俾各领所部以安畜牧;洪武三年(1370),李文忠克应昌(今内蒙古克什克腾旗西),获元顺帝之孙买的里八剌及后妃、诸王多人,不行献俘之礼,并封之为崇礼侯,洪武七年(1374)遣还北元,并赠送其父爱猷识里达腊织文金绮锦衣各一袭;元将扩廓帖木儿(即王保保)与朱元璋作战多年,"元灭,其臣拥兵不降者,唯扩廓帖木儿"[3],他于洪武八年(1375)卒后,朱元璋称赞他"天下奇男子也",册其妹为己子秦王妃,可见对他的敬佩。对于方国珍、明升、陈理、何真等来降的元末群雄,只要不像张士诚、陈友定那样顽抗到底,他都封以官爵,妥善安置,不事诛戮。对于那些不愿出仕的元朝官员,他不加强迫,往往礼而遣之。如扩廓帖木儿的幕僚蔡子英,"纵出塞",使其"追元故主于和林"。伯颜子中、简祖英、杨维桢、陶宗仪、徐大年、王恭、梁寅等人,有的以诗文知名于世,有的与朱元璋过从甚密,他们都抗节不仕,朱元璋允许他们隐居林泉,以终天年。对于二三其德,没有气节的元朝官员,朱元璋却鄙夷不屑。危素是一个典型例子。元大都陷落后,顺帝北奔,不少大臣死难,危素于此时降明,被安置在弘文馆。"一日,上御东阁,闻履声橐橐,上问为谁,对曰:'老臣危素。'上曰:'是尔耶?朕将谓文天祥耳。'素惶惧顿首。上曰:'素元朝老臣,何不赴和州看守余阙庙去。'"[5]危素到和州不久便悒郁死去。朱元璋对敌政策的成功,争取了一大批元朝官员为他服务,因而能统一天下并迅速巩固自己的统治。

(五)赏罚公平,不问亲疏

赏罚公平,一视同仁,则臣下同心同德;厚此薄彼,以亲间疏,则臣下离心离德。朱元璋对这一点非常注意,凡是违法干纪、倚势横暴者,一律严惩不贷,即使是自己的亲戚也毫不宽宥。他在统一天下过程中,所任将帅最著名的是徐达、常遇春、邵荣三人,后来邵荣谋反,"太祖乃饮荣酒,流涕而戮之"[4]。大将胡大海之子胡三舍犯酒禁,其罪当诛,"都事王恺谏曰:'胡大海见总兵攻绍兴,可以本官之故饶他。'太祖怒曰:'宁可胡大海反了,不可坏了我号令。'自抽刀杀之"[15]。枢密院判谢再兴是朱文正岳父,而朱文正系朱元璋之侄,因此谢再兴与朱元璋有亲家之谊。谢再兴与张士诚作战,立功颇多,因部下贩卖违禁物品为朱元璋诛杀,又因朱元璋未征得他的同意将其女许配徐达,遂愤而与其弟谢三、谢五降张士诚。谢三、谢五后来又降于李文忠,李文忠曾许以不死,但朱元璋不肯答应,他说:"谢再兴是我亲家,反背我降张士诚,情不可恕。""仍将谢五凌迟了。”[15]“汤和姑夫庸某隐瞒常州田土,不纳税粮,太祖曰:‘倚汤和之势,不惧法度,故敢如此。诛之。’”[15]当时战事正殷,前途未卜,朱元璋能够毫不手软,执行纪律,实属不易。有人说朱元璋所杀的这些人虽然和他私交甚笃,但毕竟不是亲骨肉,因而容易处置。其实,这些批评并不惬当,试看他对驸马欧阳伦的处置,就证实了这一点。朱元璋的女儿安庆公主在洪武十四年(1381)下嫁欧阳伦后,欧阳伦自恃是皇亲国戚,横行不法。洪武末年,茶禁方严,他竟私自贩茶,所至骚扰,虽大吏不敢问。他的家奴周保擅作威福,公然捶楚官吏,道路侧目。“帝大怒,赐伦死,保等皆伏诛。”[4]赐死驸马,这在中国历史上并不多见!如果说在盘根错节、官官相护的封建社会,王子犯法与庶民同罪只是一句空话,那么,朱元璋的举动可说是一个例外。

以上,我们把朱元璋的用人思想归结为五个方面,这只是就其荦荦大端而言,并非全璧。他如察纳忠言、教育太子等,也是值得称道的。但是,另一方面,朱元璋也是一个凶狠鸷戾的帝王,他屠戮功臣之惨、文字狱株连之广、对待臣下之苛,几乎也并世无两。对于这一点,已有人做过论述,这里就不再饶舌了。

参考文献

[1]吴晗.元帝国之崩溃与明之建国[J].国立清华大学学报单行本,1936.

[2]钱谦益.列朝诗集[M].借月山房丛书本.

[3]钱谦益.国初群雄事略[M].北京:中华书局,1982.

[4]张廷玉,等.明史[M].北京:中华书局,1974.

[5]谷应泰.明史纪事本末[M].北京:中华书局,1977.

[6]宋濂.洪武圣政记[M].胜朝遗事初编本.

[7]查继佐.罪惟录[M].四部丛刊本.

[8]余继登.典故纪闻[M].北京:中华书局,1981.

[9]解缙.天潢玉牒[M].胜朝遗事初编本.

[10]谈迁.国榷[M].上海:上海古籍出版社,1958.

[11]高岱.鸿猷录[M].丛书集成初编本.

[12]刘基.诚意伯文集[M].四部丛刊本.
[13]宋濂.宋学士文集[M].四部丛刊本.
[14]国初礼贤录[M].胜朝遗事初编本.
[15]刘辰.国初事迹[M].借月山房丛书本.

（原载《史学月刊》1986年第4期）

朱元璋削平群雄统一全国的原因

1368年,庞大的元帝国在农民起义的打击下覆亡了,朱元璋宣布了大明帝国的建立。本来,朱元璋只是红巾军中的一个二流角色,当他于1352年闰三月投入郭子兴麾下的时候,刘福通、徐寿辉、陈友谅、张士诚、方国珍等人已是久历戎行的领兵元帅了,但是,曾几何时,他们都成了朱元璋的手下败将,或为阶下囚,或遭骈戮,朱元璋却在农民起义的血泊中黄袍加身,登上了皇帝宝座。这一戏剧性的场面是如何形成的?为什么别人都失败了,而朱元璋却获得了成功?这是一个值得探讨的问题。

著名的明史专家吴晗在谈到这一问题时说:"农民、地主和知识分子三方面的合作,是他之所以成功的最大原因。次之,个人的人格意志和军事学识的卓越,也是他之所以成功的要素之一。"[1]关于后一点,无疑是正确的,而前一点却不很确切。因为这不能解释如下问题:元末的割据群雄中,张士诚、明玉珍、陈友定都曾延揽、任用过地主阶级知识分子,为什么依然未能逃脱身死国亡的厄运?1962年,吴晗同志在中央高级党校讲授明史时,又把这一问题归结为两点:"一个因素是正当朱元璋开始组织军事力量时,刘福通部下的红军正在跟元朝的军队作战,顾不上来打朱元璋……第二个因素是他取得了地主阶级知识分子的支持。"[2]自然,这些论点是对的,但并不全面。因为这也不能解释如下现象:明玉珍在至正二十年(1360)统一四川后,轻徭薄赋,"定赋税,以十分取一,蜀人悉便安之"[3]。当时明玉珍治下政治是清明的,而且四川一隅从此之后也未罹过兵革,但是夏政权并未能统一全国。后来,吴晗同志在《朱元璋传》中,对于朱元璋军事上的成功,做了比较系统的总结,但对于其他方面,却没有完整的论述。显然,朱元璋之所以成功,原因是多方面的。

一

朱元璋在统一全国的过程中,遇到了得天独厚的好环境。

首先,元朝统治者的失策与无休止的内部倾轧,削弱了对朱元璋进攻的力量,这就给了他以发展壮大的机会。朱元璋在至正十五年(1355)从安徽和州(今和县)渡过长江,下太平(今安徽当涂县),徇南京,乘胜向东南挺进的时候,元朝统治者还以为是疥癣之疾,不足为患,把重兵放在攻打刘福通、陈友谅身上,而放过了朱元璋。靠着刘福通的"捍蔽",元军"不能以匹马只轮临江左"[4],朱元璋得以斩将搴旗,迭克名城,轻而易举地占领了安徽、江苏、浙江大片地区,成为当时最强大的一股军事力量。本来,元顺帝如果励精图治,局面还不至于不可收拾。无如主荒于上、臣嬉于下,已是元代统治者的痼疾;朋党蠹政,互相倾轧,更是朝野上下的通病。而这些弊端,到了顺帝时,又发展到了无以复加的地步。当国势阽危之际,顺帝却"怠于政事,荒于游宴"[5],跟西番僧人学房中术,"君臣宣淫……丑声秽行,著闻于外,虽市井之人,亦恶闻之"[5]。又习天魔舞,造龙舟,刻宫漏,建穆清阁,"连延数百间,千门万户,取妇女实之"[6],似乎农民起义军根本就不存在。在统治阶级内部,自相残杀的丑剧,较之他们同红巾军的斗争,一点也不逊色。红巾军初起的时候,右丞相脱脱是起义军最危险的对手,但在至正十四年攻张士诚时,脱脱突然被解除兵柄,不久谪死于云南大理,其兵"大率皆归红巾"[7]。接替脱脱掌政枋的哈麻、雪雪兄弟,又谋废黜顺帝,立太子爱猷识里达腊,事发,俱被杖死。这是至正十六年的事。就在这一年,朱元璋攻下了南京、镇江、广德、金坛、丹阳,设置了江南等处行中书省和江南行枢密院,建立了进可以攻、退可以守的牢固根据地。在这之后,元廷的宫闱斗争愈演愈烈,右丞相搠思监、宦官朴不花与皇后祁氏、太子勾结在一起,又在策划攘夺帝位,是为后党,御史大夫老的沙则站在顺帝一边,是为帝党。在宫闱外部,骄横跋扈的武将们也自立门户,互相攻伐。脱脱死后,元朝统治者倚为干城的是察罕帖木儿与孛罗帖木儿两支地主武装,但二人积不相能,"常构兵争晋冀之地"[6],顺帝连连下诏解和并且划分势力范围,但二将皆骄蹇不听钤束[5]。至正二十一年(1361),察罕帖木儿为红巾军降将田丰、王士诚刺杀,由养子扩廓帖木儿代总其兵。当时,“察罕平山东,降田丰,军声大振”[3],如果察罕帖木儿勒兵南下,朱元璋便会首当其冲,这无疑是最严重的威胁。其时朱元璋羽翼未丰,论打仗未必能稳操胜券,同时他和陈友谅的战事正殷,更不愿腹背受敌,因此决定遣使同察罕帖木儿“通好”。察罕帖木儿之死,解除了朱元璋的后顾之忧,使他得以放心大胆地对陈友谅进行挞伐,这年八月,他亲征陈友谅,连下安庆、江州(今江西九江)、南康、建昌、饶、蕲、黄、广济、抚州,陈友谅狼奔豕突,败回武昌。在这之后,扩廓帖木儿与孛罗帖木儿又连年构兵,太子、右丞相搠思监等倚扩廓帖木儿为奥援,御史大夫老的沙等则恃孛罗帖木儿为后盾。至正二十四年(1364),太子“命扩廓帖木儿讨孛罗帖木儿”,孛罗帖木儿则“令秃坚帖木儿举兵向阙”[5]。结果,皇太子出奔冀宁(今山西太原),搠思监、朴不花被杀,孛罗帖木儿任右丞相,独专国柄,挟制顺帝于股掌之上。趁着这个空隙,朱元璋于至正二十三年(1363)“与陈兵大战彭蠡(今鄱阳湖),夜以继日,纵火筏焚舟,风急火烈,湖水尽赤,其枭将张定边远走,友谅中流矢毙,士卒皆降。甲辰(1364)春,太祖亲克武昌,陈理降”[8],湖广荆襄诸郡相率归附。陈友谅是群雄中唯一可以和朱元璋抗衡的对手,陈氏既灭,其余的自郐而下,要扫平他们,只是时间问题了。

但是,这一严峻的局面,并未能使元朝统治者头脑清醒一点儿,自相戕杀之风仍未稍戢。不久,顺帝诛孛罗帖木儿,但扩廓帖木儿与太子之间、扩廓帖木儿与李思齐等关陕四将之间、扩廓帖木儿与其部将貊高之间,鏖战正急。鹬蚌相争,自然是渔人得利。朱元璋于1367年九月攻克苏州,擒张士诚,十月,命“徐达为征虏大将军,常遇春为副将军,帅师二十五万,由淮入河,北取中原。胡廷瑞为征南将军,何文辉为副将军,取福建。湖广行省平章杨璟、左丞周德兴、参政张彬取广西”[3]。徐达所部摧枯拉朽,克山东,下河南,会师德州,溯运河“水陆并进,败元军于河西务,进克通州”[3]。直到这时,元统治者才感到形势的严重,顺帝下令扩廓帖木儿与李思齐等释怨修好,火急勤王,但是已经迟了。“诏下一月,明兵已逼大都,顺帝北走,扩廓入援不及,大都遂陷。”[3]

其次,元末群雄虽然在起事伊始能够拥兵称雄,号令一方,但他们或因才干平庸,或因指挥乖方,都不具备统一全国的条件,只能成为历史舞台上来去匆匆的过客。至于统一全国的大业,则非朱元璋莫属了。

红巾军系统中最有作为的是芝麻李、彭莹玉、毛贵三人,但三人又都过早地结束了军事生涯。芝麻李是东系红巾军的首领,1351 年据徐州(今江苏铜山),次年城为元军攻破,辗转至湖北明玉珍麾下,未几,便托身缁流,髡发为僧了[9]。彭莹玉 1353 年战死于瑞州,毛贵在 1359 年被叛徒赵君用袭杀于济南。除此三人外,“时诸雄惟刘福通等拥韩林儿众最盛”[10],“凡起兵叛元者,遥附隶之”[11]。但是,这一优势并没有保持多久。这不仅因为他的部将“率不遵约束,所过焚劫,至啖老弱为粮”,从而失去了老百姓的信任,也因为他的部下都是袍泽故旧,“与福通故等夷,福通亦不能制。兵虽盛,号令不行”[11]。更重要的是,“福通用兵无先后之序及首尾呼应之法,不固根本,亦未尝扼要以规便取势,寡谋浅虑,事无规摹”。因此,得地也不能固守。虽然他极盛时,南涉江淮,北极大同塞外,西迄长安,东至辽阳,皆其鞭箠所及,但是其得也骤,其失也疾。1357 年他占领汴梁后,曾派兵分三路北伐,由于计划不周,均先后败阵,从此以后就没有多少建树。1363 年,他被张士诚部将吕珍袭杀于安丰,这支起义军也就云散烟消了。

陈友谅原是徐寿辉大将倪文俊的部下。倪文俊欲杀徐寿辉,不果,奔黄州(今湖北黄冈),陈友谅“乘衅袭杀之,并其军,自称平章”[11]。1360 年,他弑徐寿辉而自立为帝,成了元末群雄中势力最大的一支。但他“徒有凶残,实无功德,干城仗(赵)普胜而旋即杀之,北面事(徐)寿辉而旋即毙之,名实交丧,忠勇并失”[12],上下解体,将士离心,在生活上又骄奢淫逸,完全堕落成一个新地主分子。因此,他称帝仅四年之久,便在 1364 年为朱元璋所敉平。

张士诚是一个平庸角色,“似有器量,而实无远图”[3]。1356 年,他攘据苏州后,“起第宅,饰园池,畜声伎,购图画,唯酒色耽乐是从”[13]。国政悉委之于黄敬夫、叶德新、蔡彦夫三人。而这三个文人皆谄佞险邪之辈,时人嘲之曰:“丞相做事业,专靠黄蔡叶。一朝西风起,干瘪。”[12]他反复无常,时而降元,时而向朱元璋纳款,毫无气节可言。待到朱元璋灭掉陈友谅,于 1366 年挥兵相向时,他一筹莫展,只能束手就擒了。

窃据浙东的方国珍,“恃元屡晋官爵,辄骄不奉命。畏太祖之逼,许以三郡(庆元、温州、台州)献,终不纳;又请输岁币,亦不至”[14],是一个两面派。他如明玉珍、陈友定辈,蹙守一隅,势力暗弱,也不足与朱元璋抗衡。

二

上面我们粗略地分析了朱元璋能够统一全国的外部条件，关键在于，善于正确地认识这些条件，懂得怎样改变这些条件，因为外部条件对于元末群雄都是不偏不倚、绝对公平的。正是在这一点上，朱元璋具有其他群雄所不可企及的才能，这是他成功的内部原因。

第一，朱元璋有一套相当高明的外交手腕。郭子兴死后，他归入韩林儿麾下时，势力虽小，但并不奉小明王的节制，“然念林儿势盛可倚借，乃用其年号以令军中”[3]。采用韩林儿的年号自然是为了减少对自己的压力。1357年，他攻下徽州（今安徽歙县）时，儒士朱升向他建议：“高筑墙，广积粮，缓称王。”[3]这无疑是惬合朱元璋之心的。过早称王便会成为众矢之的。因此，当别人忙着称孤道寡时，他却不声不响地开疆拓土。一直到1366年，他在讨伐张士诚的檄文中，“纪年犹称龙凤（韩林儿的年号），下令则云皇帝圣旨吴王令旨，至是林儿殂，始改明年为吴元年”[10]。至于他和元将察罕帖木儿的往来，有人说他实际上是向元朝投降[15]，此说虽然不无道理，但毕竟没有成为事实，倒是使他赢得了进攻陈友谅的时间，不能不说是很狡狯的一招。朱元璋火并陈友谅、张士诚时，对于方国珍、明玉珍等人一时鞭长莫及，便采取了羁縻策略。方国珍遣使通好，并以子为质，“太祖却其质，厚赐而遣之”[3]。对于明玉珍，他则遗书云：“予与足下唇齿邻邦，愿以孙、刘相吞噬为鉴。”[3]先稳住他们，免得掣肘。到了陈、张依次敉平，卧榻之旁自然不容别人鼾睡，便不许他们再继续存在下去了。

第二，朱元璋的军队有良好的纪律。他在郭子兴部下为将时，下令禁止掳掠，因而“人民大悦”[12]。在渡江之初攻下采石时，又“令李善长为戒戢军士榜文，及入城，即揭榜通衢，士卒皆愕然。有一卒违令，入民家，即斩以徇，军中无敢剽掠，城中肃然”[10]。征婺州（今浙江金华）时，“命骑士赍令牌遍告军中曰：毋杀人，毋掳妇女，毋烧房屋，违者依军法斩”[16]。徐达攻张士诚时，下令：“掠民财者死，毁民居者死，离营二十里者死。”[3]北伐时，朱元璋又告谕诸将：“勿妄杀人，勿夺民财，勿废农具，勿杀耕牛，勿掠人子女。”[17]流风所及，连胡大海这样的赳赳武夫也注意到这一点了，他“尝自言己虽不读书，然行军惟知有三事：

不杀人，不掳人妇女，不焚庐舍，故人多附之”[10]。有了良好的军纪，便能取得百姓的拥护，这是朱元璋取得成功的一个重要原因。

第三，朱元璋取得了地主阶级知识分子的支持。由于他重用并礼遇知识分子，李善长、朱升、刘基、宋濂、章溢、李习、叶琛、许瑗、陶安、秦从龙、王宗显等人接踵而至，或襄赞军机，或运筹帷幄，或安戢地方，或筹运粮秣，都立下了功劳。相比之下，其他人虽然也用了知识分子，但比起朱元璋来要逊色得多。如福建的陈友定，虽曾“数招致文学知名士”[3]，但那只是摆设，不能发挥他们的作用；江苏的张士诚任用黄、蔡、叶之流，导致覆亡；四川的明玉珍曾重用元进士刘祯，“经营擘画，皆刘祯为之谋也”[3]，但刘祯在明玉珍死后便遭冷落，不久郁悒而死；湖北的陈友谅，麾下竟无一知识分子为之出谋划策，只是一味蛮干，又安得不败？

第四，朱元璋注意粮食生产，因而在作战过程中，从没有粮秣匮乏之虞。1358 年春，朱元璋任命康茂才为营田使，“以修筑堤防，专掌水利”[12]。同年十一月，立民兵万户府，农忙耕田，农闲练兵，“庶几寓兵于农之意也”[12]。寓兵于农，亦兵亦农，既保证了兵员不致枯竭，又避免了兵饷转运之劳。

第五，朱元璋具有非凡的军事才能。他出身寒微，本不知兵，多年的戎马生涯，使他增长了才干，成为元末群雄中的翘楚。在占领江浙一大片地方后，他了如指掌地分析了当时的形势：陈友定、明玉珍势力既小，又相隔悬远，可以暂且不管。毗邻者西有陈友谅，东有张士诚，南有方国珍，北有小明王。他当时还奉小明王正朔，不好公然刀兵相向，因此只能在方、陈、张三家身上打主意。在这三家中，“吴（张士诚）、汉（陈友谅）者门庭之寇，赴之宜速，而国珍者樊笼之鸟，取之如寄”[12]。他决定先消灭张、陈，后图方国珍。而在张、陈之间，又必须先吃掉陈友谅。正如他在统一全国后总结经验时所说：“初与二寇相持，士诚尤逼近，或谓宜先击之。朕以友谅志骄，士诚器小，志骄则好生事，器小则无远图，故攻友谅。”[14]1366 年攻张士诚，常遇春主张直捣其老巢苏州，朱元璋则认为，若径攻苏州，其部下必拼死来援，“援兵四合，难以取胜。若出兵先攻湖州，使其疲于奔命，羽翼既疲，然后进取姑苏，取之必矣”[18]。果然打了胜仗。1367 年十月，他两路出兵，南征陈友定、何真与北伐同时进行，主力自然是放在北伐上。不少将领主张直攻大都，朱元璋鉴于元朝尚有一部分力量，未可小觑，如果不扫清外围而径攻大都，元军蹑其后，就有可能欲速不达，功亏一篑。因此，他果断地指出，应当批亢捣虚，“先取山东，撤其屏蔽，旋师河南，断其羽翼，拔潼关而守之，据其户槛，天下入我掌握，然后进兵元都，则彼势孤援绝，不战可克其都。鼓行而西，云中、九原以及关陇可席卷而下”[18]。正是按照这个方案，明兵连战皆捷，于次年八月攻克大都，为大明帝国的建立奠定了基础。

第六，朱元璋对元朝官吏所实行的笼络羁縻办法，使得许多敌对势力都消弭于无形之中。这和其他群雄捕获元朝官吏一律杀死的愚蠢做法，形成了很好的对照。比如为元朝死节的余阙、李黼，“令有司建祠肖像，岁时祀之”。他想通过此举向元朝的文武官员表示：他是礼贤下士的，只要归依，决不亏待。在统一全国的过程中，“得元朝官吏及儒士，尽用之”[16]。刘基、秦从龙都曾做过元朝官吏，后来都成了他的重要辅弼之臣。不愿合作的亦不勉强，如做过扩廓帖木儿幕僚的蔡子英，即“纵出塞”，使其“追故元主于和林”[11]。朱元璋在北伐檄文中重申：“如蒙古、色目，虽非华夏族类，然同生天地之间，有能知礼义、愿为臣民者，与中国之民抚养无异。”[10]所有这些，都发生了巨大作用，“北伐军所到之处，山东、河南州县纷纷降附，名城如济南、益都、汴梁、河南府都不战而降，连蒙古、色目人也望风降附了”[19]。朱元璋从出师北伐到攻克大都，仅用了十个月时间，分化、瓦解敌人的工作做得成功，无疑是一个重要原因。

参考文献

[1]吴晗.元帝国之崩溃与明之建国[J].国立清华大学学报单行本，1936.

[2]吴晗.明史简述[M].北京：中华书局，1980.

[3]张廷玉，等.明史[M].北京：中华书局，1974.

[4]钱谦益.国初群雄事略[M].北京：中华书局，1982.

[5]宋濂，等.元史[M].北京：中华书局，1976.

[6]权衡.庚申外史[M].郑州：中州古籍出版社，1991.

[7]叶子奇.草木子[M].北京：中华书局，1959.

[8]解缙.天潢玉牒[M].纪录汇编本.

[9]任崇岳.元末农民起义领袖芝麻李下落考[J].齐鲁学刊，1982(2).

[10]高岱.鸿猷录[M].丛书集成本.

[11]查继佐.罪惟录[M].四部丛刊本.

[12]谷应泰.明史纪事本末[M].北京:中华书局,1977.

[13]长谷真逸.农田余话[M].宝颜堂秘籍本.

[14]夏燮.明通鉴[M].北京:中华书局,1980.

[15]陈高华.论朱元璋与元朝的关系[J].学术月刊,1980(4).

[16]刘辰.国初事迹[M].借月山房丛书本.

[17]明太祖实录[M].台湾"中央研究院"历史语言研究所校勘本,1962.

[18]吴宽.平吴录[M].上海:商务印书馆,1937.

[19]吴晗.朱元璋传[M].北京:生活·读书·新知三联书店,1980.

(原载《史学月刊》1982年第5期)

元史专家翁独健教授的治学道路

一

翁独健教授，原名翁贤华，1906 年 11 月出生于福建省福清县坑边村，1986 年 5 月逝世。3 岁那年，先生患小儿麻痹，导致左脚颠跛。先生自小家贫，但天资聪颖，读书极其用心。高中毕业时，先生改名翁独健，表示自己虽只有一只健康的脚，但也有振翮云天、翱翔四海的凌云壮志。1928 年，先生以优异的成绩考入燕京大学历史系。在燕京大学读书期间，先生深得陈垣、洪煨莲教授赏识。在这两位先生的影响和指导下，先生开始了蒙元史的研究。

1932 年，先生完成了毕业论文《元田制考》，从民田、牧地、限田、官田、赐田、职田、学田、寺田、屯田、田数等 10 个方面，"详考元代田制"之沿革，从而得出结论："元代田制，皆沿前代之旧，无根本创革也。"该文虽然旁征博引，资料详赡，但总的来看仍未跳出乾嘉学派治学方法的窠臼。1935 年，先生在燕京大学研究院毕业，提交了《元代政府统治各教僧侣官司和法律考》的毕业论文，这篇论文在研究方法上比上一篇有了明显的进步。该文分为上、下两编，上编曰述，下编曰考，重点在下编，篇幅占全文七分之六，"以问题为单位，搜集所有有关系的材料加以编比考证，目的在求正确详尽"。本文搜罗宏富，除中国史乘外，还征引了许多外文资料，系统全面地对元代管领的宗教机构进行考述，并对中西学者的疏漏讹误处一一加以厘正，例如《多桑蒙古史》误将迦叶弥儿僧人那摩当作西藏喇嘛，《元史新编》《蒙兀儿史记》又将那摩与海云混为一人；行宣政院这一机构成立于至元二十八年(1291)，《元史》《新元史》的百官志只从顺帝朝算起；等等。这篇论文用力甚勤，解决了元史中的一些疑难问题，具有较高的学术价值。燕京大学研究院毕业后，先生获得了赴美留学奖金，到哈佛大学攻读蒙元史。1938 年，先生用英文完成了约 10 万字的博士论文——《爱薛传研究》，这是一篇考核精审颇具功力的论著。拂林人爱薛是元代中外交流与宗教史上的重要人物，在元廷备受信任，具有很高的政治地位，是“十三世纪下半叶蒙古汗庭中最有影响的一位基督教徒”。对于这样一位重要历史人物，中外史学家如邵远平、钱大昕、魏源、屠寄、柯绍忞、陈垣、张星烺及伯希和、沙海昂等人都进行过研究，然而都因为没有利用程钜夫《雪楼集》中的《拂林忠献王神道碑》这一重要史料，未能得出确凿的结论。先生在考察前人成果的基础上，汇集了中外所有有关爱薛的史料，校计毫厘，将域外史料与汉文史料进行比勘对照研究，引用中外史料 32 种、参考文献 12 种，成功地论述了爱薛其人对蒙古统治集团接受西域文化所起的媒介作用和与之相关的问题。这篇论文至今还受到美国、澳大利亚学者的推崇。

1938—1939 年，先生在荣获哈佛大学博士学位后，赴巴黎大学从法国著名汉学家伯希和受业。为了掌握语言工具，更好地研究蒙元史，先生花费了很大精力。他本来已经有了英、法、德、俄、日等语文的深厚功底，又在伯希和门下系统地学习了波斯、阿拉伯、土耳其等文种知识，为他后来娴熟地运用外文资料写作打下了坚实基础。

1939 年初夏，先生从马赛启程返国，先后在云南大学、燕京大学、北平中国大学任教，主要讲授蒙元史、中亚及东亚史等。从归国至解放的 10 年中，先生在学术研究方面做出了突出贡献，继王国维、陈垣等老一辈学者之后，他与韩儒林、邵循正等同辈学者一道，把我国的蒙元史研究推进到了一个新阶段。他们的研究成果，赢得了国内外学者的一致赞誉。这一阶段的蒙元史研究有两大特色：一是史料应用范围的扩大。二是研究方法的改进，即着重采取史料校勘、史实考订和译名勘同等专业研究方法。这种特色鲜明地反映在先生的论著中。

1940 年 12 月，《史学年报》第 3 卷第 2 期上发表了先生的《〈新元史〉〈蒙兀儿史记〉爱薛传订误》（以下简称《订误》）一文。这是他在国外期间对爱薛研究的继续。这篇文章通过对大量史料的爬梳剔抉和缜密细致的考证，指出《新元史》与《蒙兀儿史记》关于爱薛其人的记载，竟有近 10 处谬误。《新元史》的作者柯绍忞与《蒙兀儿史记》的作者屠寄一向以治学严谨蜚声遐迩，但终因在运用域外史料上不慎而产生了疏漏。这一事实表明，要使蒙元史研究取得进展，就不能继续走重修《元史》的老路，必须另辟蹊径，《订误》一文就正好适应了这一需要。

1941 年 6 月，先生又在《燕京学报》第 29 期上发表了《斡脱杂考》一文，从五个方面对散见于元代史乘中用法歧异的“斡脱”一词做了详尽的考证与诠释，指出了这一词的各种含义与语源。先生的结论已为广大蒙元史研究者所接受，成为定谳。

1946 年，先生在《燕京学报》第 30 期上发表了《〈元典章〉译语集释》一文，就《元典章》所载的许多从蒙古语硬译的元代口语，逐一考释其语源与意义，正如他在文中所说：“每遇音译语词，辄迻录别纸，且为寻绎语源意义。积日既久，粗有所获。”这篇论文为学者利用《元典章》这部重要史料提供了极大方便。可惜这篇论文只写了几个词条，便因他事而中辍，真是一件憾事。

发表于 1948 年 11 月《燕京社会科学》第 1 卷上的《蒙元时代的法典编纂》一文，是先生的又一精审之作。蒙古帝国时期只有单行法令，没有形成法典。元朝中央政府虽多次编纂，也都是原始文牍资料的汇编，不是完备的法典。在这些文牍资料里，却保存了元代政治、经济、文化、社会生活等各方面的真实面貌，是研究元代历史弥足珍贵的资料。先生这篇论文以时代先后为序，对蒙古法典的源流与形成、元世祖时期法典的编纂与颁行及《元典章》《经世大典》中的宪典，还有元朝末期法典的编订，做了详尽的阐述，同时也对“扎撒”等蒙古词语进行了考释。从此以后，蒙元时代法典的史料价值与重要性才引起世人的重视。

二

北京市解放后，先生担任燕京大学代理校长、北京市第一任教育局局长、中央民族学院研究部主任、中国科学院哲学社会科学学部民族研究所副所长等职，全力从事民族史研究方面的组织领导工作。他先后担任《辞海》编委会编委、《中国历史地图集》编委会编委、“民族问题五种丛书”编委会副主任、《中国大百科全书》编委、《中国历史大辞典》民族史分卷主编等职。他在史学界德高望重，是蒙元史、民族史的学术带头人，因而多次被推举为有关学术团体的领导和名誉领导。公务丛脞，政冗事繁，公务之暇，先生几乎将全部精力投入了学术研究的组织领导工作之中。

粉碎“四人帮”后，普天同庆，先生已到了桑榆晚景，仍然不顾年老体弱，积极为繁荣民族研究事业做出贡献，中国蒙古史学会、中国元史研究会、中国民族史学会都是在先生和其他学者积极倡导下成立的。他一再强调，学会活动要注重实效，提高质量，大型学术讨论会不可过于频繁。为了给会员提供信息和切磋琢磨的园地，在先生悉心擘画下，中国蒙古史学会、中国元史研究会和中国民族史学会都办起了自己的刊物。他在《元史论丛》的发刊词中说：“我们殷切地期望《元史论丛》的出版，将对今后元史研究工作发挥积极的推动作用。”他多次强调，搞研究，首先要加强基本建设。这个基本建设，一是资料，一是人才，特别要注意少族民族人才的培养。多年来先生汲引后进，扶植新人，滋兰九畹，乐此不疲，有很多学者就是在他的指导下成长起来的。

先生十分关心少数民族史研究领域的开拓，针对蒙元史中很多方面还是空白的情况，他呼吁要“提高研究水平，开拓研究领域”，并希望能对 20 世纪以来民族史的研究成果，包括专著和论文，进行系统的搜集和科学编目。他还建议深入进行民族史专题研究，组织力量有选择地进行少数民族通史或专题史的研究，同时也不应该忽视对汉族史的研究。他提出了研究中国民族史的重要设想：“从中国民族史的全局看，中国历史上实际存在着北方游牧民族、南方农耕民族以及中原地区农业先进的汉族这样三条发展带，称之为发展形态或发展系统也可以。总之，它们各自有自身的发展规律，而又相互依存、相互影响，经过漫长的历史过程，终于形成了今天的中华民族，以及统一的多民族的中华人民共和国。上述想法，可不可以作为研究中国民族史的线索，并且由此进行深入专题研究呢？”[1]

先生逝世的前几年，组织了符拉基米尔佐夫《蒙古社会制度史》一书的翻译，主持拉施特《史集》、志费尼《世界征服者史》这两部波斯史籍的译校，并亲自为中文本写了序言；主编《蒙古族简史》《中国民族关系史纲要》《中国历史大辞典·民族卷》；多次到国外讲学，加强国际学术文化交流；等等。

先生在蒙元史古籍整理方面的贡献，是有口皆碑的。早在 1956 年，他就对史料整理工作提出了具体建议，同年又在《中国民族问题研究集刊》上发表了《关于中国少数民族历史研究的情况和问题》一文，建议“对汉文的资料应该进行系统的整理。把历代关于少数民族历史资料的专书,全部搜集起来,加以分类,编成中国少数民族史料丛书,分类出版……对于散见在史书、政书、类书、地方志、游记、笔记、诗文集中的史料,也要进行辑录汇印”。正是由于先生的奔走呼吁,许多散见于全国各地、濒于灭绝的重要文献和资料,才得以重见天日。20世纪60年代初,先生组织了对《清实录》中少数民族史料的整理工作,对史料搜集的办法、体例、分类做了统筹安排,共辑出5000多万字。“十年动乱”中,这项工作被迫停顿。1971—1974年,先生以古稀之年,领导几名中青年学者,承担了点校《元史》的浩繁工程。在“二十四史”中,《元史》因成书仓促、舛错讹误甚多,向为史学家所诟病,而校勘此书难度又极大,除了汉语,还涉及古蒙古语、古藏语、突厥语、梵语、波斯语、阿拉伯语等。为了做好《元史》的点校工作,除了版本校对,他们还查阅了200多种有关史书。从《经世大典》残卷、《元典章》到元人文集笔记,从方志、石刻到有关的少数民族资料和外国史料,几乎都要涉猎。他们历经4个寒暑,孜孜矻矻,钩沉发微,终于完成了近270万字的《元史》校点工作,校勘出讹误1000余条,为学术界提供了目前《元史》最好的版本。《北京晚报》称赞先生付出的巨大劳动是“一千之订千颗汗”,绝非溢美之辞。

1979年,在中国蒙古史学会成立大会上,先生再次向全体会员提出了把古籍整理作为一项基本建设的要求,指出要搞好《蒙古秘史》、《蒙古源流》、大小《黄金史》、《俺答汗传》等蒙文史料的整理研究,进一步加强对《元史》、《元典章》、元人文集等汉文典籍的整理和辑录以及外文经典作品的翻译、校订工作。1980年,先生在元史研究会成立大会上提出,前人改写《元史》的做法和为《元史》作注或补写的主张都已过时,没有意义,应该像钱大昕的《元史考异》和汪辉祖的《元史本证》那样,搞史实订误,做更彻底的考证、更全面的订误。他又特别提出了对《经世大典》《元代画家史料》《元末农民起义史料》《元碑集成》《元代文物图谱》等的辑录和整理工作,还主持了《全元诗》的编纂。在先生的关怀下,《元代画家史料》《元末农民起义史料》等书已经出版,一批整理过的古籍和辑录的文献资料也已问世,大大方便了学术研究。

先生一向重视少数民族古文字文献的整理和研究。在他的主持下,1980年1月在北京召开了民族古文字研究者座谈会。他又在《光明日报》上撰文,吁请有关方面共同努力,更好地开展民族文字、文献的搜集、保管、整理和研究工作。他认为汉文资料要鉴别、考订,要把当时的时代局限性、民族偏见的糟粕剔除。

少数民族的文献也不例外,要分析研究,与汉文资料一起进行周密的勘同考异,把历史事实搞清楚。先生还主张“在大力加强民族文字资料整理、汉译的同时,将一些汉文资料翻译成民族文字,供更多的少数民族史学工作者研究之用”。如今,《文海研究》《契丹小字研究》等专著已经出版,其他少数民族古文字的整理工作,也已取得了可喜成绩。

三

先生一向以治学严谨著称,在民族史研究方面有许多真知灼见,有些意见已为民族史研究者所接受。这些意见主要是:

(一)关于历史上的中国问题。“中国”一词,最早可以追溯到《诗经》,但那只是地域、文化的概念。直到辛亥革命后,成立了中华民国,“中国”才成为具有近代国家意义的正式名称。1949年,中华人民共和国成立,实现了各民族平等,国家的性质发生了根本变化,因而,今天的中国不是专指哪一族的,而是各族人民共同的祖国。不能把历史上的中国与历代封建王朝画等号,更不能与汉族王朝画等号。

关于疆域问题,先生认为凡是各族人民在历史上活动过的地区,都是我国不同时期的疆域范围。当然,蒙古人虽到过波斯、欧洲,但没有长期占领,应当除外。

(二)关于历史上民族关系的主流问题。先生认为:“在漫长的历史过程中,经过政治、经济、文化等方面的接触,各民族之间形成了一股强大的凝聚力。尽管历史上各民族间有友好交往,也有兵戎相见,历史上也曾不断出现过统一或分裂的局面,但各民族间还是互相吸收、互相依存,越来越接近,从而共同缔造和发展了统一的多民族的伟大祖国。这乃是历史上民族关系的主流。”[2] 在这之前,有人认为历史上民族关系的主流是战争,有人认为是和平交往,都失之偏颇,未能对历史上民族关系的主流做出正确的阐释。

(三)关于以平等原则来研究历史上的民族关系问题。先生强调对民族史上的事件、人物,都应用同一标准来衡量、来评价,不能对汉族一个标准,对少数民族又是一个标准,关键是要清除大汉族主义正统思想的流毒。至于少数民族建立的政权，“如果原来是在一个统一王朝的统辖之下，后来某个时期分裂出去，这种政权我们可以称之为割据政权；如果原来与中原王朝并无政治上的隶属关系，那大可不必加上‘地方’二字，应该实事求是地承认历史上少数民族建立的国家是与中原王朝并立的国家，譬如说，金朝就是与宋朝并立的国家”[3]。

（四）研究民族战争能否用侵略一词？在解放后的史学著作中，凡涉及国内民族战争时，多数同志不敢使用侵略一词，似乎一说侵略，国内民族问题就变成了国外问题，这个人的立场就有问题了，因而往往用进攻、南下、北上、攻打等中性的词。其实这是多虑。先生指出：“在古代，民族政权之间的关系本来就是国与国的关系嘛！侵，即是侵犯；略，即是掠夺。历史本来面貌就是如此。所以，我以为在讲历史上民族战争时用侵略一词是可以的。”[4]

（五）关于民族英雄问题。近年来史学界讨论民族英雄的文章有一种倾向，认为只有在民族战争中才能产生民族英雄，甚至只在战争失败的一方中去寻找。先生不赞成这种做法。他认为民族英雄的范围应当扩大。凡是在历史上对中华民族、对其本民族做出杰出贡献的人，都可以列入民族英雄之林。这些民族英雄犹如满天繁星，汉族有，少数民族也有。

（六）关于历史人物评价问题。先生强调历史研究要注意反对教条主义，不务空言。人物评价当然需要，但往往是事情还不清楚，就在那里瞎评论、下结论，结果是空对空，不利于学术提高。有的人物评价，变成替古人做政治鉴定，能鉴定得了吗？这种事情还是少做为妙。专题研究应该实事求是，只有掌握所有应当掌握的材料，加以分析，才能得出正确的结论。这个意见是很中肯的。

除以上所述外，还有历史上的爱国主义、中国自古以来就是统一的多民族的国家问题等，先生都有独到的见解。限于篇幅，这里只能从略了。

参考文献

[1]翁独健.开展中国民族史研究的几点希望[J].中国民族史研究通讯，1986(3).

[2]翁独健.论中国民族史[J].民族研究，1984(4).

[3]翁独健.民族关系史研究中的几个问题[J].中央民族学院学报,1981(4).
[4]翁独健.再谈民族关系史研究中的几个问题[J].民族研究,1985(3).

(原载《郑州大学学报》1997年第2期)

台北知府陈星聚治台功绩

在我国近代史上，有不少人居官清廉，秉政为民，抵御外侮，毁家纾难，誓死如归，表现了中国人民的铮铮硬骨。他们的高风亮节，足以风范后世，激励往来。清朝光绪年间的台北知府陈星聚便是其中的一位。

一、苦心孤诣，经营淡水

陈星聚，字耀堂，河南省临颍县台陈乡陈村人，嘉庆二十二年(1817)出生于一个普通农民家庭。道光二十九年(1849)，33 岁的陈星聚乡试中举，但却功名蹭蹬，直至同治三年(1864)才被任命为福建顺昌县知县，后来又调任建安(今福建建瓯)、闽县(今福建闽侯县)、仙游、古田县令。在任县令期间，他情系百姓，关心民瘼，政平讼理，弊绝风清，表现出了非凡的政治才能。同治十一年(1872)陈星聚因政绩卓异，被擢升为台湾府淡水同知。当时台湾尚未设省，台湾的官员多由福建调入。其时陈星聚已 56 岁，两鬓染霜，羸弱多病，但他还是于翌年八月携妇将雏，束装就道，渡过波涛汹涌的台湾海峡，来到了淡水。

淡水的治所在新竹县。新竹县自康熙二十二年(1683)始入清朝版图，次年设诸罗县，隶属台湾府。当时该地“农功未启，行旅鲜通，故犹以荒远视之”[1]。雍正元年(1723)，诸罗县并入彰化，同时设置淡水同知，稽查北路，兼督彰化捕务。雍正九年(1731)，又把大甲溪以北的刑名钱谷交由淡水同知管理，此时，淡水同知的廨舍仍在彰化。乾隆二十年(1755)，淡水同知始移至竹堑(今台湾新竹)办公。淡水厅所辖之地“南自大甲，北至鸡笼(今台湾基隆)，绵长三百余里，自山至海，腹内所宽亦四五十里，较诸台邑固自倍之”[1]。土地虽阔，人口却不多，闽、粤移民同治十三年(1874)是 24646 人，约占淡水总人口的十分之一，其余的皆系土著。① 闽籍、粤籍移民畛域甚严，而移民与土著隔阂尤深，械斗之风，长年不息，如何治理这片番汉交错杂居的地区，是新来乍到的陈星聚面临的棘手问题。

为给淡水百姓营造一个适宜生活的安定环境，陈星聚大刀阔斧，推出了一系列有关国计民生的措施。

（一）编造保甲

同治年间，竹堑逐渐开发，闽、粤居民迁徙于此者络绎不绝，而海道又风平浪静，帆樯易通，闽、粤移民多聚集在一个村子中，比邻而居，好有个照应。村庄大者百余家，小者或三四十户，或五六十户不等。他们安定下来后，又呼朋引伴，不断迁入新的人口，村子中人口遂倍于往昔。人数既多，"即不免有无业游民及异地匪棍混杂其间，若不严加稽查，则此种奸宄之徒，既恃原籍解保，莫从钤制，又恃海外踪迹无人深知，难保不乘闲生心，肆行无忌。此保甲一事所以行于从前者，易可而宽，而行于今兹者，虽难而不容或缓也"[2]。淡水所辖地域辽阔，虽有聚居之村落，实无连接之乡庄，山高林密、人烟稀少之地往往是罪犯的逋逃薮，为杜绝这种弊端，便须编造保甲。陈星聚表示："编查保甲系为弭盗安良之善政，敝辖滨临□□，闽粤杂居，窝盗藏奸，尤难稽查，必须实力稽查，方免盗贼溷迹。"[2] 因村庄间距离较远，道路崎岖，往返不便，编造保甲清册又须调查落实，因而短期内不可能访查周遍，加上有些村庄客籍居多，迁徙不定，这就更增添了编造保甲清册的困难。

尽管困难重重，但编造保甲清册之事又势在必行。陈星聚到任后，便着手经办此事，他不但多次督催，还躬亲下乡调查，但民间从未经过此事，无所适从，难免顾此失彼，不能朝举而夕成。直到同治十三年五月，陈星聚在办团练时，兼及编查户口，将以前未经造册之处，限令一律备送齐全，再行抽查比对，然后刷给门牌，以免挂漏。几经督促奖励，编造保甲清册之事才算有了头绪。

---

① 同治十三年淡水厅所辖地区闽、粤移民是："闽籍五千二百三十五户，男六千五百七十二丁，女六千二百八十四口，幼孩三千九百零三口，幼女三千三百七十口；粤籍一千二百零一户，男一千五百六十三丁，女一千五百五十五口，幼孩九百零三口，幼女八百一十八口，委系现存实在户口之数。"（见台湾大学图书馆藏《淡新档案》12403.47 号。嘉庆十六年淡水共有 21 万余人，至同治十三年，淡水人口至少应有 25 万人，外来人口只占淡水总人口的十分之一）

（二）戡定匪患

淡水辖地广袤，人口稀少，且山重水复，因此常有盗贼出没。淡水最著名的匪徒是吴阿来、吴阿富兄弟。吴阿来祖籍广东，世代务农，乃祖、乃父迁台后，依然以稼穑为业。吴阿来是泼皮无赖，纠集族众抢掠烧杀，无恶不作，官府多次缉捕，均未成功。光绪二年（1876）五月，惯匪吴阿富等掳抢扎厝，官兵闻讯追捕，将其击毙。陈星聚乘胜追击，募勇丁 50 名，又拨营兵 50 名，于闰五月二十日前往拿办，俘获匪徒林古安等 3 名。吴阿来见官兵势大，不敢恋战，遂遁入靠近少数民族居住的老鸡笼庄，把内山的水源截断，凭险顽抗，四处捕人。一时山中百姓人心惶惶，一夕数惊。内山有芎村、中村、士庄 3 个村庄，有村民上千人，因断了水源无法生活，派人向淡水厅告急。陈星聚当即“委大甲司许其菜勘验，甫至鸡笼山，吴阿来率众围之，大甲司走脱”[3]。陈星聚知道吴阿来藏身之处地势险僻，易守难攻，于是与北右营游击乐文祥商定，携带炮火，添加兵丁，并号召各庄联丁，陆续齐集 500 余人，连日进剿，将老鸡笼匪巢捣毁，放出被掳人丁，所塞水源亦当即开通。吴阿来逃窜至新鸡笼庄，隔溪据守，并聚众复出，欲夺回老鸡笼庄，遭到官兵迎头痛击，官兵击毙匪徒 2 人，伤者无数。被俘匪徒供称，系吴阿来每月以洋银 5 元雇来抗拒官兵者。“斯时该处庄民以此次不为破获，则兵退复出，毒害更甚于前，环乞留师，愿为助剿。”[4]陈星聚随即就近移请管带福锐、新右营都司杨金宝带兵勇由铜锣庄进剿，毙匪多名，直捣鹿湖庄吴阿来老巢。匪徒猝不及防，惊骇四散，乡团立将匪巢焚毁，吴阿来势穷力蹙，逃窜至黄麻园一带。黄麻园在祟山之内，山深林密，接近当地土著居住区，士兵骤难深入。陈星聚悬赏 1000 元，找到曾受吴阿来扰害、避居后山熟悉路径的庄民为向导，又由统领飞虎各军总兵吴光亮派守备吴三胜驰赴鹿湖，再选集庄丁百余人随同入山，将吴阿来团团围住。吴阿来困兽犹斗，负隅顽抗，庄丁有受伤者。陈星聚再发洋银 500 元，并拨去子弹、药物，兵民协力终于攻破匪巢，将吴阿来擒获，押解市曹，枭首示众，淡南士民无不拍手称快。陈星聚因立功“以知府用，先换顶戴”[5]。于是他从正五品升为从四品。

（三）改革陋俗

淡水厅地面广阔，文化落后，民风剽悍，其中有为非作歹者。陈星聚认为，这些坏人并非生下来就泯灭良知，之所以如此，是父兄教育不力、地方官没有尽职尽责的结果。于是他抄录当地耆绅吕新吾所作《好人歌》张贴村头，劝民行善，敦风厉俗。歌词开头是:“天地生万物，惟人最为贵。人中有好人，我作好人歌，尔民请听记。”然后敦劝百姓讲忠信、孝悌，知廉耻，守礼义，遵法度，勤耕织，不赌钱，不嫖妓，等等。[2]《好人歌》全用俚语，读来朗朗上口，颇受百姓欢迎，在市井闾阎之间广为流传，影响甚大。种田稼穑、引车卖浆者流固然喜欢《好人歌》，就是那些市井游手、流氓无赖之徒，受了《好人歌》的熏陶，浪子回头，改恶从善者也所在多有。陈星聚煞费苦心抄录的《好人歌》，收到了良好效果。

陈星聚公余之暇，喜欢去百姓中体察民俗民情。他发现农村中贫窭之家的女孩子在幼小时便卖给大户殷实人家作婢女，应该谈婚论嫁之时，主人却久留不嫁，使之服役终身。淡水所辖地区绅衿庶民之家畜养婢女，竟有 20 岁以上 30 余岁尚未字人者。究其原因，是因为台湾风俗，素来无人聘娶奴婢，亦不屑买来作妾，主人无利可图，便让婢女终身服役，至老不嫁。“甚有地方棍徒设计抱养女孩，名为苗媳，及长不为之择配，迫令为娼者，伤风败俗，尤堪发指。”[6]为改革此种陋习，陈星聚规定:凡绅士庶民之家，如有不让婢女婚配，致使其孤寡者，杖责 80 下;如果绅士合伙开设妓院，引诱妇女藏匿其中或强行贩卖事发者，不论良人奴婢，不管已卖未卖，审讯得实，为首者将立即斩首，从犯则发往云南、贵州、广西、广东烟瘴蛮荒之地充军。又晓谕士绅军民人等:“尔等当思谁无子女，何忍令婢女独无伉俪之欢;谁无妻室，何忍令婢女独抱辱身之事。自示之后，凡婢女年至十八岁以上者，当念其服役有年，及时早为遣嫁，不得狃于积习，经久锢留，亦不得假以抱养苗媳为名，及长不为择配，迫使为娼。倘敢故违，经本部院访闻得实，或被告发，定即按例治罪，决不稍从宽贷，仍将婢女当官嫁卖，财礼入官。”[6]经过陈星聚刻意整治，淡水所属地区的那些士绅，谁也不敢恣意妄为，以身试法，禁锢婢女不嫁了。

(四)严禁赌博

淡水一向赌风甚盛，有花会、铜宝、摇摊、抓摊、车马炮、掷骰等项，名目繁多。花会多在僻静山乡，铜宝、摇摊则多在重门邃室之中，其余的均在城乡市肆，诱人猜押，无知者往往堕其术中，迷不知返。因债台高筑、穷极无聊而卖妻鬻子者有之，输钱相争而受伤酿命者有之，还有被索赌债而受人凌辱情急轻生者，更有家产荡尽，无计谋生，流而为匪者。且赌场内为盗贼藏身之所、混迹之区，地方因之多事，街巷为之不安，实为百姓一大公害。陈星聚莅任不久，便发现无论城乡均有赌场，游手好闲、市井无赖之徒麇集其中，严重败坏了社会风气，当即决定禁赌。他拟了一张告示，命人在城乡张贴：

赏戴花翎特授淡水总捕分府陈为严禁赌博事……示仰阖属军民诸色人等知悉：尔等须知赌博最干例禁，无论何人，均不许开赌聚赌。自示之后，倘取仍前赌博者，一经察觉或被告发，定即照例分别军流枷杖，从重惩办。邻右、屋主、总保、差役有敢窝容徇隐，得规包庇，一并严拿究治，均不姑宽。此非寻常禁止之件，务在令出惟行，慎无视为具文，自贻伊戚。凛遵，勿违。特示。[2]

这是台湾历史上第一张禁赌告示。陈星聚的前任虽然也曾禁赌，但未发布过这样的告示。陈星聚的告示贴出后，很快便引起了福建各级官员的重视。巡抚部院要求陈星聚将禁赌告示“照抄多张，遍贴晓谕”[2]。陈星聚立即差人“分投驰赴来往通衢，满浆实贴晓谕，毋致风雨损坏，仍取具乡、保总甲收管状，缴案备查”[2]。《淡新档案》中有一份陈星聚开列的所贴告示处所的清单，除了所有的村庄，城内衙门、军营、城门以及每条街巷里弄都贴有禁赌告示。同时又编出《戒赌俚歌》100句晓谕四方，俾军民人等有则改之，无则加勉。

查禁赌博是一项长期而艰巨的任务，百姓良莠不齐，禁赌也不可能毕其功于一役。陈星聚从同治十三年开始在淡水禁赌，虽然大见成效，但赌博还未绝迹。有的地方禁赌告示墨迹未干，通衢大市竟又有棍徒排列赌具聚赌，官来则远远躲藏，官去则棍徒复又明目张胆，肆无忌惮，任意赌博。还有一种赌棍，或藏密室之中，或居各家店后，夤夜聚赌，达旦不止。特别是大甲这个地方，还有不法之徒对禁令置若罔闻，开场聚赌。陈星聚通过查访得知，赌徒之所以有恃无恐，是因乡、保人等收受赌规，纵容包庇。陈星聚对此非常愤怒，表示要严加惩罚：

示仰该对保、对乡人等知悉：尔等须知赌场一日不禁，贼风一时不息，民间一日不安。自示之后，大甲一带如再有棍徒开赌情事，不问而知，为尔等得规纵容，本分府唯有先毙尔等于杖下。古人云，一家哭，何如一路哭，本分府断不能为尔一二人而置生民涂炭于不顾也。[2]

光绪三年(1877)六月，皂役禀报，驻扎在竹堑的北右营内兵丁，公然邀集群党聚赌。陈星聚欲待要管，却是文臣管不了兵营；欲待不管，兵营又在竹堑境内。思索再三，他给北右营副总府一名武将写信，请他严禁在军营内赌博，然后两人会衔贴出告示，申明纪律，赌博之风得到了遏制。

（五）禁宰耕牛

陈星聚莅任淡水同知前，这里贩卖、屠宰耕牛之风甚盛，因屠牛获利丰厚，不少引车卖浆者流纷纷改行屠牛。为了买到耕牛，不惜行贿兵丁、胥吏，致使被杀的耕牛越来越多。不少耕牛“鞭痕尚结，皮已入夫市廛，衔血未干，肉遂供乎口腹”[2]。各衙门的诉讼官司，一半与耕牛有关，偷牛成风，农夫之家十室有九家耕牛被偷。耕牛乃农业之本，倘无牛耕田，田园荒芜，百姓生活无着，势必造成社会动荡。陈星聚莅任后，便四处张贴告示，严禁私贩、屠宰耕牛：

> 兹查城乡内外有种奸民，设灶私宰，公然售卖，棍徒接盗销赃，不一而足，无非地邻容隐、兵役得规包庇所致，亟应示禁查拿。除出示严禁外，合饬查拿。为此，票仰六班头役，迅协总保，责成按段稽查，带将保内设灶宰杀、贩卖耕牛各姓名，克日逐一开报呈送，不许一人遗漏，限半月内改业营生，倘敢故违，许即按名拿送讯究。仍勒令各地保及该差役，按季出具，并无容隐得规包庇各干结，禀报赴辕，以凭加结详报查核。[2]

淡水厅的官员也纷纷建言献策。一位下级官吏提出，应立碑刻石，保护耕牛，同时晓谕百姓周知，“庶村有耕牛，野无圹土”。陈星聚马上批示：“宰牛有干例禁，所禀亟宜举行。兹会同北右营游府剀切示谕，务交各处总保一体勒石，以挽颓风，而垂久远。”[2]为保护耕牛而立碑刻石，是台湾历史上旷古未闻的创举。

陈星聚保护耕牛一事受到了台湾府知府孙寿铭的重视，他除惩处渎职官员外，又提出牛墟陋规坑害百姓，也当勒石永禁，并请陈星聚设计出石碑样式，将碑模送台湾府立案。陈星聚接到通知，一方面将碑模样式送往福建巡抚、福建分巡台澎兵备道、台湾府查核，另一方面又行文给艋舺县丞、竹堑巡检、大甲巡检，“克日饬匠，即速勒石，立于署前，永远遵守”[2]。陈星聚为保护耕牛而立碑刻石，不愧是一位关心民瘼的官吏。

（六）平抑米价

淡水本属“鱼米之乡”，平常年份，风调雨顺，城乡殷实人家，均有稻谷存仓，市场上稻谷价格公道，即使是贫穷之家，也无乏食之虞。光绪元年（1875）十一月，陈星聚接到禀报称，竹堑城内米价突然上涨，每日递增，有加无减。陈星聚认为，淡水地区收成还算丰稔，何致米价骤增？显系有奸商市侩人等从中囤积居奇所致。除派衙役协同各村调查外，陈星聚又在米市、淡水厅衙门以及四城门张贴告示，禁止高抬米价。

竹堑米价昂贵固然有不法米商谋利心切、哄抬物价的因素，但也有其他原因。如大甲地方的第三、第四保地方狭窄，溪多田少，收粟有限而又人口浩繁，以本地所收之谷养本地之民尚不宽余，而去年早、晚两季稻谷少收，今年又值闰月，还须供应军营稻米，这些因素也促使了米价上涨。但是这些因素并非不可弥补，因为淡水连年丰收，各乡都有存谷，且无远商搬运稻米出境，米价突然上涨，当然不是正常现象，米商操纵物价显然是主要原因。于是陈星聚再出告示平抑米价，以济民食。他规定上等米每元3.8斗，中等米每元4斗，下等米每元4.3斗。又晓谕米商："要知各业户有谷积存，自必身家殷实，今以平价发售之米粮，隐属接济贫民之义举。足食自无不仁之虑，济贫即是保富之媒，尔等其知之乎？自示之后，倘再有为富不仁，藏米不粜，囤积居奇，定即择尤惩办，而刁棍恶徒若敢不照定价公平交易，硬欲短价强买，以及乘机抢夺，亦即立拘严办，决不姑宽。"[2]在陈星聚的不懈努力下，淡水地区的米价趋于平稳，贫窭之家不再为买不到平价米而忧虑了。

一波未平，一波又起。陈星聚刚刚平抑了米价，便有一些无耻奸商，见有平粜之米，冒称贫户，往往以一人而买一斗之粮，继而转手再买一斗，或者暗中联络数人，各籴一斗，以斗米而凑成石，即时转卖渔利。从此奸贩猬集，局面不可收拾，不论米市上有多少平价之米，顷刻间便抢购罄尽，贫窭之家因买不到平价米而叫苦不迭。陈星聚本欲平抑粜米以济贫民之厄，不料奸商横生枝节，购买平价之米，转手倒卖牟取暴利。他除差人查拿购买平价大米的奸商外，又晓谕各庄总理、地保："编查实在贫民户口，造册填票，使各贫户先期领票，至粜米公所，照票发粜。"[2]凭票籴米使得那些浑水摸鱼的奸商无法再售其奸。当然，平粜也不能千篇一律，要因情况不同而异。如竹堑以南至大甲一路，米价尚平，民间可以按市场价公平交易，不须强制平粜。竹堑城及淡北艋舺等处米价昂贵，贫窭之家买不起米，因此必须举办平粜。对于米价，陈星聚也经过再三斟酌，一定要定价公平，"于砻业之户碾米发粜者，不致过形吃亏，贫民之谋食升斗者，亦不致粒食维艰"[2]。陈星聚考虑得真周到！

（七）处理教案

陈星聚任淡水同知期间，处理过几起非常棘手的涉教案件，这些案件都与英国侵略者有关。

第一起是新店教案。离艋舺60里之遥的新店有一座教堂，光绪元年

(1875)十月二十日,陈星聚接到沪尾(今台湾淡水港)海关转来英国领事的交涉信,称本月十八日教堂被百姓捣毁,并欲殴打教民,要求地方官亲临弹压保护。陈星聚于二十日"早夜五点即时启行,二十一日早已至新店,该处寂静无声,相安无事。亲诣教堂,正值华教士讲书谈教,会晤华教士,告以特来保护回沪。当据华教士面称:教堂并无滋事,在此安然何用保护,亦无庸回沪等语"[7]。陈星聚又在现场查勘,教堂完好无损,只有紧邻教堂的一小间厨房被焚半边,为何失火,原因不详,但不是人为放火。英国领事说教堂被人纵火,是故意混淆视听。再查教民与百姓冲突原因,是因为一高姓卖药医生途经新店时,一刘姓人向其买药,高某到刘某家索钱,遇到教徒林某从中阻挠,从而发生口角,互相殴打,皆有伤痕,实与教务无涉。因高某外出谋生,临讯未到,林某也甘愿息讼,陈星聚除晓谕乡民今后不得滋事外,又照会英领事销案。英国驻扎淡北办理本国事务署副领事官两次照会陈星聚,对此案提出异议,认为他偏袒台湾百姓,但陈星聚是在充分调查的基础上做出的判决,因而理直气壮,英国领事无话可说。

第二起是三重埔教案。光绪二年(1876)五月中旬,陈星聚接到英国驻台湾领事的照会称,一位传教士从鸡笼回沪尾途中,路经三重埔地方,见一教堂所悬匾额破裂,教堂内的戒律 10 条也被扯坏,此案非寻常案件可比,除禀报驻京钦差大臣交涉外,须由地方官查明严办。陈星聚还未弄清事情原委,英国领事又送来第二份照会,内称三重埔礼拜堂内有学生正读书,还有义学先生与传教士夫妇,其妻已有孕,忽有淡水厅皂头役江九带领勇差兵民、绅衿、地保及连庄义勇千余人冲入教堂,先毁圣匾、戒律,后毁拜堂,并打人致伤,要求严惩肇事者。最后竟将"光绪二年"写作"先绪二年"。陈星聚两次亲临现场实地勘查,他看到的与英国领事所说大相径庭。在给英国领事的答复中,他说:"准经本庭查得三重埔地小民稀,民教本各相安,究竟闹事因何而起?其所呈事由内开:差役、总爷、总理、绅衿、地保、义勇一千余人大叫放火……并以光绪二年写为先绪二年。改写国号,语无伦次,究不知此单何人所呈,必得查明根由,方能拿办,当将查拿严办缘由照复在案。"[7]

正是有疑团在胸,促使陈星聚将案件继续梳理下去,不久便弄清了事件真相。

原来,这次冲突是犯奸入教的淡水厅华人庄宗德一人挑起。庄宗德强奸 14 岁幼女被人擒获,他挣脱后连夜加入教会,次日又去被害人家中吵闹,被害者家人拉住庄宗德至澳保处评理，不料突有庄之党羽数十人各执器械至澳保处打人毁器，陈星聚闻讯，当即差人将庄宗德拿获。庄之党羽将被害者之家洗劫一空，且欲伺机劫夺庄宗德，官府不得不派多人押解。至三重埔教堂时，见教堂左右站立多人，恐怕劫夺犯人，遂匆匆而过，并未碰落匾额。陈星聚掌握了真实情况后，向英国领事表示：第一，庄宗德奸淫幼女一事已是不争事实，本厅"决不因其入教而例外苛求，亦不因教民而违例故纵"。第二，保护教民之正当权益，庄宗德犯罪与教务无干，须按中国法律究办。第三，三重埔教堂虽系小屋，但门外有院，院前有竹篱围护，非入篱内不能砸匾，押解庄宗德的差人并未进院，何来砸匾之事？陈星聚不卑不亢、有理有节地把英国领事的无理要求顶了回去。英国人本想以此为由头寻衅滋事，不料却讨了一场没趣。

第三起是艋舺教案。英国传教士欲在艋舺地方草店街租民房传教，士绅百姓等认为此地临近考棚，欲将房屋改作公寓，以方便考生，英国驻淡水副领事要求陈星聚压百姓就范。陈星聚了解情况后，答复英国人说："敝厅查教民与居民租地赁屋，两造均是华民，究与教士尚无交涉，中外同此一理。办理要在持平，如果所租店屋各出情愿，地方官不得阻止，若以各不愿租之屋而欲地方官勒令必租，和约无此明文，即申明亦无此办法，自应租户退租，屋主还价，以清纠葛而免争端。"[7]陈星聚坚持租赁房屋须两厢情愿，作为地方官亦不能强迫，两次拒绝了英国领事的无理要求，表现出了一个中国地方官吏应有的铮铮硬骨！

二、营建台北，功垂千秋

陈星聚在淡水同知任上恪守官箴，夙夜忧勤，百姓好评如潮。光绪四年(1878)，福建举行大计，考核官员，保荐政绩卓异者 10 人，陈星聚即是其中之一。吏部打算把陈星聚调往别处，闽浙总督何璟给光绪帝上奏折，称台湾正当多事之秋，像陈星聚这样干练而又熟稔台湾事务的官员不可多得，仍应该留台，得到了朝廷批准。当时台北府刚刚设立，淡水厅撤销，陈星聚调任台湾府中路同知，奉命署理台北府知府。署理者，代理之谓也。

台湾的第一任知府是林达泉，此前任江苏海州(今江苏连云港西南)直隶州知州。当时台北还是未经开发的不毛之地，交通不便，气候恶劣，与风光旖旎、物产丰饶的海州不可同日而语。外省官员皆视台湾为畏途。林达泉在台北知府任上仅 7 个月,便一病不起。他的府衙设在竹堑,从未去过台北。第二任知府是福建巡抚丁日昌荐举的向焘,也是从内地调往台湾的官员。为协调防务、矿务及修筑铁路,府衙暂设鸡笼,他在任时间甚短便去职。第三任是赵均。他是台湾府知府兼台北府知府,以一身而二任。台湾府的府治在台南,从台南到台北羊肠鸟道,崎岖难行,且台南政务丛脞,赵均也未去过台北。光绪七年(1881)二月,赵均丁母忧去职,闽浙总督何璟在给光绪帝的奏折里极力推荐陈星聚:"该员廉勤率属,慈惠爱民,在台年久。现代斯缺,循声卓著,舆论翕然,于海疆风土、民情极为熟悉,以之请补台北府知府,洵属人地相需。"[5]光绪帝允如所奏。陈星聚从光绪四年便代理台北知府,至此才名正言顺地成为正式知府。鉴于他的前任均未去过台北,他才是真正的台北首任知府。

(一)营建台北

"台北"之名始见于清初蓝鼎元所撰写的《纪竹堑埔》一文,但他说的台北系指竹堑以北之台湾北部地区,并非今日之台北市。最先提出设立台北府的是曾任两江总督、督办福建军务的钦差大臣沈葆桢。他在光绪元年给朝廷上疏说,福建省台湾府所属之淡水同知、噶玛兰通判二厅境地域辽阔,从噶玛兰厅至郡治台南需 13 日之程,无论是公事往来、科举考试、审理案件、处理百姓与教民冲突均甚不便,地方官"往往方急北辕,旋忧南顾。分身无术,枝节横生,公事积压,巨案迁延,均所不免"[1]。因此,亟宜设立台北府,以解决这些矛盾。福建巡抚丁日昌也附和沈葆桢的意见,上疏朝廷说,因淡水、噶玛兰厅离郡治悬远,且"客民丛集,风气浮动,命盗等案层见迭出,提勘讼狱则疲于道途,考试生童则艰于跋涉,抚绥控驭在在为难,且该处煤矿方兴,良莠庞杂,而沪尾、鸡笼二口以为互市之区,洋商、教士之所麇集,尤须有所镇压"[4]。必须另设台北府。清廷允如所奏,合并淡水同知、噶玛兰厅设立台北府;裁淡水同知一缺,析其地为淡水、新竹二县;改噶玛兰厅通判为台北通判,移至鸡笼,噶玛兰厅旧治添设宜兰县。

设立台北府已成定谳,但府治建于何处,却是意见纷纭。沈葆桢认为应选在艋舺:"艋舺当鸡笼、龟仑两大山之间,沃壤平原,两溪环抱,村落衢市,蔚成大观。西至海口三十里,直达八里坌、沪尾两口,并有观音山、大屯山以为屏障,且与省城五虎门遥对,非特淡、兰扼要之区,实全台北门之管(钥)。拟于该处创建府治,名之曰台北府。"[8]新任台北知府林达泉也认为台北府治应建于艋舺:"此处四山环抱，山水交汇，府治于此创建，实足收山川之灵秀，而蔚为人物。且艋舺居台北之中，而沪尾、鸡笼二口，实为通商口岸，与福建省会水程相距不过三百余里，较之安平（今台湾台南市西安平港）、旗后（今台湾高雄港），尤有远近安危之异。十年之后，日新月盛，臬道将移节于此，时势之所趋，圣贤君相不能遏也。”[9]而丁日昌则主张把台北府治建于鸡笼，他上疏说：“上年沈葆桢奏准将艋舺建设台北府城，臣此次亲往阅看，设郡之地系在一片平田，毫无凭借，似尚未得窍要。窃维鸡笼现虽荒僻，将来矿务一兴，商贾定必辐辏，且有险可守，实扼全台形胜，距艋盘不过一日之程，似宜暂将新设台北府移驻于此。”[4]沈葆桢、陈星聚经过审慎研究，认为鸡笼濒临大海，地理位置偏僻，距淡水、宜兰路程较远，联系不便，把府城地址选在了艋舺与大稻埕之间的田野里。这里坦平如砥，地势开阔，便于勾画蓝图，应该说是建城的最佳地点。

由于种种原因，台北城稽迟至光绪八年（1882）一月才破土动工，其时66岁的陈星聚已是正式台北知府，筑城一事自然落在了他的肩上。筑城最棘手的是经费问题。这笔钱本应由国帑支出，但清朝末年国势衰落，风雨飘摇，江河日下，清廷的日常开支尚是左支右绌，根本拿不出修城的银两。陈星聚只得贴出告示，号召百姓盖房：“至于造屋多寡，或一人而独造数座，或数人而合造一座，各随力之所能，听尔绅民之便，总期多多益善，尤望速速前来。”[10]但告示贴出后，绅民反应并不热烈。个中原因是，阮囊羞涩的百姓持观望态度，而有钱的士绅则认为：与其在这荒凉不毛之地投资建房，何如在喧闹繁华的港口城市兴业谋利？无奈，陈星聚只得发动缙绅富商捐款筑城，并指定林维源、陈霞林等14人为经理，负责筹款事宜。但筹款也是一波三折，阻力甚大。首先是有人抗缴建城工程款，据《淡新档案》记载，从光绪八年至十年3年期间，官府便发了8道催缴建城款的公文。更有甚者，一些人不仅自己抗捐不缴，而且煽动别人抗捐。其次是有人借机敛钱，贪污中饱。陈星聚都得事事躬亲，一一过问。当地的富绅开始还乐于捐输，但随着建设费用越来越多，陈星聚不得不加码派捐，一些富绅便借口拒捐。如林维源已捐过50万银洋，福建巡抚已豁免了他再为公益事业捐款的义务，陈星聚虽多次晓谕，他仍不肯解囊。陈霞林则要求“匀捐”，即不管以前是否捐过，此次一律再分摊。陈星聚与台湾兵备道刘璈商议后表示赞同：“城工需费甚急，碍难再延，亦未便以合郡之公偏加抑勒，兼以防务吃紧，需助孔多，只得凭公酌议，劝令淡水中上各户，仍照前案底册，一体匀捐，下户免派。惟林绅前案派捐一万三千二百元,应令照案加倍捐出二万六千四百元,以杜借口。新竹、宜兰只捐上户,其中下户皆免。仍由府出示晓谕。各绅均愿遵从,当面出具承捐期票。陈绅亦愿加捐。林绅随由府取具加倍捐票呈验。"[11]在陈星聚的精心运筹下,筑城经费的筹集使用算是有了规范,没有人贪污中饱或抗拒不缴了。直到台湾富豪林维源、厦门人李春生率先醵资修建了"千秋""建昌"两条街道后,商户始联翩而至,开办商行、店铺,台北城的修建才得以顺利进行。

筑城经费虽有了着落,但仍有其他问题需要解决。一是台北城选定的地址原为水田,难以承载城墙、城门之重。即便是普通民户建房,也要夯实地基方可施工,遑论府衙、城墙!陈星聚不得不在预定城址上植竹培土,以期几年之后能承受城墙重压。因此光绪六年、七年先建了台北府衙、文庙和考棚,光绪八年一月才修筑城墙。二是建筑材料须从内地引入,"该处不产巨杉,且无陶瓦,屋材、砖甓必须内地转运而来,匠石亦宜远致"[8]。就连筑城工匠也须从广东聘请。沈葆桢在一份奏折中说:"闽抚岑宫保(指福建巡抚岑毓英)于去年渡台督理桥工、城工,至今尚未内渡,已列前报。兹闻大甲溪之桥工,即用土民兴筑,亦可将就成事。惟台北府、县各城工,非熟手工匠,势难创建。缘城垣之高矮、城垛之大小,皆有度数,必须按地势以绘图,方能照图建筑也。去腊已札知府卓维芳赴粤雇觅匠人百余名,约定正月内到香港候船来闽。现闻宫保借己船局之'永保'轮船,准于二月朔赴粤装载匠人,往台赶紧兴工。"[5]基于上述几个原因,直到光绪十年(1884)十一月台北城才竣工。陈星聚宵衣旰食,为建城倾注了巨大心血。这座城全用石头筑成,"周一千五百有六丈,池略大之。辟五门:东曰照正,西曰宝成,南曰丽正,北曰承恩,小南曰重熙,面东、北两门又筑一郭,题曰'岩疆锁钥'。既成,聚者渐多"[1]。从此,台北人烟辐辏,熙熙攘攘,店铺林立,市肆繁荣,蔚为一大都市。光绪十一年(1885)台湾建省,光绪二十年(1894)台湾巡抚邵友濂将省会由桥孜图(今台湾台中市)迁往台北,台北便成了台湾政治、经济、文化的中心。

(二)兴建学校

清朝统一台湾后,康熙二十二年(1683),台湾知府蒋毓英设社学二所教授蒙童,也称义塾。次年,新建台南府、凤山县儒学。除府学、县学外,康熙四十三年(1704)台湾知府卫台揆又建崇文书院,从此莘莘士子有了读书求学之地。陈星聚主政台北后，对教育极为重视，先后创办了台北府学与登瀛书院。

台北府学在台北城内文武庙街，建造比台北城略早，由当时的台湾兵备道夏献纶与台北知府陈星聚督治其事，主要由陈星聚擘画，当地士绅十余人协办。“光绪五年（1879）兴工，七年（1881）主轴建筑仪门、大成殿及崇圣祠三殿告竣。八年（1882）再由台北士绅募捐招工继续完成礼门、义路、黉门、泮宫及万仞宫墙。终于在光绪十年（1884）全部完成。”[12]

登瀛书院也是陈星聚一手创立的，地址在台北府城西门内，光绪六年（1880）陈星聚借用台北府考棚而建。当时未建院舍，聘请宿儒陈季芳为院长，管理则由陈星聚负责。淡水佳腊人杨克彰满腹经纶，妙手著文，被艋舺士绅聘为塾师。陈星聚得知后，立即举荐他为孝廉方正。杨克彰因萱堂年迈，须他菽水承欢，固辞不就，使陈星聚惋惜不已。“登瀛书院为台湾北部规模最大之书院，为西南向建筑，前面有照壁及惜字亭一座。屋宇共有四进，第四进且为两层楼之建筑，清代用为藏书楼，屋顶为重脊燕尾歇山式，二楼四周有回廊，并护以栏杆，底层为拱廊。”[12]台北府学与登瀛书院建成后，一时文风丕振。

在儒学和书院读书的士子大多数出身寒门，日常生活费用已是捉襟见肘，参加科举考试更是困难重重，如欲考举人，须得到省城福州应试，山水迢递，路远程赊，学子们无力筹措盘缠，无奈只得放弃考试。陈星聚得知后，立即捐薪俸2000元，“创登云会，以其收息补助赴福建省垣福州乡试之士子”[13]。他济困扶危的义举，至今还为人津津乐道。

（三）赈寡恤贫

陈星聚就任台北知府伊始，便把赈恤鳏寡孤独一事提上了议事日程，充分展示了一个关心民瘼的廉吏形象。

光绪五年（1879），陈星聚上书朝廷，请求设立台北、新竹两处养济院，收养鳏寡孤独之人，很快得到批准。因新竹养济院在筹建过程中遇到了困难，推迟一年，台北养济院在当年便开工兴建。该养济院位于台北府治之艋舺，创办经费分官帑与士绅捐款两部分。养济院形式上由官府管理，但实际上并未设置正式员工，只是从被收容者当中遴选能识文断字且身体较好者为头人，称主任或院长，管理具体事务，其待遇除发给收容人员的零用钱外，每月再加1元作为兼职的报酬。救助办法“分为院内收容及院外救济两种。其院内收容定员为六十二人，院外救济三十八人，合计一百人。若对象超过一百人者，超过者须待有缺额才能补上，未补上之前不救济，其补缺是按登记先后次序为原则”[14]。院外救济者每月每人发给白米2斗、银45钱；院内者除白米2斗外，年终发给衣服费白银1元，新年时，抚台每人发50钱，布政使每人发20钱，台北府每人发10钱，合计80钱。病故者由官方发给丧葬费白银4元。

光绪六年，陈星聚于新竹城内购买一座民房，用作新竹养济院之用，屋外墙门上还刻有“养济院，陈星聚建之”的石碑。院内定额为100名，院外若干人。若院内被收养者有人死亡，则由院外受助者中年龄最长之人递补。新竹养济院获救济者的待遇与台北养济院相同，经费也由官府与地方士绅合伙筹集。从发放的钱粮来看，被救济者已是衣食无忧，即使亡故，也能得到妥善埋葬。陈星聚有此襟抱，真是难能可贵！

（四）整饬吏治

陈星聚勤慎清廉，恪守官箴，他不但自己率先垂范，而且严格要求下属秉公办事，不得徇私渎职。陈星聚莅任之初，台北社会秩序不靖，命案重盗屡屡发生，有些官员在处理案件时却漫不经心，敷衍塞责，致使有人蒙冤莫申，有人则逍遥法外，递交上司的案卷往往被退回重审。陈星聚要求下属，将“未结旧案及现办新案，提集犯证，虚衷研鞫，讯录切供，确核例案，务使无枉无纵，犯供不致狡翻，罪名并无出入，庶可由司照转”[2]。把罪犯的犯罪情节坐实，使罪犯无从翻供，是准确办案的基本前提。陈星聚要求下属对罪犯无枉无纵，体现了一个地方官认真负责的态度。

福建各地有自尽诬告图诈之风，而台北新竹尤甚。一旦发生此类案件，地方上便有大批人员出动，仅看验、抬夫、胥役等项，便得花费千缗有奇，少者也需百十缗，这些费用全由被告承担，而被告往往并非真正罪犯。发生一起自尽诬告命案，便有数家破产，或沦为乞丐，或衣食不给，啼饥号寒。陈星聚认为：“原告之不畏坐诬，胥役之敢于得费，非官纵之乎？”原告敢于诬告，下层官吏敢于明目张胆地收受钱财，这都是地方官纵容的结果。他表示，以后若再发现官吏收受贿赂，玩视民瘼，决不姑宽。他谆谆告诫新竹县令：“真正命案只许实告实证，不得择肥旁噬及续呈罗织无辜，违者分别究治。地方官多尽一分心，即百姓多受一分福。”[2]这话说得何等好啊！

台北盛产稻米，每年收获后，有关衙门便派人下乡征收赋税，经手之人称为书差。他们往往耀武扬威，借端讹诈蚩蚩小民，弄得百姓叫苦不迭。陈星聚洞知其中弊端,行文给新竹知县说:“至该书差借端索扰一节,一面认真严禁,一面将各属书差是何姓名,勒令出具赴乡征收钱粮及词讼案件,暨相验命案,并无勒索滋扰各切结,按季送司稽核,俾该书差咸知炯戒。”[2]书差所到之处,当地要出具并无勒索滋扰证明,方可证明其清白。如此一来,那些书差便不敢胡作非为、搜刮民财了。

陈星聚在管理驿站、发展经济、扶持农业等方面也有建树,限于篇幅,容他日另行撰文论述。

三、抵御外侮,以身许国

鸦片战争后,英、美、法、日等帝国主义纷至沓来,蹂躏我国东南沿海。宝岛台湾物产丰饶,自然也成了侵略者垂涎、觊觎的对象。光绪九年(1883),法国侵略越南,清廷下诏,台湾为东南海疆重地,必须未雨绸缪,严加防备,命令驻扎在台南的台湾兵备道刘璈担负守土之责,同时命令两江总督左宗棠派兵增防台湾,归刘璈调遣,又命福建陆路提督孙开华率 3 营之兵办理台北防务。当时法国军舰游弋沿海,窥伺台湾,67 岁的台北知府陈星聚当即鸠工庀材,重修了淡水炮台,并筹集款项,购置武器,招募丁壮,守御台北。

法国之所以处心积虑地攻打台湾,除想占领一片地方,作为要挟清政府的筹码外,还有更深层次的原因。一是台湾孤悬海上,如果战端一开,大陆发兵支援,隔着台湾海峡,鞭长莫及,法国则船坚炮利,容易攻取。另外,福建、山东、辽东半岛等地,其他帝国主义国家已在那里划分好了势力范围,他们不便插手,而攻打台湾则不会遇到这一问题。二是想占领基隆。基隆是天然良港,可以停泊大型战舰,是理想的军事基地,控制了基隆,就能控制西太平洋地区。此外,这里还有丰富的煤矿资源,只要占领基隆,原料市场、劳动力市场、商品市场都可轻易解决,因此要千方百计攫取到手。

(一)基隆之战

光绪十年三月十八日,一艘法舰窜入基隆瞭望绘图,强行购煤,意在挑衅,清廷命令闽浙总督何璟严防台湾。五月二十六日,法舰再窥基隆,因战和未定,清兵未予阻止。闰五月四日,清廷以前直隶陆路提督刘铭传督办台湾军务,赏给巡抚衔。刘铭传于二十四日抵达基隆,二十八日驻台北府城。他见台湾兵力不足,守御薄弱,“奏台湾孤悬海外,非兵船不能设守,请饬两江总督迅调拨兵船来台备用”[15]。但清廷没有答复。六月十二日,法国政府下达了“破坏基隆港防御暨市街并占领附近炭矿”的命令,法国驻中国舰队总司令孤拔把这一命令交给李士卑斯海军少将执行。法军于十四日向基隆清军守将苏得胜、曹志忠发出最后通牒,无理要求撤除基隆港之防务设施,限令次日上午8时交出炮台。清军不予理睬。十五日上午8时整,法舰向基隆炮台猛轰,清军当即还击。相持数小时后,炮台前壁与火药库被法军击毁,清军乃放弃炮台,并撤海滨各营,拟诱敌在陆上作战。法军遂由基隆东部的大沙湾登陆,占领了东侧高地,又派水雷队破坏了占领区内的所有清军炮台。

六月十六日下午2时,法军巡洋舰“费勒斯号”上的陆战队向基隆城的街道搜索前进,占领大沙湾东侧高地的“巴雅号”战舰上的陆战队约200人也向清军曹志忠所据守之高地发起进攻。曹志忠沉着应战,一面命令士兵坚守阵地,一面率人迎击法军。亲往前线督战的刘铭传派兵袭击法军东西两侧。法军三面受敌,便用巨炮助战,激战数小时,难分胜负。此时一支清军登山反扑,兵锋甚锐,直扑敌营,所向披靡,法军大败输亏,纷纷逃上战舰,狼狈离去,清军大获全胜。

基隆之战败退后,孤拔率舰队掉转船头,转而攻打福州。闽浙总督何璟、防务大臣张佩纶等畏葸不前,致使停泊在马尾港的十余艘舰艇被击沉,马尾船政厂也毁于炮火之中。法军得手后,再次将海战中心移往台湾。七月初九日,法舰迫向基隆,挂旗索战。十一、十二两日,法舰开炮猛攻,基隆守军也开炮还击,多次击中法舰,法舰不支,向沪尾方向败退。十四、十五两日,法舰转攻沪尾。“沪尾濒淡水河口,当河海要冲,为台湾北部最优良商港之一,同时亦系进攻台北府治之捷径。”[16]沪尾守将孙开华、李彤恩以石船堵塞港口,法舰无法进港,只得离去。刘铭传得知沪尾告急,便增添炮勇百名,并亲自前往布防。但是凡来往沪尾的船只均被法舰拦截检查,不少轮船被迫回航,形成局部封锁局面,沪尾形势严峻。

八月十二日,孤拔率法舰聚泊台湾北部海面,欲进攻基隆、沪尾两地。清军的部署是,刘铭传自领重兵守基隆,提督孙开华守沪尾,兵备道刘璈守台南。基隆方面,十三日黎明,法军由仙洞东南海滨登陆,向仙洞西侧高地推进,清军百余人力战不支，高地陷落。法军得手后，转攻鸡笼塞，营官陈永隆、毕长和等率300人阻击，法寇不能前进，便自山巅抄袭清军，清军无地利优势，只得退入山口再战，双方互有伤亡，战至酉时（下午5—7时），双方鸣金收兵。沪尾方面，双方互相炮击，时沪尾沿岸为浓雾遮蔽，法舰无法命中案上目标，其巡洋舰反为清军炮火击中。等到浓雾散去，清军便渐处劣势，其中的一个炮台因系新建，泥沙不坚，中炮即毁，另一炮台被法军击中，清军死伤数十人，炮台守将也受重伤，但仍死战不退。法军也因兵少且又受创，不敢贸然登陆，战事呈胶着状态。

（二）尽忠报国

自中法开战以来，68岁的陈星聚为守卫台北，席不暇暖，夙夜匪懈，始终在前线督率丁壮杀敌。但令他想不到的是，战事正酣之际，刘铭传突然于光绪十年八月十四日晨从基隆撤军，次日基隆陷落。消息传来，全台大哗，有人说“刘铭传通敌，卖鸡笼”[16]，而当清军撤退时，“商民罢市，聚众阻止”[17]，可见群情之激愤。刘铭传是历史上早有定评的人物，不可能出卖基隆，为何未败忽退？他自己的解释是：“不撤基隆，沪尾必陷，沪尾不保，台北必亡。”[18]有人附和这一说法，连横认为，“沪尾为台北要害，距城三十里，铭传虑有失，则台北不守，命撤军”[1]。《台湾省通志》一书也认为，刘铭传“甚感兵力不敷分配，基隆、沪尾难以兼顾。而台北府城为统帅部所在地，军资饷械，均集于此，关系至重。基隆距台北较远，其间地形复杂，据险以守，可避敌舰炮火；沪尾离台北较近，道路亦较平坦，且有淡水河可航，该处炮台新造，尚未竣工，一有意外，立即危及台北府城，此时全军不战自溃，势必全局瓦解”[15]。基隆、沪尾是否难以兼顾？欲保台北，是否必须放弃基隆？守御台湾的清朝官员大多数不同意刘铭传的见解，陈星聚就是其中最有代表性的人物。

刘铭传撤兵后，陈星聚与基隆通判梁纯夫在给台湾道刘璈的禀报中说，（光绪十年）八月十三日午间有法国军舰5艘驶往沪尾，声言十四日攻击炮台，前敌营务处守李彤恩密报爵帅（指刘铭传）说，沪尾兵力单薄，无力守御。爵帅得知后，即传令拔营，离开基隆，仅留300人扼守狮球山。“卑府等查台北要口惟基、沪两处，基隆有狮球岭，天险要隘，较之沪尾尤易扼守，法人一过此岭，即可长驱直入。郡城空旷，四面受敌，万不能当其开花大炮。现卑府等已相率具禀，哭求大帅派重兵抢扎狮球岭以保郡城。”[19]基隆虽比沪尾容易防守，但若丢失了狮球岭，敌军便可长驱直入，因此应驻扎重兵防守，而刘铭传见不及此，仅留300

人戍守，自然抵挡不住法人的兵锋，基隆很快陷落。陈星聚又建议："南中安平、旗后与斗六（今台湾云林县）等口，可以泊船之处，应请上紧设法防备。安平港内无扼守，惟恃炮台，见敌即轰，护台囊沙易塌，且一被轰散即灰尘眯目，不如改囊湿土，以便坚固。凡险要之处，均可设守，以御枪炮。乘此时布置，尚来得及。"他又预料法军在基隆得手后，必然往攻八斗，"即被抢得狮球岭，直入郡城，彼须先在沪、基两口设立榷税，候九月涌平之后，然后开船，分攻澎湖、安平、旗后等处，或由别口暗渡，决不肯径由陆路而南，致多阻碍"[19]。陈星聚的建议具体而微，他料到法军在占领基隆后，绝不会由陆路南下，因为道路崎岖，沟壑纵横，易中中国军队埋伏，必走水路，而水战是法军的优势所在。即使走水路，也要在沪尾、基隆设立榷税，筹措军用物资，同时还得等到九月之后，海上风平浪静才能开船，进攻的目标是澎湖、安平、旗后，因此趁着这个间隙，应该未雨绸缪，抓紧修缮安平等处炮台。后来的事实证明，陈星聚的分析判断是正确的，可惜未为刘铭传采纳。

记名道台朱守谟、台湾兵备道刘璈、台北知府陈星聚 3 人反对刘铭传撤兵尤力，因此刘铭传"龋龁守谟，切齿刘璈，恶陈星聚"[16]。钦差大臣左宗棠也为陈星聚鸣不平，上奏说："知府陈星聚屡次禀请进攻基隆，刘铭传竟以无此胆识、无此兵力谢之。狮球岭为台北要隘，所有法兵不过三百，曹志忠所部士勇、客军驻扎水返脚一路者不下八九营，因刘铭传有不许孟浪进兵之语，即亦不敢仰攻。且闻台北各营将领及其土著之人，尚有愿告奋勇往攻基隆者。刘铭传始则为李彤恩所误，继又坐守台北不图进取，皆机宜之坐失者也。"[20]左宗棠的分析可谓切中腠理。因左宗棠是钦差大臣，刘铭传对他无可奈何，便将怨气都发泄到了陈星聚身上："台北知府陈星聚，每见必催进攻基隆。臣因其年近七旬，不谙军务，详细告以不能进攻之故。奈该府随言随忘。绅士陈霞林并署淡水县知县刘勋，皆明白晓畅，见将士多病，士勇尚未募齐，器械缺乏，俱知不能前进。陈星聚除面催进攻外，复禀请进攻，臣手批百余言，告以不能遽进之道。该府复怂恿曹志忠进攻，并以危言激之。曹志忠一时愤急，遂有九月十四日之挫，幸伤人不多，未损军锐。敌于十五日即渡河耀兵七堵。陈星聚妄听谣言，谓基隆法兵病死将尽，又谓业已退走上船，故日催进攻。自十五以后，该府始自言不谙军务，不再妄言。"[18]在刘铭传眼中，陈星聚是个年迈固执、颟顸昏愦之人，不识时务，一味要求进攻，打乱了自己的部署。说陈星聚"年近七旬，不谙军务"，显系偏激之语,试看他给台湾道刘璈的禀报中,建议加固安平港口的炮台,说得何等切中肯綮!作为守土有责的台北知府,他想兹念兹地要恢复失地,原无可厚非。刘铭传轻信李彤恩之言,从基隆撤军本是错误之举,但光绪十年八月二十日驻沪尾守军打败了法军,刘铭传便认为是从基隆撤军才赢得了沪尾大捷。尽管如此,刘铭传仍恐朝廷追究他基隆撤军之事,"复介李鸿章交欢醇邸左右,得醇亲王意,遂不问基隆事"[16]。如果刘铭传理直气壮,又何须巴结权势熏灼的醇亲王奕譞!

光绪十一年(1885)一月,法军攻占澎湖,得手后又派军舰进攻浙江镇海海口,遭到清军炮击,未占到便宜。在陆战方面,法军一再败北。由于刘永福的黑旗军横亘在从越南北部通往云南的必经之路上,侵越法军遂改变策略,进攻广西,结果在镇南关(今广西友谊关)遭到清军老将冯子材的迎头痛击,被歼千余人,余下的法军如惊弓之鸟,放弃谅山,狼狈逃窜。消息传至法国,引起了法国统治集团的激烈争吵,好战的茹尔·费里内阁因此倒台。西路的刘永福、岑毓英等也频传捷报。清政府本应一鼓作气,将法国侵略者逐出中国,谁想却在这年四月在天津与法国签订了《中法新约》,承诺越南为法国的保护国,给予法国在广西、云南通商的特殊权益,以后中国欲在广西、云南两省修建铁路,须聘用法国人。"投降主义者既不敢抗议法国吞并越南,又使法国侵略者打开中国西南边境大门的目的如愿以偿。由于侵略者在战场失利而没有提出赔款的要求,并答应从基隆和澎湖撤兵,这使投降主义者感到是在'面子'上已经很过得去了。"[21]法军从这年五月撤离基隆,六月中旬撤离澎湖,台湾战事遂告结束。

陈星聚在修台北城时,事必躬亲,夙夜在公,弄得"形神益惫,而城工一役经营尤久,饭食因以渐减"。他原打算修筑好台北城后,"乞疾引退",但城甫告竣,又值法军入侵基隆、沪尾,为国纾难,义不容辞,陈星聚又以"暮年劳顿之躯,当军务繁兴之日,维持一载,力与心违,焦虑苦思"[22]。《中法新约》签订后,69岁的陈星聚因积劳成疾,疽发于背,群医束手,百药罔治,终于乘鹤西去。他是循吏,是民族英雄,也是开发建设台湾的功臣!

参考文献

[1]连横.台湾通史[M].北京:商务印书馆,1983.

[2]台湾大学图书馆藏.淡新档案.

[3]沈茂荫.苗栗县志[M].台湾银行经济研究室.台湾文献丛刊第159种.台湾银行排印本.

[4]丁日昌.丁禹生(日昌)政书[M].香港:志豪印刷公司,1987.

[5]清季申报台湾纪事辑录[M].台湾银行经济研究室.台湾文献丛刊第247种.台湾银行排印本.

[6]台湾私法人事编[M].台湾银行经济研究室.台湾文献丛刊第117种.台湾银行排印本.

[7]台湾“中央研究院”近代史研究所.教务教案档:第3辑第3册[M].台北:“中央研究院”近代史研究所,1975.

[8]福建台湾奏折[M].台湾银行经济研究室.台湾文献丛刊第29种.台湾银行排印本.

[9]台湾通志[M].台湾银行经济研究室.台湾文献丛刊第130种.台湾银行排印本.

[10]清代台湾大租调查书[M].台湾银行经济研究室.台湾文献丛刊第152种.台湾银行排印本.

[11]巡台退思录[M].台湾银行经济研究室.台湾文献丛刊第21种.台湾银行排印本.

[12]台湾省文献委员会.重修台湾省通志:卷10[M].南投:台湾省文献委员会,1997.

[13]新竹市政府.新竹市志[M].新竹:新竹市政府,1999.

[14]台湾省文献委员会.重修台湾省通志:卷7[M].南投:台湾省文献委员会,1992.

[15]台湾省文献委员会.台湾省通志:第2册[M].台北:众文图书公司,1971.

[16]洪弃生.寄鹤斋选集[M].台湾银行经济研究室.台湾文献丛刊第304种.台湾银行排印本.

[17]法军侵台档[M].台湾银行经济研究室.台湾文献丛刊第192种.台湾银行排印本.

[18]刘铭传.刘壮肃公奏议[M].台湾银行经济研究室.台湾文献丛刊第27种.台湾银行排印本.

[19]中国史学会.中法战争:第五册[M].上海:上海人民出版社,1957.

[20]左宗棠.左文襄公奏牍[M].台湾银行经济研究室.台湾文献丛刊第88种.台湾银行排印本.

[21]胡绳.鸦片战争到五四运动[M].上海:上海人民出版社,1982.

[22]陈琢之.行述[M].台湾银行经济研究室.台湾文献丛刊第145种.台湾银行排印本.

(原载《中州学刊》2014年第9期)

寒山、拾得身世杂考

江苏省苏州市西枫桥镇有一座寺庙，叫寒山寺。该寺始建于南朝梁时，原名妙利普明塔院，相传有寒山、拾得二僧人居此，故名寒山寺。寺内有寒山、拾得和丰干画像石刻。唐朝诗人张继写有《枫桥夜泊》诗，诗云："月落乌啼霜满天，江枫渔火对愁眠。姑苏城外寒山寺，夜半钟声到客船。"从此，寒山寺闻名于世。寒山寺因寒山而得名，但寒山、拾得身份中的一些问题尚未厘清，如：两人是唐代初期人，还是中期人？是否剃度出家？两人诗文中有些诗是偈语还是他们隐居生活的写照？他们的籍贯是哪里？本文想就这些问题做点考证，以就教于方家。

一、寒山、拾得是唐代初期人，还是中期人

寒山、拾得生活的年代，史籍中记载多有抵牾，令人莫衷一是。

第一种意见认为，寒山、拾得生活在唐初贞观年间。如纪晓岚为《寒山子诗集》所写的"提要"云："寒山子，贞观中天台唐兴县僧，居于寒岩，时往还国清寺。"[1]《全唐诗》云："拾得，贞观中与丰干、寒山相次垂迹于国清寺。"[2]丁福保《佛学大辞典》"寒山拾得"条："寒山、拾得，唐贞观时二僧。"[3]《山堂肆考》："天台县西北有寒石山，唐寒山子所居。贞观中封干禅师谓闾丘太守曰：寒山、拾得即文殊、普贤后身也。"[4]寒山与封干禅师是同时代人，封干既活动于贞观时期，寒山、拾得当也是贞观年间人。贞观为唐太宗李世民年号，从公元627—649年，共23年。寒山、拾得如果活动于贞观年间，当是唐初人无疑。

第二种意见认为，寒山、拾得生活于唐代中叶。如《太平广记》云："寒山子者，不知其姓氏，大历中隐居于台州（今浙江临海）翠屏山，其山深邃，当暑有雪，

亦名寒岩。”[5]《辞源》也持此说。大历是唐代宗李豫的年号，从公元766—779年，共14年。从贞观二十三年(649)至大历十四年(779)，其间经历了130年。寒山、拾得若活动于贞观年间，即使弱冠(20岁)隐居寒岩，也当生于隋炀帝大业年间，如此算来，他们得活150岁左右，这在人类生存史上是不可能的事。有些书记载彭祖活了800岁，但那只是传说，仅见于汉人刘向的《列仙传》、晋人葛洪的《神仙传》、晋人干宝的《搜神记》，现实生活中不可能有这样的人物。因此，寒山、拾得如生活于贞观年间，便不可能生活于大历年间，反之亦然。元朝人释念常撰写的《佛祖历代通载》说："信州(今江西上饶)鹅湖大义禅师者，衢州(今属浙江)须江人也……于元和十三年(818)正月七日归寂，寿七十四，敕谥惠觉禅师见性之塔。时寒山子者，不知其氏族、乡里，隐居于台州唐兴县(今浙江天台县)寒岩，故父老以寒山子称之。”[6]根据这一记载，大义禅师与寒山子是同时代人。他圆寂于元和十三年，即公元818年，卒年74岁，可知他生于唐玄宗天宝三载，即公元744年，一生中经历了玄宗、肃宗、代宗、德宗、顺宗、宪宗6朝。大历年间，大义禅师是20多岁至30多岁，而《太平广记》一书说寒山子大历年间隐居于台州翠屏山，两人同为佛门弟子，又同在台州，相见相识是很自然的事。

如果说《太平广记》《佛祖历代通载》两书均记载寒山子与大义禅师有机会在大历年间相识于台州是偶合的话，那么要考证寒山、拾得是唐初人抑或是唐代中叶人，还须从和此二人有交往的人入手。查遍有关典籍，和二人有交游关系者是封干禅师、台州太守闾丘胤，还有一个释灵祐。如果能大致判定此3人的生活年代，则寒山、拾得到底是唐初人还是唐朝中叶人，便会有答案。

宋朝僧人赞宁撰写的《宋高僧传》云："释封干师者，本居天台山国清寺……于先天年中在京兆行化，非恒人之常调，士庶见之，无不倾礼。”[7]先天是唐玄宗李隆基的年号，只有两年，即712—713年。京兆即长安，他先天年间在长安化缘，而后才在国清寺出家。假定他20岁时浪迹长安，70岁时病逝，他的卒年在公元763年左右，已到了唐代宗李豫宝应年间，这距唐太宗贞观二十三年，即公元649年已114年，可知封禅师是唐代中叶人。《佛祖历代通载》则说："丰干出云游。贞元末，闾丘胤出守台州，欲之官，俄病头风，名医莫瘥。丰干偶至其家，自谓善疗此疾，闾丘闻而见之，干命水噀濡之，须臾所苦顿除，因是大喜，甚加敬焉。”[6]这段记载说的是闾丘胤其人在唐德宗贞元末年被任命为台州太守，打算赴任,突然患头痛病,找了很多名医诊治,都没有效果。其时丰干禅师外出云游,听说闾丘胤患有头痛病,便毛遂自荐说能治此病。闾丘胤把丰干延请至家中,丰干用水喷洒闾丘胤全身,顷刻之间闾丘胤病愈,因此更加敬重丰干。德宗贞元共21年,即从公元785至805年,贞元末年是指最后几年,即从公元801至805年。由是可知闾丘胤、丰干皆是唐代中叶人,离贞观年间悬远。如果闾丘胤是40岁时去台州当太守,宪宗元和年间,他还在台州居官,由此结识了寒山、拾得,证明寒山、拾得、丰干禅师均是唐代中叶人。这和前边提到的大义禅师生活在同一时期。

最为荒唐的是《辞源》中关于寒山、拾得的叙述。两人本是同时代人,但该书说寒山“大历中隐居天台翠屏山”,而在叙述拾得时说“唐贞观时诗僧”[8],而即使从贞观最末一年的二十三年(649)到大历元年(766)也有117年,两人生活的时代相差了一个多世纪,这肯定是不可能的事,二者必有一错。《辞海》则说寒山是“唐诗僧,一称寒山子,贞观时人”,叙述拾得时说:“唐诗僧,贞观时人。”[9]把寒山、拾得定为同一时代人是对的,但说二人同为贞观时人,则是因袭旧说,未加考订。除丰干禅师、闾丘胤两人与寒山、拾得有过从外,还有一个和尚和寒山、拾得有交往,这个人就是释灵祐。《宋高僧传》载释灵祐事甚详,其中云:

> 释灵祐,俗姓赵,祖、父俱福州长溪人也……冠年剃发,三年具戒。时有钱塘上士义宾授其律科。及入天台,遇寒山子于途中,乃谓祐曰:“千山万水,遇潭即止。获无价宝,赈恤诸子。”祐顺途而念,危坐以思,旋造国清寺,遇异人拾得。申系前意,信若合符。遂诣泐潭谒大智师,顿了祖意。元和末,随缘长沙,因过大沩山,遂欲栖止。山与郡郭十舍而遥,敻无人烟,比为兽窟。乃杂猿猱之间,橡栗充食。浃旬,有山民见之,群信共营梵宇。时襄阳连率李景让统摄湘潭,愿预良缘,乃奏请山门号同庆寺,后相国裴公相亲道合……以大中癸酉岁正月九日盥漱毕,敷座瞑目而归灭焉。享年八十三,僧腊五十九,迁葬于山之右栀子园……李商隐题额焉。[7]

灵祐和尚出家的地方不是台州天台山的国清寺,而是湖南长沙附近的大沩山,但他和寒山、拾得都有一面之缘,可知是同时代人。如果能厘清灵祐的生平,便可大致推断出寒山、拾得是唐初还是中唐时人。灵祐卒于大中癸酉岁,年83岁,僧龄(即僧腊)59年。大中癸酉年为公元853年,由此上溯83年,可知灵祐生于公元770年，即唐代宗大历五年，一生经历了代宗、德宗、顺宗、宪宗、穆宗、敬宗、文宗、武宗、宣宗9朝。他20岁(弱冠)剃发出家，受戒3年，有人给他传授佛学知识，后来入天台山，遇寒山子于途中，不久又到国清寺，遇见了拾得。假若他是25岁左右遇到寒山、拾得，当是在公元795年，也即唐德宗贞元十一年前后。寒山子大历年间居住在寒山寺，距贞元十一年不过20余年，年龄在50岁左右，两人在此时见面是可能的。若寒山子于贞观年间入居寒岩，相隔年代太久，就没有见面的可能了。这一条记载又给寒山、拾得是大历年间人添了一条佐证。

通过以上分析，虽然我们不能判定寒山、拾得的确切生卒年，但两人是唐朝中叶人，不是唐初人，即活动于唐代宗大历年间，而不是贞观年间，这一点是可以肯定的。《宋高僧传》的作者宋人赞宁在《唐天台山封干师传》后的系辞中说："按封干先天中游遨京室，知闾丘、寒山、拾得俱睿宗朝人也……又大沩祐公于宪宗朝遇寒山子，指其泐潭，仍逢拾得于国清，知三人是唐季叶时犹存。夫封干也，天台没而京兆出，寒、拾也，先天在而元和逢。为年寿弥长耶，为隐显不恒耶?"[7]按照赞宁的推断，寒山、拾得与闾丘胤俱是睿宗朝人，睿宗只当过3年天子，即从公元710—712年，这距唐朝建立已近百年，该是唐朝中叶了。又根据释灵祐于宪宗朝邂逅寒山子、在国清寺遇见拾得，说"三人是唐季叶时犹存"。所谓"季叶"是指末世。赞宁推测：灵祐和尚在宪宗朝见过寒山子，寒山子唐末时应还在人世。这里赞宁的推测不够严谨，宪宗只有元和一个年号，从公元806—820年，共15年。如果灵祐和尚在元和元年遇到寒山时寒山为30岁，至唐末已是百岁老人，他不可能活这么久。因此寒山只能是唐朝中叶时人。

二、寒山、拾得是僧人还是皈依佛门的俗家弟子

寒山、拾得是僧人抑或是皈依佛门的俗家弟子？说法不一。《辞源》《辞海》都说是"僧人"或"诗僧"；任继愈主编的《宗教辞典》"寒山"条称："寒山，一称'寒山子'或'贫子'，唐代僧人。"[10]丁福保的《佛学大辞典》"寒山拾得"条称："寒山、拾得，唐贞观时二僧。"[3]清人纪晓岚为《寒山子诗集》写的"提要"中说："寒山子，贞观中天台唐兴县僧，居于寒岩，时往还国清寺。丰干、拾得则皆

国清寺僧。”[1]这些典籍之所以把寒山、拾得定为僧人,是基于两点:一是两人都和国清寺结下了不解之缘,既来往于寺庙,必是僧人无疑;二是寒山、拾得的诗中“全作禅门偈语”,偈语是佛经中的唱词,两人的诗都是偈语,非僧人而何?但这个判断并不准确。

佛门弟子分两大类:一类是在家弟子,身在红尘中,弘扬佛法,也即平常说的“俗家弟子”;还有一类是出家人,也即看破红尘、放弃一切俗事的僧人。人们平常所说的皈依佛门,并不等于出家,所谓皈依,也即心有所依,给心找个归宿而已。真正的出家人,要经受住烦琐的戒律考验,据说男性有250条、女性有380条之多。而俗家弟子只有5条戒律,即不杀生、不偷盗、不邪淫、不妄语、不饮酒。更为重要的是,佛教信徒出家为僧尼,叫受戒。没有受戒就算不上真正的僧人。《宋高僧传》中所载僧人均有受戒的记载,如“释义净字文明,姓张氏,范阳人也。髫龀之时,辞亲落发”;“释跋日罗菩提,华言金刚智,南印度摩赖耶国人也……年十六,开悟佛理……乃削染出家”;“释一行,俗姓张,钜鹿人也……因遇普寂禅师大行禅要,归心者众,乃悟世幻,礼寂为师,出家剃染”;“释恒起,姓冯氏,范阳人也……梁乾化三年(913)往五台山受木叉戒”;“释僧照,姓张氏,范阳人也。年十四出家,投悯忠寺”。[7]这里的“落发”“削染”“剃染”“受戒”“出家”,均表明他们经过了受戒仪式,才成为僧人的。

那么,寒山、拾得受过戒吗?他们遵守戒律了吗?请看以下记载。

《太平广记》云:“寒山子者,不知其姓氏,大历中隐居于台州翠屏山,其山深邃,当暑有雪,亦名寒岩,因自号寒山子。”[5]

闾丘胤《寒山子诗集序》云:“寒山子者,不知何许人也,自古老见之,皆谓贫人,风狂之士,隐居天台唐兴县西七十里,号为寒岩。”闾丘胤莅任台州后,勘查唐兴县(今浙江天台县)有无寒山、拾得其人,“时县申称,当县界西七十里内有一岩,岩中古老见有贫士频往国清寺止宿,寺库中有一行者,名曰拾得。胤乃特往礼拜”。及至见到二人后,二人离寺归寒岩。“胤乃重问僧曰:此二人肯止此寺否?乃令觅访,唤归寺安置。胤乃归郡,遂置净衣二对、香药等持送供养。”[1]

《三隐集记》云:“有寒山子、拾得者,亦不知其氏族,时谓风狂子,独与师相亲。寒居止唐兴县西七十里寒岩,以是得名。”[11]

《全唐诗》云:“寒山子,不知何许人,居天台唐兴县寒岩,时往还国清寺。以桦皮为冠,布裘敝履。或长廊唱咏,或村墅歌啸,人莫识之。”[2]

《宋高僧传》云："先是国清寺僧厨中有二苦行曰寒山子，曰拾得，多于僧厨执爨，爨讫，二人晤语，潜听者多不体解……寒山子者，世谓为贫子疯狂之士，弗可恒度推之。隐天台始丰县西七十里，号为寒、暗二岩，每于寒岩幽窟中居之，以为定止。"[7]

《古今合璧事类备要》云："寒山拾得：初，丰干经行山中，道侧见一儿，可数岁，丰干携至国清寺，付与典座曰：或人来认，可还之，名曰拾得。后沙门灵熠令去内厨涤器，常日斋毕，澄滥食滓，寒山即来付之而去。寒山者，始丰县西有寒、暗二谷，以其居寒岩中，遂名寒山子。以桦皮为冠，时来国清寺从拾得取僧残食菜滓食之。闾丘既入礼拜，二人自此相携出松门，入寒岩，闾丘又随之。二士入岩，其石忽然缝合。"[12]

《佛祖历代通载》除了说寒山居寒岩，冠桦皮冠，著木屐，又说寺僧丰干者，亦非常人也，每自薪水，力于杵臼，以给众用，与寒山子为方外友。[6]

综合以上诸家记载可知：第一，寒山没有居住在国清寺，而是居住在天台唐兴县的寒岩中，他经常出入国清寺，是为了去那里取回拾得给他搜集的僧人吃剩的残羹剩饭。若是僧人，他应住在寺院中，不应住在寒岩。第二，寒山若是僧人，应穿戴僧衣戴僧帽，以别于世俗之人。但寒山戴的是桦皮冠，穿的是布裘，脚上穿的是木屐，明显不是僧人装束。第三，凡是僧人，都有法号，但寒山不是法号，只是因住在寒岩，人称寒山子。既无法号，可知不曾受戒。《宋高僧传》中僧人皆有法号，如"释一行，俗姓张，钜鹿人也，本名遂"；"释灵默，俗姓宣，毗陵人也"；"释道宣姓钱氏，丹徒人也"。[7]寒山、拾得无法号，也未受戒，不可能是真正的僧人。第四，闾丘胤与寒山、拾得过从甚密，他说寒山是"贫人，风狂之士"，既是士，便不是僧人。他莅任天台后，勘查该县有无寒山、拾得其人，县里申报说："见有贫士频往国清寺止宿，寺库中有一行者，名曰拾得。"贫士指寒山，这里只说他是贫寒的读书人，没有称他为僧人。说拾得是行者，所谓行者，是指佛寺中服杂役而未剃发出家者，由此可知拾得也未受戒，不是真正的僧人。闾丘胤又派人"觅访，唤归寺安置"，可见他不住在寺庙中。当然，寒山、拾得也可能是游方僧人，即云游四方、化缘为生，但寒山只住寒岩，未见有云游的记载。他有诗云："一自遁寒山，养命餐山果。平生何所忧，此世随缘过。日月如逝川，光阴石中火。任你天地移，我畅岩中坐。"[2]又云："重岩我卜居，鸟道绝人迹。庭际何所有，白云抱幽石。住兹凡几年，屡见春冬易。寄语钟鼎家，虚名定无益。”[1]由此可知寒山只是偶尔至国清寺，其他时间均居寒岩，未到他处云游。《宋高僧传》说：“国清寺僧厨中有二苦行曰寒山子，曰拾得。”何谓苦行？《辞海》云：“寺中专事劳作的净人（未出家）也叫苦行。《传灯录·封干章》：本寺厨中，有二苦行，曰寒山子、拾得。”[9]二人既是苦行，可见未出家。《佛祖历代通载》说，丰干与寒山子是“方外友”，方外是说超然于世俗礼教之外，后指僧道为“方外”，既然是方外友，可知寒山未受过戒，是僧人的朋友而非僧徒。

以上种种资料表明，寒山、拾得只是皈依佛门的俗家弟子，不是真正的僧人。

三、从寒山、拾得诗看二人的身世

寒山、拾得的真实姓名是什么？迄今未见记载。寒山“以其本无氏族，越民唯呼为寒山子”[7]。拾得则是丰干偶然山行，在路上捡到的孤儿，因而取名拾得。拾得缘何被弃成了孤儿？家乡何处？年龄几何？有何亲眷？均是未知数。他有诗云：“从来是拾得，不是偶然称。别无亲眷属，寒山是我兄。两人心相似，谁能徇俗情。若问年多少？黄河几度清。”[2]诗中明确说，他从来都叫拾得，没有其他名字，也没有其他亲属，只把寒山当作兄长。至于说到年龄，他卖了一个关子，说黄河清过几回，他就有多少岁。谁能记得黄河清过几回？因而他的年龄仍是个谜，只知道他比寒山年纪轻，故称寒山为兄。拾得在国清寺居住，至少有二三十年光景，他有诗云：“自从到此天台寺，经今早已几冬春。山水不移人自老，见却多少后生人。”[2]江山依旧，人已变老，见了许多后生的人，此时的拾得至少已到了花甲之年吧。

关于寒山的身世，从他的诗中可以找到一些端倪，至少有蛛丝马迹可寻。寒山有诗300余首，《四库全书》《全唐诗》都有收录。清人纪晓岚引王士祯的话说，寒山的诗“皆信手拈弄，全作禅门偈语，不可复以诗格绳之而机趣横溢，多足以资劝戒”[1]。说他的诗是“信手拈弄”“机趣横溢”则有之，说他的诗“全作禅门偈语”则未必。比如“我居山，勿人识。白云中，常寂寂”[2]，就不是偈语；又比如“洛阳多女儿，春日逞华丽。共折路边花，各持插高髻。髻高花匼匝，人见皆睥睨。别求醺醺怜，将归见夫婿”[2]也不是偈语。此类诗甚多。寒山诗中有些是他隐居生活的写照，比如："茅栋野人居，门前车马疏。林幽偏聚鸟，溪阔本藏鱼。"[1]又如："自乐平生道，烟萝石洞间。野情多放旷，长伴白云闲。"[1]有的则是他身世的写照，比如：

寻思少年日，游猎向平陵。国使职非愿，神仙未足称。联翩骑白马，喝兔放苍鹰。不觉大流落，皤皤谁见矜。[2]

这首诗写他少年时曾去平陵（今陕西咸阳西北）狩猎，既不愿出仕，也不愿当神仙，和别人一起骑白马奔驰，放鹰捉兔，何等潇洒！如今流落天涯，头上白发皤皤，有谁可怜？这可以看作是寒山自己的经历。又如：

去年春鸟鸣，此时思弟兄。今年秋菊烂，此时思发生。绿水千肠咽，黄云四面平。哀哉百年内，肠断忆咸京。[2]

这首诗是思念弟兄之作。值得注意的是，上首诗中的平陵与这首诗中的咸京，即陕西咸阳是同一地方，咸阳曾是秦朝都城，因称咸京。寒山诗中涉及地名者不多，除去寒山、天台不计外，包括前引诗中的洛阳，一共 3 处。说洛阳是泛指，说平陵、咸阳则是专指。狩猎诗中说到平陵，忆弟兄诗中提到咸京，这不是偶合，而是他真情的不自觉流露。咸阳不是著名的地方，不能和长安、洛阳、汴京、南京相比，寒山写得如此具体，又两次提及同一地名，诗中内容无论是回忆少年时事还是思念亲人都和寒山的境遇相仿，可知寒山是陕西咸阳一带人，出身于富有之家，后来家道中落，流落江南，隐身寒岩，成了著名诗人。因诗中有不少宣扬禅理的诗，后世人便把他当作诗僧了。其实他不曾出家，只是皈依佛门的俗家弟子而已。虽然这也是蠡测，但我相信离事实真相不会太远。

参考文献

[1]寒山子.寒山子诗集[M].四库全书本.

[2]彭定求，等.全唐诗[M].北京：中华书局，1960.

[3]丁福保.佛学大辞典[M].北京：文物出版社，1984.

[4]彭大翼.山堂肆考[M].四库全书本.

[5]李昉.太平广记：卷 55[M].北京：中华书局，1961.

[6]释念常.佛祖历代通载:卷15.四库全书本.
[7]释赞宁.宋高僧传[M].北京:中华书局,1987.
[8]辞源[M].北京:商务印书馆,1986.
[9]辞海[M].上海:上海辞书出版社,1979.
[10]任继愈.宗教辞典[M].上海:上海辞书出版社,1981.
[11]释志南.天台山国清禅寺三隐集记[M].四库全书本.
[12]谢维新.古今合璧事类备要[M].四库全书本.

(原载《中州学刊》2014年第9期)

郑姓的来源与迁徙

郑姓是我国历史悠久的大姓，在百家姓中排名第21位，本文想对郑姓来源、播迁及郑姓名人做点探讨。

一、郑姓的来源

郑姓与郑国有着不解之缘，据《史记·郑世家》记载，周宣王二十二年（前806）封其弟姬友于郑（今陕西华县东），此为郑国之始。姬友是个勤政爱民的诸侯，“封三十三岁，百姓皆便，爱之”。周幽王继位，晋升姬友为司徒。周代司徒掌管教化，为六卿之一。他民胞物与，信及豚鱼，深受百姓爱戴，“河洛之间，人便思之”。周幽王宠幸褒姒，奸邪满朝，忠良遭贬，民怨沸腾，诸侯多叛。姬友忧心忡忡地问太史伯：王室纷扰，天下将乱，我怎样才能保全性命？太史伯说：“独洛之东土，河（黄河）济（济水）之南可居。”姬友不解地问：为什么那里可以居住？太史伯说，因为那里邻近虢（今河南荥阳东北，为东虢。西虢为三门峡）郐（今河南新密东南），这两个国家的诸侯贪财好利，百姓不附，如今您是司徒，百姓都爱戴您，您若提出想在河济之南居住，虢、郐两国国君见您是朝廷重臣，必然答应您的要求。只要定居在那里，虢、郐的百姓也就是您治下的百姓了。《国语·郑语》记载太史伯的话说，虢国国君自恃势力强大，郐国国君自恃有山河之险，对周天子有骄奢怠慢之心，加上贪财好利，如果司徒您“寄孥与贿”，虢、郐两国不敢不许。所谓“寄孥与贿”是指把妻子儿女与财物寄放在那里，既然能把妻子儿女和财物寄放在溱（河名，源出今河南新密，东北流与洧水汇合）洧（河名，源出今河南登封，东流合溱水后为双洎河）之间，虢、郐两国就不能不答应您治理这片土地的要求。姬友听从了太史伯的建议，“东徙其民洛东，而虢郐果献十邑,竟国之"。虢、郐两国国君果然大方,献出了十座城池。具体说来,姬友是把妻子儿女安顿在京这个地方,即今河南荥阳的襄城村,这为郑国在这里建国打下了牢固的基础。

周幽王是个昏聩无道的天子,他嬖爱褒姒,竟立褒姒所生的伯服为太子,废黜正宫申后,并废掉了太子宜臼。申后乃申侯之女,周幽王这一轻率之举,引起了申侯的叛乱。公元前770年,地处今河南南阳的申国与地处今河南方城县的鄫国联合西方犬戎之兵进攻西周,杀死周幽王于骊山之下,西周灭亡,身为司徒的姬友也在这次战乱中罹难。这就是《国语·晋语》中所说周幽王"逐太子宜臼而立伯服。太子出奔申,申人、鄫人召西戎以伐周,周于是乎亡"。姬友被追谥为桓公,史称郑桓公。桓公既死,国人立其子掘突袭位,是为郑武公。太子宜臼即位,是为周平王,他把都城由镐京迁往雒邑(今河南洛阳),史称东周。郑武公掘突乘护送平王东迁之机,先后攻灭了虢、郐两国,在溱水、洧水之间建立了新的郑国,史称新郑,都城在今河南荥阳市境内。《汉书》卷28《地理志》:"幽王败,桓公死,其子武公与平王东迁,卒定虢、郐之地,右雒左泲(泲水即济水,其分流处在今河南荥阳市北),食溱洧焉。"《资治通鉴》卷1《周纪一》胡三省注:"郑桓公始封于郑,其地属汉之京兆,后灭虢郐而国于溱洧之间,故曰新郑。《左传》郑庄公所谓吾先君新邑于此是也。"郑庄公所说的先君指郑武公,新邑指的就是今日河南荥阳市境内的郑国新都城。《诗经·郑风·溱洧》:"溱与洧,方涣涣兮""溱与洧,浏其清矣",是说溱、洧二水浩浩荡荡又清澈见底,指的是郑武公东迁后都城的环境。郑文公时,又把都城迁往黄帝有熊氏居住之地,即今日河南新郑的郑韩故城。郑国在春秋时是强国,郑武公、郑庄公曾是辅佐周天子的卿士。到了战国时郑国已逐渐衰落,为秦晋等大国所欺凌。周安王二十六年(前376)韩、赵、魏三家分晋,周烈王元年(前375)韩哀侯灭郑,并其国,把都城由阳翟迁于新郑。郑国覆亡后,子孙播迁于陈(今河南淮阳)宋(今河南商丘)之间,以国为氏,于是便有了郑姓。《新唐书·宰相世系表》云:"郑氏出自姬姓,周厉王少子友封于郑,是为桓公,其地华州郑县是也。十三世孙幽公为韩所灭,子孙播迁陈宋之间,以国为氏。"《广韵》:"郑,姬姓,周宣王封弟友于郑,及韩灭郑,子孙以国为氏。"这就是郑姓的由来。《新唐书》称郑国灭亡于郑幽公时,《史记·郑世家》则说幽公还有个弟弟骀,继幽公之位为繻公,后国人杀繻公骀而立幽公另一弟乙为君,郑国亡于郑君乙时。两说虽然有差别,但郑为韩所灭并无异议,子孙以国为氏的史实也未改变。

二、郑姓的迁徙

郑国灭亡后,郑氏族人星散四方,漂泊无定,《新唐书·宰相世系表》说除播迁于陈宋之间外,还有一支迁徙到了开封:"幽公生公子鲁,鲁六世孙荣,号郑君,生当时,汉大司农,居荥阳开封。"郑当时是汉初淮阳人,汉武帝时任大司农,他的六世孙郑稚徙居开封。三国魏始置荥阳郡,管辖开封,故称荥阳开封。这一支郑姓迁入开封后,人才荟萃,名家辈出,郑姓便把荥阳郡作为自己的郡望和堂号。从秦至晋,今陕西、山东、浙江、四川、湖北等地都有了郑姓。

西晋末年发生了争夺皇位的"八王之乱",并由此引起了"五胡乱华",山西的匈奴族首领刘渊乘机起事,自称皇帝,国号汉。其子刘聪派刘曜、石勒等进攻洛阳,晋怀帝被俘丧命。建兴元年(313),晋愍帝司马邺即位于长安,建兴四年(316),刘曜率匈奴兵攻破长安,晋愍帝投降。第二年三月,司马睿在南京称帝,史称东晋。中原板荡,干戈不息,中原世家大族及流离失所的百姓纷纷播迁,寻找安身立命之地,大部分人到了江南。《资治通鉴》说:"时海内大乱,独江东差安,中国士民避乱者多南渡江。"《晋书·王导传》也说:"洛京倾覆,中州士女避难江左者十六七。"郑姓就在这批渡江南下的队伍之中,如《闽书》记载:"永嘉二年,中原板荡,衣冠始入闽者八族,所谓林、黄、陈、郑、詹、丘、胡、何是也。"《宋书·郑鲜之传》称:"荥阳开封人也……曾祖袭……袭初为江乘(今江苏句容市北)令,因居县境。"福建《莆田南潮郑氏谱》记载:"晋永嘉时,郑昭入闽任刺史,是为闽中郑氏开山祖。"江西石城县《郑氏族谱》说:"晋怀帝时,郑膺由莱州避居豫章西山,子求安、求富迁宜黄(今属江西),孙孟达、孟远东晋时迁石城。"

唐代郑姓南迁人数比汉晋时期有所增加。唐高宗时,固始人陈政、陈元光父子率兵入闽平乱,部下就有郑姓人。据康熙《漳浦县志》记载,陈政部下仅校尉以上就有20余人,其中就有郑平仲其人。据《台湾通志·氏族篇》引台湾马巷《郑氏族谱序》:"唐垂拱间,陈将军(指陈政、陈元光父子)趋闽,大臣郑时中随之,郑姓遂星布闽粤。"福建南安市石井镇是民族英雄郑成功的故乡,《郑氏石井宗谱序》说:"郑自唐光启间入闽,或居于莆(莆田)于漳(漳州)于潮(潮州)于泉(泉州),是不一其处。”唐末王潮、王审邽、王审知兄弟入闽时,带有5000名将校,有人考证他们共有50个姓氏,其中就有郑姓。福建永春县《永春鹏翔郑氏族谱》记载:“今永春城关东门桃东村郑氏,俗称‘东门郑’,出自河南荥阳,入闽始祖郑可远因中原战乱,于唐末随王潮入闽,统戍桃林场(即今福建永春县),后肇居姜莲龟山坪上,传至四世郑懋为宋真宗潮阳都巡检使,告老后卜居今县城东门一带,因地在大鹏之阳,又取原祖居‘坪上’之谐音,故称鹏翔郑氏。”宋人范祖禹写的《郑闽中墓志铭》称:“公字闽中,其先光州固始人,唐末高祖为王潮所虏,遂死之。子孙家福州,今为侯官人。”宋人袁燮《絜斋集·李太淑人郑氏行状》说:“太淑人讳和悟,福州闽县人也,其先家于光之固始,五季末徙焉。”《景定建康志》载:“郑侠,字介夫,其先光州固始人,四世祖佰,唐末随王氏入闽,遂为福清人。”宋人杨时《郑珏墓志铭》:“公讳珏,字致刚,姓郑氏,其先光州固始人,唐僖宗时避乱,从王潮入闽,居建城南乡之龙池,故今为建州人。”明人郑岳《郑明允墓志铭》称:“郑本姬姓,五季初有讳摄者,自河南光州入闽,居长乐,长乐之有郑始此。”福建《龙峰郑氏族谱》称:“郑体恭,南唐驸马都尉,原籍河南光州固始,追南唐归宋后,避地入闽,居盖山光化里,为龙峰郑氏始祖。”

从以上所引郑氏族谱、墓志等资料来看,唐代入闽的郑姓几乎均来自光州固始,宋代史学家郑樵就曾提出过质疑,他说:“吾祖出荥阳,过江入闽,皆有记录,孰谓固始人哉?闽人称祖皆自光州固始来,实由王潮兄弟以固始之众从王绪入闽,王审知因其众克定闽中,以桑梓故,独优固始人,故闽人至今言氏族者皆曰固始,其实滥谬。”唐代南迁的郑姓人不可能尽是固始人,但两次大规模南迁的带队人陈政、陈元光、王潮、王审知都是固始人,于是几乎所有的郑姓族谱都说自己是固始人,这是非常有趣的固始现象。

宋代郑姓也有播迁南方者,但规模没有唐代大。福建宁化《郑氏族谱》称:南唐中宗时曾派兵攻打闽地,将领中有郑彦华其人者立有战功,累官至镇海军节度使、左千牛卫将军,致仕后卜居宁化招贤里郑家坊(今水茜镇庙前村)。南唐为宋所亡,郑彦华之子郑文宝跟随后主李煜一起到了开封,卒后归葬宁化故里(今宁化安乐镇三大村)。福建三明市大田县桃源《郑氏族谱》称:“宋仁宗时,其裔郑章公(第四代)任职光禄大夫,与叔少聪总管奉旨率众家军调征南闽藩镇兴化府仙游县,至庆历二年,受奸臣陷害,弃官携兄弟叔侄隐于各州荒野繁衍生息……宋熙宁年间,为怀念先祖之德深,郑氏后人联络闽省各郡,在桃源公馆前兴建一座郑氏大宗祠——荥阳祠，俗称桃源十八户。元至正年间由桃源连京迁至南安县石井镇。”《郑氏宗祠·各地肇基祖世系图》载：“南安县石井镇肇基祖隐石公（入南第一代），历八代芝龙公（入南第八代、总第二十三代），森公（入南第九代、总第二十四代，森即民族英雄郑成功）。”这一则记载说郑姓在宋仁宗庆历年间入闽是可信的，但说郑成功的祖上是由大田县迁往南安则与郑成功家乡的《郑氏石井宗谱序》小有出入。福建厦门鼓浪屿郑成功纪念馆内《郑氏附葬祖父墓志》说：“王父讳成功，字明俨，号大木，姓郑氏，先世由光州固始县入闽，由莆居漳、居粤之潮，至始祖隐石公乃移居于泉之南安县杨子山下石井乡，遂世为南安人。”据此，郑成功的先人隐石公似由潮州迁泉州南安县，不是从三明市大田县迁南安的。大田县靠近江西，离南安悬远。两个族谱记载不一，也有可能郑成功的先人是先由大田迁潮州，然后从潮州迁南安的。又据宋人文集，北宋覆亡，宋高宗即位于南京（今河南商丘）后，金人穷追不舍，高宗率文武百官逃往江南，史称“建炎南渡”。百姓跟随南下者甚多，正如《宋史·食货志》所说：“高宗南渡，民之从者如归市。”这其中就有郑姓人。如郑望之家族由彭城（今江苏徐州）迁往信州（今江西上饶），郑梦得家族由开封迁往余杭（今属浙江），郑清家族由中原迁入汀州上杭（今属福建），郑思恭家族由襄邑（今河南睢县）迁往潭州衡山（今属湖南），等等。

元明时期郑姓播迁见于史籍者不多，只有零星迁移。光绪《闽县乡土志》说：元代固始人郑本初，泰定年间任福州路军民总管府，遂家本境下渡，传三十代。明代倪元璐《郑元勋墓铭》载：“公讳元勋，字元功，别号玄圃，其先世河南固始人，时有为福州路总管者，遂家于闽。”明末天启年间，颜思齐与南安人郑芝龙（郑成功之父）在台湾的笨港（今北港）设寨垦荒，多次招募福建漳州、泉州沿海百姓去台湾垦荒，因此郑姓人在明末就到了台湾。

清代顺治十八年（1661），民族英雄郑成功率大军两万余人、战船四百艘驱逐荷兰侵略者，一举收复台湾，他的部下就有不少郑姓将官和士兵卜居不归，如今郑姓已是台湾著姓，所谓“陈林半天下，黄郑满街排”是也。

清代初年“湖广填四川”是一次规模浩大的移民运动。由于湖广等地人多地少，灾荒频繁，四川地广人稀，沃壤千里，雍正、乾隆时期便有计划地将湖广人口迁往四川，迁移的人群里便有郑姓人。重庆市璧山区《郑氏族谱》记载了一段歌谣，道出了他们的先祖由湖北迁四川时度日维艰的情景：

吾祖挈家西徙去，途经孝感又汉江。

辗转跋涉三千里，插占为业垦大荒。

被薄衣单盐一两，半袋干粮半袋糠。

汗湿黄土十年后，鸡鸣犬吠谷满仓。

光绪四川仪陇《郑氏家谱》称，这支郑姓的先祖郑弘士，于康熙三十二年（1693）携妻刘氏迁川，卜居于顺庆府仪陇县南阳里（今四川仪陇县乐兴乡）。来川时"携有族谱一本，木本水源，记载甚详"。有些迁徙者长途跋涉，还带着父母的骸骨，例如广东长乐县（今五华县）的郑奇达弟兄七人，于康熙末年一道入川，同时将其父母的骸骨背负入川，最终葬于定居的隆昌县（今属四川）境内。迁徙过程中，因为队伍太庞大，有些人觉得行动不便，便将大锅砸成片儿，每人手持一片，作为他日相见的凭证。光绪四川仪陇《郑氏家谱》称：

我祖（郑）庄公之后，娶祁氏婆婆，生十六子。公公身故，婆婆出于郝氏，又生十六子。公公身故，婆曰：我一身所改两姓，两姓所取，共姓子应先。先夫之子红棋郑，后夫之子黑棋郑，红黑为记。我红棋传三代，弟兄几人分散，干戈发动。弟兄三人将锅分成三块，分锅边者锅边郑，分锅中者锅中郑，我公所分锅底，将锅为记。如今郑姓已是四川著姓。

浙江也有一支郑姓，他们是汉文帝时任过大司农的郑庄之后。郑庄是荥阳人。传到第22世孙郑温时，已是南北朝时期。郑温有4子，排行第二的郑奕因在北魏任建武将军，遂长期居北方。北宋真宗年间，郑奕裔孙郑凝道任安徽歙县令，致仕后定居歙县。他的儿子郑自牖仁宗时期官居殿中侍御史（掌礼仪之法，纠正百官缺失），又由歙县迁往遂安（今属浙江淳安）。仁宗时政治清明，兵革不兴，郑自牖在遂安大兴土木，建筑宅院。他的孙子郑渥、郑涚、郑淮兄弟3人分居3处，其时已是宋哲宗元符年间。郑淮建议弟兄3人一同迁往浦阳（今浙江浦江县）。3家和睦相处，慷慨助人，被乡亲誉为"浦阳三郑"。明朝洪武初年，浦阳郑氏一门十世同居，朱元璋召见"三郑"的后人郑濂，问他是如何治家的，郑濂回答说："不听妇人之言而已，凡同宗者俱效之，恪守义门之规。克勤思俭，蔚然起光大之业，敦伦睦族，蔼然成礼义之风。"朱元璋赐予"江南第一家"的匾额，把郑濂居住的村子赐名为"郑义门"，凡郑姓都赐以"孝义"匾额。后人传颂说："史官不用春秋笔，天子亲书孝义门。"

传到郑淮五世孙郑逵时，已是南宋末端宗赵昰景炎年间，因年龄40岁尚未生子,算命人说只有离开祖地才能兴旺,于是郑逵一家从浦阳迁往建德西乡横衢,此为郑姓入居建德之始,至今已有700多年。

三、郑姓名人

历史上郑姓名人荟萃,可圈可点,大致可分为三类:

第一类是纯学者型。如战国时水利学家郑国,他是韩国人,受命赴秦,劝说秦国兴修水利,想以此阻止或延缓对韩国的兼并战争。他西引泾水,东注洛河的灌溉渠,长达300余里,灌田4万余顷,使关中成为沃野,秦国从此富强,兼并六国,天下一统,该渠被命名为郑国渠。东汉经学家郑玄跟随马融等大家求学,归来后聚徒讲学,有学生数百人,因受党锢之祸牵连,不能出仕,潜心著述,以古文经说为主,兼采今文经说,遍注群经,成为汉代经学的集大成者,世称郑学。郑玄为古诗作笺证,实际上就是注释,后世称郑笺,人们后来用"郑笺"泛指对古籍的注释。元好问有诗云:"诗家总爱西昆好,独恨无人作郑笺。"西昆体是北宋初杨亿、刘筠、钱惟演等人所作的唱和诗,追求词藻,好用典故,文字绮丽,但语意晦涩。郑玄在中国经学史上影响很大。南宋福建莆田人郑樵,因常住夹漈山,人称夹漈先生。郑樵自认为学问不在刘向、扬雄之下。他好游名山大川,搜奇访古,遇藏书家,必借来读完方去。他对礼乐、文字、天文、地理、虫鱼、草木皆有研究。高宗南渡之初,曾召见郑樵说:"闻卿名久矣,敷陈古学,自成一家,何相见之晚耶?"郑樵后来虽然当了枢密院编修官,但仍以写作为主,故《宋史》把他列入"儒林传"中。他最有名的著作是《通志》,200卷,为经传体通史,上起三皇,下迄于隋,典章制度为全书之精华,尤其是氏族这部分,是研究姓氏者必读之书。清史权威郑天挺曾任西南联大教授,解放后任北京大学历史系主任,1952年任南开大学历史系主任,为一级教授。他曾受教育部委托,编写高校历史教学大纲,著作《清史探微》等,在史学界影响很大。

第二类是满腹经纶、为人正直的学者型官员。如东汉经学家郑众,曾任大司农,世称"郑司农"。明帝永平年间,北匈奴遣使和亲,他奉诏赴匈奴,单于强令行拜礼,他昂首不屈,终于被放还。后来打击匈奴立功,迁武威太守。他和父亲郑兴被人称为"先郑",郑玄被称为"后郑"。他熟悉《左氏春秋》,通晓《易经》

《诗经》,以此知名于世。汉代还有两人值得一提:一是东汉郑均。他的哥哥是县中小吏,屡屡受贿,郑均屡谏不听,郑均外出佣工,得钱归兄,并说钱财花尽可再赚,为官贪赃,终身受累,他的哥哥改恶从善,成为廉吏。朝廷征郑均为官,不就,后强征为尚书,旋即辞官。汉章帝东巡至其家,赐尚书俸禄终身,时称“白衣尚书”。还有一个是西汉时的郑崇,位居尚书仆射(尚书的属官),性格耿直,喜欢进谏,每次进谏,汉哀帝只要一听到脚步声,就说“我识郑尚书履声”,后来人们就以郑履来形容正直敢言的大臣。宋朝初年,大将曹彬率军灭南唐,李后主被俘至开封,虽封为侯爵,实际乃是囚犯。南唐大臣入宋者不少,无人敢去探望,只有一个叫郑文宝的人披蓑衣,戴斗笠,扮作渔翁前去探望,并赠送银两,使后主夫妇大为感动。后主死后,郑文宝才考中进士,官至转运使,防御西夏贡献甚大。他工诗词、善书法,著有《南唐近事》《江表志》,至今尚存。宋朝末年有个叫郑所南的人,宋亡后终身不娶,改名思肖,寓怀念宋朝之意。逢年过节必向南跪拜,听见蒙古人说话,必掩耳而走,坐卧从不头向北。他与赵孟頫是莫逆之交,赵孟頫降元,郑思肖立即与他画地绝交,赵孟頫几次来访,均不见。郑思肖善画兰,但从不画土,有人问他,他说土地已被番人夺去,兰花无处植根。他有诗云:“此地暂胡马,终身只宋民。”表现了他的高风亮节。清人郑板桥是诗人、画家、政治家,雍正举人、乾隆进士,曾在河南范县(当时属山东)、山东潍县(今山东潍坊)当过两任县令,因同情百姓疾苦、请求减免百姓赋税而被免官,后来在扬州以卖字画为生,73 岁时去世。他在潍县任上有一首诗:“衙斋卧听萧萧竹,疑是民间疾苦声。些小吾曹州县吏,一枝一叶总关情。”他睡觉时听见风吹竹子发出的声音,就想到了民间疾苦,真是关心民瘼的好县令。习近平在参加兰考县委班子专题民主生活会的讲话中,曾经引用了这首诗。他说,封建时代的官吏尚有这样的认识,今天我们共产党人应该境界比这高得多。郑板桥硬骨铮铮,不畏强御,成人之美,救人困厄均传有佳话。他诗、书、画三绝,誉满天下,毛泽东评价郑板桥的字说:“你再看郑板桥的帖,就又感到苍劲有力。这种美不仅是秀丽,把一串字联起来看有震地之威,就像要奔赴沙场的一名勇猛武将,好一派威武之姿啊!郑板桥的每一个字都有分量,掉在地上能砸出铿锵的声色,这就叫掷地有声啊!”郑板桥是郑姓的荣耀。解放后曾任文化部副部长,国家文物局局长,中国科学院考古所所长、文学所所长的郑振铎是学部委员、一级教授,著作甚多,以《插图本中国文学史》最有名,1958 年出国访问时因飞机失事遇难。

第三类是民族英雄郑成功等人。郑成功驱逐荷兰侵略者、收复台湾的壮举,彪炳史册,俎豆千秋。

以上所说皆外省郑姓名人,其实荥阳的郑姓名人也灿若星辰,熠熠生辉,使人如行山阴道上,目不暇接,以唐代最多。唐代以前的郑姓名人多为开封人。这些荥阳籍的名人有:南北朝时北魏大臣郑俨;唐初任检校大理卿兼民部、礼部、刑部尚书,做官清廉,号为“清吏”的郑善果及他曾在唐初任左武侯大将军的堂兄郑元琇;唐代文学家郑世翼;唐朝考古学家郑钦说;唐玄宗亲笔赐写“郑虔三绝”的画家郑虔;唐代大臣郑潜曜;唐德宗时任京兆尹的郑云逵;娶唐宣宗之女、拜为驸马都尉的诗人郑颢;唐宪宗时任宰相的郑絪;唐文宗时任过检校户部尚书兼御史大夫的郑浣;文学家郑处诲;因击败黄巢而官至检校司空的郑畋;唐僖宗时任过宰相的郑从谠;文学家郑准;唐文宗时任同中书门下平章事(宰相)的经学家郑覃;任过节度使、同中书门下平章事的郑朗;唐德宗时任同中书门下平章事、正直无敌的郑珣瑜;唐武宗时任尚书右仆射、同中书门下平章事的郑肃。唐代以后,荥阳郑姓名人不多。我建议编写一本介绍唐代荥阳郑姓名人的书,对宣传荥阳、提高荥阳的知名度大有好处。

(原载《天下客家》2015 年第 3 期)

源出姜姓的中华姓氏

炎、黄二帝是中华民族的人文始祖，海内外华人都称自己是炎黄子孙。在先秦的典籍中多次出现“三皇”的称谓，“神农”是三皇之一。炎帝是姜姓部落的始祖，生于姜水，长于姜水，故以姜为姓。《新唐书·宰相世系表》说：“姜姓本炎帝，生于姜水，因以为姓，其后子孙变易他姓。”《国语·晋语》说：“昔少典娶于有蛴氏，生黄帝、炎帝，黄帝以姬水成，炎帝以姜水成，成而异德，故黄帝为姬，炎帝为姜。”同书《鲁语》也说：“炎帝以姜水成，为姜姓之祖也。”凡是涉及炎帝姓氏的文献资料，都无一例外地说炎帝姓姜。

古代氏、姓有别，氏用来别贵贱，姓用以别婚姻，后来则合二为一，正如清代学者顾炎武在《日知录》中所说：“姓氏之称，自太史公始混而为一。”在几千年的姓氏发展演变中，炎帝的姜姓又派生出一些姓氏，这些姓氏的人们都是炎帝裔孙。《世本·氏姓篇》说：“炎帝，姜姓。许、州、向、申，姜姓也，炎帝后。”顾炎武的《日知录》也说：“齐、申、吕、许、纪、州、向，姜姓也，自炎帝。”事实上，炎帝姜姓派生出的姓绝不只有这些，我们不妨钩沉发微，对姜姓派生的姓氏做一番梳理。

一、齐姓

吕尚是齐国始祖。《史记·齐太公世家》说：“太公望吕尚者，东海上人。其先祖尝为四岳，佐禹平水土，甚有功。虞夏之际封于吕，或封于申，姓姜氏，夏商之时，申吕或封枝庶子孙，或为庶人，尚其后苗裔也。本姓姜氏，从其封姓，故曰吕尚。”这是说，吕尚本姓姜，因封于齐，是为齐国始祖，子孙以国为姓，是为齐姓。《新唐书·宰相世系表》称：“齐氏出自姜姓，炎帝裔孙吕尚后封于齐，因以为氏。”

二、许姓

许为四岳之后,《左传·隐公十一年》郑庄公说:“夫许,大岳之胤也。”是说许国为四岳之后。《国语·周语》中也有“齐、许、申、吕由大姜”之说。因此许为姜姓。《史记·夏本纪》说:“(禹)封皋陶之后于英、六,或在许。”清人梁玉绳《史记志疑》辩驳说:“许,太岳之后也,姜姓。安得以为皋陶后耶?《史》误。”隐公十一年《左传正义》引杜预《世族谱》说:“许,姜姓,与齐同祖,尧四岳伯夷之后也。周武王封其苗裔文叔于许,今颍川许昌是也。”《新唐书·宰相世系表》说:“许氏出自姜姓,炎帝裔孙伯夷之后。周武王封其裔孙文叔于许,后以为太岳之嗣。至元公结为楚所灭,迁于容城(今河南鲁山东南),子孙分散,以国为氏。”许国是个小国,春秋时受郑、楚等国挟制,先迁于叶(今河南叶县西南),成为楚国附庸,再迁城父(今安徽亳州东南),又迁荆山(今属湖北),最后迁容城,为楚所灭,许国君臣后裔以国名为姓,是为许氏。

三、向姓

据史游《急就篇》所说,姜姓裔孙建有向国,乃西周封国。《中国历史地名大辞典》说,向国是西周时期封国,在今山东莒南县东北,春秋时为莒国所灭。《左传·隐公二年》:“莒子娶于向,向姜不安莒而归。夏,莒人入向,以姜氏还。”所谓“莒人入向”,即莒国灭亡了向国。向国灭亡后,王公贵族及其族人以国为姓,是为向姓。

四、州姓

《世本》载:“州国,姜姓。”州国有二,一在北,一在南。《左传·桓公五年》

载:“冬,州公如曹。”此姜姓州国位于今山东省安丘市东北之淳于城,西周封国,春秋时为杞国所灭。南方的州国为春秋时国,在今湖北洪湖市东北,后为楚所灭。州姓人丁不旺,今《百家姓》504 个姓氏中未见州姓。

五、纪姓

纪国,姜姓,西周封置,在今山东寿光市南纪台村,鲁宣公元年(前 608)为齐所灭。纪国灭亡后,王公贵族以国为氏,姓纪。纪国虽小,《左传》却屡见记载。如隐公元年(前 722):“八月,纪人伐夷。夷不告,故不书。”夷国在今山东即墨市西,寿光距即墨尚有一段距离,纪国有力量攻打夷国,可见当时不弱。隐公二年(前 721):“九月,纪裂繻来逆女。冬十月,伯姬归于纪。纪子帛、莒子盟于密(今山东昌邑市东南密城,春秋属莒国)。”纪国与鲁国是姻亲之国,纪国国君娶了鲁国国君之女,纪国又和莒国订立了盟约。鲁桓公五年(前 707),“夏,齐侯、郑伯如纪”。六年(前 706),鲁桓公“会纪侯于成(今山东宁阳县东北,也写作郕)”,这年冬天,“纪侯来朝”。鲁桓公十三年(前 699),“会纪侯、郑伯”,十七年(前 695),“会齐侯、纪侯盟于黄(今山东冠县南)”。鲁庄公十二年(前 682),“纪叔姬归于酅(今山东淄博东北)”,这是说纪侯之妻到了酅地。鲁庄公二十九年(前 665),“纪叔姬卒”,三十年(前 664),“葬纪叔姬”,此后纪国不再见于史乘。

六、逄姓

逄姓也是姜姓派生出的姓。《左传·昭公十年》,郑国大夫裨灶对子产说:“天以七纪,戊子,逄公以登,星斯于是乎出。”杜预注:“逄公,殷诸侯居齐地者。”《中国历史地名大辞典》称,逄国是商代方国,在今山东青州市西北。《左传·昭公二十年》记载齐国宰相晏子对鲁昭公说:“昔爽鸠氏始居此地,季萴因之,有逄伯陵因之,蒲姑氏因之,而后大公因之。”杜预注:“爽鸠氏,少皞氏之司寇也”;“季萴,虞、夏诸侯,代爽鸠氏者”;“逄伯陵,殷诸侯,姜姓”;“蒲姑氏,殷、周之间代逢公者”。逢国灭亡后，逢国百姓以国为氏，姓逢，今《百家姓》中有逢姓。

七、吕姓

共工的从孙四岳辅助大禹治水有功，尧因“祚四岳国，命以侯伯，赐姓曰姜，氏曰有吕”。这几句话见于《国语·周语下》。《诗经·大雅·崧高》也说：“崧高维岳，骏极于天。维岳降神，生甫及申。维申及甫，维周之翰。”甫就是吕，这是说姜姓中分出吕姓是从太岳开始的。《左传·僖公十年》记载有吕甥其人者，何浩在《楚灭国研究》中认为：“此人为晋侯外甥，食采于吕，故称吕甥。”其地在今山西霍州市西。《国语·周语中》富辰谏止周襄王欲以狄人之女为王后时说：“齐、许、申、吕由大姜。”大姜即周太王妃。由此可知周朝初年由于姬姓与姜姓通婚，吕国又得到续封。《中国历史地名大辞典》“吕国”条：“吕国，一作甫国，西周封置，姜姓，在今河南南阳县西。”（按：南阳县已改称南阳市卧龙区）《元和姓纂》说吕国在“今南阳宛县西吕亭”。这个吕国在春秋初年被楚国所灭。吕国在历史上一度兴旺，《国语·郑语》中有“申、吕方强”的话，说明西周末年幽王时期，处在南阳盆地的申、吕两国尚在繁荣时期。《诗经·王风·扬之水》中有“彼其之子，不与我戍申”“彼其之子，不与我戍甫（吕）”的记载，说明申、吕两个小国在春秋以后处在楚国的威胁下，江山岌岌可危，抵御不住楚国的侵扰，需要借助周王朝的力量来防范楚国。公元595年前后，吕国被楚国所灭。

除南阳的吕国外，河南新蔡还有一个吕国，这个吕国比南阳的吕国要早1300多年。《竹书纪年》中有“吕在新蔡北”这句话。《新唐书·宰相世系表》说得更明白：“吕者……其地蔡州新蔡是也。历夏、商，世有国土。至周穆王，吕侯入为司寇，宣王世改吕为甫。春秋时为强国所并，其地后为蔡平侯所居。”这个吕国后来被宋国所灭。有人考证这个吕国的都城即现在的新蔡县城古吕镇。

南阳的吕国、新蔡的吕国灭亡后，子孙以国为氏，成为吕姓的两大来源。齐国亡于秦后，吕尚后裔中还有一支以吕为姓，遂成为吕姓的第三个来源。南阳吕灭亡后，部分遗民被迁往湖北蕲春；新蔡吕灭亡后，遗民多流入河南南部及安徽一带；齐国灭亡后，吕姓人多居于山东、河南一带。

八、谢姓

唐代林宝的《元和姓纂》说："谢，姜姓，炎帝之胤。"宋代郑樵撰写的《通志・氏族略》称："谢氏，姜姓，炎帝之裔，申伯以周宣王舅受封于谢。"又说："申，伯爵，姜姓，炎帝四岳之后，封于申，号申伯，周宣王元舅也。"明代凌迪知的《万姓统谱》也说谢姓是炎帝之胤。有的书上说，谢姓从任姓分出，而任姓是黄帝之后，因此谢姓应是黄帝之后。但如今几乎所有的谢氏族谱均认为自己是炎帝苗裔、申伯之后。如河南省太康县老冢镇谢堂村皮藏的大唐广明元年（880）《谢氏族谱》说："谢氏本系出自炎帝神农之嗣。"陈留堂《谢氏源流总序》云："谢氏原本姜姓……申伯佐周中兴，封谢邑，以邑为姓，故谢氏以申伯为一世祖也。"历史上一些博学多闻之士也众口一词，称谢姓为炎帝之后。如北宋苏洵《赠谢氏谱序》说："粤稽谢氏之先，始出自周宣王之舅申伯，受封于谢，其后以国为氏。"朱熹在为谢氏族谱写序时也说："谢氏之先，始于炎帝六十三世申伯，佐周中兴，封左王，加太师，继赠谢邑，支子即以邑为氏，是谢氏之鼻祖也。"

申国始于何时，已难考溯，但夏、商两代即有谢国，因国小不见于史乘。周朝兴灭国，继绝世，谢国被保留了下来。周宣王时为防范楚国北侵，加强了对南方的控制，把元舅申伯封到了谢地，《诗经・大雅・崧高》："亹亹申伯，王缵之事。于邑于谢，南国是式。"翻译成白话就是：勤勉的申伯得美名，周王命他把祖业来继承。在谢邑为他建造新都城，南方诸国以他为典型。周庄王九年（前688）前后，申国为楚国所灭。遗民以国为氏，姓谢。

九、申姓

申国是在谢国的领土上建立的，申国被楚国灭亡后，原谢国百姓选择了谢姓，原申国的遗民选择了申姓。

十、随姓

《元和姓纂》“随”姓下面引《风俗通》:“炎帝裔随侯之后。”《路史·国名纪·甲》也说“随侯,炎裔”,是为“姜姓”。先是炎帝与黄帝三战于阪泉,后是蚩尤作乱,黄帝与蚩尤战于涿鹿之野,结果是蚩尤被杀,黄帝取代炎帝成为黄河中下游的主宰者,第八代炎帝榆罔部族的一支被迫迁至江汉之间,因此湖北随州便有了炎帝的遗迹。何光岳在《炎黄源流史》中说:“神农氏只能在一个地方诞生,而另一个诞生地诞生的则无疑是他的一个后裔,这个后裔也袭称为神农氏。在随县厉山乡的神农氏诞生地诞生的当系榆罔南迁之后的一个后裔。”

十一、井姓

井国或井方是商代古国,以善于挖井著称。据郭沫若考证,井地在大散关之东、岐山之南、渭水南岸的一个地方。还有人说得更具体,井国在今陕西宝鸡渭水南岸磻溪南面的井儿村。传说周武王因吕尚劳苦功高,在宝鸡井方故地封他的一个支系为井伯,以守卫太公磻溪垂钓之地。《井伯盉》中的井伯、《竹书纪年》中提到的井公利,可能就是井伯裔孙。西周末年平王东迁时井国也迁到今郑州一带,后被郑国所灭。姜姓井国灭亡后,其遗民多以井为姓。《广韵》《姓苑》都说井姓为姜太公后裔。

十二、章姓

《元和姓纂》:“章,姜姓,齐太公封章,《左传》齐人降章,子孙改为章氏。”章地在今山东东平县东鄣城集。姜子牙在东征扩地过程中,把姜姓的一支封在章地,后裔遂用章国名号不改。章地建立的章国是被齐国所灭,章地后又并入鲁国,今山东章丘市即因章国部分遗民迁入而得名。

十三、邰姓

邰又写作骀。商、西周时有骀国,也写作邰国。《中国历史地名大辞典》:“骀国,一作邰国,商、西周时国,在今陕西武功县西。”《说文解字》说,邰是“炎帝之后,姜姓所封,周弃外家国。从邑,台声,右扶风斄县是也”。周弃即周之始祖弃,也叫后稷,以善于稼穑著称。有邰氏之女即姜嫄所生。据钱宾四《西周地理考》说,邰在古籍中也写作台、骀,其地在今山西稷山一带。唐尧时期,一部分邰人从汾水流域向东南迁徙到台桑,台桑即邰桑。邰桑即邰地的桑林,其地在涂山附近。涂山在河南嵩县东北的陆浑镇,距大禹居地阳城(今河南登封)不远。邰国灭亡后,遗民以邰为姓。

十四、卢姓

《元和姓纂》:“卢,姜姓,齐太公之后。至文公子高,高孙傒,食采于卢,因姓卢氏。”姜尚于西周初年被封于营丘,建立齐国。至齐文公时,他有个儿子叫高,高的孙子傒在齐国当正卿,其食邑在卢(今山东济南市长清区西南),子孙遂以封邑为氏,姓卢。《新唐书·宰相世系表》说:“卢氏出自姜姓。齐文公子高,高孙傒,为齐正卿,谥曰敬仲,食采于卢,济北卢县是也,其后因以为氏。田氏篡齐,卢氏散居燕、秦之间。”《通志·氏族略》:“卢氏,姜姓,齐太公之后。齐文公子高,高之孙傒,食采于卢,今齐州卢城是也,因邑为氏。秦有博士卢敖,子孙家于涿水之上,遂为范阳涿人。汉有燕王卢绾,其裔也。”卢姓的来源不止一个,但姜尚裔孙派生出的卢姓是卢姓正宗。

十五、崔姓

《新唐书·宰相世系表》称:“崔氏出自姜姓。齐丁公伋嫡子季子让国叔乙,食采于崔,遂为崔氏。济南东朝阳县西北有崔氏城是也。”丁公伋是齐国开国君主姜尚之子,齐国第二代国君。他的嫡长子名叫季子,本应继承国君之位,他却让位于弟弟叔乙,自己搬到食采之地崔邑(今山东章丘市西北)居住,他的子孙以邑为氏,就是崔氏。丁公伋的名字叫伋,丁公是谥号。

十六、丁姓

《元和姓纂》:“丁氏,姜姓,齐太公生丁公伋,支孙以谥为姓。”这是说丁姓始于吕伋。《史记·齐太公世家》:“太公之卒百有余年,子丁公吕伋立。丁公卒,子乙公得立。”因吕伋被谥为丁公,故吕伋后裔中的一支便以丁为姓。《通志·氏族略》称:“丁氏,姜姓,齐太公生丁公伋,支孙以丁为氏。”

十七、方姓

南宋嘉定元年(1208),一个叫方大琮的人撰写的《固始方氏族谱宗图序》说:“方氏之始得姓者曰雷,神农八代孙帝榆罔子也。相助黄帝伐蚩尤,以功封方山(今河南登封东北),子孙之氏因焉。”广东东莞河田、香港榕树澳《方氏族谱》称:“方氏出于神农,初姓雷,神农八代孙罔帝(榆之子)黄帝时任职首相,帮助黄帝讨伐蚩尤有功,封方山为食邑,从此就以地名为姓,由雷改姓方。周宣王时,有方叔征伐猃狁立下大功,受封河南,遂居为郡。”河南新安、安徽歙县、福建莆田的方姓族谱也说自己是炎帝后裔。《世本》《风俗通义》均说方姓是炎帝神农氏八世孙榆罔长子之后。

十八、雷姓

炎帝裔孙雷,以国为氏,姓雷,邓名世《古今姓氏书辩证》:“雷出自古诸侯方雷氏之后,以国为氏,后单姓雷。”雷因辅佐黄帝伐蚩尤有功,封于方山,又改姓方。方与雷同出一源。

十九、邱姓

应劭《风俗通义》谈到邱姓时说："齐太公封于营丘，支孙以地为氏。"吕尚建齐国，都营丘（今山东淄博市东北）。传至哀公时，纪国诸侯在周夷王面前说哀公坏话，周夷王烹哀公而立哀公之弟静，是为胡公。胡公迁都薄姑（今山东博兴东南），哀公之弟又攻杀胡公自立，是为献公，又把都城迁回到了临淄。胡公迁薄姑时，姜姓的一支留守营丘未迁，遂改为丘姓。后因避孔子讳，丘字右边加邑字，是为邱姓。《史记·齐太公世家》云："哀公时，纪侯谮之周，周烹哀公而立其弟静，是为胡公。胡公徙都薄姑，而当周夷王之时。哀公之同母少弟山怨胡公，乃与其党率营丘人袭攻杀胡公而自立，是为献公。献公元年，尽逐胡公子，因徙薄姑都，治临淄。"说的就是这件事。

二十、贺姓

贺姓本姓庆，因避讳改姓。《通志·氏族略》："庆氏，姜姓，齐桓公之公子无亏之后也。无亏生庆克，亦谓之庆父，名字通用，是亦以字为氏者。"庆克也称庆父，庆父之子庆封在齐景公时任左相，与右相崔杼不和，便设计杀了崔杼，自任相国，独揽朝政，引起了其他大臣的强烈不满。趁庆封外出狩猎之际，齐国的田、鲍、高等族联合发难，攻杀庆氏。庆封先逃往鲁国，后又逃至吴国，吴王赐以朱方（今江苏丹徒东南）之地，庆氏一族遂又乘机崛起。到庆封的裔孙庆质时，已是东汉安帝时期，安帝之父叫刘庆，庆质为避讳，改庆姓为贺姓。《元和姓纂》云："庆封以罪奔吴，汉末徙会稽山阴（今浙江绍兴），后汉庆仪为汝阴令，庆普之后也，曾孙纯避汉安帝父讳，始改贺氏。"前面说庆质改庆为贺，《元和姓纂》则说是庆纯改庆为贺，不管是谁改姓，可以肯定的是，至迟在东汉安帝时，庆姓已改为贺姓了。

以上我们对20个炎帝后裔姓氏做了大致勾勒,也许还有遗漏之处,须在他日补苴罅漏。正是炎帝、黄帝的裔孙构成了伟大的中华民族的主体,我们都以身为炎黄子孙而自豪!

(选自《中华姜姓源流与太公文化研究》,大象出版社2015年版)

石壁客家移民与大槐树移民比较研究

如果说罗香林的《客家研究导论》《客家源流考》是客家研究的开山之作，那么，林开钦先生的《形成客家民系的四个特征》《论汉族客家民系》，廖开顺、刘善群、蔡登秋诸先生的《石壁客家述论》则是客家研究的集大成之作。这3本书搜罗之宏富详尽、论述之缜密严谨、见解之精辟允当，迄今为止，在林林总总的客家学论著中，尚无出其右者。要想从一个新的、没人涉足过的领域探讨客家，无疑是一件非常困难的事，即使写了，也未必能超出这3本书论述的范围。因此，这篇小文只能另辟蹊径，把石壁移民与大槐树移民做一比较研究。这就是本文的写作缘起。

"北有大槐树，南有石壁村。"大槐树与石壁村是中国移民史上两个标志性的符号，凡是研究中国移民史的学者，都对这两个地方知之甚稔。但是这二者之间有什么相同和不同之处，迄今还没人做过比较。本文试着对此做点分析，以就正于方家。

一、石壁村与大槐树移民的共同之处

(一)都是移民的中转站

福建宁化石壁村与山西洪洞县大槐树都是古代中国移民的集散地与中转站，一南一北，堪称双璧。石壁村的移民始于晋代。西晋末年的"永嘉之乱"，"洛京倾覆，中州士女避难江左者十六七"[1]。以十之六七而言，中州士女大多是逃向了南方。个中原因不外两条：一是战争多在黄河中下游的陕西、河南、河北南部、山西、山东东部地区进行，而南方则极少有兵燹之扰，如"荆襄晏安，户口殷实"，中州百姓为"寻得桃源好避秦"，很自然地到江南作求田问舍之计。二是晋元帝定都建业(今江苏南京),是西晋王朝的继续,芸芸众生认为只有在皇帝荫庇下才能求得生存发展,于是都纷至沓来,投奔东晋了。为什么有那么多人选择了宁化?这是因为:“西晋末年永嘉之乱及其后长达百年的‘五胡乱华’,尽管‘洛京倾覆’,但其乱在中州,江南倒成了避难所,宁化也在其中。所以永嘉之乱后,就有中原汉人陆续迁入宁化或石壁居住。”[2] 如广东梅州《邓氏族谱》:“河东太守邓攸,于永嘉末年避乱,自山西南渡迁居宁化石壁。”唐代安史之乱与黄巢起义,烽火连天,干戈遍地,却未波及宁化。从西晋末至北宋末年 800 余年的历史长河中,不管朝代如何更迭、干戈如何扰攘,“而宁化及石壁却安然无恙,在战乱期间流离失所的移民看来,确实是一方避乱乐土、战争避风港和世外桃源,为此,客家先民之群趋其地,亦势所必然也”[2]。

由于种种原因,宁化的客家人又迁徙广东、江西、四川乃至台湾等地,其中迁往广东梅州者最多,宁化是名副其实的客家移民中转站。据统计,“从石壁直接迁入梅州的有邓、伍、曾、萧、罗、黄、陈、张、温、侯、梁、曹、赖、卢、谢、冯、蓝、薛、杨等姓。由石壁迁上杭,再由上杭迁梅州的有李、巫、高、王、丘、江、何、吴、范、张、郭、钟、罗、谢、冯、邹、温、黄、廖、薛、赖等姓”[3]。这里的张、谢、冯、薛、温、罗、赖、黄等 8 姓重复,可知他们是一姓,但不在一地,因此迁移时间、途径不一。又如邬姓:“唐末,有成化者,自江西移居闽之宁化石壁乡,子孙移居粤之循海。”薛姓:“唐末为避乱而南徙于宁化石壁乡。至元代,薛信由宁化转徙粤之平远等地。”据福建省宁化县县志办公室余兆廷先生统计:“现居台湾而与宁化至今仍有亲属关系者就达八十余姓之多(其中绝大部分是客家人)……特别是桃园县龙潭乡云凌村的兴隆新村,聚居着 25 户宁化籍乡亲,他们自称宁化村。”[4] 迁入四川的宁化客家人可以郭沫若为代表。郭沫若的祖先原居宁化县龙上里七都,他在《我的童年》一文中说:“我们的祖先是从福建移来的,原籍福建汀州府宁化县。听说我们那位祖先是背着两个麻袋上川的。”[5] 郭沫若的堂弟郭开宇回忆说:“我的曾祖父郭贤惠讲,先辈由福建来四川,开始是做苎麻生意。从福建宁化采集野生苎麻,跟着入川的马帮,到了现在的牛华镇。牛华是盐井林立、盛产食盐的地方。苎麻用于盐业生产中缠扎卤水筒。后来也运麻布来卖。赚了钱,自己也办起了马帮,沿途开办了 13 个驿站。从宁化经江西、湖南到四川,终点站就在牛华镇的篾货市,那里有郭家最早的坐房。”[6]

明初,山西移民之所以集中于洪洞县大槐树,是因为洪洞县隶属平阳府,平阳府的人口高居山西各州之首，而洪洞县是平阳府中经济最繁荣、交通最便利的县，诚如民国《洪洞县志》所说："洪洞隶平阳，壮哉县也。其始为城者，适当大路要津，骅骖之所奔驰，商旅之所往来，轮蹄之声昼夜不绝。"因此，官府先把移民集中在洪洞县，然后再发遣至全国各地，就在情理之中了。洪洞县有一座唐朝时兴建的广济寺，寺的左侧有一株"树身数围，荫遮数亩"的汉槐，贯通南北的古官道从此树下通过。民国《洪洞县志·舆地志》记载："大槐树，在城北广济寺左。按《文献通考》，明洪武、永乐间屡移山西民于北平、山东、河南等处，树下为集会之所。传闻广济寺设局驻员，发给凭照、川资，因历年久远，槐树无存，寺亦毁于兵燹。民国二年(1913)，邑人景大启等募资竖碑，以志遗迹。"大槐树上有老鹳用树枝草叶搭成的老鹳窝，年深日久，这些大如车轮的老鹳窝在大槐树上星罗棋布，甚为壮观。"当所移之民启程时，依依惜别，不忍离去，走了好远还频频回首，只能看见大槐树和大槐树上的老鹳窝，为此，大槐树和老鹳窝就成为惜别家乡的标志，几百年来传来传去，有的就将大槐树及老鹳窝误传为村庄了。"[7]如今冀、鲁、豫等省的百姓还流传着"问我祖先来何处，山西洪洞大槐树"的谚语。

其实，洪洞县大槐树只是明初移民的中转站。据张青先生从《明史》、《明实录》、笔记小说、家谱、碑文、大槐树祭祖园留言簿中资料统计，"明朝洪洞大槐树移民姓氏共812个，移民分布共18个省(市)、499个县(市)。其中河南106县(市)，北京、天津、河北128县(市)，山东92县(市)，江苏、安徽、湖北、湖南62县(市)，陕西、甘肃、宁夏51县(市)，山西34县(市)，内蒙古8县(市)，辽宁11县(市)，吉林3县(市)，黑龙江3县，广西1县"[7]。移入河南、河北、山东者最多。有许多县的移民人口超过了当地土著。如河南省《沁阳市志·姓氏》记载："元末明初，由于战乱灾荒，沁阳县民死亡流离，境内人烟稀少，土地荒芜。明洪武年间，迁徙山西洪洞县大批移民于沁安家落户。今沁阳姓氏结构中，以洪洞迁民后裔之姓为主体，约占全县总户数的80%以上。"又如山东曹县："曹县共有自然村2776个，系明代移民建村者竟达1606个，占总数的57.9%；现行的31个乡镇驻地，明代移民建村的即有18个，占乡镇总数的58%。"(山东曹县地名办郝玉秀提供)家族中也多有记载。如《张文襄公年谱》记载，张之洞"先世山西洪洞人，明永乐二年始祖本徙郭州，三传至端徙河北南皮东门内"。又如原国务院总理温家宝庋藏的《温氏家谱》记载："吾温氏原籍山西洪洞县之大槐树村，明季永乐年间因大河以北兵燹连年,死亡过甚,遂由各处移民以实河北,我先世亦于是时始迁宝坻县之刘快庄,继又徙今之宜兴埠。”

(二)石壁移民与洪武移民传播了中原文化与三晋文化

虽然迁往宁化石壁村的移民来自四面八方,移入时间有早有晚,文化、语言、习俗也有差异,但长期比邻而居,“便产生出一种新的、独特的、既遗留中原古风而又有所区别的文化、语言、习俗,即客家文化”[8]。宁化在客家民系形成中具有举足轻重的地位,因而探讨宁化石壁方言及生活习俗与中原有无关系便显得十分必要。

首先,学者们一致认为客家方言来源于中原。这不仅因为清代学者黄遵宪有“方音足证中州韵,礼俗仍留三代前”的诗句,还有美国耶鲁大学教授韩廷敦所说:“关于客家人的情形,第一件可以注意的事,是他们的方言。他们说的是一种官话,和四围非客家人的话很不相同,但是很像中州河南的话。”[9]崔灿《论宁化石壁与客家方言的整合统一》、罗美珍《从语言入手探讨客家民系》、刘善群《关于客家民系形成的中心地域探讨》等文均持这种观点。其次,是文化、习俗上有浓厚的中原遗风。如“宁化或是石壁居民建筑的特色是中原士大夫庭院与山区环境特点相融合的一种形式”,“宁化或石壁的婚丧喜庆也保留了古代中原遗风”,“节日习俗方面,客家人保存着自己的传统特点、节日习俗”。[8]

明代洪洞移民所到之处,也传播了三晋文化。如晋南的戏剧传播到了苏州。“元末明初,黄河两岸的蒲州和同州,产生了一种新的戏曲叫山陕梆子,又称‘乱弹’或‘桄桄子’。元末明初这个剧种的雏形,就由洪洞移民传播到江淮流域,江苏徐州盛行的梆子戏即由此而来。”[10]陕北米脂县郭兴庄镇土瓜村是一个自然村,住着张、李两姓人,张姓祖先来自山西洪洞县大槐树下,在这里已繁衍了18代,李姓则是土著。两姓和睦相处,共同创造并延续了古老的秧歌文化。河北井陉是燕晋通衢之地,明朝初年推行移民屯田,使井陉增添了一百多个晋籍村庄和晋籍姓氏,三晋的民间艺术也随之在井陉开花结果。“拉花流传”就是由晋地传入河北的一种舞蹈。

(三)石壁移民与大槐树移民都是大规模移民

西晋末年的“永嘉之乱”使许多中原百姓渡江迁入了宁化石壁等地,南迁人数有多少,学者们意见虽不尽一致,但差别不大。谭其骧先生认为,按《晋书·地理志》所辖地区统计,“以一户五口计,共有人口七百余万,则南渡人口九十万，占其八分之一强。换言之，致北方平均凡八人之中，有一人迁徙南土”[11]。翦伯赞教授则认为：“南迁人民到达长江流域的，总数至少有七十万人，还有约二十万南迁人民没有到达长江，聚居在今山东境内。”[12]一说90万，一说70万，虽然相差20万，但如果把翦先生所说已经迁徙但未至长江的20万人计算在内，正好是90万人。问题还不在于迁移人口的绝对数字，而在于西晋末年全国只有700万人口，移民的数量竟达八分之一，即90万人，这是多么庞大的一个数字！移民比例之大，在中国史上，可说是空前绝后。谭其骧、翦伯赞二先生的说法，也为其他学者所接受。如沈益民、童乘珠在《中国人口迁移》一书中就说，西晋覆亡，“大批北民渡江南下避乱，一些士族、地主纷率家庭、部曲迁到长江以南，这股移民南下的浪潮此起彼伏，持续了一百七十多年。官方文献记载其总数人口当在90万人左右”[13]。

明代大槐树移民规模也不小，正如葛剑雄先生所说：“在中国移民史上辐射范围最广、影响最大的一个移民发源地，大概要算山西洪洞大槐树了。”[14]安介生在《山西移民史》一书中说：“山西各类移民累计起来，将近百万人之多。”因而有人说：“可以肯定地说，明朝洪洞大槐树移民为历代移民之最。”[7]若从迁民的人数说，大槐树移民为历代移民之最，但按人口比例算，不及晋代大。《明史·食货志》记载：“洪武二十六年（1393），天下户一千六十五万二千八百七十，口六千五十四万五千八百十二。”[15]6054万人口中有100万移民，比例为六十四分之一，远不及晋代的八分之一比例大！

二、石壁移民与大槐树移民的不同之处

（一）移民的原因不同

从西晋末至宋元期间，迁入宁化石壁者无一例外是因为战乱。“永嘉之乱”时匈奴族首领刘曜等攻陷洛阳，晋怀帝被掳，刘曜等“焚烧宫庙，逼辱后妃”[1]，又“纵兵大掠，悉收宫人珍宝，曜于是害诸王公及百官以下三万余人”[1]。洛阳经过这一场浩劫，到处都是颓垣断壁，一片瓦砾。百姓在锋镝之下辗转沟壑，星散四方，历史上称为“永嘉之乱”，如梅州《丘氏族谱传序》云：“河南丘氏，先世自东晋五胡云扰，渡江而南，入闽南之宁化石壁。”[16]梅州《邓氏族谱·东汉源

流序》:“永嘉末年,后赵石勒作乱,伊时有号伯通,叔筱公,友爱感天,全一家命脉,救一方生命,即宁化石壁乡是矣。”[16]安史之乱、黄巢起义也引起了大批百姓迁往宁化,如台湾《万兴户谢氏家谱》:“其先为谢安之后,因黄巢之乱,避居福建宁化石壁。黄巢乱平后,其先世自宁化迁江西雩都。”[3]又如蒋姓,唐代光山县(今属河南)有个叫蒋勇的人,“唐末之乱,蒋勇全家南迁入赣,其子蒋纪入闽,留居汀州宁化石壁”[17]。再如范姓:“唐僖宗乾符元年(874),由于中原战乱,河内(今河南沁阳)人范坤举家十八口徙居浙江杭州,后移江苏南京,再徙福建宁化黄竹径,是为范氏入闽始祖。”[18]宋代、元初移民入宁化者也是如此。学术界对这一点没有异议,明初的大槐树移民则是为了恢复发展凋敝的农业生产。中原地区是元末战争的主要战场,几经兵燹,人口锐减,田园荒芜。朱元璋在即位之初就说:“今丧乱之后,中原草莽,人民稀少。”[19]洪武十八年(1385)又说:“中原诸州,元季战争受祸最惨,积骸成丘,居民鲜少。”[19]如河南卫辉,“民间传说,元末卫辉仅存一户”[20]。河南濮阳县“至明初,居民仅存七姓,丁不满千”[21]。河北、山东等地也是如此。因此,恢复凋敝不堪的农业生产,以巩固大明王朝的封建统治,移民屯田,奖励垦荒,就成了当务之急。移民原则是从窄乡到宽乡,从人多田少的地方迁入地广人稀的地方。如:“洪武六年(1373),徙山西、真定民屯凤阳”,“洪武九年(1376)十一月,迁山西民及真定民无业者于凤阳屯田”[19]。“洪武二十一年(1388)八月,徙山西泽、潞二州之民无田者往彰德、真定、临清、归德、太康等闲旷之地。”[19]“永乐三年(1405)九月,徙山西太原、平阳、泽、潞、辽、汾、沁民万户实北平。”从朱元璋到朱棣,明朝大规模移民有数十年之久。

(二)移民有自发迁移和强迫迁移之别

无论是晋代、唐代还是宋代的中原移民,都是自发南下的,既没有政府刻意组织,也没有人强迫迁徙。迁入地是自己选择的。如晋代百姓是自愿迁移,朝廷也在流亡途中,自顾尚且不暇,因而对流民不能提供任何帮助。《晋书》中有一段关于移民的令人悲怆的描写,当时百姓“流移四散,十不存二,扶老携弱,不绝于路。及其在者,鬻妻卖子,生相捐弃,死亡危厄,白骨横野,哀呼之声,感伤和气”[1]。这真是一幅血泪斑斑的图画。在大规模的南迁浪潮中,人们通常是按籍贯聚集若干家,以便路途中有个照应。然后是节节迁移,即在一个地方稍作停留,然后再往前进,这样就形成了一个又一个流民群。南渡的官僚士族在逃难的同时,还带着宗族部曲,沿途又收集流散,以壮大自己的势力,他们的境遇比普通老百姓要好得多。为了安置这些南迁的流人,东晋政府在长江一带设置了不少侨州、侨郡、侨县,如南徐州、南豫州、雍州、秦州等,官吏也多用的是北方人。黄巢起义引发的中原百姓南迁也是自发流亡,没人组织,南迁者大多去了福建。北宋覆亡,“高宗南渡,民之从者如归市”[22]。同样也是自发行为,迁入何处,官府不加干预。

明朝初年的大槐树移民分为两种:一是官府组织的人口迁移,均由官府指定迁往某一地区,移民入居之地由各省布政司编为里甲,与土著所居之里甲有别。“土著者以社分里甲,移民分屯之地,以屯分里甲,社民先占亩广,屯民新占亩狭,故屯地谓之小亩,社地谓之广亩。”[15]河南、山东、河北等地村庄有以某某庄命名的,有以某某屯命名的,康熙《永年县志》卷5称,明初“京东州县则有庄、有屯。土著曰庄,迁发曰屯”。清顺治《胙城县志》也说:“本县以屯、寨命名者十七村,皆明初迁民。”永年县在今河北省,胙城即今河南延津县。移民一词在明初仅限于朝廷批准的人中使用。“朝廷所移民曰移徙”,“避兵他徙者曰流民”。除移百姓屯田外,“其间有以罪徙者”[15]。二是自发的迁移,这些移民多半是因为天灾饥馑逃荒外乡,或是因地少瘠薄、赋税沉重而迁徙者,这些人只是少数,他们居无定所,四处漂泊,吃尽苦楚。

大槐树移民多是奉旨迁徙,许多家谱都有记载,如河南平顶山《石桥营任氏宗谱》称:“大明定鼎,朝廷颁令移民,始祖任公讳可学,奉诏自山西洪洞县南徙,落脚汝州香山南麓之石桥营村。”移民不愿离开生于斯长于斯的父母之邦,官府便强迫迁徙,家谱中也有记载,如河南偃师市山化镇王窑村《王氏家谱》称:“当朝在山西逼民南迁,把移民集中在大槐树下,军刃迫至河南。”《王氏家谱》的话并非凭空妄说,而是实有其事。由于“迁往太行山以东的洪洞移民……是皇帝敕旨由当局派员实施的,移民关系到明王朝统治秩序的维护,必须实行。组织移民是各级官员的任务,必须遵旨完成。这样,各地移民也就不得不被驱赶上路了”[23]。比如“解手”一词便来自洪洞大槐树移民。有一本书写道:明初山西移民山东……对山东民俗语言的影响以“解手”一词最具代表性。民间传说“解手”一词是这样来的:官兵们在押解的过程中用长绳串连着把移民们反捆起来,由于长途跋涉,途中经常有人要大小便,只好向官兵报告:老爷,请解开手,我要小便。次数多了,就把口头的请求简单化,只要说声“老爷,我解手”,就都明白了是要方便。久而久之,"解手"便成为大小便的代名词,并且在有洪洞移民的地区广泛传播开来。[24]

如今"解手"一词广泛流行于山西、河南、山东、安徽、湖北、四川等省,贵阳、徐州、哈尔滨、北京、西安、西宁、呼和浩特等城市也有这一传说,且均与大槐树移民有关,足证大槐树移民是在官府强制下进行的。

(三)移民的影响不同

明朝初年的大槐树移民是一次规模虽大但无任何特色的移民,在人们的记忆中,许多人的祖先是从大槐树底下启程被强迁往各地的,出于对老祖先的崇敬,他们对大槐树顶礼膜拜,仅此而已。大槐树移民既未形成什么民系,也未引起大的社会变革,这与石壁在客家民系中所起的作用不可同日而语。林开钦先生说:"宁化石壁客家祖先地一般认同是重要的中转站,客家早期休养生息和重要聚散地之一。这是因为南迁汉人从石壁进入闽西的特别多,但还不是唯一的,还有长汀、建宁、武平及浙江通过闽北再进入闽西和闽江上游支流进入闽西,有族谱可查为100多个姓氏,他们大多经过了石壁通道,石壁是早期客家休养生息的重要集散地之一。"[25]把石壁定为客家祖地重要的中转站和客家早期休养生息的重要聚散地,是非常准确的。这一表述言简意赅,得到了广大学者的认同。廖开顺、刘善群、蔡登秋等老先生又对石壁客家祖地做了进一步引申和归纳:"第一,与客家姓氏渊源最多;第二,是客家先民(客家入闽始祖)最多的栖居地;第三,是最早的客家文化孕育中心;第四,是客家最初的播迁中心;第五,在客家世界拥有最广泛的客家祖地认同。"[2]

其实,宁化石壁除了是客家先民的中转站和集散地,还是"客家民系形成的摇篮",因为"自南宋之后,从宁化或石壁外迁的汉人,便被认定为客家人了。在宁化生息繁衍、开创基业的客家祖先,也就被作为族中的一代始祖,即客家人的始祖,并铭记于各宗族的谱牒上"[26]。为什么说宁化石壁是客家民系形成的摇篮?其特征是什么?还是林开钦先生在《形成客家民系的四个特征》一书中说得好:"一有脉络清楚的客家先民,二有特定的地域条件,三有特殊的历史年代,四有独特的客家文化。"[27]

由此看来,宁化石壁移民的文化内涵要比大槐树移民丰富得多。这也是宁化石壁多次召开学术研讨会,而洪洞大槐树没有举办这类活动的根本原因。

参考文献

[1]房玄龄,等.晋书[M].北京:中华书局,1974.

[2]廖开顺,刘善群,蔡登秋.石壁客家述论[M].郑州:河南人民出版社,2012.

[3]赖雨桐.宁化石壁——客家南迁的中转站[C]//张恩庭,刘善群.宁化石壁与客家世界学术研讨会论文集.北京:中国华侨出版社,1988.

[4]余兆廷.台湾客家与宁化石壁的渊源关系[C]//张恩庭,刘善群.宁化石壁与客家世界学术研讨会论文集.北京:中国华侨出版社,1988.

[5]郭沫若.郭沫若选集.成都:四川人民出版社,1979.

[6]郭氏家谱[M]//崔荣昌.四川方言与巴蜀文化.成都:四川人民出版社,1979.

[7]张青.山西洪洞大槐树[M].太原:山西古籍出版社,2004.

[8]刘善群.客家人与宁化石壁[M]//张恩庭,刘善群,张仁藩.石壁之光.厦门:厦门大学出版社,1993.

[9]崔灿.宁化石壁与客家方言的整合统一[C]//宁化石壁与客家世界学术研讨会论文集.北京:中国华侨出版社,1988.

[10]黄泽岭.大槐树寻根[M].北京:当代中国出版社,2005.

[11]谭其骧.长水集[M].北京:人民出版社,1987.

[12]翦伯赞.中国史纲要[M].北京:人民出版社,1965.

[13]沈益民,童乘珠.中国人口迁移[M].北京:中国统计出版社,1992.

[14]葛剑雄.家山何止大槐树[M]//安介生.山西移民史.太原:山西人民出版社,1999.

[15]张廷玉,等.明史[M].北京:中华书局,1974.

[16]梅州市方志办.客家姓氏渊源:第一集.

[17]冯秀珍.客家文化大观:下册[M].北京:经济日报出版社,2003.

[18]谢钧祥.中华百家大姓源流[M].郑州:中州古籍出版社,1996.

[19]明太祖实录[M].台湾"中央研究院"历史语言所校勘本.

[20]卫辉市志[M].北京:生活·读书·新知三联书店,1993.

[21]嘉靖《开州志》.

[22]脱脱,等.宋史[M].北京:中华书局,1977.

[23]陈世松.大迁徙:湖广填四川历史解读[M].成都:四川人民出版社,2005.

[24]叶涛.移民·山东人·山东民俗[M]//张青.洪洞大槐树移民志.太原:山西古籍出版社,2000.

[25]林开钦.论汉族客家民系[M].福州:福建人民出版社,2011.

[26]刘善群.论宁化石壁与客家世界密不可分的亲缘关系[C]//张恩庭,刘善群.宁化石壁与客家世界学术研讨会论文集.北京:中国华侨出版社,1988.

[27]林开钦.形成客家民系的四个特征[M].福州:福建人民出版社,2009.

(选自《第七届海峡两岸客家高峰论坛论文集》,海风出版社2014年版)

邓姓的来源与迁徙

邓姓的来源

邓姓源于邓国,是因国而得姓。邓国始受封于殷商时期。邓国立国之君是商朝高宗武丁的叔父,因封曼地而姓曼。《世本》说:“邓为曼姓。”《说文解字》:“邓,曼姓之国,今属南阳。”此后的典籍也多持此说。如晋代王羲之的《南阳邓氏族谱源流序》说:“而世族之所通显者,则莫如南阳邓氏为最著。粤籍邓氏自商武丁封其季父曼于河北(按:指长江北)南阳之邓国,遂以国为姓,南阳为郡,分封食采。”唐代林宝的《元和姓纂》说:“邓,曼姓,殷时侯国也。春秋时,邓侯吾离朝鲁,后为楚文王所灭,子孙以国为氏。”宋代王应麟的《姓氏急就篇》、苏洵的《邓氏族谱序》、邓名世的《古今姓氏书辩证》、清人陈廷炜的《姓氏考略》都因袭了《世本》、王羲之等的说法。南宋理学家朱熹的《邓氏族谱序》说得更为详尽:

> 余观邓氏,俗尚简质,而家世教诵,犹有先王之遗风焉。因按图谱,而详考源流。其脉出自黄帝曾孙高辛,生后稷,嗣传及叔虞,封唐,子燮父,国号更晋,又五世,生吾离,始封邓。其先世在殷,为曼姓,商王武丁封叔曼于邓地,赐姓曼,后以国为氏,依地为姓。吾离之后嗣曰祁侯者,不用三甥之言,于鲁庄公十六年,为楚所灭,子孙遂以国为氏。

在这之后的明嘉靖《邓州志》、清乾隆《邓州志》也都承袭此说。

邓为曼姓之说也得到了邓姓的一致认可。如南阳堂《邓氏家史》云:“邓氏受姓始祖曼季,考余邓氏,系出曼姓之后。”河南新野《邓氏家谱》说:“殷武丁封叔父曼季于邓国,后以邓为氏。”马来西亚邓威廉的《邓氏家谱》称:“邓氏家族之太始祖乃商王武丁叔父曼公德阳,被武丁封为邓侯,赐曼公为邓姓,邓氏家族由此繁衍生息。”由曼姓改为邓姓,脉络是清楚的。

邓姓还有一个来源,即李姓改邓姓。据湖南安化《邓氏族谱》说,南唐后主李煜曾封其第八子李从镒为邓王,南唐覆亡,李后主及其后妃、宗室300余人作为亡国之俘,被押往开封。从镒之子天和侥幸逃脱,迤逦来到安化隐居,为躲避追杀,便以乃父的封号为姓,改姓邓。这是邓姓的第二个来源。

邓国、邓县与邓城

邓国虽小,历史却班班可考。邓国始封于殷朝,周朝取代商朝,王朝虽然更迭,但邓国仍然存在。《左传·昭公九年》,晋师伐颍,周天子派詹桓伯对晋人说:“蒲姑、商奄,吾东土也;巴、濮、楚、邓,吾南土也。”《国语·郑语》记载,郑桓公为周朝司徒,对史伯说:周王室多灾多难,我担心灾难临身,怎样才能躲过一死?史伯分析形势说:“当成周(指西周东都洛阳)者,南有荆蛮、申、吕、应、邓、陈、蔡、随、唐。”其时楚国还未强大,故邓国与荆蛮、陈、蔡等国并列,均为周朝南方边陲小国。后来“楚强,凌江汉间小国,小国皆畏之”。邓国就是畏惧楚国吞并的小国之一。《左传·桓公二年》:“蔡侯、郑伯会于邓,始惧楚也。”由于楚国已经强大,蔡国、邓国感觉到了威胁,才商讨应对之策。《左传·桓公七年》:“夏,谷伯绥来朝。邓侯吾离来朝。名,贱之也。”这是说鲁桓公七年夏天,邓国国君吾离曾去鲁国朝见鲁桓公。其时他已由伯爵升为侯爵,不过在鲁国国君眼里,邓侯的地位还是不能和自己相颉颃,故《左传》中说:“名,贱之也。”之所以提及他的姓名,是因为他身份不够高贵。桓公九年,邓国与楚国发生了一场战争,结果以邓国失败告终。起因是巴国(子爵)派韩服通报楚国,打算与邓国修好,楚国派道朔同巴国使臣一起到邓国聘问。行至邓国南边的小国鄾国时,鄾人杀死了道朔和巴国使臣,抢走了聘问的礼品。楚国派人责备邓国,邓国不肯承认错误。楚国恼羞成怒,派大将斗廉率领楚国、巴国军队围攻鄾国,邓国也派养甥、聃甥二人率兵救鄾,结果是“邓师大败,鄾人宵溃”。楚国强大后,欲问鼎中原,卧榻之旁自然不容他人鼾睡,申、邓等小国便在劫难逃。鲁庄公六年(前688),楚文王率兵攻打申国时路经邓国,邓国国君祁侯认为,楚国与邓国是甥舅之国,便设宴犒赏楚军,邓国大臣骓甥等三人请杀楚文王,邓侯不许,三人说:“亡邓国者,必此人也。若不早图,后君噬齐,其及图之乎? 图之,此为时矣。”邓侯没有采纳。10年之后,即鲁庄公十六年(前678),邓国果然被楚国所灭。《史记·楚世家》也记载:“文王二年,伐申过邓,邓人曰:楚王易取,邓侯不许也……十二年,伐邓,灭之。”骓甥等人建议杀掉楚文王,这固然可以延缓邓国灭亡的时间,但楚强邓弱,实力相去甚远,覆亡只是时间问题,邓国最终难免成为楚国刀砧上的鱼肉。

邓国覆亡了,留给后世的是邓国都城在何处的难题。关于这一问题,一向有邓州说、湖北襄阳市北邓城镇说两种说法,邓州、邓城镇两个地名都有一个邓字,但史籍上出现的邓字并非都与这两地有关。如《史记·秦本纪》云:秦昭襄王十六年,“左更错取轵及邓”,张守节《正义》引《括地志》说“故邓城在怀州河阳县西三十一里”,即今河南省孟州市境内。又如《左传·隐公十年》:“公今会齐侯、郑伯于中丘,癸丑,盟于邓。”注:“邓,鲁地,在今山东滋阳县境。”滋阳即今之山东兖州市。再如《左传·桓公二年》:“蔡侯、邓伯会于邓。”邓为春秋蔡地,故址在今河南郾城东南。这三处邓地均与邓国无关。

邓国都城在邓州,西汉、西晋时期从未有过异议。《汉书·地理志上·南阳郡》辖县36,其中有邓县,应劭注曰“邓国侯”,表示邓县乃邓侯故地。南郡辖18县,无邓县。《后汉书·郡国志》“南阳郡”条云:“邓有鄾聚。”注云:“《左传·桓公九年》,楚师围鄾。”也表明邓国在南阳郡内,而“南郡”条下则无邓县或邓地。直到西晋初年杜预在《春秋释例》一书卷六“邓地”条注曰:桓公七年,“邓,义阳邓县”。义阳原为义阳国,西晋设置,治所在今河南新野县。东晋时“分南阳立义阳郡”,《晋书》“襄阳郡”条下辖有“邓城、鄾”,而在“义阳郡”条下辖有“新野、穰、邓”等地,在“邓”下注曰:“故邓侯国。”正因为故邓侯国在义阳郡,而义阳郡又在河南境内,因此,后世学者认为邓国都城在今邓州。顾祖禹《读史方舆纪要》卷五十一肯定邓州为“春秋时邓侯国”,《辞源》释“邓”为:“古国名,曼姓……故地在今河南邓县一带。”《汉语大词典》:“邓,古国名,曼姓,在今河南邓州市。后灭于楚。”郭沫若《两周金文辞大系图录考释》也认为古邓国在河南邓县。童书业、吕思勉等学者也持此说。

最耐人寻味的是郭沫若的表态。他在《两周金文辞大系图录考释》中明白无误地说古邓国在河南邓县,但在他主编的《中国史稿》中又说:“楚国……东北有曼姓的邓国(今湖北襄樊北),北逾汉水就是汉阳诸姬的旧地了。”这种自相矛盾的说法,扑朔迷离,令人捉摸不定。该书1976年由人民出版社出版。由于郭老是全国人大常委会副委员长、中国科学院院长、中国史学会会长,他如此表态,使得许多学者从风而靡。复旦大学历史地理研究所编写、1986年由江西教育出版社出版的《中国历史地名大辞典》“邓国”条说,邓国“在今湖北襄樊市西北,西周、春秋时国,前678年灭于楚”。1979年上海辞书出版社出版的《辞海》“邓”条:“古国名,曼姓,在今湖北襄樊市北邓城镇,一说疆域到达今河南邓县。公元前678年为楚所灭。”湖北省社科院何浩先生撰写、1989年由武汉出版社出版的《楚灭国研究》说:“邓在今湖北省襄樊市西北邓城,其北境约达于今河南邓县,邓是申、吕的近邻,也是楚人溯唐、白河北进南阳盆地的门户。”已故武汉大学历史系教授石泉发表在1980年第3期《江汉论坛》上的《古邓国、邓县考》也持此说。

郭沫若做出如此令人啼笑皆非的表述,其实并不难理解。个中原因是,他的《两周金文辞大系图录考释》,出于他一人之手,而《中国史稿》是集体著作,出于多人之手,郭老虽是主编,但肯定不是撰稿人,况且他又公务丛脞,未必审读过书稿,才出现了这种不应该有的错误。

《晋书·地理志》既在“义阳郡·邓”条下注有“故邓侯国”,表明古邓国就在这里,又在“襄阳郡”条下注“邓城、鄾”,给人以邓国既在邓州又在邓城的假象,从而导致了后世的纷争。为什么邓国都城邓州在两汉以前从未有过争议,到了《晋书·地理志》却引起歧义了呢?究其原因,与东晋侨设郡县有关。西晋灭亡,司马睿在建康(今江苏南京)称帝,建立起东晋王朝。北方动荡不安,引起百姓大量南迁。为了控制他们,东晋在南迁侨人集中之地,建立了许多与侨人原籍同名的侨州、侨郡、侨县,让南迁的百姓著籍。“这些州、郡、县时合时分,境界不太确定,情况复杂异常。”《晋书·地理志》说:“元帝渡江,以春谷县(今安徽繁昌县西北)侨立襄城郡(今属河南)及繁昌县。”这就是说东晋春谷县一分为二,从中划出了以河南襄城人为主的襄城郡。襄阳郡所辖的邓城也应是这种情况,即在邓县人聚集的地方设立了侨县邓城,后人不察,便把邓城误以为邓县了。

其实,把邓县与邓城混淆在一起的始作俑者并非《晋书》,而是南朝刘宋时人盛弘之。他在《荆州记》中说:“樊城西北有鄾城……鄾城西北行十余里,邓侯吾离之国，为楚文王所灭，今为邓县。”北魏郦道元的《水经注》又推波助澜，《水经注·淯水》云：

又西南过邓县东。县，故邓侯吾离之国也。楚文王灭之，秦以为县。淯水右合浊水，俗谓之弱沟。水上承白水于朝阳县，东南流经邓县故城南。习凿齿《襄阳记》曰：楚王至邓之浊水，去襄阳二十里，即此水也。浊水又东经邓塞北，即邓城东南小山也，方俗名之为邓塞……淯水又南经邓塞东，又经鄾城东，古鄾子国也，盖邓之南鄙也。昔巴子请楚与邓为好，鄾人夺其币，即是邑也。

郦道元对盛弘之的说法并未详加辨析，便以讹传讹写入了书中，说邓国在襄阳东北。唐代房玄龄、褚遂良在撰写《晋书》时，显然是受了郦道元的影响，但又不完全赞同，于是把邓县、邓城都写入了《地理志》中。清代嘉庆年间官修的《大清一统志》对这一疑案剖析得切中肯綮：“按志有邓，属义阳郡，又有邓城属襄阳郡。疑汉、晋之邓县尚在新野、襄阳之间，自晋分置邓城。宋、齐以后，当即因邓城地为邓县，唐以后遂属襄州，是唐之邓城，未必古之邓国也。”行文至此，邓城非邓县，邓国在邓县已经梳理清楚，可下定谳了。

邓姓的迁徙

邓国灭于楚国后，邓姓人大多数仍安居故土，这些邓国遗民被称为楚人。到了汉代，由于兵燹战乱、出仕等原因，邓姓有移居于今四川、陕西、广东、江苏等地者，如西汉的邓通家于蜀郡南安（今四川乐山），邓先家于成固（今陕西城固），邓宓家于番禺（今广东广州），等等。西汉中叶，邓况始自楚地移居新野（今属河南）。《古今姓氏书辩证》说：“汉之中世，邓况始自楚徙居南阳新野，子孙以农桑为业。”刘秀建立东汉，称光武帝。新野人邓晨跟随其转战南北，又娶光武帝之姊为妻，成为戚畹贵族。新野人邓禹随光武帝平定天下，功勋盖世，为云台二十八将之首，光武帝封其为高密侯。从此邓姓成为钟鸣鼎食、世代簪缨之家。《后汉书·邓禹传》称：“邓氏自中兴后累世宠贵，凡侯者二十九人，公二人，大将军以下十三人，中二千石十四人，列校二十二人，州牧、郡守四十八人。其余侍中、将、大夫、郎、谒者不可胜数，东京莫与为比。”

西晋末年，中原板荡，干戈不息，匈奴人刘曜率兵攻破长安，晋愍帝投降，西晋灭亡。司马睿在建康建立东晋。中原世家大族及流离失所的百姓被迫播迁，寻找安身立命之地，大部分人到了江南。按《晋书·地理志》记载，西晋辖区内有人口700余万，南渡人口就有90万，占八分之一强。南渡的人群中就有邓姓。这些邓姓并非来自一地。如从陈郡（今河南淮阳）南迁的有6个姓氏，邓姓是其中之一。陈盛美《明山秀水客家人》载，西晋太熙元年（290）邓姓有从山西汾水迁居福建宁化石壁者。又据广东梅州《邓氏族谱》记载："河东太守邓攸，于永嘉末年避乱，自山西南渡迁居宁化石壁。"《晋书·邓攸传》记载，他是平阳襄陵（今山西临汾市东南）人，南渡后任吴郡（今江苏苏州）太守、会稽太守，直至尚书右仆射。他所至之处宦囊萧然，弊绝风清，颇受百姓拥戴。在南渡途中，他弃己子，保全侄子，成为一段历史佳话，后世遂有"天道无知，使邓伯道（邓攸字）无儿"的谚语。

在唐末农民起义的大潮中，固始人王潮、王审知兄弟率兵经江西进入福建，先后被唐王朝任命为福建观察使。后梁建立，朱温封王审知为闽王，王审知之子王延翰建国称王，即五代十国中的闽国。随王氏兄弟父子入闽的就有邓姓。据葛剑雄主编的《中国移民史》第三卷统计，共有邓、黄、潘、孙等40个姓氏跟随前往，数量在3万人左右。《竹屿邓氏族谱》称："邓兴，唐末从河南光州固始随王审知入闽，卜居闽县竹屿。"《沙邑邓氏族谱》称："邓光布，河南光州固始人，唐僖宗授殿中侍御史，随王潮入闽，为剑州路（今福建南平）将军，定居沙县。后裔人丁兴旺，播迁海内外。"

宋代邓姓也有迁移者。广东梅州《邓氏族谱》称，以曼公为一世，传至89世大猷，宋徽宗时为国子监，于宁化立业。至93世显公，生三子，世居宁化。志圣，生五子，子孙分衍上杭、丰顺、梅县、英德、斗门、惠阳、揭西、兴国。志贤，生四子，支分福建、云南、贵州。志斋，南宋进士，宁宗庆元五年（1199）自宁化石壁移居潮州（今属广东）程乡，为梅县一世祖，生九子，分衍粤、闽、赣、桂、港、台等地。福建宁化肖坊、邓坊、路头《邓氏族谱》载，宋代中郎公自涂水县入迁邓家塘，生子田郎。传一世钺公，举进士，迁居肖坊。后世子孙分徙宁都（今属江西）、瑞金（今属江西）。湖村邓坊《邓氏族谱》载：先祖德郎公，于南宋间自沙县移居邓坊。

明代邓姓迁徙比宋代频繁。福建宁化肖坊、邓坊、路头《邓氏族谱》载，始迁祖志龙，于明万历年间自河南迁入宁化，定居新村里（今安乐乡）。浙江建德有邓姓4000人左右，是从明代迁入的。明以前的世系已无从得知，入明以后的邓氏则有迹可查。邓家村、洪宅村之邓姓明初自江西抚州邓家庄迁来，张家村、骆家村的邓姓与邓家村的邓姓是一支。浙江兰溪市纯孝乡上金村（今黄店镇）的邓姓也是从邓家村分出的。台湾《邓氏族谱》说："台湾邓氏始祖邓显祖，明代末年由江西宜黄县经福建移居台湾。邓显祖的先祖由邓州迁徙新野，后由新野经江西、福建而迁入广东、香港，再由福建、广东等迁入台湾繁衍发展。"四川广安的邓姓也是明初从江西吉安庐陵迁入的。

清朝立国之初，四川因明末战乱造成死亡枕藉，地广人稀，遂有"湖广填四川"之说，即迁湖北、湖南、两广之人赴四川屯垦。邓小平家族就是这时由广东返回四川的。据毛毛在《我的父亲邓小平》一书中说，明朝末年，四川广安邓鹤轩的裔孙邓士廉任广东海阳县令，其子邓昉携邓嗣祖、邓绍祖二子随父赴任。因战乱，邓士廉、邓昉父子先后殉难，只剩嗣祖、绍祖兄弟二人浪迹天涯。后来二人来到伍家村，伍员外将女儿许配给嗣祖，生子邓琳。嗣祖参加科举考试时，偶遇祖父邓士廉故人之子李仙根。李时为督学使者，详告其祖父邓士廉殉难之事，并谕令他回籍，于是嗣祖携妇将雏与其弟绍祖于康熙十年（1671）回到四川。因当时广安"荆榛满地，虎踪遍野"，绍祖竟"为虎所食"。湖南祁阳邓氏于康熙四十一年（1702）"奉旨入蜀"。又据西蜀《邓氏族谱》，四川华阳县的邓姓也是清初从江西经湖南进入四川的。

清代邓姓迁入台湾者也不少，最早的当推郑成功的部下、江西宜黄人邓显祖，邓显祖殁后葬于彰化县八卦山。见于文献记载的还有：康熙五十二年（1713）邓旋在北投垦荒，康熙六十年（1721）广东人邓彦移居下淡水（今台湾屏东）。嗣后，雍正、乾隆、嘉庆、道光年间，均有大陆邓姓人赴台，为台湾的开发繁荣做出了积极贡献。

（原载《寻根》2014年第1期）

葛天氏与葛姓源流

一、葛天氏是古代帝王吗

葛天氏之名不见于正史记载，司马迁《史记·五帝本纪》从黄帝写起，未见葛天氏，范文澜的《中国通史简编》、郭沫若的《中国史稿》、白寿彝的《中国通史》均从炎、黄二帝写起，未提及葛天氏。倒是骚人墨客的诗文中经常出现“葛天氏”3字，不过“葛天氏”代表的是逍遥自在、无拘无束的境界。晋人陶渊明的《五柳先生传》云：“衔觞赋诗，以乐其志，无怀氏之民欤？葛天氏之民欤？”写五柳先生实际是自况，饮酒赋诗，乐何如之？忘了自己是无怀氏之民，还是葛天氏之民。唐朝诗人杜甫《晦日寻崔戢李封》诗云：“上古葛天氏，不贻黄屋忧。”黄屋指帝王车盖，以黄缯为盖里，故名。这里黄屋是指帝王。两句诗的意思是上古的葛天氏谦恭有礼，从不给帝王的统治带来麻烦。宋人范仲淹《依韵答提刑张太傅尝新酝》诗云：“吾非葛天氏，谁为刘伯伦？”新酝即新酿成的酒，刘伯伦即晋代“竹林七贤”之一、以饮酒著名的刘伶，诗中的葛天氏与刘伶对举，且是在饮新酒时想到了葛天氏，可见在范仲淹眼中，葛天氏是闲淡散适、无拘无束之人。苏东坡《菜羹赋》云：“窃比予于谁欤？葛天氏之遗民。”可见那时生产力低下，民风淳朴。总之，在古人的笔下，葛天氏代表的是一个质朴无华、社会和谐、百姓安宁的时代。

但是，诗赋不是历史。葛天氏之名始于何时？葛天氏到底是帝王名称抑或是氏族部落名称？历史记载不尽相同。最早记载葛天氏的应是《吕氏春秋》：“昔葛天氏之乐，三人操牛尾，投足以歌八阕……”[1]这里讲的是音乐，至于葛天氏是国君、诸侯或是部落领袖，是什么时代的人，则语焉不详。正因为有关葛天氏的史料不多，从而引起了后世的猜测。不少史籍都把葛天氏当作一代帝王，始作俑者当推托名南朝梁元帝萧绎撰的《金楼子》一书："粤若稽古天皇氏、地皇氏、人皇氏。分有十纪：一曰九头，二曰五龙，三曰括提，四曰合雒，五曰连通，六曰序命，七曰修飞，八曰因穆，九曰禅通，十曰疏讫。容成氏、大庭氏、柏皇氏、中央氏、栗陆氏、骊连氏、赫苏氏、宗卢氏、祝和氏、浑沌氏、昊英氏、有巢氏、朱襄氏、葛天氏、阴康氏、无怀氏。"[2]在萧绎看来，天皇、地皇、人皇是为三皇。三皇共有 10 纪，1 纪 12 年，约为 120 年。三皇之后又有 16 帝，即从容成氏到无怀氏，其中居第 14 位的是葛天氏。唐人徐坚的《初学记》记载："《尚书序》曰：伏牺氏之王天下也，始画八卦……帝女娲氏。《帝王世纪》曰：女娲氏亦风姓也，承庖牺制度，亦蛇身人首，一号女希，是为女皇……及女娲氏没，次有大庭氏、柏皇氏、中央氏、栗陆氏、骊连氏、赫胥氏、尊卢氏、混沌氏、有巢氏、朱襄氏、葛天氏、阴康氏、无怀氏，凡十五世，皆袭庖牺之号。"[3]由这段文字可知，伏牺是天子，继其位的女娲也是天子。女娲氏死后，从大庭氏到无怀氏，其中也包括葛天氏在内，共 13 世，"皆袭庖牺之号"，也就是说，他们都依次做了天子。宋人郑樵的《通志》说："有巢氏（谓之始君，教民巢居）、燧人氏（有巢之子，钻木取火，教民熟食）、天皇伏羲氏（少昊，燧人氏之子，母曰华胥）、女娲氏（伏羲妹，继伏羲氏为天子）、大庭氏、柏皇氏、中央氏、栗陆氏、骊连氏、赫胥氏、尊卢氏、混沌氏（一曰启统）、昊英氏、朱襄氏、葛天氏、阴康氏、无怀氏。臣谨案：大庭氏继女娲为天子，其后皆相继为之，未知族系。自伏羲至无怀，凡十五世，共二千二百六十年。"[4]郑樵说得很明白，大庭氏继女娲之后为天子，柏皇氏、中央氏、葛天氏等均相继当了天子，只是不知其族系而已。宋人王钦若编纂的《册府元龟》也认为葛天氏是帝王："太昊庖牺氏，风姓，母曰华胥，作网罟以畋渔取牺牲，故天下号曰庖牺氏。一号皇雄氏，继天而王，故曰帝太昊。庖牺氏没，女娲氏立，为女皇，亦风姓，承庖牺制度。女娲氏没，次有大庭氏、柏皇氏、中央氏、栗陆氏、骊连氏、赫胥氏、尊卢氏、浑沌氏、昊英氏、有巢氏、朱襄氏、葛天氏、阴康氏、无怀氏，凡十五代，皆袭庖牺之号。"[5]这段话明确了伏羲氏继天而立，故称为帝。继庖牺而立的女娲氏是"女皇"，自然也是帝王流亚的人物。女娲之后，从大庭氏到无怀氏，包括葛天氏在内，"皆袭庖牺之号"，说明他们承袭的是帝号，当然也都是帝王。《册府元龟》在另一处记载："葛天氏之乐，三人操牛尾投足以歌八阕。"这几句的注文中说:“葛天氏,古帝名也。”[5]更直接说葛天氏就是古代的帝王。明人凌迪知的《万姓统谱》、清人马骕的《绎史》也认为葛天氏是帝王。清人郑方坤说得更为明白:“五帝之前有国者不称国,以名为氏,所谓无怀氏、葛天氏、伏羲氏、燧人氏者也。神农、轩辕虽曰炎帝、黄帝,犹以名为氏,至唐虞夏商周而后以国为氏,诸侯亦然,鲁卫齐宋之类是也。”[6]所谓“有国者不称国,以名为氏”,是指有国王之实,但无国王之名,无怀氏、葛天氏、伏羲氏、燧人氏实际上是国王,不过称呼上只是称氏而已。什么时候才名实相符,当了帝王就称帝呢?那是唐尧虞舜、夏、商、周以后的事。

葛天氏是传说中的帝王,故正史中没有提及。也正因为是传说,因而从大庭氏到无怀氏15代帝王中孰先孰后,记载歧异。《初学记》《册府元龟》《金楼子》《万姓统谱》等书把葛天氏排在第13位,其后是阴康氏、无怀氏;《绎史》《太平御览》把葛天氏排在第12位,后边是阴康氏、朱襄氏、无怀氏,而且从大庭氏到无怀氏,15代帝王的名称也不尽相同。之所以记载如此歧异,是因为获得史料的渠道不同,宋代罗泌的《路史》就说:“《世纪》言大庭氏后十一世为葛天氏,而服虔以大庭氏为葛天氏。敢问所安,曰:昔庄周叙古帝皇,惟曰庸成氏、大庭氏、柏皇氏、中央氏、栗陆氏、骊畜氏、轩辕氏、赫胥氏、尊卢氏、祝庸氏、伏羲氏、神农氏,如是而已,曾不及葛天,故服(虔)遂以葛天为大庭氏。《六韬·大明》所叙,复有共工、浑沌氏、昊英氏、有巢氏、朱襄氏、葛天氏、阴康氏、无怀氏,而无大庭、柏皇、赫胥,此学者之所疑也。”[7]曾为《孟子》《孝经》《吕氏春秋》《战国策》作注的东汉末年人高诱以朱襄氏为炎帝,东汉经学家郑康成以大庭氏为神农,《六韬》一书则把共工放在尊卢氏之后,庸成氏在祝融之后,葛天氏又在朱襄氏之后,由此可见,从大庭氏到无怀氏的15代帝王是不能当作信史的。

据《初学记》《册府元龟》所记,从伏羲氏、女娲以及其后的大庭氏至无怀氏,之后才是炎帝神农氏、黄帝轩辕氏,而郭沫若的《中国史稿》则说:“在我国古代传说中……传说最早的是炎帝,号神农氏。”[8]传说中的太皞,比炎帝晚一些。“太皞,号伏羲氏。”[8]看来炎帝、黄帝、伏羲的可靠性比大庭氏、葛天氏、无怀氏大。但是对待古代传说不能持一概否定态度。郭沫若说:“在对待古代传说上,有两种倾向,一种是把传说当作真人真事,进行烦琐考证,结果是治丝愈棼;另一种是对传说材料持全盘否定的态度。他们不懂得氏族制度是原始社会发展过程中所共有的制度,因而也不可能正确地对待古代的传说。”[8]今天看来,葛天氏是远古时期的一个部落首领，在位时期，无为而治天下太平。罗泌说：“其为治也，不言而自信，不化而自行，荡荡乎无能名之。”[7]葛天氏时期是令人向往的太平盛世，因此陶渊明才在饮酒赋诗、其乐融融时说：“无怀氏之民欤？葛天氏之民欤？”杜甫、范仲淹、苏东坡等人的诗文中表达的也是这个意思。

二、葛与诸葛

葛姓是葛天氏之后，葛姓起源于古代葛国。《元和姓纂》说：“葛伯，夏时诸侯，为殷所灭，以葛伯为氏。”又说：“夏时葛伯，嬴姓国也，亦为葛氏。”[9]葛国是夏商之际的小国，《孟子》一书曾两次提到葛国。《孟子·梁惠王下》说：“惟仁者能以大事小，是故汤事葛，文王事昆夷。”《孟子·滕文公下》又提到“汤居亳，与葛为邻”。只因葛伯不敬祖先，汤征伐天下，自葛国开始。葛国灭亡后，遗民便以葛为姓。《抱朴子》一书的作者葛洪说，葛姓“其先葛天氏，盖古之有天下者也。后降为列国，因以为姓焉”[10]。葛洪的祖先西汉末年任荆州刺史，王莽篡汉，葛洪的祖先弃官而归，与东郡太守翟义起兵讨伐王莽。兵败，遇赦免祸，称疾不出。王莽考虑到葛姓是一支势力强大的家族，将他迁徙到琅邪郡(今山东诸城)。其子浦庐起兵辅佐汉光武帝刘秀，刘秀建国后以浦庐为骠骑大将军、下邳僮县侯，食邑5000户。浦庐之弟浦文一同起兵，却未得到封赏，浦庐上书光武帝，请求将爵位让给弟弟，光武帝答应了他的请求，浦庐遂南渡长江，迁徙到句容县(今属江苏)，率子弟躬耕，以典籍自娱。葛洪的祖父在三国时的吴国做官，他的父亲先是仕吴，后又在西晋为官。葛洪家族卜居丹阳句容后，未再迁徙过，遂为句容人。明代的葛昕为他父亲葛守礼写的《先祖考太子少保都察院左都御史与川葛公行状》也说：“公讳守礼，字与立，号与川。葛姓出葛天氏，代有名人，公以上五世始居德平(今山东临沂)。”葛守礼为嘉靖进士，官礼部郎中，时有行贿请办事者，受贿人甚多，后来东窗事发，经调查，唯独葛守礼没有受贿。因此升迁为户部尚书，死后谥为端肃。其子葛昕官职虽没有乃父高，但工于文字，有《集玉山房稿》传世。

浙江金华、建德也有葛姓，汉代葛姓的一支定居东阳(今浙江金华)岘南，宋代太子太师、两江都统兼婺州东阳道事葛棠，始居东阳，为婺、严(今浙江建德)

两州葛姓之祖。葛棠八世孙葛希吉，于明永乐年间入赘兰溪(今属浙江)白沙，居地遂称葛田里。建德市梅城镇葛家埠为建德葛姓始迁地，葛姓于明末清初由兰溪迁入。建德的葛姓主要分布于乾潭镇、钦堂乡、下涯镇等地，梅城镇葛家埠村现在的居民以严姓为主，葛姓已不多了。

诸葛姓也是葛伯之后，唐人林宝的《元和姓纂》云："诸葛氏，夏殷侯国，葛伯之后。《英贤传》云：旧居琅琊诸县，后徙阳都(今河南杞县)。先有詹葛，时人谓之诸葛氏，因氏焉。《风俗通》云：葛伯婴为陈涉将军，有功，非罪而诛，汉文追封子孙为诸县侯，因以为氏。《世本》云有熊氏之后为詹葛氏，齐人语讹以詹葛为诸葛氏(案：《孔平仲杂记》：诸葛氏以诸县之葛徙阳都，因加诸字，以别于阳都葛氏)。琅琊阳都县汉司隶校尉诸葛丰裔孙圭，后汉太山郡丞，生瑾、亮……"[9] 郑樵的《通志》称："葛氏居于诸邑者为诸葛。"[4]

葛氏居于诸邑者为诸葛，如今已是人们的共识，诸葛姓并非只是诸县之葛一个来源。有熊氏之后为詹葛氏，齐人詹诸不分，讹为诸葛氏，这与诸县之葛显然不是一支。

浙江建德有一支诸葛姓，是五代时迁入的，奉汉末的诸葛丰为始祖。据《元和姓纂》记载，诸葛丰为琅琊阳都人，其裔孙珪，后汉时为太山郡丞(案：《三国志·蜀志·诸葛亮传》云，诸葛珪为诸葛亮之父)，生三子：瑾、亮、均。诸葛亮任蜀汉丞相，建德诸葛氏为诸葛亮之后。《泉麓诸葛氏宗谱》载："亮一代贤臣良相，遗子孙者，不过田十五顷，桑八百株。噫！此之为大丈夫。"诸葛亮生子瞻，瞻生二子：尚、京。诸葛瞻为蜀将，邓艾伐蜀，诸葛瞻率师抵御，兵败而还，晋军破成都，瞻与长子尚俱死于国事，次子京移于河东，后为郡令。司马炎建晋称帝，诸葛氏隐居蜀地不仕，至唐末，诸葛亮裔孙诸葛爽任河阳节度使、检校司徒、同中书门下平章事，子诸葛仲方继任河阳节度使。后周广顺年间，仲方之子浰、深出蜀地北上河南，拜别父母，再渡江南下，徙居吴越。宋绍兴年间寿阳《泉麓诸葛氏宗谱》载："仲方生二子浰、深，自后周广顺二年(952)，岁次乙巳(按：此处有误，广顺二年为壬子)，兄弟俱避兵燹渡江而南。深抵闽，浰抵越，寻迁寿昌棣村居焉。"当时吴越国王治国有方，政治清明，四方百姓避难者纷纷来归。宗谱又载："忠武侯传十四世，而二宗南迁。一居越，传三世分为六宗，六宗之分则又若干宗矣。一居闽，传九世分三宗，三宗之分则又若干宗矣。"二宗指诸葛浰、诸葛深。诸葛浰迁入浙江，以寿昌为始迁发祥地，后分为6个支系，分迁衢州所属的常山、龙游2县及舟山、婺州所属的兰溪、睦州所属的淳安，远至广东以及江西的贵溪等地，诸葛深则远徙福建泉州，为福建葛姓之始迁祖。

诸葛浰迁入寿昌后，卜居棣村，隐居不仕，其子诸葛清由棣村回迁至寿昌南乡，入居岘山后，垦荒稼穑，成为富翁，他的6个儿子皆自立门户。《泉麓诸葛氏宗谱》载："明道二年(1033)，岁在癸酉，分析六子，卜地异居。"长子居祖宅，二子、三子迁兰溪，四子迁寿昌县南乡泉山下，五子卜居寿昌前渚，六子入赘绍兴府山阴县(今浙江绍兴市)甲子巷王家，但子孙仍以诸葛氏入谱。寿昌为诸葛氏始迁地，周边的诸葛姓皆本于此。寿昌即今之建德市，诸葛姓主要聚集在该市大慈岩镇双泉村、新叶村和寿昌镇里诸村、李家镇石鼓村。李家镇诸家村的诸葛姓是从兰溪迁入的，后改姓诸。

浙江建德虽是诸葛姓最早迁入之地，但不是诸葛姓人口最多之地，诸葛姓人口聚集最多的地方是浙江兰溪市，今属金华市。兰溪市的诸葛镇诸葛村是当今诸葛姓人口最多的村子，奉诸葛浰为始祖，始迁祖是诸葛浰二十八代孙诸葛大狮。原来诸葛浰之孙诸葛承载，从寿昌岘山后村迁至兰溪县太平乡水阁，时为北宋天禧年间，即宋真宗时期。至南宋度宗咸淳年间，诸葛浰的后裔由兰溪水阁又迁往葛塘，仍在兰溪境内。元朝末年，诸葛大狮由葛塘再迁至近邻高隆村，因此村居民皆姓诸葛，遂改名为诸葛村，后来瓜绵椒衍，成为兰溪望族，如今已无人不知浙江兰溪诸葛氏了。

兰溪的诸葛姓也有回迁寿昌的。诸葛浰之孙诸葛承祐迁入兰溪后，明代中叶，他的裔孙诸葛林、诸葛开因经商由兰溪至寿昌八都，见这里林壑优美，遂卜居于此。后来又迁黄家基与童村畈脚下，最后定居于李家镇石鼓村，都在寿昌境内。当地《诸葛氏宗谱》载："承祐公二十一世孙林越六世，复上富盛公改迁童村畈脚。"《诸葛林行状》也说："林，世居兰邑两诸，与兄开公因经营寿阳八都石鼓金鸡岭背，见山明水秀，俗美风淳，厥后二公同卜筑而居焉。"明代又有一支从兰溪高隆迁回寿昌九都，定居于诸家村，如今已改称诸姓了。

参考文献

[1]吕不韦.吕氏春秋[M].国学备览:第8辑.北京:首都师范大学出版社,2007.

[2]萧绎.金楼子:卷1.四库全书本.

[3]徐坚.初学记[M].北京:中华书局,1962.

[4]郑樵.通志[M].四库全书本.

[5]王钦若,等.册府元龟[M].北京:中华书局,1960.

[6]郑方坤.经稗[M].四库全书本.

[7]罗泌.路史[M].四部备要本.

[8]郭沫若.中国史稿[M].北京:人民出版社,1976.

[9]林宝.元和姓纂[M].四库全书本.

[10]葛洪.抱朴子[M].四库全书本.

(选自《葛天氏与上古文明》,河南人民出版社2013年版)

卢姓的来源与迁徙

卢姓在全国各地多有分布，但起源于何时何地，学者们的见解并不一致。从现有的文献资料来看，卢姓有四个来源。

第一支卢姓起源于河南卢氏县。周平王迁都洛邑，是为东周。与此同时，边裔的戎狄也乘机内徙，与中原诸夏杂居。当时中原内地，几乎到处都有戎狄，就是周王所居住的成周洛邑周围也布满了戎狄之人。《国语·郑语》记载洛邑四方各国的分布情况是："当成周者，南有荆蛮、申、吕、应、邓、陈、蔡、随、唐；北有卫、燕、狄、鲜虞、潞、洛、泉、徐、蒲；西有虞、虢、晋、隗、霍、杨、魏、芮；东有齐、鲁、曹、宋、滕、薛、邹、莒；是非王之支子母弟甥舅也，则皆蛮、荆、戎、狄之人也。"其中狄、鲜虞、潞、洛、泉、徐、蒲、隗都是赤狄、白狄或其他诸狄，莒为东边之夷，荆为南边之蛮，他们与华夏诸国都曾活动于黄河流域。公元前645年前后，周襄王欲伐郑，娶戎狄女为后，与戎狄联兵攻郑，但在打败了郑国后，襄王却废黜了狄后。狄后愤懑不已，便与襄王的母亲惠后商议，欲立惠后之子子带，遂引戎狄之兵逐周襄王，立子带为天子。于是戎狄之兵进入洛邑周围，"或居于陆浑，东至于卫，侵盗暴虐，中国疾之"。陆浑在今河南嵩县一带，春秋时的卫国在今河南滑县一带。后来晋文公打败戎狄，杀了子带，才把周襄公迎回洛邑。陆浑戎原居瓜州，后迁伊川，再扩展至嵩县一带。与陆浑戎同时迁往中原的还有阴戎。《后汉书·西羌传》云："允姓戎迁于渭汭，东及轘辕。在河南山北者，号曰阴戎。阴戎之种，遂以滋广。"渭汭即今陕西渭河入黄河处，轘辕即轘辕山，在今河南偃师东南，与巩义、登封两市交界。这就清楚地表明，春秋时阴戎也已迁入中原地区，与周人错杂而居。阴戎所居的河南山北是指陕西商县以东至河南嵩县、陕县一带。《中国历史地名大辞典》云："今河南卢氏县东北古有阴地城，为当时屯戍之所。"由此可见，卢氏县即春秋时阴戎居住之地。春秋时晋楚争霸，晋文公欲修霸业，于是贿赂戎狄，从阴地经过，以匡扶王室。秦穆公得到戎人由余的辅佐,遂霸西戎,开地千里。晋悼公时又派魏绛联络陆浑戎、阴戎,重修霸业。“是时楚晋强盛,威服诸戎,陆浑、伊、洛、阴戎事晋,而蛮氏从楚。后陆浑叛晋,晋令荀吴灭之……周贞王八年(前461),秦厉公灭大荔,取其地,赵亦灭代戎,即北戎也。韩、魏复共稍并伊、洛、阴戎,灭之,其遗脱者皆逃走,西逾汧、陇,自是中国无戎寇。”阴戎因居住在卢氏邑,故又称卢戎。卢氏这块土地上很早便有人居住,比如尊卢氏部落便居于此,但人数不多,阴戎大批迁入后,成了卢氏的主要居民。阴戎被韩、魏击败,一部分迁入汧、陇(今陕西、甘肃一带),大多数仍留居卢氏,后来融入华夏族之中。这一支阴戎人以卢为姓,这就是今日卢姓的第一个来源。

第二支卢姓起源于山东的长清,形成于春秋初期的齐国。姜尚因辅佐周武王姬发灭商而立大功,西周初年被封于营丘,建立齐国。至齐文公时,他有个儿子叫高,高的孙子傒在齐国当正卿,其食邑在卢(今山东济南市长清区西南),子孙遂以封邑为氏,姓卢。《新唐书·宰相世系表》云:“卢氏出自姜姓。齐文公子高,高孙傒,为齐正卿,谥曰敬仲,食采于卢,济北卢县是也,其后因以为氏。”这是卢姓的第二个来源。

第三支卢姓起源于湖北襄阳,形成于商朝末年的卢国。《尚书·周书·牧誓》中所记载的跟随周武王伐纣的庸、蜀、卢、彭、濮等8个南方小国中的卢国,在今湖北襄阳市西南。《后汉书·郡国志》“南郡”条有“中卢戎也”。唐李吉甫《元和郡县图志》卷二十一襄州“义清县”条说:“本汉中卢县地也,西魏于此置义清县,后因之。中卢故县在今县北二十里,本春秋卢戎之国。”中卢既在唐代义清县北20里处,按其方位,当在今湖北襄阳市西。此卢戎非卢氏邑的卢戎,卢氏邑卢戎是因其迁入卢氏县而得名,襄阳的卢戎则是因戎人建立的卢国而得名,双方均称卢戎只是巧合,并非一回事。《左传》记载,鲁桓公十三年(前699)楚国大将屈瑕伐罗国,“及鄢,乱次以济,遂无次,且不设备。及罗,罗与卢戎两军之。大败之”。这里说的是春秋时罗国与卢戎国联军打败了骄横的楚国军队。春秋时的罗国在今湖北宜城西南,卢戎在今湖北襄阳西,两国相距数十里,均属今湖北襄阳市管辖。楚国欲称霸南方并问鼎中原,必须翦灭周围的蛮夷小国,罗与卢戎两国均是弹丸之地的小国。卢国后来亡于楚国,但何时灭亡,史无明文,何浩先生在《楚灭国研究》一书中说,当在公元前698—前691年之间。卢国灭亡后,那里的百姓以国为氏,姓卢。这是卢姓的第三个来源。

第四支是少数民族中的卢姓。最早的是鲜卑族中的一支改称卢姓。据《魏书·官氏志》记载,北魏孝文帝拓跋宏从平城(今山西大同)迁都洛阳后,为了推进汉化,将鲜卑姓中的吐伏卢氏、莫芦氏分别改称卢氏、芦氏,后来芦也改为卢了。魏晋南北朝之后,鲜卑人消失于史乘之上,这一支卢姓鲜卑人融入了汉民族之中,如今已成了汉族。壮族中也有卢姓。广西壮族自治区的武鸣、隆安、扶绥、崇左、田东、河池、环江等县市的壮族人多姓卢。广西的壮族人口有 1500 万,100 多个姓,卢姓排在第 19 位,也称得上是大姓。蒙古族中也有卢姓。朱元璋建立明朝后,蒙古人由统治民族变成了被统治民族,朱元璋起初主张"蒙汉各从其俗",禁止蒙古人改用汉姓、汉名,后来又改变主意,赐蒙古人汉族姓名,以实现民族同化。但大量赐蒙古人汉姓、汉名,是在明成祖永乐年间。朱棣曾说:"华夷一家,朕奉天命为天子,天之所覆,地之所载,皆朕赤子,岂有彼此?"又对兵部尚书刘俊说,各卫鞑靼人多姓名相同,宜赐姓加以区别。命兵部编置勘合,给赐姓氏。于是一个叫伯不花的蒙古士兵便改名为卢荣,从此,他的子孙皆以卢为姓。这一支卢姓蒙古人人数不多,天长日久,便融合到汉族中去了。

综观卢姓的四个来源,除山东长清的卢姓是纯粹汉族血统外,另外三支皆是戎蛮,即西方和南方边陲的少数民族。除了壮族中的卢姓,其余的均成了汉族。可以说,卢姓的发展史就是我国历史上民族融合的缩影。

卢姓人口虽然不多,但分布在全国各地。四支卢姓中播迁最早的当是山东这一支。周惠王五年(前 672),因陈国内乱,公子完逃到齐国,他的六世孙田乞在齐景公时为大夫,后任齐国国相,专齐政。其子田常继任后,继续把持齐国国政。田常的曾孙田和把齐康公放逐到海上,自立为君,从而把姜姓齐国变为田姓齐国,后来周安王正式承认田姓齐国为诸侯,史称"田氏代齐"。卢姓族人认为田氏代齐威胁到了自己的安全,纷纷离开齐国,寻找安身立命之地,于是河北、甘肃、陕西、江苏、宁夏等地便迁入了卢姓居民。秦始皇曾召燕人卢敖为博士,让他往东海求神仙之药,敖亡而不返。他曾隐居于卢山(今山东诸城市内),其后裔卜居于涿水之上,成为范阳涿(今河北涿州市)人。后来范阳卢姓瓜瓞绵衍,世代簪缨,成为名门望族,特别是在魏晋南北朝时期,卢姓与崔、王、谢三姓是煊赫一时的四大姓。因此卢姓以范阳为郡望。

福建的卢姓是唐朝初年迁入的。清朝同治年间修的《福建通志·卢如今传》记载:"卢如今,光州固始人,领本州岛司户参军,始建屯营于云霄修竹里,与陈元光、许天正谋拓山林，置州漳水之北后岭南。流寇掠境，元光战殁，如今率兵讨之，群盗悉溃，漳以保全。卒葬于连玳山。”《台湾通史·氏族篇》引《漳州府志》亦云：“固始人卢如今随陈元光开漳，子孙散处龙溪之墨场及长泰等地，是卢氏唐初即已入闽矣。”唐朝末年随王审知入闽的也有卢姓。石狮永宁镇《沙美卢氏族谱》载，沙美村卢氏源出河北范阳，唐末卢天锡随王审知自河南光州固始县入闽，最初卜居于西北山区，而后逐渐向东南迁徙，其后裔散居于永定、平和、清流等地。《范阳卢氏族谱》称，唐僖宗广明元年(880)，卢珖、卢皓由固始随王审知入闽，后裔分布八闽各地。2000 年出版的福建省《平潭县志》也说：“五代时，卢皓、林甲自河南光州随王审知入闽，隐居于平潭小练岛。后二姓繁盛，遂为福州巨族。”宁化的卢姓是北宋末年由江西宁都迁入的。这支卢姓的祖先是唐僖宗时曾任防御使的卢稠的后裔。《卢姓族谱》载：“稠公生子三：长希一，次延冒，三孟坚”，“孟坚公生太常寺卿馆延，馆延生世显，世显生三六。三六公自虔化(今江西宁都)迁居宁化石壁乡，生子文宝。文宝生天禄，天禄公之子曰县尹，季宋时筮仕闽省同安”。据考证，卢馆延是五代时梁朝人。卢三六从江西迁入福建宁化后，到第四代卢县尹时迁往同安。后来又迁入安溪、永安乃至广东、江西。卢三六的后裔枝繁叶茂，许多人成为各宗系门派的始祖。其曾孙卢衍宗是台湾“衍宗公派”卢氏家族的一世祖，衍宗的堂兄弟卢县尹是宁化县卢姓的始祖，卢县尹的堂弟卢胜保是福建永定县古竹乡太平里“宝胜公派”的一世祖。

广东的卢姓系宋末元初由福建宁化迁入梅县的。梅县《卢氏族谱》称：三六郎又名卢处信，宋嘉定十二年(1219)举人，自虔化迁居宁化石壁，传四世始外迁。于是同安、安溪、永定乃至广东、江西皆有了卢姓。卢衍宗是三六郎的曾孙，系台湾卢氏家族信奉的“唐山”一世祖。三六郎的第十六世孙卢天佑，宋度宗咸淳七年(1271)由宁化迁居永定陈东乡。天佑之侄千四郎由宁化迁居广东梅县，后裔瓜瓞绵绵，分衍至潮州、大埔、连平、韶州、翁源、英德、惠州、河源、龙州、上杭、漳州、南靖及江西长宁等地。

台湾的卢姓是明朝末年由福建迁入的。据连横先生的《台湾通史》一书论述，最早入台的卢姓人叫卢若腾，字闲之，号牧洲，福建同安金门人。崇祯十二年(1639)进士。其时农民起义，天下不靖，崇祯帝起用新进士 30 人观政兵部，卢若腾也在其中。当时率兵镇压农民起义军的杨嗣昌玩兵不进，若腾上疏劾之，崇祯帝下旨切责，卢若腾不畏强御的精神，受到了天下人的赞扬。他还三次上疏弹劾定西侯蒋维禄，朝中大臣讨厌他办事过于认真，在崇祯帝面前进谗，于是若腾被贬往浙江做地方官。临行时若腾又弹劾宦官田国兴诸不法事，崇祯帝准奏，将田国兴下于狱中。卢若腾至浙江，“洁己爱民，兴利除弊，势豪屏迹，莫敢逞。荡平剧寇胡乘龙等，闾里晏然，浙人建祠祀之”。南明永历十五年(1661)三月，卢若腾与沈佺期同舟入台，至澎湖，因病而卒。临终，命人题其墓曰“有明自许先生卢公之墓”，葬于太武山南，其墓至今犹存。若腾的子孙先居澎湖，后来繁衍至台湾全省。康熙年间又有个叫卢云广的人入垦台北，卢氏人口渐多，在台湾姓氏中排第39位。

(原载《寻根》2012年第2期)

校姓的来源与迁徙

河南省中牟县有一支校姓居民，约4000人，分布在该县城关镇的东关，姚家乡的校庄，韩寺镇的大洪、兴隆岗，东漳乡等地。《百家姓》有504姓，但其中没有校姓。校姓是汉族还是少数民族？校姓源于何处？为何姓校？又为何迁至中牟？何时迁至中牟？这些都是饶有趣味、值得探讨的问题。

中牟县靠近黄河岸边的校家岗村西北约1公里处有校姓祖坟，迄今尚存有一通清代乾隆时期的墓碑。墓主校秀书，乾隆时人，《中牟县志》有传，立碑人是校秀书的侄孙校逢庚。因年代久远，风雨剥蚀，字迹已漫漶不清，但多半尚可辨识，此碑是解决校姓人来源问题弥足珍贵的资料：

> □元时□□藩服，食邑山西洪洞县。浩繁□□□□，赹在草莽，册牒沦亡，各以封号记族，遂□校氏。厥凌□□□至□□□科校郡庠邑庠，校较互见之后，□莫不报捷。□□□子子孙孙一见之后，知校较虽异，但□□□本。

这通碑文虽然残缺不全，但文意仍然贯通，从碑文中我们可以捕捉到以下信息：

第一，山西洪洞县的校姓是元代朝廷的藩服。何谓藩服？《辞源》云："古代王畿以外之地分为九服，离王畿最远的地域称藩服。"既然藩服的原意是指离王畿最远的藩属，这就意味着校姓人乃是元代的天潢贵胄，即成吉思汗的子孙。元朝的藩属有四大汗国，即钦察汗国（也称金帐汗国）、察合台汗国、窝阔台汗国、伊利汗国。其中，由成吉思汗长子术赤建立的钦察汗国离大蒙古国统治中心最远，到术赤次子拔都统治时，钦察汗国的疆域东起也儿的石河（今额尔齐斯河），西到斡罗思（今俄罗斯），南起巴尔喀什湖、里海、黑海，北到北极圈附近，比察合台汗国、窝阔台汗国、伊利汗国离大蒙古国统治中心都远。钦察汗国是大蒙古国领土最大、势力最强的宗藩之国。

第二，“食邑山西洪洞县”一句说明河南中牟县的校姓人乃成吉思汗长子术赤的后裔。所谓食邑即封地，洪洞县系拔都的封地，拔都乃术赤之子。《元史·太宗本纪》云，丙申年(1236)秋七月，“诏以真定民户奉太后汤沐，中原诸州民户分赐诸王、贵戚、斡鲁朵：拔都，平阳府(今山西临汾市)；茶合带(即成吉思汗次子察合台)，太原府(今属山西)……”所谓汤沐邑是指天子赐给皇后、诸王的封邑，供作汤沐之用。所谓斡鲁朵，乃是突厥—蒙古语 ordo 的音译，意为宫帐，指皇后宫室。原来真定路(今河北正定)起初是封给成吉思汗第四子拖雷之妻唆鲁禾帖尼的，因此，《元史·太宗本纪》中以宪宗朝以降的尊号称之为“奉太后汤沐”。拔都的食邑洪洞县属平阳府。据《元史·地理志》载：晋宁路，唐晋州。金为平阳府。元初为平阳路，大德九年(1305)以地震改晋宁路。领 1 司、6 县(有临汾、洪洞等)、1 府、9 州等。

由此可知，洪洞县在元代属晋宁路，而平阳府是成吉思汗长子术赤次子拔都的封地，也称汤沐邑。晋宁路有 120630 户，拔都分得 41302 户，占民户的 34%。拔都虽在山水迢迢的斡罗思立国，但他作为宗亲诸王，每年汗庭、皇帝赐予他一定数量的金银、绢缎或钱钞，称为岁赐。另外，在中原汉地还有各自的食邑府州、人口，食邑所在地的百姓每年向自己的领主交纳固定数额的赋课，每 5 户出丝 2 斤，称为五户丝，隶属诸王的民户称为五户丝户或投下户。

第三，中牟校姓是拔都的裔孙已毫无疑问，但拔都有 4 个儿子，他们是哪个儿子的后裔？由于“册牒沦亡”，无法稽查其世系，但我们不妨做点蠡测。按照大蒙古国的惯例，诸王的封地还可再细分为若干份给自己的妻妾子女，因此，“术赤后王将所授平阳分地细分为五七十份，次第授与王妃、王子，且各差官监督”。拔都 4 子中次子秃罕、三子额不干分别有 5 个儿子和 7 个儿子，在晋宁路范围内自然都有一份封地，但都不在洪洞县。洪洞是晋宁路中交通最便利、土地最丰腴之地，理应为拔都长子撒里答及其儿子的封地，但波斯(今伊朗)人拉施特的《史集》却说撒里答“一个儿子都没有”，“拔都的第四个儿子兀剌黑赤没有子女”。说兀剌黑赤没有子女，史学界没有异议，说撒里答没有子女，却不是事实。13 世纪，法国圣方济各会士鲁布鲁克奉法兰西国王圣路易九世的秘密使命到钦察草原觐见拔都、撒里答父子，归来后写了一本《鲁布鲁克东行记》。书中说：“我们在离也的里(俄国伏尔加河)三天路程的地方遇上撒里答，发现他的斡耳朵很大，因为他有六个妻子，他身边的长子有两三个妻子，每人都有一所大住宅，大概有二百辆车。”又说：“我已骑行了二十二天时，得到亚美尼亚王的消息。他在八月末经过那里，去见撒里答，后者正带着他的羊群、马群、妻妾、子女朝见蒙哥汗，尽管他的大住宅仍留在也的里和塔赖思之间的地方。”1254—1255年，小亚美尼亚国王海屯奉拔都之召去觐见他和蒙哥，归来后写有《海屯行纪》，其中云：“进见拔都及其子、信仰基督教的撒里答，受到他们的优礼相待。”又说：“他们从那里进见拔都之子撒里答，他正去朝觐蒙哥汗。”《海屯行纪》未写撒里答有无儿子，但写到了撒里答信奉基督教及朝见蒙哥汗的事实。《史集》第二卷《成吉思汗的儿子术赤汗传》一条注释也说：“实际上撒里答至少有两个儿子，其一为兀剌黑赤，继承他为金帐汗。”撒里答既然有儿子，为何《史集》说没有呢？这是因为撒里答信奉基督教，而他的继任者别儿哥则皈依伊斯兰教，两派势力水火不容，“撒里答的叔父及继位者别儿哥这位执拗的伊斯兰教皈依者，为施影响于伊斯兰教世界而对基督教徒的撒里答的子孙竭力不让提及”。因为宗教信仰不同，别儿哥下令所有的史书都不准记载撒里答子孙的名字，于是撒里答一系便从史乘上消失了。不过别儿汗只能禁止钦察汗国的史书，却无法禁止其他史书记载。除《鲁布鲁克东行记》外，伊朗人志费尼的《世界征服者史》一书也说，撒里答在1255年奉父亲拔都之命去参加蒙哥的忽里勒台（元朝的诸王大会、大朝会），拔都于此年逝世，撒里答出发时已继承了王位。但不幸的是，1256年他死于返程的路上。蒙哥“颁发敕令教育撒里答之子兀剌黑赤，直到他长大继承他的父亲。但天不从人愿，兀剌黑赤同年就死了”。于是王位转入撒里答的叔父、术赤第三子别儿哥手中。撒里答朝见蒙哥汗时携妇将雏，倾巢而出，不料死于途中，别儿哥乘机夺了王位。因双方积怨甚深，撒里答的子女孤苦无依，既无法返回钦察草原，也不可能去别的藩国，唯一的去处便是撒里答的封地洪洞县。通过以上分析，我们可以勾勒出一个很清晰的世系：成吉思汗—术赤—拔都—撒里答—中牟校姓。中牟的校姓是拔都长子撒里答的裔孙。

第四，中牟的蒙古遗民为何姓校？这还得从碑文中寻找答案。碑文中说这支蒙古人“趟在草莽，册牒沦亡，各以封号记族”。君子之泽，三世而斩。元朝是成吉思汗第四子拖雷建立的国家，元世祖忽必烈就是拖雷之子，术赤系成吉思汗长子，分封平阳的是其子拔都，和拖雷不是一支。沧海桑田，陵谷变迁，到了明朝初年，这支蒙古人早已辉煌不再，从钟鸣鼎食的贵族沦落草莽，成为一般平民百姓了。碑文中又说：“至□□□科校郡庠邑庠，校较互见之后，□莫不报捷。

□□□子子孙孙一见之后，知校较虽异，但□□□本。”洪洞的蒙古人改姓大约是在明朝初年。朱元璋建立明朝，作为前朝遗民的蒙古人怕受到歧视与迫害，纷纷改姓。如河南南阳的蒙古人因是王室之后，改姓王；河南平顶山郊区荆山的蒙古人因系高官马秃塔儿之后，改姓马；河南洛阳的蒙古人因系蒙古开国功臣木华黎之后，改姓李，“从木从子”，表示是木华黎的子孙；山西洪洞的蒙古人则改为校姓。为何改为校姓？这与碑文中的“郡庠邑庠”有关。乡学古代称庠，府学称郡庠，县学称邑庠。乡学就是学校，明清称府、州、县学的生员为庠生。古代校、庠、序都是指学校。《孟子·滕文公上》：“夏曰校，殷曰序，周曰庠，学则三代共之，皆所以明人伦也。”这就是说，夏代叫校，商代叫序，周代叫庠，学习的内容是一样的，就是让老百姓懂得人伦关系。山西洪洞县的蒙古人明初必有在府学或洪洞县学执教或读书者，改称校姓也就在情理之中了。

第五，校姓是何时迁入中牟的？按常理推测，应是在明朝洪武、永乐年间。原来元代末年中原地区频繁的战乱及水、旱、蝗、瘟疫等灾害，弄得民不聊生，哀鸿遍野。朱元璋登基伊始便说：“今丧乱之后，中原草莽，人民稀少。”又说：“中原诸州，元季战争受祸最惨，积骸成丘，居民鲜少。”而山西则风调雨顺，经济繁荣，社会稳定，于是朱元璋下诏将地狭民稠的山西诸州百姓迁往河南、河北、山东等地宽民稀省份就食。从洪武二十四年（1391）至永乐十年（1412）的 21 年间，山西的太原府、平阳府（洪武元年改晋宁路为平阳府）以及汾、沁、辽、泽、潞等州是移民最多的地区，平阳府的移民户数又高居山西各州之首。如洪武二十四年，山西太原、平阳、大同 3 府，汾、沁、辽、泽、潞 5 州共有 652408 户，4873946 人，平阳府为 208211 户，1847790 人，占山西总人口的 37.9%。人口既多，田地便少，明初迁民的原则是先迁无田之家，平阳府理所当然地成了移民最多的地区。洪洞县隶属平阳府，人口仅次于临汾，但交通在府辖范围内最便利，因此移民多在洪洞县集中出发，中牟的校姓蒙古人当是在洪武年间或永乐年间迁入的。从碑文可知，洪洞的校姓蒙古人并未全部迁徙至中牟，还有一部分迁入了别处，改为较姓。校、较本为一支，为何分作两姓？原来移民条例规定，凡同姓同宗者不得同迁一处，因此校氏兄弟只得分别迁往不同地方。姓虽不同，但校、较实系一脉，后来均参加了科举考试，且都取得了功名，互相询问之下，才得知校、较二姓均是拔都、撒里答的裔孙，故碑文说“校较互见之后，□莫不报捷。□□□子子孙孙一见之后，知校较虽异，但□□□本”。至于同是一支，为何一支姓校、一支姓较，这也是朝代鼎革之际姓氏迁徙中的常见现象，怕统治者赶尽杀绝，斩草除根。如河南省安阳市内黄县马次范村《马氏家谱》记载，他们的先人叫铁木黎，蒙古人，元朝末年任河南行省右丞，明朝初年为避免迫害，率 5 子逃难，命 5 子各随妻姓，另起汉名，故有董、李、马、关、陈 5 姓。迁入河南中牟与迁入河北栾城的蒙古人后裔分为校、较两姓，当也属于这种情况。

校姓蒙古人迁入中牟已 600 余年，已经融入汉族之中，无论是语言文字、宗教信仰还是风俗习惯、服饰，大致与汉族相同，只是有些细微之处仍有蒙古人的烙印。如他们不看《元王失江山》的戏，也不玩"八月十五杀鞑子"的游戏。又如"木交王"的传说在中牟的校姓中可谓妇孺皆知。这则故事说，木交王是元朝末年的镇京总兵，奉皇帝之命去边疆平叛，得胜后拒不回朝任职，皇帝龙颜大怒，派兵擒拿。木交王无奈，只得让自己的 3 个儿子分别逃往山东、河北、河南藏匿，山东的一支改姓"较"，河北的一支改姓"效"，河南的一支改姓"校"。乍听起来，这则传说荒诞不经，令人匪夷所思。既然平叛打了胜仗，回朝加官晋爵是理所当然的事，而这位木交王竟然冒着杀头的风险拒不回朝，显然不合情理。但是仔细考究，这则传说并非空穴来风，而是另有所本，木交王的传说与成吉思汗长子术赤的故事极其相似。据《史集》记载，1219 年术赤跟随其父成吉思汗西征，1221 年术赤与其弟察合台、窝阔台攻克花剌子模旧都玉龙杰赤（今土库曼斯坦共和国库尼亚乌尔根奇）后，察合台、窝阔台赴呼罗珊与成吉思汗会合，术赤则返回他在也儿的石河旁的辎重所在驻地。成吉思汗分封诸子，作为长子的术赤封地最西，所有海押立（今哈萨克斯坦共和国境内）以西之地均属于他。成吉思汗东还，术赤因患病，未去觐见，有人告发他正在围猎，"成吉思汗怒火大发，认为术赤显然是造反了，竟对父亲的话置之不理，便说道：'术赤疯了，竟干出这样的罪行。'于是命令军队对术赤出征，并命令察合台和窝阔台首先出动，自己也准备在他们之后出征。这时传来了……术赤去世的悲哀消息"。中牟蒙古人传说中的木交王应是指术赤。术赤西征立有大功，因患病未觐见父亲，父亲怀疑他谋反，要捉拿他，成吉思汗就是中牟校姓传说中的皇帝。术赤病逝于 1225 年，距今将近 800 年，中牟校姓仍然有他的传说，只不过隐去了名字而已。这绝非历史的巧合，说明这一传说真实可信。《元史》宗室世系表、诸王表中并无木交王其人，所谓木交王中的木、交二字实是"校"字的拆写，表明木交王就与校姓有关，木交王就是校姓的先人。

校姓迁入中牟后，世泽绵绵，流风不替。民国二十四年（1935）的《中牟县志》记载，有清一代校姓耕读传家，取得功名者多达 37 人。尤为突出的是乾隆年间的校秀书，他乐善好施，济困扶危，名播乡里，县志有传：

> 校秀书，字抡庵，太学生。博涉经史，不求仕进。性慷慨，好施予，人有负贷，贫不能偿，辄折券不复问。见困穷孤独者，必多方资助之，无吝容，亦无德色。乾隆年间岁饥，出粟济贫，活者甚众。村无二姓，周恤备至，族党咸称颂之。卒年七十五。子三：义、琳、琬，皆有声庠序。

这段文字刻画出了一个心地善良的老封翁形象。人家欠他钱，但贫穷无力偿还，他便撕掉借据，不再追讨欠款；见人贫穷便多方帮助，毫不吝惜，也不要人家感激他；乾隆年间中牟发生饥荒，他慷慨地散发粮食，使许多人得以存活下来。这种民胞物与的精神，今日也值得弘扬！

河南省除中牟县外，巩义也有校姓，是从河北栾城迁来的。巩义《校姓家谱》记载："始祖自明初由直隶栾城七世祖南游，越河留居吾巩县，家蔡庄。一世忠。"家谱表明巩义市蔡庄的校姓来自河北栾城，栾城的校姓与中牟的校姓同族同源。如前所述，这两支蒙古人明初同时由山西洪洞迁出，一支去河北栾城，一支去中牟。不同的是，中牟这一支未再迁徙，栾城的一支又有人去了河南巩义。既然迁入巩义的校忠为栾城的七世祖，表明从术赤到校忠经历了七世。史学界通常以 25 年作为一世，七世为 175 年。如从洪武二十四年（1391）校姓从洪洞移民计算，由此上溯 175 年，为 1216 年。术赤生年不详，卒于 1225 年，两者误差为 8 年，可知校忠是术赤的七世孙，这在时间上是吻合的。

校姓人口不多，除本文中的河南中牟、巩义及河北栾城外，陕西渭南市临渭区校霍村、江苏兴化市临城镇校家庄也有少量校姓居民。

（原载《寻根》2012 年第 5 期）

漫话茹姓

茹姓是百家姓中的小姓，全国只有 11.9 万多人，文献资料不多，研究姓氏的学者也鲜有提及。茹姓是怎么来的，是汉族还是少数民族，都是值得探讨的问题。

查阅文献资料得知，茹姓来源于魏晋南北朝时期的北方游牧民族柔然。柔然族 5 世纪到 6 世纪中叶活跃在蒙古高原上，在《魏书》《北史》《南史》中柔然被称作蠕蠕，《晋书》称“蝚蠕”，《宋书》《南齐书》《梁书》称作“芮芮”，《北齐书》《周书》《隋书》称作“茹茹”。《魏书·蠕蠕传》说，北魏“世祖（即太武帝拓跋焘）以其无知，状类于虫，故改其号为蠕蠕”。看来蠕蠕是个侮辱性的称呼。已故的魏晋南北朝史专家周一良教授在《大百科全书》“柔然”条中说，“茹茹”是“柔然族自己采用的汉族名称”，已故辽史专家冯家昇教授根据山西大同云冈石窟《茹茹造像题记拓片》上“大茹茹国”的字样，断定“茹茹乃其自择之字面，非柔然、蠕蠕、蝚蠕、芮芮等辞为他人所称者可比”，也认为茹茹是柔然族自称。其实，周、冯两先生的说法都不确切。尽管《魏书·蠕蠕传》中有“自号柔然”的记载，但这一说法值得推敲。已故的全国人大副委员长、民族学家费孝通认为：“民族名称的一般规律是从他称转为自称。生活在一个共同社区之内的人，如果不和外界接触，不会自觉地认同。”这就是说，每个民族都不可能孤立地存在，必然要和其他民族接触，先是被外族称呼，然后才转为自称。比如，汉族人在秦朝时被称为“秦人”，在汉朝被称为“汉人”，然后汉朝人才自称为汉族，其他民族也是如此。中华书局在为《魏书·蠕蠕传》作校勘记时说，柔然、茹茹、芮芮都是一名异译，蠕蠕则是侮辱性的称呼。更确切地说，蠕蠕、茹茹、芮芮都是在不同时期、不同地域对柔然的不同汉字译写方式。“茹茹”一词必然是先被他族称呼茹茹，后来柔然也接受了这一称呼，就自称为柔然或茹茹了。

柔然族在历史上出现得比较晚，它的族源属于哪个族系，学者们众说纷纭，迄今尚无定论。有东胡说者，有匈奴说者，有杂胡说者，有族源多元化，但其核心部分是鲜卑一支说者。我认为柔然族源多元化一说比较准确，也就是说，构成柔然人的民族包括鲜卑、敕勒、匈奴、突厥等族。历史证明，我国的56个民族，都不可能孤立生活，必然要与其他民族接触、交往，也必然会有融合，因此，每个民族的成分都不是单纯的，例如，汉族在形成和发展过程中就吸收了东夷、西羌、苗蛮等族先成为华夏族，而后发展成为汉族，同时汉族也不断地为其他民族输送过新鲜血液。费孝通先生说："从生物基础，或所谓血统上讲，可以说中华民族这个一体中经常在发生混合、交杂的作用，没有哪一个民族在血统上可说是纯种。"这种说法当然也适用于柔然族。柔然人的主要成分是鲜卑，但也与东胡、匈奴、敕勒、突厥等族交往甚密，发生过融合，因此柔然族不可能是单一血统的民族。

柔然族世居颁根河和弱落水（今蒙古人民共和国境内，颁根河即鄂尔浑河，弱落水即土拉河）一带。公元3世纪末至4世纪初，柔然部始祖木骨闾（汉语的含义是首秃）原为拓跋鲜卑部的奴隶，后免奴为骑卒，又因贻误军机，"亡匿广漠溪谷间"，依附于游牧于阴山的纥突邻部。到他儿子车鹿会时，随着子孙繁衍，势力壮大，便另立部落，以郁久闾（即木骨闾）为姓氏，并自号柔然。作为一个独立的实体，柔然大概形成于4世纪初。这时的柔然仍然依附于鲜卑，"岁贡马畜、貂豽皮，冬则徙度漠南，夏则还居漠北"。没有文字，将帅以羊屎蛋统计士兵人数，后来把士兵人数多少刻在木头上。至西晋、十六国时期，柔然族还没有明显的阶级分化。到了社仑为柔然首领时，正值北魏建国初期，北魏欲问鼎中原，无暇北顾，柔然得以坐大。社仑先破高车诸部，又击败匈奴余种拔也稽，势力大增，不断扩张领土。柔然最盛时，势力北到贝加尔湖，南抵阴山北麓，东北达兴安岭，与地豆于族相接，东南与西拉木伦河流域的奚、契丹为邻，西边远达准噶尔盆地和伊犁河流域，并曾进入塔里木盆地，天山南路一带的小国也都臣服于柔然。柔然在当时可说是幅员广袤、士马精强的王朝。

柔然立国后，与许多国家都有交往。如西域的乌孙原居祁连山、敦煌之间，汉文帝时西迁伊犁河和伊克塞湖一带，柔然族扩张势力，与乌孙发生了冲突，据《北史·西域传》记载，乌孙国"数为蠕蠕所侵，西徙葱岭山中"。乌孙故地被柔然占据。葱岭是对帕米尔高原和喀喇昆仑山脉诸山的总称。悦般国在今新疆库车县一带，古称龟兹，大概是受了柔然的袭击，请求与北魏合力讨伐柔然。不过与柔然交往最多的还是北魏。柔然与北魏时战时和,既懋迁有无,和亲结好,又桴鼓相攻,兵戎相见。北魏太武帝拓跋焘为摆脱柔然与南朝刘宋的夹击,解除腹背受敌的威胁,于神䴥二年(429)分兵两路袭击柔然。据《魏书·世祖本纪》记载,拓跋焘“次于沙漠,舍辎重,轻骑兼马,至栗水(今蒙古人民共和国克鲁伦河),蠕蠕震怖,焚烧坊舍,绝迹西走”。柔然及高车诸部降魏者三十余万人,从此柔然一蹶不振。北魏正光元年(520),柔然发生内乱,首领阿那瓌率众投奔北魏,肃宗诩封他为朔方郡公、蠕蠕王。北魏分裂后,阿那瓌先附西魏,并与之和亲,继而又归依东魏、北齐。突厥族兴起后,屡屡打败柔然,柔然的从属部落纷纷离去。北齐天保三年(552),突厥首领阿史那土门联合高车突然发难攻打柔然,阿那瓌猝不及防,仓促应战,兵败被杀,余众立邓叔子为可汗,又屡被突厥木杆可汗打败。北齐天保六年(555),邓叔子率千余家投奔西魏,柔然汗国灭亡。来不及西迁的柔然人先是融入鲜卑、突厥,最后融入了汉族之中,但大部分辗转西迁到了中亚、欧洲,后来便在史乘上消失了。

《北齐书》《周书》《隋书》中出现的“茹茹”二字,不是指姓氏,而是指柔然族,因为“茹茹”与“蠕蠕”“芮芮”只是不同时期、不同地域人们对柔然人的称呼。柔然人改茹姓,是在北魏孝文帝时期,之所以改为茹姓,当然与被称为“茹茹”有关。

柔然与鲜卑同源,柔然贵族又是从拓跋鲜卑中分离出来的,与北魏长期和平共处,互为婚姻,又桴鼓相攻,大动干戈,必然发生民族融合,因此北魏境内有不少柔然人,柔然人中也肯定有拓跋鲜卑人。北魏孝文帝的姓氏改革也涉及了境内的柔然人。

北魏自拓跋珪称帝后,都城一直都在平城(今山西大同市东北),为解决粮荒,防止农民暴动,更重要的是出于汉化的需要,孝文帝拓跋宏于太和十八年(494)迁都洛阳,次年六月,“诏迁洛之民,死葬河南,不得还北。于是代人南迁者,悉为河南洛阳人”。这年八月,六宫及文武百官尽迁洛阳。迁都之后,洛阳成了北魏的政治、经济、文化中心,为适应这一形势,孝文帝推行了大刀阔斧的改革,其中的一个重要内容便是把鲜卑姓改为汉姓。原来鲜卑使用的姓氏是多字姓,两个字、三个字甚至更多字的姓都有,既复杂又难记,不利于民间往来。更为重要的是,姓氏作为鲜卑族民族出身的标志,随着他们汉化程度的加深,越来越不利于民族融合。正是在这样的背景下,孝文帝推行了姓氏改革。太和

“二十年(496)春正月丁卯,诏改拓跋姓为元氏”。他认为拓跋氏祖先出于黄帝,“夫土者黄中之色,万物之元也,宜改姓元氏”。同时又命令自代北来洛的功臣旧族,姓有重复者,皆改之。既然天子带头改姓,其他人也得跟着改。姚薇元根据史传姓书的记载,参以碑刻、方志资料,对《魏书·官氏志》中所载胡姓,考证甚详。《魏书·官氏志》共收录了118个姓氏,姚薇元在《北朝胡姓考》一书的前半部分《内篇·魏书官氏志所载胡姓》中,把北魏的姓氏分为宗族十姓、勋臣八姓、内入诸姓、四方诸姓四部分。宗族十姓中拓跋氏改为元氏、纥骨氏改为胡氏、普氏改为周氏等,勋臣八姓中丘穆陵氏改为穆氏、步六孤氏改为陆氏等,其他鲜卑姓氏也都按音近改为汉姓,其中普陋茹氏改为茹氏,从此我国才有了茹姓。北魏孝文帝太和“二十年春正月丁卯”是茹姓历史上值得大书特书的日子,就是在这一天,普陋茹姓和拓跋姓一起分别改为茹姓和元姓。这一天换算成阳历是公元496年2月3日,按干支算是丙子年,即鼠年。茹姓起源于洛阳,今年是茹姓得姓1520周年。

百家姓中大姓多数出于河南,如刘姓起源于鲁山、张姓起源于濮阳、陈姓起源于淮阳、李姓起源于鹿邑,等等,但这些姓氏始于何时,没有人能够准确回答。茹姓可以确定得姓日期,这也算是一段佳话吧。

(原载《寻根》2016年第4期)

漫话孛姓

一

山西省长治市郊区黄碾镇魏村是一个有3200人的自然村，村中有一个罕见的姓——孛。孛姓在全国不足千人，不见于百家姓。在长治市工作的孛姓人尽出自魏村，甘肃、湖北、北京等地也有从魏村走出去的孛姓人，魏村实乃孛姓族人聚居之地或中转站。

孛姓人来自哪里？为何卜居魏村？由纯棉布制作，长3.6米、宽7米，被孛氏家族视若珙璧的《孛氏家谱》为我们揭示了部分真相：

> 鼻祖讳□□□□，先乃大元之苗裔也。自陕而东迁婴城，世居西乡魏村，盖一二代于兹矣。夫大元以蒙古入中国，统御华夏，为千载一时之遇。一时龙虎飞扬，风云际会，以成一王之治，以继大宋之续，为生民一代之祖，几于百年，实数定之。其后世宗派绵延，支流继续，有至于万年而莫罄者矣。是为序。

这一篇序的大部分文字是颂扬先人的文治武功，述说朝代更迭，蒙古人灭掉南宋，建立疆域辽阔的大元王朝乃系天意。元朝虽然成了明日黄花，但这支孛姓却会瓜绵椒衍，亿万斯年繁衍下去。除此而外，这个谱序还透露出了两点重要信息：一是这支孛姓是“大元之苗裔”。所谓“大元之苗裔”，表明他们不是一般的蒙古平民百姓，芸芸众生没有资格说自己是大元苗裔。只有成吉思汗的后裔才称得上是大元苗裔，也即我们通常所说的“黄金家族”。孛姓既称是大元苗裔，当系成吉思汗之后。二是“自陕而东迁婴城”，说明孛姓是由陕西东迁婴城，婴城即现在山西长治市属的潞城市（县级市）。当时魏村归属潞城管辖。至于孛姓为何从陕西迁往婴城，则扑朔迷离，语焉不详。孛姓人何时迁入魏村，族谱序只说是“一二代于兹”，但此族谱是哪年纂修并未注明；另外，族谱序中“鼻祖”二字下面有大约4个字被老鼠咬坏，模模糊糊地显出像“术”字的文字，但又不很真切。孛姓鼻祖到底为何许人也，我们也须探赜索隐，寻觅真相。

二

孛姓何时迁入魏村？家住魏村，对孛姓素有研究的孛文明、孛海邻，长治市文史学者王潞军都认为孛姓从第一代算起，“现已传至22代，按每一代25—30年来计算，始祖孛仕英生活的年代为元末明初，距今600多年”。其实古代人婚嫁较早，至多25年一代。孛姓人已传至22代，大约550年，算起来是1465年左右，已是明中叶的宪宗成化年间。即便按照30年一代，孛明迁入魏村应是1415年左右，距1368年朱元璋建立明朝也已过了47年。况且说魏村的孛姓是元末明初迁入，也只是蠡测，并无文献根据，因此这种说法不可凭信。其实，魏村的孛姓并非元末明初迁入，而是在此之前迁入的。长治市郊区黄碾镇良才寺村委会院内矗立着一通元朝后至元五年（1339）重修大慈云院时立的石碑，虽然年深日久，风雨剥蚀，个别字迹已漫漶不清，但文意贯通。石碑的背面镌刻着捐款人的姓名，其中就有魏村孛天瑞其人。清代《潞城县志·金石志》也记载了这通《良才山大慈云院普济大师照公功行碑》，碑文由前河东进士第一高平（今属山西）人元凯撰写。他在回顾慈云寺荒凉破败，醵资修葺的经过时说：“至元己卯（元惠宗至元五年，1339）春，余振铎于天平院，僧喜等訊余曰：师之功德勤苦如此，利及我等，不可息议，请先生记之，刻诸翠珉，永垂不朽。”所谓振铎，是指元凯掌管教育事业，翠珉则指刻碑之石。这就是大慈云寺石碑的由来。孛天瑞既是1339年重修大慈云寺时的捐款人之一，他不可能是当年迁入魏村就正好赶上了修葺大慈云寺，必然是此前已卜居魏村，融入了当地百姓之中，与邻里关系融洽，因此才有了捐款的善举。如果这一推测不误，孛天瑞应至少在10年前迁入的，也即元文宗天历二年（1329）左右。

按照孛姓家谱，孛姓卜居魏村已22代，这一说法也不十分确切。家谱表明:第一代是孛仕英;第二代是孛钦、孛鉴;第三代是“景”字辈;第四代是“从”字辈;第五代为“仲”字辈;第六代为“拱”字辈,而最早迁入魏村的孛天瑞却不在其中。若按25年一代,孛姓迁入魏村为1465年,比孛天瑞迁入魏村晚36年;若按30年一代,孛姓迁入魏村为1415年,距孛天瑞迁入魏村晚86年,差了三代人。由此可见,孛天瑞、孛仕英虽然都姓孛,但却不是一支,若是一支,孛姓族谱中应该出现孛天瑞的名字。最大的可能是,孛仕英迁入时,孛天瑞一家已经绝祀或乔迁别处,两家并不相识。可以肯定的是,孛姓迁入魏村时在元朝中叶,而非元末明初。

孛姓不可能在元末明初自陕西迁入魏村的另一佐证是,元代末年中原地区频繁的战乱及水、旱、瘟疫等灾害,弄得民不聊生,哀鸿遍野。朱元璋登基伊始就说:“今丧乱之后,中原草莽,人民稀少。”又说:“中原诸州,元季战争受祸最惨,积骸成丘,居民鲜少。”而山西则风调雨顺,经济繁荣,社会稳定,于是,朱元璋下诏将地狭民稠的山西诸州百姓迁往河南、河北、山东等地宽民稀省份就食。从洪武二年(1369)到永乐十年(1412),40多年从山西迁民数十次之多,在这种情况下,孛姓还有可能从陕西迁入山西吗?

三

孛姓为何由陕西迁入山西长治郊区魏村?孛文明、孛海邻两先生著文称,洪武元年(1368)朱元璋在应天府(今江苏南京)即位后,明朝的北伐军进入山西、陕西,那里成了干戈四起的战场。“面对劫难,当时的蒙元后裔只能想尽各种办法逃命。其中,在陕西的这一支孛儿只斤族人东进山西逃亡的过程中,既要保命,又想不忘祖先,他们便改汉姓孛。族人中有一个叫孛仕英的一家四口一起夹杂在逃难的人群中,几经周折,最后选择了较为安全的魏村居住下来,成为孛氏东迁长治的第一代始祖。”这种分析不能说没道理,但我们前面已经说过,孛天瑞早在1329年就已迁入魏村,而朱元璋建立明朝在1368年,早了39年,那时还没有元末农民大起义,因战乱而逃入魏村的事又从何说起?

《孛姓家谱》残缺处“讳”字下面有一模糊不清的“术”字,于是孛姓人便据此推测自己是成吉思汗长子术赤之后,因而改称孛姓。这一说法也不无道理。

因为成吉思汗就姓孛儿只斤，乞颜氏，孛姓若是成吉思汗裔孙，姓孛倒是顺理成章的。但是孛姓是否术赤之后，却大可商兑。原来这与元代的分封制度有关。《元史·太宗本纪》云，丙申年（1236）秋七月，“中原诸州民户分赐诸王、贵戚、斡鲁朵：拔都，平阳府（今山西临汾）；茶合带（即成吉思汗次子察合台），太原府（今属山西）”。拔都是成吉思汗长子术赤的次子，于是平阳路、太原路遂成为术赤、察合台名下的汤沐邑，也是他们后王投下食邑所在。这就是说，如今的山西省在大蒙古国时期是术赤、察合台两王的封地，其他诸王也各有封地，封地之间不相隶属，百姓可以自由往来，但王室成员之间不得插手彼此的事务。明朝《弘治重修三原县志·故五路万户河东路行省郝公神道碑》铭文称：“丙申岁（1236），分河东为皇兄二大王分地，官吏随地所属。”二大王指察合台，他是元太宗窝阔台的二哥，故称二大王。河东则泛指山西，因黄河经山西作北南流向，山西位于黄河之东，故名河东。察合台封地在太原一带，并非整个山西。《乾隆平阳府志·重修襄陵庙学碑》铭文云：“天朝开国，裂土以建同姓，震宫得河东道。仍割州之吉邑之襄陵（今山西襄汾）、潞城（今属山西）畀嗣王，治襄陵。”震宫指太子之宫，术赤是成吉思汗长子，这里震宫就是指的术赤。当时潞城也在术赤的封地范围内，他本人在钦察汗国当国王，这一片土地由他的儿子拔都派人掌管，拔都的继承者又把平阳府的分地细分为五七十份，分别授予王妃、王子，并且差官吏来治理，潞城不知又分给了哪位王子。

元代潞城气候温润，物产丰饶，水草丰茂，是天然的牧场，吸引着不少戚畹贵族来此放牧，除有术赤后裔活动外，还有元太宗窝阔台系的后裔小薛王子。据《山右石刻丛编·潞州学田记》记载，小薛的食邑在汴梁路睢州（今河南睢县），至元二十六年（1289）他的部民曾就食汴梁（今河南开封）。两年之后，元世祖忽必烈又特赐上党潞州一带为小薛大王牧地，此后小薛及其部众便长期驻牧潞州一带，一直延续到仁宗皇庆年间。《元史》卷24《仁宗本纪》云，皇庆元年（1312）秋七月，“敕诸王小薛部归晋宁路襄垣县（今属山西）民田”。襄垣与潞城毗邻，小薛在这一带放牧20余年之久。成吉思汗的儿子当中3个与山西有缘，长子、三子的后裔与潞城有缘，可见潞城在全国的地位何等重要。

但是《孛姓家谱》说他们是从陕西迁往潞城的，这意味着这一支孛姓人既不是术赤的裔孙，也不是窝阔台的裔孙。陕西是元世祖忽必烈当藩王时的封地，他当皇帝后由皇子忙哥剌承袭，如果孛姓由陕迁晋属实，他们可能是忽必烈之后，也是名副其实的黄金家族。那么，这支孛姓蒙古人是如何由陕西迁入山西长治的呢？

原来宪宗三年（1253），蒙哥将京兆（今陕西西安）地赐给忽必烈，至元九年（1272）也即忽必烈建立大元的第二年，忽必烈将封地转赐给第三子安西王忙哥剌。至元十年（1273年）诏安西益封秦王，别赐金印，其府在长安者为安西，在六盘者为开成，皆听为宫邸，十七年（1280）薨。忙哥剌有两个儿子，长子阿难答仍为安西王，次子按檀不花袭封为秦王。大德十一年（1307），元成宗崩，嗣安西王阿难答因与武宗海山兄弟争夺帝位失败被杀，他的儿子月鲁帖木儿被剥夺了封地，史称阿难答"既以谋逆诛，国除，版赋入詹事院"。所谓版赋也就是封地与人户，詹事院则是管理皇太子爱育黎拔力八达事务的机构。这次剥夺的是安西王家族在其他地方的封地，京兆一带的封地没有剥夺，以保证其生活所需。至大二年（1309），有大臣提出阿难答之子应复国袭爵，但未得到武宗批准。按照元朝蒙古黄金家族的不成文规定，叛逆诸王只是剥夺本人爵位或家族部分子弟的封地，保留叛逆者家族子弟对王爵、封地的继承权，宪宗蒙哥对定宗贵由谋反的子孙、世祖忽必烈对其弟阿里不哥谋反的儿子都是如此处理的。这是通识。而阿难答的儿子辈却没有得到这种待遇，个中原因是安西王阿难答被杀后，他的"版赋"落入了皇太子爱育黎拔力八达手中。爱育黎拔力八达即位为仁宗后，将"版赋"转赐给皇后的中政院。仁宗皇后死后，仁宗再转赐给自己的母亲、英宗祖母答己太后。仁宗家族不愿放弃既得利益，置潜规则于不顾，因此安西王子弟迟迟不得袭爵复封，难免产生怨怼，遂铤而走险，参与宫廷政变。至治三年（1323）八月，英宗从上都（今内蒙古正蓝旗东闪电河北岸）返回大都（今北京）途中，驻跸南坡（今内蒙古正蓝旗东北），御史大夫铁失、知枢密院事也先帖木儿等人与"诸王按梯不花（即阿难答之弟按檀不花）、孛罗（阿里不哥之孙）、月鲁帖木儿（阿难答之子）、曲吕不花、兀鲁思不花等谋逆，以铁失所领阿速卫兵为外应，铁失、赤斤铁木儿杀丞相拜住，遂弑帝于行幄"。九月，泰定帝即位，以知枢密院事、淇阳王也先铁木儿为中书右丞相，诸王月鲁帖木儿袭封安西王，孛罗为宣徽院使。至此，忙哥剌的后人终于恢复了梦寐以求的安西王爵位。

但是好景不长，泰定帝也孙铁木儿坐稳了帝位后，便开始追究弑君之罪了。这年十二月"流诸王月鲁帖木儿于云南，按梯不花于海南，曲吕不花于奴儿干，孛罗及兀鲁思不花于海岛，并坐与铁失等逆谋"。按梯不花、月鲁帖木儿叔侄刚出虎穴，又入龙潭，月鲁帖木儿复封安西王只有3个月，便被流放于瘴疠之乡，原有祖父的分地与人户又被泰定帝家族夺去。泰定帝元年(1324)四月，“命昌王八剌失里往镇阿难答昔所居地”。按梯不花、月鲁帖木儿既被流放，封地与人户又被朝廷夺去，他们的家人似绕树三匝、无枝可栖的小鸟，萍踪浪迹，四海飘零，辗转来到了与陕西毗邻的山西潞城魏村。不过元代时没有山西行省，潞城是中书省平阳路潞州辖下的一个县。前文我们已经说过，孛姓大约是在元文宗天历二年(1329)来到魏村，按梯不花、月鲁帖木儿被流放是在泰定帝元年十二月，二者相差5年，他们的家人有可能是漂泊了几年之后，辗转来到魏村，卜居于此，这从时间上说是吻合的。他们既是黄金家族之后，又一下子从阀阅之家变成了普通百姓，处在汉民族包围之中，改称孛姓，以示不忘祖先，也就在情理之中了。

四

孛姓蒙古人迁入山西长治市郊区魏村已将近7个世纪，他们早已融入汉民族之中，无论是语言文字、服饰、宗教信仰、生活习俗，乃至相貌都与汉族毫无二致、浑然一体了。进入中原后的孛姓蒙古人那种粗犷豪放的草原文化已被典雅庄重的儒家文化所取代。孛仕英的六世孙孛拱千，明代万历年间考中进士，潞城县儒学正堂赠以“荣登典籍”金字门匾；第十二代孛观天在清代科举得中，潞城县儒学正堂送“克振家声”金字门匾；第十四代孛普星于光绪年间中举，潞城县儒学正堂又援例赠送“望重一乡”门匾，一门三匾，荣耀无比。在孛家老宅大门上，至今仍悬挂着一方“受天祜”的牌匾。祜者福也，意思是说孛姓的福祉是上天赐给的。

孛姓蒙古人虽然早已汉化，但在一些细微之处还保留着自己的特色，如不看《元王失江山》的戏，忌讳“八月十五杀鞑子”的传说，这些都与汉族不同。孛姓人珍视家谱的故事也值得称道。凡是他们办红白喜事时，要做的第一件事，就是穿戴整齐，敲锣打鼓、恭敬虔诚地去接祖宗，这个祖宗就是家谱。他们小心翼翼地把家谱迎入家中悬挂起来，供族人祭祀瞻仰。如果是丧事，还要把逝者的名字按辈分填写在家谱里，让后人铭记。笔者见到了魏村唯一一份用纯棉布制作的孛姓家谱，就保存在识文断字，当过小学教师、大队会计的孛海邻家里。这份家谱是孛姓的传家宝，也是民族融合的佐证！

（原载《寻根》2015 年第 4 期）